“十三五”国家重点图书出版规划项目
·盾构隧道建养丛书·

城市地下空间出版工程

软土盾构近距离穿越地铁运营隧道关键技术

王如路 廖少明 王鲁杰 刘孟波 ○ 编著

The Key Technology of Shield Tunneling across Operating Subways in Soft Ground

同济大学出版社
TONGJI UNIVERSITY PRESS

图书在版编目(CIP)数据

软土盾构近距离穿越地铁运营隧道关键技术／王如路等编著．—上海：同济大学出版社，2021.11
(盾构隧道建养丛书／王如路总主编)
“十三五”国家重点图书出版规划项目 城市地下空间出版工程
ISBN 978-7-5608-9987-9

Ⅰ．①软… Ⅱ．①王… Ⅲ．①软土地区—地铁隧道—隧道施工—盾构法 Ⅳ．①U231.3

中国版本图书馆CIP数据核字(2021)第226811号

软土盾构近距离穿越地铁运营隧道关键技术

王如路 廖少明 王鲁杰 刘孟波 编著

出 品 人：华春荣
策划编辑：吕 炜
责任编辑：吕 炜 宋 立
责任校对：徐春莲
封面设计：唐思雯

出版发行 同济大学出版社 www.tongjipress.com.cn
(地址:上海市四平路1239号 邮编:200092 电话:021-65985622)
经 销 全国各地新华书店、建筑书店、网络书店
排版制作 南京文脉图文设计制作有限公司
印 刷 上海安枫印务有限公司
开 本 787mm×1092mm 1/16
印 张 18.25
字 数 456 000
版 次 2021年11月第1版 2021年11月第1次印刷
书 号 ISBN 978-7-5608-9987-9
定 价 148.00元

序

PREFACE

20 世纪 50 年代以来，我国逐步开展浅层地下空间的开发建设，并且地下空间开发多以人防工程为主，功能相对单一。随着城市化进程加快，城市人口急速膨胀，地面交通恶化，城市发展对地下空间的需求骤增，地下空间的开发利用被赋予了重要的历史使命。截至 2020 年年底，上海地下空间开发已经达到 1.2 亿 m^2，每年还以数百万平方米的速度递增。除了地下商业开发外，地铁隧道、公路隧道、供水、供电、信息及综合管廊等地下工程也得到快速发展。作为地下工程的重要组成部分，盾构隧道正扮演着越来越重要的作用。

在新老建筑密集、地下管线密布的地区建设地下工程，其高风险显而易见，这些风险对后续的盾构隧道穿越施工提出了全新挑战。地铁隧道穿越建筑和管线不可避免，但其中潜藏着巨大的施工风险。近年来，因施工不当引起的建筑开裂、管线爆管、地面坍塌甚至人员伤亡的案例时常见于报端，大中直径的盾构隧道穿越运营隧道的施工风险更需被高度关注。

上海地铁 1 号线于 1990 年获国家批准正式开工建设。自 1991 年地铁盾构隧道开始从大量密集房屋下穿越，1998 年地铁 2 号线近距离从正在运营中的 1 号线地铁隧道下方穿越，直至建成 772 km 长的超大规模地铁网络，上海地铁建设期间实施了近百次盾构近距离穿越已建运营地铁隧道的施工。如何控制新建隧道工程对运营地铁隧道的影响，特别是控制超大直径盾构隧道近距离穿越时的影响，无论在上海还是在其他城市，都将是今后长期需要面对的问题。

基于这样的背景，《软土盾构近距离穿越地铁运营隧道关键技术》一书应运而生。本书编撰团队长期从事地下结构的理论研究、试验、计算分析工作和地铁建设与运维工作，具有深厚理论基础和丰富的实践经验，在 20 多年近百次的穿越基础上，针对软土盾构近距离穿越运营地铁隧道的特点，从风险识别与评估、变形预测与控制标准以及施工控制进行全面而系统的介绍，并结合上穿、下穿、长距离平行及夹穿等不同形式的典型案例，将理论与实践相结合，形成盾构穿越施工管理指南，对此类高风险工程的穿越施工指导具有十分重要的意义。希望本书的出版可以让更多相关从业者从中受益，助力城市建设过程中运营地铁隧道的安全，以慰藉编撰团队的无私分享。

孙钧 于上海

2021 年 5 月

前言
FOREWORD

自改革开放以来，以城市轨道交通、综合管廊、地下停车为主导的中国城市地下空间开发呈爆发式增长，据估计“十三五”期间，全国地下空间开发直接投资总规模约 8 万亿元人民币，为推动中国经济有效增长，推进供给侧结构性改革提供了重要的产业支撑。上海地下空间开发利用历史悠久，特别是地铁的建设为上海地下空间开发翻开了崭新的一页。

上海早在 1958 年就开始在塘桥开展盾构试验研究，探索采用盾构法在淤泥质软土地层中修建隧道。1965 年成功地建造了外径 5.8 m、双线 660 m 长的试验段盾构隧道，1971 年上海建成第一条大直径穿越黄浦江的打浦路隧道，它的建成标志着我国大直径盾构制造施工技术的进步，具备穿越大型河流的能力，开创了盾构在软土地层中施工的先河。之后，1980 年采用直径 6.4 m 盾构进行漕河泾地铁试验段，1984 年采用直径 11.3 m 盾构进行延安路越江隧道北线施工。

1990 年，上海地铁 1 号线获国家批准开始建设。自 1991 年开始，上海地铁 1 号线采用直径 6.34 m 的盾构进行施工，当时至少有 5 个区间隧道从大量建筑密集区下方穿过。1997 年，上海地铁 2 号线采用直径 6.34 m 的盾构进行施工，有 6 个区间穿越了大量建筑群，之后还下穿了虹桥机场。穿越施工的风险之高是无疑的，一旦穿越不当，造成的后果难以弥补。虽然工程团队在穿越前进行了认真准备，但受限于当时的盾构装备水平和施工技术，早期的盾构穿越施工无论对地面建筑还是地下构筑物所造成的的影响都难以令人满意，穿越引起的地层位移控制也不够理想。随着后续更多线路的开工建设，盾构隧道从密集建(构)筑群和大口径管线下方穿越的情况愈来愈多，但穿越施工效果还是良莠不齐，不少穿越工程在后期沉降控制上难以令人满意。

1998 年，上海地铁 2 号线穿越了正在运营中的 1 号线地铁隧道，后续上海地铁建设中实施了近百次的盾构穿越地铁隧道施工，包括超大直径公路隧道、电力隧道、大口径上下水隧道及在建的地铁隧道。2008 年，上海首次进行大直径市政道路隧道近距离从 8 号线地铁运营隧道下方穿越施工；2009 年，上海外滩隧道超大直径盾构从运营中的地铁 2 号线上方成功穿越。近年来，大型盾构隧道穿越正在运营的地铁隧道的情况越来越多，如上海北横通道超大直径(15 m)盾构隧道近距离从运营地铁隧道下方近距离穿越，施工期间没有在运营隧道内外使用任何工程加固措施，近乎“裸”穿越，工程团队基于对此类盾构装备施工总结和深刻认知，通过穿越前大量试验研究、计算分析和对策研究，形成了一整套相对周全的穿越及应急方案，采取实时的信息化监控手段，即时调整施工参数和辅助工艺，将施工影响控制在毫米级，保证了运营隧道正常安全运行。

随着社会经济发展的需要，全国有在建城市轨道交通的城市超46座，其中在建盾构区间隧道100多条，总里程达到2 000多公里。盾构隧道要穿越大量的建(构)筑物、高速铁路、磁浮线路及敏感保护装置，不但有中等直径盾构穿越成片建筑群和管线，中、大直径盾构还会穿越江河湖海，而且盾构隧道之间的相互穿越和近距离施工更是无法避免。曾有不少城市的盾构穿越施工导致房屋开裂，严重者甚至导致房屋重建，还有穿越引起使用中的隧道发生严重超标变形而产生险情，导致不得不中断运行的情况发生。如何从规划选线阶段起就尽可能规避或降低施工风险，如何控制穿越施工风险和长期运营风险，将风险降低到最小化，实现安全顺利施工是一个重要的现实问题。

虽已有不少成功的穿越工程案例，但穿越设计施工整体上还处在摸索过程中，缺乏理论指导，缺乏行业标准和施工经验总结，设计施工常常缺乏系统性考虑和指导。在长期的盾构近距离穿越工程实践中，在刘建航院士的指导下，上海申通地铁集团有限公司和同济大学联合上海城投(集团)有限公司、上海城建市政工程(集团)有限公司、上海隧道工程有限公司、上海市基础工程集团有限公司等单位系统开展研究探索，形成了一套行之有效的指导施工的方法，并进行了百余次近距离穿越施工，避免了不良险情的发生，极大降低了近距离穿越工程的风险。编者一直尝试将上海不同时期、不同条件、不同类型盾构近距离穿越施工的一些成功经典案例和工程经验教训整理出来，供其他类似穿越工程设计施工作参考，助力城市建设和地铁运营安全。

本书共分六章，包括第1章“概述”，第2章“盾构近距离穿越地铁运营隧道风险分析”，第3章“盾构近距离穿越引起的隆沉变形预测方法与控制标准”，第4章“盾构近距离穿越施工控制”，第5章“盾构近距离穿越地铁运营隧道施工管理指南”和第6章“典型盾构近距离穿越工程案例分析”。本书由王如路、廖少明、王鲁杰、刘孟波编著；第1章由廖少明、张靖坤执笔；第2章由王如路、何君佐执笔；第3章由廖少明、刘孟波执笔；第4章由廖少明、郭鑫淼执笔；第5章由王如路、王鲁杰执笔；第6章由王鲁杰、刘孟波执笔；王如路、廖少明对全书进行了统稿和校核。本书在编写过程中，得到不少业内前辈、专家学者与同仁的指导和帮助，上海申通地铁集团技术中心、上海申通地铁集团有限公司、上海隧道工程有限公司、上海城建市政工程(集团)有限公司、上海市基础工程集团有限公司、上海市隧道工程轨道交通设计研究院、上海勘察设计研究院(集团)有限公司、上海辉固岩土工程技术有限公司等提供大量宝贵资料，在此表示诚挚感谢！

衷心感谢孙钧院士为本书作序，以及本书编写过程中给予的诸多指导和帮助。

编著

2021年5月

目录
CONTENTS

第1章

概　述

1.1 引言

随着我国经济持续快速发展,盾构装备制造业取得长足进步,施工技术快速提升,设计规范标准广泛普及,工程业绩迅速增加,为修建城市轨道交通隧道、地下交通通道、电力与通信隧道及管廊等提供了强大的经济和技术支撑。一方面,在城市轨道交通网络的形成过程中,不可避免地存在地铁隧道要穿越大量建(构)筑物、江、河、湖、海等情况,轨道交通网络自身也有大量的盾构隧道需要相互穿越;另一方面,在城市更新改造和发展过程中,受环境和施工条件制约,大量的各类地下交通设施、地下管线难以避免要穿越已建地铁隧道。这些穿越距离近而且穿越形式多样,无疑增加了穿越施工的难度和穿越风险。每一次穿越对施工都是巨大考验,尽管穿越前会进行较详尽的准备,但穿越过程中巨大的施工风险难以想象,穿越后的效果往往不够理想。特别是在软土地层中的盾构隧道穿越施工引起的地层移动量较大,还会与运营期间列车循环振动荷载形成叠加,进一步加剧地层移动,从而对地铁隧道结构产生不良影响,如穿越段产生隧道变形、渗漏水及损伤损坏等病害,严重时还会导致地铁隧道上方地面建(构)筑物的沉降、开裂、渗漏等问题,影响其使用及寿命。

上海是我国最早发展地铁,也是最早实现地铁大规模网络化的城市之一,但由于地表以下近 30 m 深度范围内的地层多属于软弱淤泥质软黏土地层,地层具有高灵敏性和流变特性,使其成为世界上地铁建设难度最大的城市之一。软土地层盾构穿越施工的难点体现在以下五个方面。

(1) 环境复杂,影响因素多。大量的理论分析、试验研究和工程实践表明,盾构穿越施工对已有隧道的影响(影响范围和影响程度都随时间变化)不仅与地层条件、施工环境(是否超载等)、相对空间关系、穿越类型(上部穿越、下部穿越、侧向穿越)等有关,还与盾构设备外部尺寸与设备装备水平、施工技术、施工参数(如推进正面压力、推进速度、纠偏、盾构姿态)、辅助注浆材料和注浆工艺装备等密切相关,盾构穿越施工是一个非常复杂的系统工程。

(2) 软土地层对扰动极具敏感性,近距离穿越施工扰动呈现长期性的特征。在上海软土地层穿越,施工影响时间长,不仅在施工阶段会产生明显地层隆起和沉降或破坏,而且地层沉降变形会在工后一段时间内持续发展。通过对竖向间距 1.5～3.0 m 范围内的盾构下穿越监测数据分析表明,一个穿越施工扰动较小的工程隧道的稳定时间一般超过一年,施工扰动严重的隧道一般需要长达两年甚至更长时间才能逐渐稳定下来,工后长期沉降量占总沉降量的 30%～90%，常见的工后沉降占总沉降的比例为 1/2～2/3。随着长期沉降的发展，地面沉降槽的宽度会不断增加，地层及地层中的各类管线及建(构)筑物也会随之发生变化。

(3) 盾构穿越施工引起的地层变形与盾构对应的深部地层扰动密切相关。深层位移发展是观察地层位移趋势的重要一环，深层沉降垂直分布形式主要与盾构穿越扰动影响、超载影响程度的叠加结果有关。

(4) 穿越施工难度大。盾构近距离下部穿越极易导致盾构与地铁隧道二者之间的软弱薄层地基产生较大扰动而导致土层破坏，进而使隧道产生较大变形而影响隧道的安全使用。因此，地铁隧道变形对施工扰动更为敏感，穿越施工的难度更高。

(5) 与地上、地下复杂环境相互作用而产生的风险叠加，加大了穿越影响预测的难度。穿越点周边既有地上、地下建(构)筑物形成的复杂应力与位移边界对穿越施工扰动与控制会产生显著影响，出现此起彼伏的"跷跷板"效应，使得变形预测与控制难度加大。

在盾构下穿地铁运行隧道时，首先要认识到不同类型穿越的本质区别、穿越隧道自身结构安全状态、穿越施工引起的地层和隧道变形特性、穿越过程中的风险以及由此产生的各种复杂环境次生效应，这是对穿越地铁隧道进行前期安全评估和制订穿越施工方案时所必需的。其次，需全面了解并剖析盾构关键设备性能、各设定的参数与地层扰动之间的对应关系，以便系统地进行评估、预测、施工、监控与管理。

自 1998 年上海地铁 2 号线下穿正在运营的地铁 1 号线，到目前上海已经完成各类高难度大中直径地铁穿越项目近 100 项，包括地铁盾构隧道之间的相互穿越、市政公路隧道穿越地铁、电力隧道穿越地铁、供水隧道穿越地铁、地铁隧道穿越大直径供水箱涵、地铁隧道穿越磁浮线、地铁穿越高铁线路道岔区、地铁盾构隧道穿越机场跑道等。表 1-1 列举了一部分后建盾构隧道穿越运营隧道的工程。穿越工程类型繁多，若以穿越对象分类，包括地铁隧道、电力隧道、供水隧道、输油管道、公路隧道、铁路、高架桥、机场跑道等；若以穿越方式分类，包括正交/斜交穿越(直线穿越、曲线穿越)、上方穿越、下方穿越、平行穿越、上下夹穿等。上海地铁盾构穿越类型占比见图 1-1。其中，盾构超近距下穿越运营地铁隧道的情况最为典型且具有挑战性。在上海穿越工程实例中，这类穿越的最近距离为 0.7～1.5 m，穿越施工引起的地铁隧道变形绝大多数最终控制在 5～10 mm，基本实现了毫米级变形的微扰动控制目标。应该说明的是，取得这样好的控制效果取决于盾构装备水平、施工技术水平及管理水平。在盾构掘进过程中精细化参数控制与监控管理必不可少，同时也对配套措施提出更高要求。

表 1-1　　上海地铁盾构近距离穿越工程统计表(截至 2020 年 1 月)

类别	项目名称	穿越时间	影响区间	夹角/(°)	相互位置	盾构直径/m	最小竖向净距/m	变形量/mm	
								上行	下行
	地铁 2 号线穿越地铁 1 号线	1998 年	人民广场—新闸路	80	下穿	6.20	1.0		
小直径盾构穿越地铁	地铁 4 号线穿越地铁 2 号线	2003 年 7 月	张杨路—浦电路	35	下穿	6.20	1.50	3.50	2.50
	地铁 7 号线穿越地铁 1 号线	2008 年 1 月	常熟路—肇嘉浜路	79	下穿	6.20	1.50	1.98	1.03
	地铁 13 号线盾构施工穿越地铁 4 号线隧道	2008 年 1—3 月	西藏南路—鲁班路	76	下穿	6.20	3.00	3.70	−3.73
	地铁 10 号线盾构施工穿越地铁 1 号线隧道	2008 年 7 月	衡山路—常熟路	80	上穿	6.20	2.88	1.60	−1.81
	地铁 9 号线盾构施工穿越对地铁 4 号线结构	2008 年 8 月	浦电路—世纪大道	35	上穿	6.20	2.30	2.52	4.37
	地铁 9 号线盾构平行施工对地铁 2 号线结构	2008 年 1—10 月	科技馆—世纪大道	25	下穿	6.20	1.70	2.58	2.47
	地铁 2 号线延伸段施工对出入场线隧道	2008 年 10—11 月	淞虹路—停车场中心线	171.22	下穿	6.20	3.42	3.39	5.64
	地铁 9 号线盾构施工穿越对地铁 1 号线隧道	2008 年 10 月—2009 年 12 月	徐家汇—衡山路	46	上穿	6.20	0.93～1.33	2.56	1.99
	地铁 11 号线穿越地铁 2 号线	2009 年 6—9 月	江苏路—中山公园	87	下穿	6.20	1.50	17.96	16.17
	地铁 11 号线穿越地铁 1 号线	2010 年 3—4 月	徐家汇—上海体育馆	30	下穿	6.20	7.48～9.9	−2.92	−5.28
	地铁 11 号线盾构穿越地铁 6 号线联络线	2010 年 10—11 月	江边风井—济阳路	11	下穿	6.20	1.01	2.21	—
	地铁 11 号线盾构穿越地铁 6 号线区间隧道	2010 年 10—11 月	济阳路—济三风井区间	13	下穿	6.20	6.30	−1.93	−2.46

续表

类别	项目名称	穿越时间	影响区间	夹角/(°)	相互位置	盾构直径/m	最小竖向净距/m	变形量/mm	
								上行	下行
小直径盾构穿越地铁	地铁 11 号线穿越地铁 4 号线	2010 年 7—11 月	上海体育馆—上海体育场	75	上下叠穿	6.20	1.69～1.82	−6.13	−5.44
	地铁 12 号线穿越地铁 2 号线	2013 年 10—12 月	南京西路—静安寺	87	下穿	6.20	3.1～3.4	−5.60	−4.80
	地铁 13 号线穿越地铁 1 号线	2014 年 5—8 月	陕西南路—黄陂南路	80	下穿	6.20	—	−7.17	−9.16
	地铁 12 号线穿越地铁 1 号线	2014 年 7—9 月	陕西南路—常熟路	82	下穿	6.20	2.00	3.44	4.19
	地铁 13 号线穿越地铁 1 号线	2014 年 4—9 月	汉中路—上海火车站	30	下穿	6.20	7.5～8.8	−4.90	−4.75
	地铁 12 号线穿越地铁 11 号线	2013 年 11 月—2014 年 1 月	龙华—上海游泳馆	58	上穿	6.20	1.0～1.5	4.39	6.88
	地铁 17 号线穿越地铁 2 号线	2016 年 6—7 月	徐泾东—虹桥火车站	14	下穿	6.60	3.10	—	−13.90
	地铁 15 号线穿越地铁 7 号线	2017 年 8—10 月	上海大学—祁华路	74	上穿	6.60	1.90	5.64	7.24
	地铁 13 号线穿越地铁 8 号线	2017 年 12 月	成山路—长青路	83	下穿	6.20	2.90	−9.39	−10.86
	地铁 15 号线锦秋路站—丰翔路站穿越地铁 7 号线	2018 年 8—9 月	上海大学—祁华路区间	74	下穿	6.60	1.90	5.64	7.24
	地铁 18 号线穿越地铁 7 号线	2018 年 10—12 月	龙阳路—芳华路	81	下穿	6.60	5.19	−2.7	−3.19
	地铁 18 号线穿越地铁 2 号线	2018 年 10—12 月	龙阳路—世纪公园	82	下穿	6.60	距地墙 1.27，距底板 9.26	−1.9	−2.30
	地铁 14 号线穿越地铁 13 号线	2018 年 12 月—2019 年 4 月	南京西路—淮海中路	75	上穿	6.60	4.40	−5.99	−6.01
	地铁 15 号线上海南站—百色路站区间穿越地铁 1 号线	2018 年 12 月—2019 年 1 月	上海南站—漕宝路	90	下穿	6.60	2.90	−7.12	−5.35
	地铁 14 号线穿越地铁 1 号线	2019 年 1—4 月	上海南站—漕宝路	90	下穿	6.60	2.90	−6.54	−7.36
	地铁 14 号线穿越地铁 3 号线	2019 年 1—4 月	上海南站—石龙路	78	下穿	6.60	23.00	−1.23	−2.23

续表

类别	项目名称	穿越时间	影响区间	夹角/(°)	相互位置	盾构直径/m	最小竖向净距/m	变形量/mm	
								上行	下行
小直径盾构穿越地铁	地铁 14 号线长乐路中间风井—静安寺站穿越地铁 12 号线	2019 年 4—11 月	陕西南路—南京西路	70	下穿	6.60	1.20	4.68	3.63
	地铁 15 号线大渡河路站—长风公园站区间穿越地铁 13 号线	2019 年 7 月	大渡河路—金沙江路	90	下穿	6.60	1.80	−1.46	−2.24
	地铁 15 号线桂林公园站—上桂中间风井区间穿越地铁 12 号线	2019 年 6—7 月	桂林公园—虹漕路	84	下穿	6.60	1.80	−14.06	−13.1
	地铁 14 号线云山路站—蓝天路站下穿共同沟	2019 年 9—10 月	云山路—蓝天路	90	下穿	6.60	9.56	3.94	4.00
	地铁 14 号线云山路站—蓝天路站穿越地铁 6 号线	2019 年 9—10 月	云山路—蓝天路	90	下穿	6.60	5.05	−16.69	−16.08
	地铁 15 号线桂林路站—桂林公园站区间穿越地铁 9 号线	2019 年 11—12 月	桂林路—漕泾河	90	下穿	6.60	1.80	−3.61	−3.81
	地铁 14 号线黄陂南路站—大世界站区间穿越地铁 1 号线	2019 年	黄陂南路—人民广场	50	下穿	6.60	0.90	3.68	2.24
	地铁 14 号线陆家嘴站—浦东南路站区间穿越地铁 2 号线	2019 年	东昌路—陆家嘴	32	下穿	6.60	2.90	1.51	1.99
	地铁 14 号线武定路站—静安寺站区间穿越地铁 2 号线	2019 年	静安寺—江苏路区间	80	下穿	6.60	1.10	−10.4	−8.9
	地铁 14 号线东新路站—武宁路站区间穿越地铁 13 号线	2019 年	武宁路—隆德路	80	下穿	6.60	1.50	5.43	4.00
	地铁 15 号线古北路站—天山路站区间穿越地铁 2 号线	2019 年	娄山关路—威宁路	61	下穿	6.60	1.90	−1.55	−7.3

续表

类别	项目名称	穿越时间	影响区间	夹角/(°)	相互位置	盾构直径/m	最小竖向净距/m	变形量/mm	
								上行	下行
小直径盾构穿越地铁	地铁15号线古北路站—天山路站区间穿越地铁10号线	2019年	水城路—伊犁路	83	下穿	6.60	1.80	6.45	6.12
	地铁14号线大世界站—豫园站区间穿越地铁10号线	2020年5—7月	豫园—南京东路	90	下穿	6.60	1.40	−5.64	−6.33
	地铁14号线静安寺站—长乐路中间风井区间穿越地铁7号线	2020年	静安寺—常熟路	80	下穿	6.60	1.50	−7.99	−7.03
大直径盾构穿越地铁	西藏南路隧道工程施工穿越地铁8号线	2007年11月—2008年1月	西藏南路—中华艺术宫	56	下穿	11.36	2.79	−2.34	−4.30
	外滩通道穿越地铁2号线	2009年6月	南京东路—陆家嘴	90	上穿	13.95	1.46	9.51	10.73
	北横通道穿越地铁11号线	2018年11月	江苏路—隆德路	68	下穿	15.00	7.06	−10.18	−6.5
	北横通道超大直径泥水盾构越江穿越地铁7号线	2019年6月	昌平路—长寿路站	90	下穿	15.00	7.16	8.39	7.14
电力隧道穿越	电力隧道穿越地铁4号线	2008年8月	西藏南路—南浦大桥	96	下穿	6.20	3.00	−1.81	−0.95
	电力隧道穿越地铁2号线	2008年11月	静安寺—南京西路	86	下穿	6.20	3.00	−3.50	−3.90
	电力隧道穿越地铁10号线	2009年4月	马当路—陕西南路	98	上穿	6.20	2.20	−3.49	−4.02
	电力隧道穿越地铁1号线	2009年4月	黄陂南路—陕西南路	89	下穿	6.20	3.00	2.07	−0.95
	电力隧道穿越地铁13号线	2009年1月	卢浦大桥—马当路	78	下穿	6.20	3.00	1.16	−1.30
	电力隧道穿越地铁9号线	2009年1月	打浦桥—马当路	88.7	下穿	6.20	3.00	1.41	1.51
其他	青草沙水源地原水工程南汇支线C3标项目施工期间地铁2号线	2012年6—8月	唐镇—创新中路	20	上穿	2.40	4.01	2.32	1.46

注：以穿越结束监测数据为准，“+”为隆起，“−”为沉降。

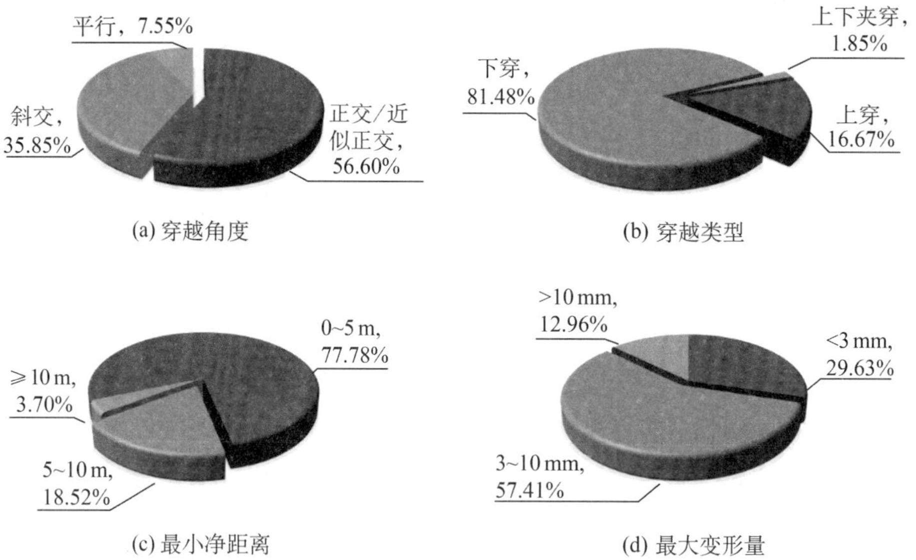

图 1-1　上海地铁盾构穿越类型统计图(截至 2020 年 1 月)

1.2　盾构穿越工程的可行性与风险控制

鉴于盾构近距离穿越运营地铁的高风险性，首先必须强调，应在盾构隧道选线阶段对盾构穿越位置、距离以及加固措施等予以优化设计。其次，应在穿越前对被穿越的运营地铁结构安全状态进行调查、分析与评估，以确定盾构穿越工程的可行性。最后，在穿越实施阶段对盾构施工风险进行详细评估并采取防范措施。

1.2.1　穿越工程的可行性评估

盾构穿越工程是否可行，一般取决于以下三方面的评估结果：

(1) 运营地铁隧道健康现状(很差，较差，一般，良好，好)。

(2) 盾构穿越施工的影响程度(很大，较大，一般，较小，很小)。

(3) 运营地铁隧道安全余量(无，较小，一般，较大)。

其中前两个方面的评估结果对第三个方面起决定作用。在盾构穿越前，根据设计优化确定的盾构隧道穿越位置关系，从上述三方面对穿越段隧道进行调查分析与评估。一般情况下，如果地铁隧道健康状态达到良好及以上，穿越施工的影响较小或很小，且最终导致的地铁隧道安全余量达到一般或较大程度，则穿越方案成立。否则，如不能同时满足这三个条件，穿越方案就可能不成立，需要调整方案，或采取对隧道及周围地层进行预先加固处理等措施。

需要注意的是:穿越施工影响程度的评估,往往受到施工中众多不确定因素的影响而变得十分困难。这就需要我们一方面不断积累穿越工程案例数据与经验,另一方面,要在熟悉盾构施工装备、控制工艺及关键参数的基础上准确对穿越过程进行施工力学的全过程模拟,同时还应特别注意针对各类地层的特性选择合适的本构模型及参数。只有这样,才能得到较为符合实际的预测结果。

这些构件本身的状态、隧道结构防水材料与构件性能、结构整体安全会随着使用年限的增长而逐渐降低。对结构的评估是多方面的、综合的,主要包括四个方面的内容:隧道结构渗漏水情况,结构开裂损伤情况(包括管片构件等开裂、压损、完整性,螺栓的拉、压、剪切等,密封垫的受损情况),结构变形情况(包括纵向变形、横向收敛变形、接头的张开与闭合),以及耐久性情况(一般在使用初期结构外观等良好时可不作评估)。这四个方面内容往往相互关联,且相互影响,评估时应予以充分考虑。

需要注意的是,三方面中的第二项"预测穿越施工影响程度"是非常困难的,主要因为施工影响因素太多、不确定性大、难以建立影响因素与影响效果之间的直接联系,要准确模拟并进行预测计算会受限于多种条件。变形影响是多种因素叠加的效果,不仅与地层密切相关,还与盾构设备装备水平、盾构类型、盾构外表尺寸与装置、施工技术水平、预设施工参数、类似工程类似地层的施工经验、同步注浆质量有关,甚至还与推进过程中的一些细微环节(如工艺、工序等)都有密切关系(比如,对于泥水盾构外壳呈锥体形状的情况,当刀盘推过一定的距离后应同步压注"克泥效"浆液,以及时充填地层与盾壳之间的施工间隙),此外也与预测估算方法等密切相关。因此,要精准模拟盾构施工情况、准确预测预估施工影响结果难度很大。

如果评估的结论是地铁隧道结构状态良好,预测穿越施工影响较小,并留给地铁隧道一定的安全冗余度,则认为穿越方案成立,可以进行下一步涉及施工方面的深化和细化工作;如不能同时满足以上三方面,穿越方案就可能不成立,需要调整完善盾构穿越方案,或事先对隧道及周围地层进行预先加固处理,或采用跟踪处置等工程措施,直至穿越后对隧道的治理等工作。

1.2.2 穿越工程实施的风险控制

盾构在软土地层及复杂环境中穿越运营地铁的风险是复杂多变的,除地质风险、支护压力失常(失压或波动较大)、盾构停顿或后退、盾构设备故障、操作失误、变形超标、漏水漏浆等常见施工风险之外,还存在运营地铁振动引起地层损失、地铁停运等特殊风险。在工程实践中,由于每个穿越工程各具特色,因此应结合不同穿越类型、设备类型和地层条件进行详细的技术风险识别与分析,针对不同的穿越类型分别进行安全评估,明确其具体风险点及针对性控制措施。

当穿越工程方案被评估通过后，穿越实施阶段需要从盾构选型、施工掘进、地铁监控、工后控制等方面对施工风险进行控制。

(1) 盾构选型应根据地铁隧道现状和保护要求，评估不同类型和参数配置的盾构在穿越施工中可能产生的种种不利状况和风险，做好盾构设备的精细化选型，满足微扰动穿越施工的要求。

(2) 模拟盾构穿越施工对环境的扰动情况，根据对地面、深层土体的实时监测情况，对照施工参数分析，提出对施工参数优化，对盾构主辅设备进行全面检查维修，调整好一套完备的施工参数为下一步穿越施工做准备。

(3) 对运营隧道实施自动化实时监测及信息反馈机制，给运营隧道监控设定分阶段变形控制指标，根据隧道变形情况及时调整盾构施工参数。当盾构带来的影响超过总控制值时，需要启动应急抢险预案。

(4) 对穿越后的隧道进行实时的长期监控并进行主动注浆干预，以免发生次生灾害。

盾构近距离穿越施工的复杂风险和不确定性是地铁管理部门和施工承包商现场监控管理所面临的重大挑战。为防止施工误操作并确保及时捕捉到任何风险征兆，需要地铁管理部门的严密监督及施工单位的配合，需要经验丰富的现场工程师昼夜轮班值守，一体化办公实现工况与数据的对应，针对报警或现场施工违规问题应会同监理单位发出停工令或整改令，并建立了施工信息化平台和专家系统等为穿越施工提供实时专业咨询。

1.3 盾构穿越施工预测与控制技术现状

1.3.1 盾构穿越预测理论与方法

对于近距离盾构穿越施工引起地层的变形预测与控制方法，国内外学者从经验公式、理论解析、数值分析、实验研究四个方面开展了不同研究。按盾构穿越变形预测与控制理论的发展脉络，最早出现的是以 Peck 为代表的经典预测方法；接着，基于上海软土地层盾构隧道工程实践，又有几种方法被提出。

(1) 刘健航 Peck 修正法。

由刘建航院士首次提出考虑盾构正面负地层损失的 Peck 公式，之后，同济大学又提出了考虑盾构扰动后地层固结影响的修正 Peck 公式。

(2) 基于现场实测数据的渐进式递推预测方法。

20 世纪 90 年代，廖少明等提出基于现场实测数据的渐进式递推预测方法。该方法是一种实用可靠的现场工作指导方法，反映了老一辈地铁专家的长期工程实践经验。目前，该方法仍被现场有经验的工程师广泛使用。

(3) 专家系统法。

1990 年，同济大学将专家系统用于隧道沉降预估，并建立了沉降预估专家系统的原型。1991 年，该系统应用于上海地铁 1 号线施工监控，取得了令人满意的效果。

周文波以已竣工的 120 余条隧道为背景，运用计算机专家系统理论编制了一套适用于上海地区的“STES 专家系统”。该系统在上海地铁 1 号线、延安东路越江隧道等 6 个工程中进行了应用验证，准确率达 83%。

(4) 镜像法、随机介质理论、Mindlin 等解析方法。

20 世纪 90 年代后期至 21 世纪初，随着上海之外国内其他城市地铁的发展，一些学者将数学力学方法引入隧道工程领域，大大丰富了沉降预测方法。如姜忻良等根据土体损失的空间分布规律，应用镜像法原理，得到了隧道周围土体的位移场分布；魏纲对 Loganathan 公式提出的假设边界条件进行了修正，得到更符合实测值的地面沉降曲线。但总体来看，这些方法过于理论化，在工程中的应用和起到的实际指导效果有限。廖少明等针对近距离穿越的特点，基于 Mindlin 解提出了考虑盾构正面压力、注浆及盾构与土体间摩擦剪切引起的地层变形预测方法。

(5) 现代数值模拟及模型试验方法。

数值模拟的方法，其优点在于能够考虑土体的塑性，能够考虑不同的施工工况而做到精细化模拟盾构穿越过程，但缺点在于较难确定合适的弹塑性或黏弹塑性本构模型及其模型参数，计算结果较难为工程提供可靠的穿越依据，对于缺乏工程经验者尤为困难。此外，模型试验方法如相似材料模型试验和离心模型试验也用于沉降规律分析，但多偏于理论研究，很难直接用于指导工程施工。

从穿越工程的技术挑战和需求来看，要加大理论研究的实用性，即与工程实践的结合力度，这也是土木工程区别于其他学科的最大特点。新一代大数据与人工智能技术，已经为理论模型与施工大数据相结合提供了工具。可以预计，施工预测理论的发展趋向一定是基于大数据和人工智能的更可靠的预测与控制方法。

1.3.2　盾构选型及地层适应性

盾构穿越运营地铁隧道对盾构机的设备性能要求极高，为了实现微扰动穿越，盾构机的性能选择至关重要。在盾构机选型时，应对其在高荷载条件下的可靠性及具体施工工艺参数进行分析，提出具体的、有针对性的设备性能要求，以适应高难度穿越的技术条件。

廖少明等结合上海市穿越不同建(构)筑物的地铁盾构工程实践，对盾构分别穿越运营地铁隧道、危旧敏感建筑物、浅基建筑群和桩基础时的盾构选型进行了分析，提出在盾构穿越施工的设备选型中，除注意盾构机的基本性能要求外，还需重点关注以下技术要求。

（1）设备性能稳定良好。盾构掘进速度稳定、控制性能良好，速度调控的灵敏度高，最低速度可调至3～5 mm/min。

（2）监测精度高。土压平衡反馈控制系统的灵敏度高，土压测量精度为±1 kPa。

（3）刀具配置。在曲线段或困难地层，必要时可在刀盘上设置仿形刀，以使超挖的角度及深度范围可控，从而形成必要的盾构偏转空间。

（4）同步注浆液体。同步注浆浆液应具有较高的稠度和较低的泌水性、收缩率，并配备管路冲洗装置，以保证管路畅通。

（5）高性能设备装备。装备推力及扭矩力储备系数较高，并配备加泥浆、泡沫装置，以提高对土层的适应性。

（6）刀盘驱动设备性能稳定。尽量使用变频电机驱动刀盘，或简化庞大的液压系统及其维护，以提高设备可靠性。

（7）开口率合适、配置添加剂设备。刀盘的开口率设定为30%左右，可维持土仓内良好的土压平衡状态，并使得软泥从切削面顺利流向土仓，以适应上海地区软土地层的挖掘。在砂土地层中，还应配置可在土仓内注入泡沫、高分子泥浆等的设施。

（8）出土设备。螺旋机转速可精确调控，前端配置可靠压力传感器，后端配置防喷装置，皮带运输机设置防滑装置。通过盾构推进速度和出土量调节来保持掘进面的水土平衡。

（9）盾尾密封：盾尾设置多道（1 km长的隧道一般不少于3道）优质密封刷，以提高盾尾的密封性。此外，考虑到盾构机的纠偏要求，应尽量采用铰接式主体结构，但盾构铰接的开启存在一定漏水风险，在盾构制造时必须考虑到。

朱合华等根据相似理论和模型试验方法，建立了土体—盾构机器之间的相似系统，并针对上海地区特定的软土地层，进行了相似模型试验方法的设计，形成盾构机的工作参数和地层物理力学特性之间的地层适应性理论。

朱合华、廖少明等通过对试验结果的整理与分析，得出土仓压力与排土效率、单位时间排土量与推进速度、推力和扭矩之间的内在联系，以及隧道埋深、刀盘开口率、推进速度对推力和扭矩的影响。这些结论为盾构施工参数之间及其与地层特性之间的适应性理论提供了有益的帮助，更好地指导了软土地层盾构隧道的设计与施工。

单就盾构本身对穿越的影响也非常复杂。盾构装备水平对施工穿越有重大影响，这种影响程度甚至是决定性的。盾壳外壁上焊有各类外凸附加钢板机注浆装置，对推进过程中的摩阻力会产生影响；在刀盘切削地层时，因推进速度、土体软硬不均、推进与出土匹配等都存在可变性，对建筑空隙注浆也会影响盾构姿态和隧道隆起，对盾构与土体间的摩阻力产生影响；盾构在曲线上的推进影响因素更多、更复杂。

1.3.3 穿越风险演化与控制

盾构近距离穿越施工是一个连续的动态过程，潜在的工程风险在这个过程中不断孕育、演化与发展，如若认识不清或控制不当，风险可能会演变为灾害，引发灾难性后果。因此，在盾构穿越过程中需要树立风险意识，认清风险因素在不同阶段的演变规律及不同风险因素之间的演化特点，细分穿越风险点，科学有效地控制盾构穿越施工带来的潜在风险。

王如路、刘建航、廖少明结合上海盾构穿越施工实践，对穿越施工的风险、控制、预测等关键参数进行了总结，指出化解风险的根本在于严格限制地层损失率、强有力的监控和盾构设备的创新，并指出未来发展方向是实现自动化和人工智能化。

王如路根据上海地铁隧道结构的长期监测数据和监护实践，分析变形的影响因素及变形特征，提出穿越施工风险是大量存在且不可避免的，要着重注意其产生的长期结构影响。

关继发建立了一套新建地铁隧道穿越既有地铁的安全风险评估和管理体系，并完善了其配套的风险控制技术，对隧道穿越既有地铁实施动态的风险分析、评估及动态监测与控制，能显著降低工程风险。

邵伟等以上海市仙霞西路隧道地下穿越虹桥机场绕滑道工程为背景，对其规划设计、施工和运营三个阶段的风险因素及其相互关联性与演化关系进行了分析，并提出了风险演化的概念，在一定程度上实现了机场飞行区穿越工程的全过程风险识别。

肖敏、廖少明等利用隧道盾构法施工参数与环境监测数据的实时采集方法，构建了基于 Web 的远程监控系统。该系统根据施工力学与数据模式识别原理，对所采集的施工监测数据进行识别与分析，所构建的远程监控系统可以实现远程实时动态监控，并反映施工过程中的风险。

上海盾构穿越控制技术进展的标志性成果为“软土盾构微扰动穿越控制关键技术与装备”。这一成果是上海地铁以刘建航院士为代表的老一辈专家与同济大学等单位合作，经过长期穿越工程理论研究与实践探索形成的。该成果建立了盾构微扰动穿越控制理论和方法，在 21 世纪初形成了非常适于工程现场应用的 16 字方针，即“慢慢地推、分小段推，慢慢地转、均匀地转”，其蕴含的丰富科学技术原理指导了大量盾构近距离穿越工程。

针对穿越施工在不同阶段应分别采取不同对应措施，以控制穿越施工带来的可预期风险，有以下三阶段内容。

1）穿越前的预先加固

穿越前对被穿越隧道预先加固是主动控制安全措施。特别是投运时间较久的老隧道，其所受扰动较多，穿越前应对其进行安全评估，如隧道结构安全状态较差，应对其加固以有效降低盾构穿越的风险。预加固措施包括对隧道自身结构加固和对穿越段地基土加固。虽然对结构自身直接预先加固效果更直接，但可能存在影响正常运营的风险，成本和风险都相对较大，因此在实际工程中，对穿越段地基土超前加固更为常用。

注浆法作为传统加固方法，具有提高地基承载力和控制沉降的作用。一般情况下，注浆压力应与地层和地面超载的压力相适应，但由于注浆压力受到设备、地层等多种因素的影响而变化，两者之间不可能一直保持匹配关系。预先注浆加固在盾构穿越危房或运营线路等时使用较为广泛，一般采用分层注浆加固，并建议采用双液浆液，缩短胶凝时间，以控制注浆压力和浆液扩散范围，保持较好结果。进行下部深层注浆加固时，注浆压力和注浆速度应根据线路变形的监测数据进行调整，将注浆引起的隆起量控制在 2 mm 以内。

冻结法以其独特的作用在建设工程中有着不可取代的地位，尤其在覆土较深的地层和含有承压水的地层。地铁 4 号线上海体育馆站零距离穿越运营中的地铁 1 号线时，采用的就是冻结法进行穿越施工，历时一年多，穿越段结构保持较安全稳定。该工程的成功对国内外类似地质条件和环境保护有很好的借鉴意义。

此外，预先加固还有托换法（包括管棚、树根桩、静压桩等）、排水（降水）固结加固等，种类十分丰富。预先加固保护措施的选择应主要从加固效果、施工安全性、对地基土层的扰动大小、工程造价、施工难度和环境条件等几方面综合考虑。

2）穿越过程中的盾构参数优化

科学选取盾构掘进参数、并根据实际推进情况及时反馈调节是微扰动穿越的重要思想之一。为确定合适的掘进参数，除了必要的理论分析预测、工程案例类比等工作外，更重要的是需要在盾构正式穿越施工前，获得类似地质条件和环境条件下的穿越情况，并在邻近穿越段设置试验段，埋设监测点，预设施工参数，模拟穿越施工影响情况，根据地表和深层的隆沉响应得到一套相对合理参数范围并不断优化。近些年，随着土体深层变形自动化测试技术的发展，依据试验段内深层土体水平或竖向位移响应，可以更加快速、直接、准确地实现掘进参数的优选。此外，盾构各施工参数不是相互独立的，其中许多参数相互联系、连锁改变。因此，不仅要对施工参数进行调整，更重要的是对盾构施工参数进行优化和匹配，从动态变化关系中发现设备运转和控制中的风险，及时建立正确的匹配关系。施工参数和地层沉降隆起数据的获取以及相关性分析是关键。

廖少明结合上海地铁 4 号线隧道超近距离曲线穿越运营地铁隧道的工程实例，发现当盾构接近上方近距离（净距为 1.05 m）地铁隧道时地层土压力发生较大变化，相应的盾构土仓管理压力需做相应调整。根据隧道受荷机理及弹性力学原理，找到了这一问题的理论依据，并在实际工程中设计了盾构土仓管理压力分步台阶控制方案，对盾构控制起到了很好的指导作用，成功地将地铁位移控制在 5 mm 之内。

廖少明等通过对近距离穿越工程用边界单元法分析盾构影响，提出盾构壳体作为影响地层的主要影响因素，其影响具有滞后性和累积特性。

廖少明、杨宇恒采用数值模拟的方法，对先上后下和先下后上两种不同穿越次序引起的地铁隧道变形及地层扰动影响进行了比较分析，又通过进一步分析对比这种复杂变化导致的风险，提出先下后上的穿越次序对隧道的变形及周边环境的控制更为有利。

上海地铁 4 号线“浦东南路站—南浦大桥站”区间隧道工程中，分析叠交隧道不同空间相对位置下的盾构施工变形特点，提出了叠交隧道施工的模糊控制方法，对提高盾构机械智能化水平进行了有益探索。

随着人工智能的应用逐渐普及，基于深度神经网络的预测方法是一种新的变形预测方法。同济学者针对叠交隧道这种空间不断变化的特殊施工条件提出预测方法，通过表征现象的数据实时积累施工过程信息，为预测将来的变形提供内在依据，并在工程实施过程中得到了较好的应用，通过工程数据的对比，起到了超前预报、预警的作用，为工程的顺利实施、实时控制发挥出不可替代的作用。

对地层和隧道变形的智能感知与预测、信息化施工及盾构施工监控平台时刻接收施工参数和隧道变形数据，并快速计算后反馈到盾构指挥中心，指导盾构穿越施工，已经成为穿越施工的良好辅助手段。

3）穿越完成后的加固

在盾构穿越施工控制中，秉承穿越过程尽量不加固，如实需要，最好等到盾构穿越后再进行加固。在隧道内向外进行二次注浆加固是控制被穿越对象持续沉降的有效措施，通常采用微扰动注浆方法对隧道间的土体进行加固以有效控制隧道变形。二次注浆加固方式主要有两种：一种是在新建隧道内利用管片上的预留孔进行注浆，注浆范围有限，控制效果差；另一是在运营隧道内新开孔注浆，可根据隧道的沉降情况重新开孔注浆，开孔必须避开主筋，注浆效果好，但注浆开孔等风险相对较高，每天施工的时间都是特定的，且施工时间有限，操作繁琐。

以上海地铁 4 号线穿越地铁 2 号线为例，在地铁 4 号线隧道内拱顶范围内压注水泥水玻璃浆液，加固注浆深度为 1.5 m。为防止地铁 4 号线隧道位移，基底注浆和拱顶注浆同时进行。土体加固注浆量根据加固土体方量及强度调整。注浆过程中严格控制注浆压力及注浆量，做到“均匀、少量、多点、多次、跳浜”，每次实施注浆都要将地铁 2 号线的沉降控制在一2.0～2.5 mm 范围内，注浆时间较长。

汪小兵、王如路、刘建航采取分段布置多个注浆孔，通过少量、多次自底部分层叠加注浆微扰动注浆方法，成功应对上海地铁 2 号线某区间出现的较大不均匀沉降问题，给其他工程问题的治理提供了参考。

对于软土隧道长期沉降问题，周梁、廖少明等通过现场试验，研究注浆加固的工艺参数对软土扰动和加固的影响，得到针对上海典型软土淤泥质黏土的单次注浆量范围、注浆段数等工艺参数。

王如路根据上海地铁隧道产生的不均匀沉降，提出双液微扰动注浆方法。该方法扰动小、效果明显、可控性强，对穿越段地铁不均匀沉降有显著效果。

叶耀东、琚娟、王如路等综合分析了盾构引起地层变形和位移的因素后，针对施工前期快速沉降的问题进行施工方案设计，通过上下部轮流对称注浆，将沉降量控制在合理范围内。

1.4 盾构穿越施工技术发展趋势

截至 2020 年年底，上海地区盾构穿越已建和运营地铁隧道近 100 次，其中盾构近距离下穿地铁隧道类型相对较多，也出现过浅覆土上穿地铁隧道的情况。各次穿越工程以采用土压平衡盾构进行穿越居多，个别工程采用泥水平衡盾构进行穿越，也出现过浅覆土上穿地铁隧道的情况，具体如表 1-1 所示。从表 1-1 中可以看出，多为中直径穿越，小直径顶管隧道 1 个，为青草沙顶管下穿地铁 2 号线(ϕ3.668 m 顶管)、大直径盾构穿越的工程共 4 次、分别为外滩通道上穿地铁 2 号线(ϕ14.27 m 土压平衡盾构)、西藏南路隧道下穿地铁 8 号线(ϕ11.58 m 泥水平衡盾构)，北横通道穿越地铁 11 号线、7 号线(ϕ15.00 m 泥水平衡盾构)。

城市发展给地下空间发展带来千载难逢的好机遇，将来会有更多新建隧道(包括大直径公路隧道)穿越既有隧道或地铁车站。从上海地质条件出发，对应复杂特殊地层，如何处理盾构穿越运营地铁的潜在风险、保障其安全是必须考虑的问题。如何评估穿越施工风险，选取与穿越风险相匹配的盾构装备，采取合适的穿越对策和施工措施将盾构穿越对运营地铁的影响及对盾构本身结构的影响降到最低，使其满足运营隧道保护要求、满足地铁隧道长期变形要求，是盾构穿越工程的关键。因此，随着穿越实践经验的积累，逐步摸索出一套相对完整的应对穿越施工的施工对策、变形自动监测、施工过程精细化控制方法至关重要。

随着城市地下空间的拓展，未来盾构隧道穿越难点将体现在以下方面。

(1) 复杂困难地层穿越：我国其他地区存在的大量土岩复合地层、土石混合地层等困难地层，给盾构的适应性、施工参数确定及地层变形预测带来很大不确定性，对地层各种参数与现象能及时准确探测、选择高性能盾构机和即时调整优化盾构施工参数非常重要。

(2) 狭小空间穿越：在城市浅部地下空间开发日益充分的情况下，地铁隧道和其他各类隧道常常只能在非常狭小的空间内进行近距离穿越，有时地面不存在抢险应急的可能或难以施救，给穿越施工带来极大挑战。

(3) 复杂障碍物穿越：直接穿越未预留接口的地下室外墙或钢筋混凝土结构的桩基础等情况，对盾构设备切削性能和可靠性带来挑战。此外，还存在未探明障碍物需要直接穿越的情况。

(4) 大深度穿越：大深度遇到的问题主要是水土压力及深层地层条件变化带来的对已有穿越工程经验的挑战。

(5) 大直径盾构穿越：为满足日益增长的城市大深度地下交通、共同沟或防灾设施的建设需求，不可避免地要穿越既有地铁网络，直径越大、距离越近，则施工难度越大、施工风险越高。

(6) 异形盾构穿越：为满足受限地下空间及其他不同地下空间功能的需求，盾构穿越方式将会变得非常复杂，会采取异形盾构穿越。

(7) 近距离穿越：由于浅层地下空间只有稀缺性，尤其在市区进行穿越施工时不可避免地会碰到已建成的地下管线和地下空间设施，迫使穿越施工时不得不采用近距离的微扰动施工。

对应于不断发展中的需求，预测盾构穿越施工将向着以下趋势发展。

(1) 盾构装备。盾构装备及辅助设备等在稳定性、性能、精度、自动化程度等方面应达到很高标准，实现高度集成，自身具有强大防错功能，逐步实现微扰动施工，以适应复杂困难条件的穿越施工。

(2) 盾构智能施工管控平台。以集中化、移动化、信息化的管理理念，开发系统平台，组建专家管控团队，创新形成以“实时数据动态管控＋数据分析辅助决策”的管理模式，实现盾构施工管控和盾构设备管控。盾构管控平台监控汇集盾构施工案例、施工数据、专家经验智慧，基于对地层条件的感知、盾构装备及施工参数等反馈，将感知数据和各类参数传输至盾构数据监控管理中心，使用人工智能算法与预测模型对盾构状态进行预测，并根据现场监测数据及时修正，将优化的施工参数反馈至现场，对现场施工起到智能化指导和监控作用。

(3) 盾构施工的保障机制方面。构建“状态可知、安全可控、效果可期”的保障机制。穿越施工的数字化、智能化、可视化监控技术是必需的，在应急保障装备上应配有强大可主动干预地层和隧道状态的智能装备，保障运营隧道安全，形成建设各参与方协同联动的正常指挥与应急处置的运转机制。

基于对地层和环境深度了解、对类似工程的施工经验积累和盾构技术装备配置经验，提出对盾构装备配置的精准需求，并制造出与地层、环境相适应的高性能盾构机；提炼总结已有的穿越工程的成功技术和经验教训，形成多地层、环境条件下施工的案例库；建立地面、地下一体化全息智能感知、智能监控系统，建立基于多案例库的人工智能管控平台，同时对多台盾构的施工进行实时管控；对在建和运营隧道结构、管片、接头及渗漏水等进行实时、高精度监测检测，对壁后同步注浆体的饱满情况和变化以及周围地层变化进行探测。以上措施对保障未来的盾构近距离安全穿越施工都是必要的。

第2章

盾构近距离穿越地铁运营隧道风险分析

2.1 引言

由于不同时期规划建设，后建盾构隧道近距离穿越已建地铁隧道在所难免。盾构近距离穿越正在运营的地铁隧道是一项高风险工程活动，上海、北京这样超大城市已经基本建成了超大规模地铁运营网络，每天客流量超 1 100 万人次，在早晚高峰时间段更是满负荷运转。一旦盾构近距离穿越施工过程中发生异常引发运营隧道结构问题，将导致严重后果。另外，近 20 年来，几乎每年都有各类报道是关于因地铁盾构施工引起的环境破坏，不仅仅是影响地面交通，更多的是影响地下管线，甚至有导致地面行走人员失踪这样的灾难，一直是社会关注的焦点，表 2-1 是见于报道的一部分。因此，对盾构近距离穿越设计施工，必须慎之又慎。对每一个穿越项目都需进行风险评估，针对可能面对的设备、材料、工艺、人员、地质环境等变化导致的各种不确定性，系统分析项目各组成部分的风险及其发生机制(图 2-1)，并提出对策和措施。

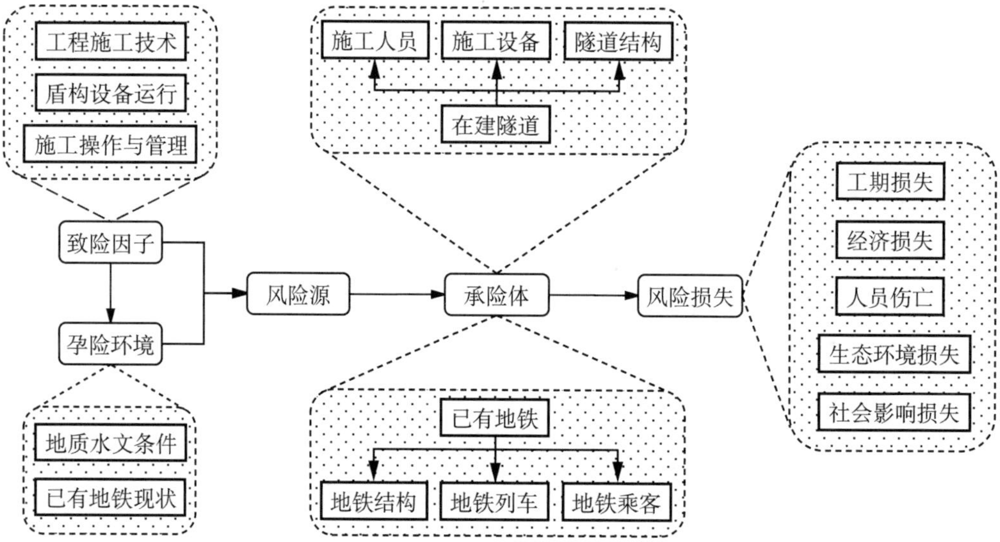

图 2-1　盾构近距离穿越运营隧道风险发生机理分析

盾构近距离穿越运营地铁隧道的风险除具有一般风险的客观性和不确定性等共同点之外，还具有以下基本特点。

1) 系统性与复杂性

地质与环境条件、盾构设备、操作人员以及穿越对象客观存在的复杂多样性，致使盾构穿越施工过程中面临系统性及多样性风险。

2）多变性

由于岩土介质、盾构施工、隧道结构三者之间存在复杂的相互作用，众多风险诱发因素之间存在错综复杂的相互作用和演变关系，因此，盾构近距离穿越施工风险的性质和后果会随着施工活动的进行或事件的发生、变化而产生演化。这会导致人们对穿越风险的认知难度加大，在具体工程实施中表现为会顾此失彼。

3）隐蔽性

盾构近距离穿越施工全过程掩盖在地面以下，不能完全了解和掌握地层条件，对地铁隧道现状的安全判断和安全余量存在一定的不精确性，风险隐患往往不能直接暴露出来，一般只能采用有限的调查、监测、探测等手段间接解读，再加上其多变性，使得穿越风险具有较大隐蔽性，甚至欺骗性。

4）风控成本高及结构损坏的难以恢复性

盾构近距离穿越施工被保护对象处于复杂岩土介质中，特别是对于灵敏度高的软土地层，变形一般要求达到毫米级且难以维持，这就要求各方面投入强有力的施工装备及技术力量，控制成本高。一旦发生地铁变形较大或渗漏等风险，地下补救措施将是十分困难和昂贵的。即便施工期风险暂时得到缓解，其对隧道长期运营仍会带来不可恢复的伤害。

为避免盾构近距离穿越运营地铁隧道期间发生重大灾害，实现顺利穿越，必须对盾构近距离穿越风险进行事前安全评估、事中管控和评估与纠正、事后调查总结与评估，并在出现事故征兆时及时发现与及时控制，最大程度预防灾害发生或减少灾害损失。本章分析盾构近距离穿越施工可能遇到的各种主要风险因素，并分析不同穿越类型的风险要点，提出盾构近距离穿越运营地铁的风险管控措施。

表 2-1　　地铁盾构施工事故不完全统计（截至 2021 年）

时间/年	工程	发生的事故、险情
1974	圣彼得堡 1 号线透水事故	大面积地面坍塌
1996	广州地铁 1 号线长陈区间	地面沉降监控存在问题，导致路面及房屋坍塌
2002	深圳地铁一期工程 4 号线	刀盘结泥饼，被迫停机开仓处理，导致地面塌陷、邻近建筑物沉降
2003	上海地铁 4 号线某标段	管片安装机起吊密封失效，导致管片脱落
2003	上海地铁 4 号线浦南区间	联络通道渗水、涌砂，地面大幅沉降，邻近建筑物开裂及倒塌
2003	广州地铁 2 号线穿越珠江	刀盘及密封舱结泥饼，螺旋机喷涌，盾尾密封被水击穿，江底塌陷
2003	武汉地铁工程	电瓶车刹车失灵，导致溜车撞坏盾构机
2004	台湾高雄捷运线坍塌事故	地面下沉，房屋倾斜

续表

时间/年	工程	发生的事故、险情
2004	广州地铁一期工程	盾构压力舱闭塞，导致舱内压力失控，进而引起地面隆起
2004	成都地铁工程	盾构机选型不当造成掘进中地表沉陷，无法正常施工
2005	北京地铁 4 号线	盾构机卡壳，地面沉陷
2005	广州地铁 1 号线中山四路段	水管断裂漏水，导致路面因底下水土流失而塌陷
2005	南京地铁	对不良地质的施工处理措施不到位，导致流沙层喷涌
2005	广州地铁 4 号线新造站右线	电缆组坠落
2006	北京地铁 10 号线呼光区间	污水管线断裂漏水，盾构开挖面突发涌水
2006	上海地铁 9 号线	区间接收事故
2007	巴西圣保罗地铁 4 号线	延长线垮塌
2007	上海地铁 2 号线	管片环缝宽度不均、密封防水效果差，导致进出洞口管片接缝渗漏
2007	南京地铁 2 号线元通区间	接收井在盾构出洞时发生漏沙漏水，造成地面塌陷，盾构机被埋
2007	南京地铁 2 号线	汉中门段路面塌陷
2007	深圳地铁 1 号线	基坑地表沉陷
2007	北京地铁 10 号线	塌方事故
2008	广州地铁 5 号线	由于防水不当，导致施工中涌水、塌方、地面下陷
2008	广州地铁 6 号线东黄区间	盾构机开仓作业遇不明气体产生爆炸，导致人员伤亡
2008	上海地铁 10 号线 5.1 标	盾构进洞事故
2008	杭州地铁 1 号线	基坑坍塌事故
2009	深圳地铁 3 号线	盾构施工引起水管扭曲发生渗漏，导致水土流失，地面塌陷
2009	广州地铁 3 号线北延段	不明气体进入盾构舱内，现场人员中毒死亡
2009	埃及开罗地铁 3 号线	隧道坍塌
2011	天津地铁 2 号线建国道区间	盾构事故引起突泥涌水，盾构机被埋
2011	北京地铁 10 号线六莲区间	盾构掘进过程中土压控制偏低，导致地表塌陷
2012	日本某海底隧道	因突然停电等原因引起隧道坍塌
2012	天津地铁区间	隧道坍塌
2012	北京地铁 14 号线	东将区间盾构出洞事故
2013	西安地铁 3 号线通胡区间	盾构结构不稳定，顶部和侧面塌陷

续表

时间/年	工程	发生的事故、险情
2013	成都地铁 1 号线华广区间	成型隧道偏差超限
2014	深圳地铁 11 号线宝碧区间	注浆加固后刀盘被困无法转动
2014	南京地铁 4 号线鼓鸡区间	刀盘磨损严重，推进困难，换刀造成掌子面坍塌，地面塌陷
2014	武汉地铁 4 号线二期工程区间	盾构接收时涌砂涌水，导致地面沉降
2014	南昌地铁 1 号线珠长区间	刀盘磨损严重，无法通过加固体
2014	武汉地铁 3 号线王宗区间	自来水管爆裂，导致盾构被淹
2015	武汉地铁 3 号线市宏区间	天然气管道泄漏引发爆炸
2015	天津地铁 6 号线	隧道坍塌
2015	武汉地铁 4 号线	武昌复兴路车站接收事故
2015	武汉地铁 3 号线	香港路地铁坍塌事故
2016	南宁地铁 2 号线	联络通道透水事故
2017	厦门轨道 2 号线海东区间	盾构减压舱减压过程中发生起火
2017	天津地铁 Z1 线	接收坍塌事故
2017	郑州地铁 5 号线	接收事故
2018	广州地铁 21 号线 10 标	苏水区间隧道塌方
2018	合肥地铁 3 号线	四里河路—临泉西路区间坍塌
2018	佛山地铁 2 号线绿湖区间	盾尾密封击穿，隧道坍塌，地面大面积塌陷
2018	青岛地铁 2 号线	西段塌方
2018	深圳地铁 20 号线	联络通道透水事故
2018	福州地铁 6 号线	盾构接收事故
2018	徐州地铁 1 号线	联络通道透水事故
2019	深圳地铁 10 号线木华区间	轨道车间断性制动失灵导致人员伤亡
2019	上海地铁 18 号线	龙迎区间事故
2019	太原市轨道交通 2 号线	盾构接收事故
2019	郑州地铁 4 号线	隧道坍塌
2019	青岛地铁 4 号线	较大涌水突泥灾害事故
2019	佛山地铁 2 号线	湖绿区间旁通道漏水
2019	呼和浩特地铁 2 号线	旁通道路面塌陷
2019	杭州地铁 5 号线	区间旁通道漏水
2019	广州地铁 11 号线	沙河站横通道较大坍塌

续表

时间/年	工程	发生的事故、险情
2019	北京地铁	隧道上抬 126 mm，导致限速运营
2019	厦门地铁 2 号线	吕厝站出入口坍塌
2019	长沙地铁 5 号线	出入口暗挖通道路面坍塌
2020	长沙地铁 3 号线	出入口围护漏水
2020	北京地铁 16 号线	路面塌陷
2020	南京地铁 7 号线	路面塌陷
2020	杭州地铁 3 号线	路面塌陷
2021	南通地铁 2 号线	盾构接收漏水
2021	苏州地铁 S1	路面塌陷
2021	广州地铁 13 号线二期	地面坍塌

注：本表是根据公开报道的部分资料选择形成的，所列事故或是对设备、隧道、人员造成了损害，或是对环境造成了危害。

若这些事故或险情一旦发生在运营隧道部位，势必导致严重的后果。所幸的是各参与方对被穿越运营隧道的安全高度重视，尽管穿越过程中发生小的设备故障、事故征兆颇多，但都得到及时处置和控制。尽管如此，“任何一次大的事故发生背后都有千百次小的事故征兆”，根据海因里希法则（Heinrich's Law），唯有重视每一个微小险情和征兆才能防止大事故发生，抱着“如临大敌、如临深渊”的态度去对待每一次穿越施工，精心做好每一次风险分析和应对准备，才能做到防患于未然，消隐患于无形。

2.2 盾构近距离穿越风险因素分析

盾构近距离穿越施工不仅要保证新建隧道自身安全，而且还必须保证被穿越运营隧道的安全正常使用，还必须兼顾穿越交叉点附近地面敏感建（构）筑物和地下各种管线的安全。因此，穿越施工与一般盾构隧道施工相比，需要更加系统地、全面地考虑影响盾构穿越的各种风险因素，以及发生风险后带来的次生灾害的处置等。影响穿越施工的主要因素包括：穿越节点地层条件、穿越段运营隧道现状、盾构装备性能与适应性、施工材料匹配性、施工技术参数、施工隧道相关参数与隧道间的空间关系、应急预案实施条件。

2.2.1 穿越节点地层条件

穿越点的地层条件对盾构穿越施工影响重大。盾构穿越变形与地层损失发生机理密切相关，而不同地层中发生地层损失的机理有所不同，黏性土、非黏性土及复合地层对盾构穿越变形的影响差异很大。一般来说，在饱和软土中盾构施工会导致原始地层应力释放或结构性扰动，通过地层变形达到新的平衡状态，在地层变形过程中，被穿越隧道随地层发生相应的位移和变形。在饱和松散砂层中，盾构开挖过程中产生的扰动主要体现在砂土颗粒的超量流失，在大粒径的砂卵石地层中，由于颗粒间相互作用力产生的拱效应，盾构施工所产生的超量地层损失在地表沉降上的表现具有一定的滞后性和突发性，处理不当极易产生地表突沉等灾害。

1. 黏性土

黏性土随着含水率的不同会呈现出从泥泞到坚硬不同的物理状态。软黏土地层主要分布在上海、天津、苏州、杭州、宁波等沿江沿海地区，这类地层的工程特性是含水量高，呈“软塑—流塑”状态，孔隙比高，灵敏度高，承载力低，且一经扰动，强度明显降低，蠕变性强。以上海淤泥质粉质黏土为例，其含水量为 40%～60%，孔隙大，黏聚力小，内摩擦角小，流塑或软塑地层的灵敏度高，即使较小的施工扰动也会破坏其原有的结构，导致其强度下降明显并产生较大的地层变形，而且工后地层变形占比较大，地面沉降稳定需经历很长时间。

当黏土处于硬塑状态时，土体自身强度及稳定性较软黏土强。但由于此类地层的黏性大，附着力强，盾构掘进时刀盘、土仓及螺旋出土机十分容易发生“结泥饼”现象，导致切削与出土极为困难，推力、扭矩等掘进参数不稳定，推进速度缓慢，对地层产生过大扰动，导致地层损失大，穿越相关建构筑物时的隆沉及地表变形控制难度大。

2. 非黏性土

无黏性地层中黏土含量低，对盾构施工和地层损失控制影响明显的土性特征是其粒组成分、密实度、矿物含量与含水量。

1）砂层

砂层属于不稳定地层，尤其是饱和松散砂层，在动水压力作用下极容易失稳，需要严格控制土仓（泥水仓）压力值。砂层中黏土矿物含量少，地下水与其不能形成流塑性良好的渣土，在密封仓内就形成水渣分离的状态，螺旋输送机成了具有一定压力的液体管道，打开闸门则会有高压泥水喷涌出来，大量喷涌会造成土仓的突然卸压，进而引发地层损失突增，既有隧道和地面严重沉降。此外需要特别注意的是，在此类不稳定地层中近距离穿越运营地铁过程中，上方运营地铁列车的往复荷载传递至开挖面影响范围后，饱和砂层的动水压力上升，颗粒流动性增强，进一步增大开挖面地层损失，将增大对既有运营隧道变形控制的难度。

2）砂卵石地层

我国盾构施工遇到的砂卵石地层大体上有两类：①以成都地铁穿越的间断级配卵石层为代表，粒径一般在 30～70 mm，由卵石和细砂两个极端组成；②以沈阳为代表的连续级配卵砾地层，粒径大于 20 mm 的卵石占 30%～40%。

成都卵砾石地层呈现非连续颗粒级配，地层中以大颗粒为骨架，由黏土等软弱介质填充，盾构在此类地层中掘进产生的地层损失较大，如图 2-2 所示。其一，沿刀盘外周处的地层颗粒尺寸较大，导致开挖面轮廓尺寸在一定程度上大于刀盘直径，进一步增大了超挖量。其二，如若开挖断面中出现大直径漂石（直径大于 60 cm 的高强度漂石），既不能进入土仓，也无法被有效破除，将随刀盘向前进，导致盾构推进困难，产生更大的地层扰动，进一步增大地层损失。其三，这类地层的间隙大，孔隙率高，盾构同步注浆扩散范围大，注浆效果不佳，施工间隙不能有效填充，也会导致地层损失的增大。其四，大颗粒骨架具有一定的自稳能力，隧道开挖后能形成可以承受一定荷载的拱结构，尽管地层损失较大，但施工期的地层变形较小，但不可忽视的是，这一拱结构可能会随时间失效，表现为地层损失不断向地表方向扩展，最终可能导致地表突沉等灾害。

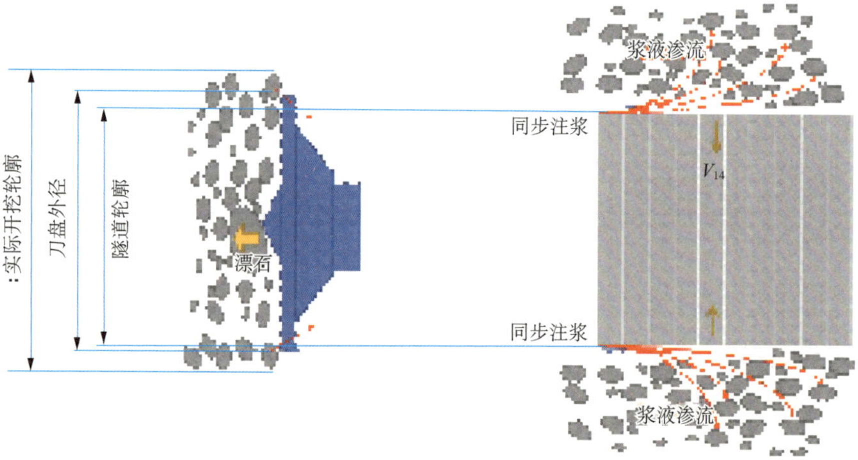

图 2-2　大粒径砂卵石地层盾构施工地层损失增大

以沈阳为代表的连续级配砂卵石的砾石颗粒不大，一般粒径为 5～20 mm，可见最大粒径 150 mm，无须对其进行破碎即可排出，颗粒间为中风化半胶结，地层可开挖性好，但由于缺少大颗粒骨架的支撑作用，地层自稳能力差，开挖面易失稳，产生超量地层损失和地面变形。

3. 复合土质地层

“松散砂层—硬黏土复合地层”盾构施工的难点在于，硬黏土易“结泥饼”，而砂层易“超排”，导致开挖面失稳，二者复合后若两个问题同时出现，盾构掘进及环境影响控制的难度相对于单一不良地层会更大。广州地铁 1 号线泥水盾构穿越该类地层时曾发生地面坍塌、房屋倒塌事故，穿越断面从上到下依次为松散砂层、硬塑状砂岩残积层和全风化带，三者基本各占三分之一，施工中硬塑状黏土首先发生“结泥饼”现象，导致掘进速度变慢，泥水仓压力不稳定，为清洗过滤箱而使得泥浆输送处于“旁通”模式，为维持切削面压力而不得不注入清水，导致泥浆质量下降，砂粒超量排出，最终导致开挖面失去稳定，引发坍塌事故。杭州地铁某区间遇到“松散砂层—软黏土复合地层”，上部为松散砂层，下部为淤泥质软土。盾构在该复合地层中施工遇到的问题是姿态控制困难，盾构机呈整体上浮趋势，盾构过大的俯仰角及太剧烈的纠偏操作，不可避免地导致开挖体积增大，地层损失增大，产生地表沉降超限及后期管片上浮、开裂、渗漏水等。

综上所述，如果盾构与既有隧道之间的地层是强度较高的黏性地层，在其他条件相同情况下穿越风险要小得多，如果是软弱淤泥质地层或是砂性地层，盾构穿越施工风险较大。而上海属于沿海地区，其上部地层以滨海沉积物为主，其中恰好以淤泥质黏土和砂性地层以及两者之间的互层为典型，加之水文条件复杂，会给盾构穿越施工带来多种不同的风险。因此，有必要首先对上海地区地质水文的特点及其给盾构穿越带来的风险进行介绍与分析。

4. 上海软土层

1）上海地区土层构成及基本性质

根据上海地质调查与勘探资料，上海中心城区地表下 100 m 深度范围内土层主要分为九大工程地质层(表 2-2)，地质时代为晚更新世—全新世，基岩大约埋深于地层 300 m 以下。全新世土层(Q_h)共分为五个大层，土层序号为①—⑤层，一般厚度为 20～30 m，在古河道切割区，厚度深达 60 m 左右；晚更新世土层(Q_p)共分为四大层，土层序号为⑥—⑨层[局部区域 100 m 深度范围涉及第⑩层(Q_{p2})]。各典型土层物理力学性质如表 2-3 所示。

上海市区外环以内的地层分布如图 2-3 所示。在上海地区，地层缺失现象比较普遍，根据主要地层缺失的分布情况，将其按表 2-4 所示原则，主要以对地下工程建设条件影响较大的第⑤层土、第⑥层土及第⑧层土的有无进行划分。Ⅰ区、Ⅱ区、Ⅲ区未受古河道切割影响，存在第⑥层土，属于正常地层区域。其中Ⅰ区地层最为完整，②—⑨层土普遍存在，而Ⅱ区及Ⅲ区分别缺失第$⑤_1$ 层土及第⑧层土。Ⅳ区、Ⅴ区、Ⅵ区、Ⅶ区因受古河道切割影响，缺失第⑥层土，统一被划分为古河道区域，而后再根据第$⑤_2$ 层土及第⑧层土的缺失情况进行次区划分。

表 2-2　　上海 100 m 深度范围土层层序表

年代	工程地质层组		地层序号	土层名字	层顶埋深/m	厚度/m	分布状况
Q_4^3	填土层	①	①$_1$	人工填土			遍布
			①$_2$	浜填土、浜底淤泥			仅分布于明浜、暗浜(塘)区
			①$_3$	灰黄—灰色粉土			仅分布于黄浦江沿岸
	硬壳层	②	②$_1$、②$_2$	褐黄—灰黄色黏性土			广泛分布，明、暗浜缺失
	第一粉土、砂土层		②$_3$	灰色粉土			分布于吴淞江故道及其他零星地区
Q_4^2	第一软土层	③	③	淤泥质粉质黏土			广泛分布，吴淞江故道及黄浦江沿岸缺失，局部夹粉土或粉砂多，可分出③$_2$ 或③$_夹$
		④	④	淤泥质黏土			遍布，局部缺失，局部底部分布粉土或粉砂层，可分为④$_2$ 层
Q_4^1	第二软土层	⑤	⑤$_1$	灰色黏性土			遍布，局部缺失
	第二粉土、砂土层		⑤$_2$	灰色粉土、粉砂、粉质黏土与粉砂互层	15～25	4～10(局部＞15)	主要分布于古河道地区
	第二软土层		⑤$_3$	灰色粉质黏土			古河道区分布
			⑤$_4$	灰绿色粉质黏土			古河道内零星分布
Q_3^2	第一硬土层	⑥	⑥	暗绿—草黄色黏土			分布较广，古河道区缺失
	第三粉土、砂土层	⑦	⑦$_1$	草黄—灰色粉土、粉砂	20～30	5～10	分布较广，古河道区缺失或较薄
			⑦$_2$	灰色粉细砂	35～55	5～30	遍布，仅局部缺失
	第三软土层	⑧	⑧$_1$	灰色黏性土			分布较广，市区南部呈条带状缺失
			⑧$_2$	灰色粉质黏土、粉砂互层			
Q_3^1	第四砂土层	⑨	⑨$_1$	青灰色粉细砂夹黏土	60～80	10～40	分布较稳定
			⑨$_2$	青灰色粉、细砂夹中、粗砂			

表 2-3　上海中心城区 100 m 深度范围内各土层物理力学性质表

土层层号	土层名称	含水量 ω /%	重度 γ /(kN·m^{-3})	孔隙比 e	塑性指数 I_p	直剪(峰值) c /kPa	直剪(峰值) φ /(°)	压缩系数 $a_{0.1\sim0.2}$ /MPa^{-1}	压缩模量 $E_{s0.1\sim0.2}$ /MPa	标准贯入 $N_{63.5}$ /击	比贯入阻力 p_s /MPa
②$_0$	砂质粉土、黏质粉土	30.4～41.8	17.4～18.9	0.87～1.17		4.0～12.0	13.5～24.0	0.19～0.72	3.47～8.35	2.0～11.0	0.91～3.17
		37.3	18.2	1.06		7.3	18.8	0.39	5.78	4.7	1.31
②$_1$	粉质黏土	25.4～40.5	17.9～19.8	0.73～1.14	11.5～21.0	8.5～28.5	12.7～26.2	0.20～0.65	3.00～5.22		0.70～1.35
		35.0	18.5	0.95	16.8	20	19.0	0.40	4.8		0.85
②$_{3-1}$	黏质粉土—砂质粉土	26.8～38.3	18.1～19.2	0.83～1.07		3～15.6	14.5～24.7	0.18～0.46	4.47～9.20	1.5～6.7	0.95～3.44
		32.8	18.8	0.93		10.3	18.9	0.29	7.03	4.8	1.44
②$_{3-2}$	砂质粉土—粉砂	26.1～39.8	17.7～19.7	0.70～1.15		0.5～10.0	17～30	0.08～0.28	6.7～11.6	3.5～16.0	1.90～4.33
		32.6	18.5	0.94		3.8	23.2	0.21	10.1	9.2	3.65
③	淤泥质粉质黏土	36.0～49.7	17.1～18.6	1.00～1.36	10.3～17.0	8.5～14.2	12.1～25.0	0.30～1.03	2.20～4.50		0.60～1.20
		42.9	17.5	1.18	13.7	11.4	19.0	0.67	3.50		0.60
④	淤泥质黏土	40.0～59.6	16.4～17.9	1.12～1.67	17.0～25.1	11.5～15.7	8.5～16.9	0.55～1.65	1.32～3.58		0.36～0.60
		49.8	17.3	1.40	21.1	13.6	12.7	1.10	2.45		0.48

续表

土层层号	土层名称	含水量 ω /%	重度 γ /(kN·m^{-3})	孔隙比 e	塑性指数 I_p	直剪(峰值) c /kPa	直剪(峰值) φ /(°)	压缩系数 $a_{0.1\sim0.2}$ /MPa^{-1}	压缩模量 $E_{s0.1\sim0.2}$ /MPa	标准贯入 $N_{63.5}$ /击	比贯入阻力 p_s /MPa
⑤$_1$	黏土、粉质黏土	29.8～42.5	17.5～19.0	0.85～1.22	10.2～20.0	11.5～20.0	12.7～20.4	0.28～0.71	3.00～4.80		0.80～1.30
		36.2	17.8	1.04	15.1	15.8	18.0	0.50	4.00		1.10
⑤$_2$	砂质粉土—粉砂	28.0～37.1	17.8～19.3	0.78～1.09		0～14.2	23.5～35.0	0.12～0.47	4.50～11.5	10.0～16.0	2.50～7.50
		32.5	18.2	0.96		7.0	29.0	0.21	8.50	9.2	3.65
⑤$_3$	粉质黏土夹粉砂	28.1～40.0	17.8～19.1	0.82～1.15	10.4～18.6	10.0～24.3	15.5～23.7	0.22～0.52	4.00～6.50		1.20～2.50
		34.0	18.3	0.97	15.4	19.0	19.8	0.39	5.20		1.35
⑤$_4$	粉质黏土	19.3～28.3	18.9～20.8	0.58～0.84	10.1～15.8	28.5～45.0	15.5～27.4	0.14～0.34	5.26～7.50		1.60～2.50
		26.0	19.4	0.70	14.0	35.0	21.0	0.27	6.20		2.00
⑥	粉质黏土	21.3～27.7	19.1～20.5	0.63～0.80	11.3～16.8	42.9～53.0	15.5～20.9	0.14～0.30	5.50～7.50		1.80～3.00
		24.0	19.6	0.68	14.8	45.0	17.0	0.24	6.00		2.50
⑦$_1$	黏质粉土—砂质粉土	21.0～34.5	18.2～20.3	0.59～0.95		0～10.0	27.5～38.5	0.08～0.30	6.50～18.27	16～35	3.50～12.50
		31.5	19.0	0.88		7	29.5	0.18	10.50	4.8	8.50

续表

土层层号	土层名称	含水量 ω /%	重度 γ /(kN·m^{-3})	孔隙比 e	塑性指数 I_p	直剪(峰值) c /kPa	直剪(峰值) φ /(°)	压缩系数 $a_{0.1\sim0.2}$ /MPa^{-1}	压缩模量 $E_{s0.1\sim0.2}$ /MPa	标准贯入 $N_{63.5}$ /击	比贯入阻力 p_s /MPa
⑦$_2$	粉砂	19.5～34.1	18.4～20.3	0.59～0.92		0～7.1	29.5～39.5	0.07～0.23	8.50～22.36	35～>50	10.0～25.0
		28.0	19.5	0.79		0	34.5	0.11	16.50	45	17.50
⑧$_1$	粉质黏土	29.9～40.7	17.8～19.1	0.84～1.17	10.9～21.0	14.3～28.6	16.9～23.7	0.19～0.50	4.00～6.82		1.50～2.30
		36.0	18.0	1.04	16.5	18.0	19.0	0.45	4.50		1.80
⑧$_2$	粉质黏土夹粉砂	22.2～38.5	18.2～20.0	0.66～1.08	8.1～20.0	8.6～18.6	18.2～25.4	0.13～0.40	4.50～8.50		2.50～4.50
		33.0	18.7	0.85	13.5	15.0	23.0	0.28	6.50		3.20
⑨$_1$	粉砂夹黏性土	19.0～34.4	18.4～21.0	0.51～0.85		0～7.0	27.5～42.8	0.06～0.27	9.60～22.43		
		27.5	19.5	0.65		5	31.5	0.11	15.0	>50	
⑨$_2$	粉细砂夹中粗砂	14.0～30.2	18.7～21.6	0.50～0.81		0	31.2～45.0	0.05～0.19	10.50～24.10		
		25.0	19.9	0.63		0	35.0	0.09	18.10	>50	

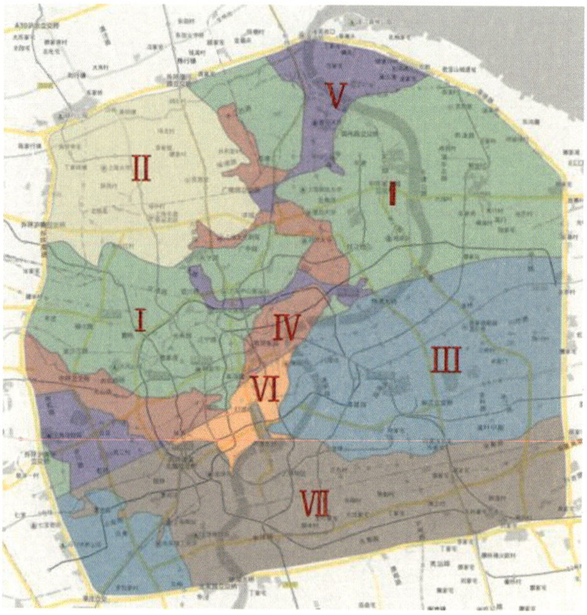

图 2-3　上海市区(外环内)的地层分布

表 2-4　地层组合分区原则

分区				土层组合特征
正常地层区域（有⑥层）	Ⅰ	有⑧层		②—⑨层普遍存在；⑦层层顶埋深为 20～30 m
	Ⅱ			⑤$_1$ 层厚度薄，局部缺失；⑦层顶板埋深浅，约 20 m
	Ⅲ	无⑧层		⑦层层顶埋深约 30 m；⑦、⑨层相连
古河道区域（⑥层缺失）	Ⅳ	有⑧层	无⑤$_2$ 层	⑤$_3$ 夹少量粉砂透镜体；⑦$_2$ 层顶板埋深约 40 m
	Ⅴ		有⑤$_2$ 层	⑤$_2$ 层顶板埋深约 22 m；⑤$_3$ 层夹少量粉砂透镜体；局部⑤$_2$ 层与⑦层相连
	Ⅵ	无⑧层	无⑤$_2$ 层	⑦层埋深约 40 m；⑦、⑨层相连
	Ⅶ		有⑤$_2$ 层	⑤$_2$ 层埋深约 20 m；⑦层埋深变化较大，40～50 m；局部⑤$_2$ 层与⑦层相连；⑦、⑨层相连，局部承压含水层总厚度达 130 m

2）盾构施工涉及土层分析

上海地区的盾构隧道主要在③、④、⑤、⑥、⑦、⑧层土中掘进，地铁隧道多在⑦层地层以上的地层中，极少隧道的底部位于⑦$_1$ 或⑦$_2$ 层地层中，不同土层与盾构机械设备相互作用时，表现出与其他类型工程活动的巨大差异，这些差异可导致各类风险发生。具体分析如表 2-5 所示。

表 2-5　　不同土层中盾构穿越施工的影响一览表

土层类别	土层序号	工程性质评价	对盾构施工的影响	对隧道稳定性的影响
黏性土层	③、④	流塑状，渗透性较差，含水量高，孔隙比大，高灵敏度，高压缩性，强度低，具触变和流变特性，土质较差	渗透性低，机械切削能好，有利于盾构掘进施工；当易扰动变形，导致地层流动或失稳； 强度低，曲线顶进时易偏移设计方向	开挖扰动易产生结构破坏，强度降低，重新固结导致隧道产生过大沉降或不均匀沉降； 运营期列车动载造成长期沉降
	⑤$_1$、⑤$_3$	软塑状，灵敏度较高，高压缩性，土质一般	软弱稍具黏性，易于切削施工	有利于隧道稳定
	⑤$_4$、⑥、⑧$_1$	硬塑—可塑状，强度高，渗透性差	强黏附性，易黏着盾构设备或造成管路堵塞，使掘进难以进行； 强度高，对盾构推进阻力较大； 易结泥饼，会增大刀盘负担或造成管路堵塞	有利于隧道稳定
粉(砂)性土层	②$_3$、③t、⑤$_2$、⑤$_3$、⑤$_2$、⑤$_{3T}$	较松散，渗透性强，中压缩性，土质不稳定，地下水呈微承压性质	开挖揭露时易产生流砂现象，导致开挖面失稳；振动及颗粒流动会导致额外地层损失	隧道稳定时间快；注浆填充效果存在不确定性；隧道易发生渗漏，产生水土流失或沉降
	⑦$_1$、⑦$_2$、⑧$_2$	中密密实砂土，俗称“铁板砂”，强度高，低压缩性，土质好	⑦$_1$、⑦$_2$ 层含承压(微承压)水，盾构掘进阻力大，螺旋机及皮带机出渣困难，易盾尾漏水或螺旋机突涌	隧道易发生渗漏
黏土/砂土互层	③$_T$&③、③$_T$&④、⑤$_1$&⑤$_2$、⑤$_3$&⑤$_{3T}$、⑥&⑦、⑦&⑧$_1$、⑧$_1$&⑧$_2$		盾构易产生叩头、抬头等姿态变化； 易产生较大的砂土损失； 盾构埋深较浅时易产生较大地层变形； 易发生螺旋机喷涌	隧道下卧土层为软弱土层时易产生长期沉降；当隧道位于透水层时，易发生渗漏

3）承压含水层

上海市区承压水地层分布情况及各承压水层参数对比分别如图 2-4 和表 2-6 所示。应注意对当前深度的地下工程构成威胁的上海深层承压水层主要为第一(⑦层)、第二承压水层(⑨层)，同时还应注意位于稍浅层的微承压水层及其相互之间的水力联系，有些地层确实存在②$_3$、⑤$_2$、⑦层相连，或⑦层和⑨层相连。

上海第一承压水含水层(⑦层)分布：该层为更新世晚(Q_{p3})河口—滨海相沉积，中心城区普遍分布，空间分布较为连续，仅在市区北部古河道深切区缺失。市南部的徐汇、黄浦以及浦东新区第一承压水含水层与下部第二承压水含水层相连通，含水层顶板标高在 −20～−45 m，北部地区含水层厚度一般小于 10 m，南部地区一般介于 10～30 m，联通区在 30～50 m，含水层岩性以黄灰、灰色砂质粉土和粉砂为主。

上海第二承压水含水层（⑨层）分布：该层为更新世早（Q_{p3}）滨海—河口滨海相沉积，中心城区普遍分布，分布较连续，含水层层顶标高在－80～－60 m。含水层岩性以灰砂、中粗砂为主。

地下水由于施工影响而产生水头差，会使浅层粉和砂性土产生流砂、管涌现象，造成地层损失，并导致地面沉降，甚至产生地下空洞，空洞的坍塌易造成突发性后果。而当开挖面距离承压含水层较近时，易诱发承压水突涌，导致隧道变形、坍塌。

上海微承压水主要分布在⑤$_2$ 层及⑤$_{3T}$层，为全新世早期（Q_{h1}）滨海、沼泽、溺谷相沉积。现有资料反映，⑤$_2$ 层在中心城区南部的古河道区普遍分布，厚度在 2～25 m，底板埋深在－40－～22 m；苏州河以北地区空间分布不连续，以渗透镜体状零星分布，底板埋深在－36～－20 m，层厚在 2～16 m。含水层岩性以灰色砂质粉土和粉砂为主。值得注意的是，部分古河道区切割深度很大，在⑤$_3$ 层黏土质下分布⑤$_{3T}$层粉性土或砂土，该层土同样具有承压特性。⑤$_2$ 层土层土性变化均较大，渗透系数差异大，局部与第一承压水含水层连通。

第一、第二深部承压水层对隧道施工的危害体现在：易导致盾构螺旋机喷涌，盾尾刷及管片接缝渗漏等。而微承压水由于与潜水层软弱地基相联系，易导致较大地层损失及地层位移。

图 2-4　上海市区含承压水地层分布情况

表 2-6　　各承压含水层汇总对比表

层序	水平渗透系数/(cm·s^{-1})	垂直渗透系数/(cm·s^{-1})	水平渗透系数比较	单井出水量—273 井/(m^3·h^{-1})	出水量比较
⑤$_2$ 砂质粉土、粉砂	(1～10)×10^{-4}	(1～10)×10^{-5}	1	5～15	1～1.5
⑦$_{1-1}$ 黏质粉土	(2～10)×10^{-4}	(4.5～10)×10^{-5}	1	5～10	1
⑦$_{1-2}$ 砂质粉土	(5.5～55)×10^{-4}	(5.5～55)×10^{-5}	5～10	10～30	3～5
⑦$_2$ 粉细砂	(3.5～9)×10^{-3}	(7～17)×10^{-3}	10～100	20～50	5～10
⑨$_1$ 粉砂夹黏性土	(4～7)×10^{-2}	(1～1.5)×10^{-2}	100～200	80～125	10～15
⑨$_{2-1}$ 粉细砂夹中粗砂	(5～8)×10^{-2}	(1～2)×10^{-2}	150～300		15～20
⑨$_{2-2}$ 中粗砂	(7～9)×10^{-2}	(2～2.5)×10^{-2}	200～600	＞200	20～40

4）特殊地质

（1）浅层沼气。

浅层沼气是地下空间开发时可能遇到的地质灾害之一。当盾构掘进时，由于浅层沼气释放，可能造成下伏土层失稳，使已建好的隧道产生位移、断裂，造成无可挽回的重大经济损失。上海地区浅层沼气最浅仅 8 m，最深 30 m 左右，浅层沼气主要有两个层位：

① 20 m 以上的气层，分布在地质历史时期海侵最大时形成的沉积层内（海相层），一般呈交互状的扁豆体出现，以贝壳、贝壳砂层为主储气层，构成上海市埋藏最浅的储气层。

② 25 m 左右的气层，为上部海相层沉积，受中部陆相层顶部起伏的控制，主要储气层为砂层，一般呈透镜体或单向尖灭体出现。

（2）地层缺失。

在上海地区，地层缺失现象比较普遍，其中对地铁建设影响较大的第⑥层、第⑧层均存在缺失，如图 2-3 和表 2-4 所示。

地层缺失对盾构施工的影响主要表现在：第⑥层及第⑧层土层的缺失，导致承压水含水层相互连通，如处理不当极易造成承压水突涌，同时水量补给十分丰富，在施工过程中需不断降水，这会导致地面大范围沉陷，给周围环境带来不利影响。

（3）不可预见不良地质。

地层中存在不少零星分布的透镜体（沼气层、微承压水层）、沙包、孔穴等不良地层，通常难以通过地质勘察精准预测，容易导致盾构突沉、磕头、毒气爆炸及盾尾意外跑浆。

2.2.2　穿越段运营隧道现状

穿越前，首先需要对既有隧道结构状态进行详细调查、分析与安全评估。在此基础上，进一步对隧道结构安全状态有了清晰了解后，针对隧道现状提出穿越施工引起隧道变形的控制标准、施工对策和应急对策。

1. 地铁管片隧道常见病害现象及分布

一般运营地铁隧道在其建设过程中会遗留不少潜在结构病害，盾构穿越施工中控制不当必定会引起地层的较大扰动，加剧原有病害或产生新病害，从而引起隧道纵向及环向接头渗漏水与挤压、道床与管片脱开（有称为离缝）、隧道管片之间的错台等，最终严重影响地铁隧道运营安全。

当管片拼装形成的盾构隧道某一环处于不安全状态时，邻近较大范围隧道结构会产生连锁反应，当变形等超出结构安全标准就会威胁整段地铁隧道安全。根据 2010 年对上海全路网 11 条线路共 185 段区间 35 万环隧道管片进行的全面检测，进行粗略统计分析，结果如图 2-5 所示。

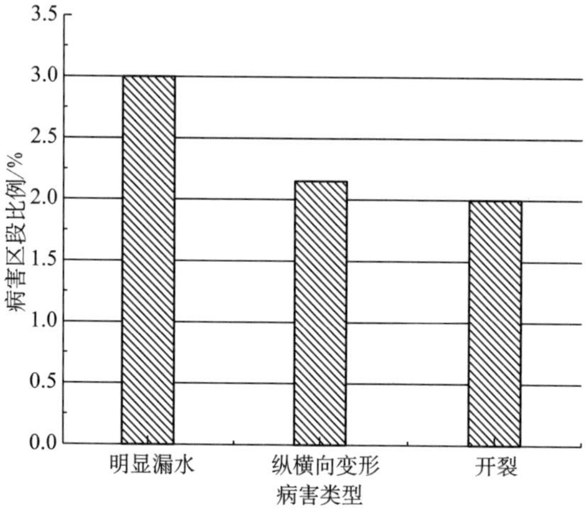

图 2-5　上海地铁运营隧道病害统计

隧道结构病害大致分为渗漏水、结构/构件损伤损坏、隧道变形和耐久性四大类、15 个小类，如表 2-7 所示。

表 2-7　隧道结构病害分类

序号	病害分类	病害现象描述
1	渗漏水	湿渍，滴水，渗水，漏水，漏泥，漏砂，涌水，涌砂
2	结构/构件损伤损坏	管片开裂(纵向裂缝)，碎裂
		缺角，掉边，掉块
		管片暴露钢筋
		螺栓及金属连接件外露，锈蚀，断开
		弹性密封垫受损、撕裂或破坏
		拼缝处可以看见螺栓
		错台(主要指环缝，环与环之间，块与块之间)
		拼缝张开(主要指纵缝)
		拼缝过度闭合造成管片压损(主要指纵缝)
		道床脱开(道床与管片之间开裂)
3	隧道变形	纵向不均匀沉降(环与环之间)，错台等
		横向收敛变形(单一衬砌环)
		位移
4	耐久性	碳化深度，混凝土强度降低

通过对检查结果进行统计分析，结构病害主要分布于环纵缝等接头处、手孔与螺栓孔、吊装孔或注浆孔、管片开裂或缺角掉边等部位。

病害主要分布区段为车站端头井、车站与隧道结合部位、旁通道及泵站、小半径曲线、出入库线、地质条件差的区段、同步注浆质量差的区间、曾经发生过事故段或险情发生处、基坑施工影响范围段、隧道相互穿越段、邻近隧道有外部作业的区段等。

2. 隧道主要病害原因及危害

影响隧道病害产生和发展的因素很多，我们经过 20 多年的跟踪调查分析，认为有以下八大类主要因素会密切影响隧道病害的产生和发展：①隧道建设施工质量；②敷设隧道的地质条件；③建设施工环境；④运营维护质量；⑤地面区域性沉降；⑥使用荷载变化与列车通过时所产生的振动影响；⑦邻近地铁隧道施工的各类施工；⑧隧道的耐久性。

常见地铁隧道病害如下：

(1) 渗漏水。渗漏点主要集中发生在管片接头部位，即拼缝部位，个别渗漏点发生在管片上新产生的裂缝、注浆孔、螺栓孔等部位，主要是由施工质量控制不到位造成的。

(2) 管片损坏或损伤。管片缺角掉块或产生了新裂缝，集中在封顶块及与封顶块相邻的部位，主要发生在施工阶段，其中以千斤顶推力过大顶裂管片、管片拼装精度不足产生应力集中以及盾构纠偏过大引起盾壳与管片之间的挤压引起开裂的情况最为常见。

(3) 纵向不均匀沉降过大。主要体现在累计沉降、沉降曲率、沉降坡度和沉降速率等较大。纵向不均匀沉降过大将导致隧道环缝错台过大而引起漏水，漏水又会加剧隧道的沉降和变形。一般城市中心地段、穿越段、地质软弱段以及车站与隧道结合部位、旁通道地面地下过渡段结合部等均存在明显不均匀沉降。

(4) 隧道收敛变形。除施工质量原因外，地面堆载、桩基挤压、基坑卸载等工程活动可导致隧道（尤其是刚建成隧道）收敛变形过大而致管片开裂渗漏、衬砌环承载力下降等。

(5) 接缝张开和错台。表现为管片之间以及环与环之间的纵、环缝的开闭与错开变形，直接影响隧道防水与列车运营安全。

(6) 道床与管片衬砌脱开。一般在地铁隧道投入运营几年后，很多小半径曲线段，甚至部分直线段的地铁隧道道床与管片间易发生脱开现象，影响列车运行。这主要是由于地层持续变形引起隧道管片衬砌横向或纵向不均匀变形在运营期持续不稳定发展，最终造成道床与管片之间纵横向相对剪切滑动而致脱开。

3. 运营地铁振动

运营地铁隧道，在地铁列车通过时运行速度高、运载量大、列车通过频次高（超过600 次/d），在轨道和地基中产生周期性循环振动，导致地层中累计塑性变形增加。

1）对盾构穿越施工的风险

列车通过时，循环振动冲击荷载会通过轮轨关系传递到扣件上，扣件传递到轨枕上，轨枕又是锚固在道床上，道床与隧道管片连接在一起并置于隧道上，隧道管片又与地层的土体密切接触。通过这一系列接触关系，列车的振动荷载最终传递到地层中。在对地层的测试中发现，列车振动与地层振动之间的动力响应关系十分复杂。当进行下部穿越时，地层的振动再传至盾构开挖面上，改变其应力状态和分布特征。尤其在盾构穿越段涉及砂土层时，较高的超孔隙水压叠加往复振动条件下，砂土颗粒受到振动激励而加速运动，会大大加剧开挖面的水土流失，从而导致地层损失的控制十分困难。此外，砂土拱效应又会导致这种附加地层损失效应发生“滞后假象”，误导工程师的判断，从而延误处理时机，最终引发重大灾害。

2）对运营隧道自身的风险

列车循环振动冲击除了对地铁列车轨道、隧道自身造成疲劳损伤外，当隧道存在渗漏水或注浆体为惰性浆液时（易离析）可能给地层带来振陷，会导致隧道下卧地层累计塑性变形增加，导致长期沉降很大。监测发现，在地铁建成初期 10 年内，地铁振动导致的隧道变形所占比例比较大。此外，地铁隧道交叉穿越处形成的上下多线地铁隧道，会对该区域地层产生多源振动叠加，加剧穿越处的地铁隧道变形和位移。

2.2.3 盾构装备性能与适应性

盾构装备对隧道施工影响最重要的因素，不同盾构类型及其参数配置对地面沉降有巨大影响，其装备水平的高低将在穿越中起到决定性作用。目前，在软土地区的城市公路和地铁等公共隧道施工的盾构主要包括土压平衡盾构（EPB）和泥水平衡盾构（SPB）两大类，一般在黏性土中使用土压平衡盾构，在无黏性土中采用泥水平衡盾构。在盾构选型和配置参数时除基本要求外，应重点强调以下技术要求：

（1）盾构掘进速度稳定、控制性能良好，速度调控的灵敏度高，最低速度可调至3～5 mm/min；

（2）土压平衡反馈控制系统的灵敏度高，土压测量精度为±1 kPa；

（3）在曲线段或困难地层，必要时，可在刀盘上设置仿形刀，以使超挖的角度及深度范围可控，从而形成必要的盾构偏转空间；

（4）同步注浆浆液应具有较高的稠度和较低的泌水性、收缩率，并配备管路冲洗装置，以保证管路畅通；

(5) 装备推力及扭矩力储备系数较高,并配备加泥浆、泡沫装置,以提高对土层的适应性;

(6) 尽量使用变频电机驱动刀盘,或简化庞大的液压系统及其维护,以提高设备可靠性;

(7) 刀盘的开口率定位于 30%左右,可维持土仓内良好的土压平衡状态,并使得软泥从切削面顺利流向土仓,以适应上海地区软土地层的挖掘。在砂土地层中,还应配置可在土仓内注入泡沫、高分子泥浆等的设施。

不论是泥水平衡还是土压平衡盾构,对于穿越工程而言,盾构主体、开挖装置(盾构刀盘形式、开口率、刀具配置)、推进机构、出土系统(螺旋出土机能力)、管片拼装、同步注浆系统、辅助系统等参数配置都会对盾构性能发挥影响很大。

1. 盾构选型

盾构选型正确与否决定工程的成败及安全性,相关系统、机构及装置配置则决定了施工进度和工程经济性。盾构机选型是指选择与特定的施工环境、工程地质和水文地质特征相适应的盾构机。软土盾构机通常适用于未固结成岩的软土、某些半固结成岩以及全风化和强风化围岩地层,其主要特点是刀盘仅安装切削软土用的切刀和刮刀,基本上不安装滚刀,该类盾构机在我国典型软土地区,如上海、杭州、南京、天津、福州等沿海城市地铁隧道建设中被广泛使用。

根据盾构正面支护形式,应用最广的为土压平衡盾构和泥水平衡盾构两种,二者适用地层分别如图 2-6 和图 2-7 所示。因此,在盾构选型和装置机构配置上需要审慎考虑不同地质条件、环境要求和施工条件等后做出选择。

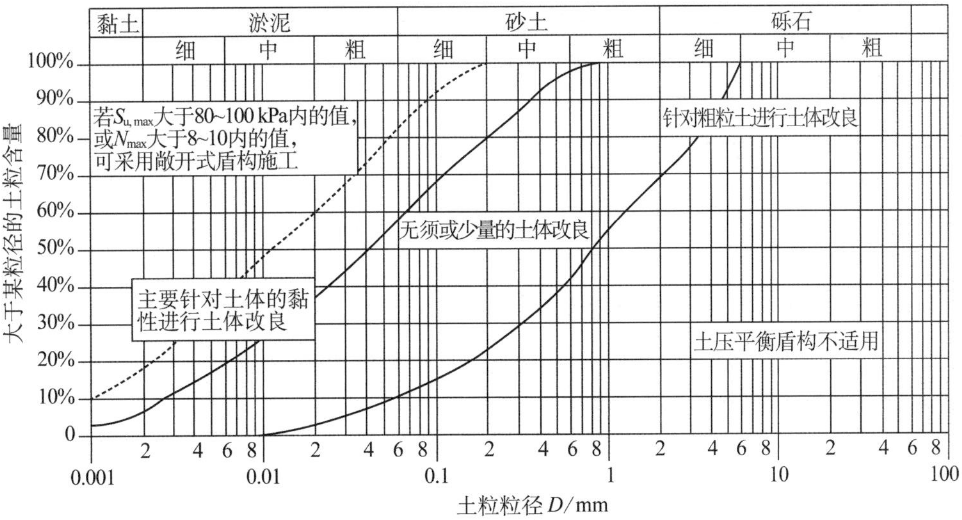

图 2-6　土压平衡盾构的适用地层

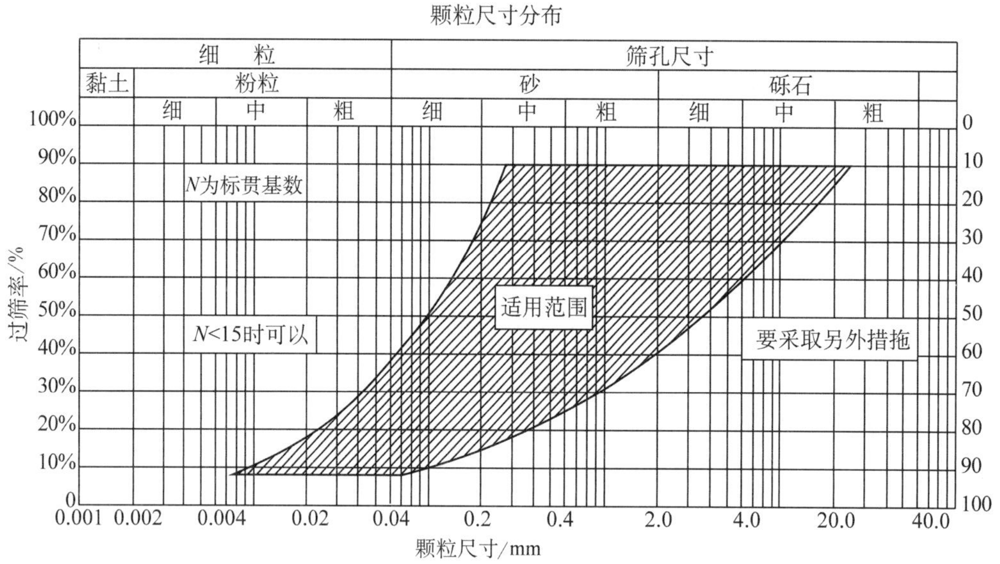

图 2-7　泥水平衡盾构的适用地层

盾构选型方法应明确盾构与土层的静态匹配关系，其精细化选型流程如图 2-8 所示。盾构适应性评价则应体现盾构适应性的动态特性，为此分别建立盾构选型指标系统与盾构适应性指标系统。

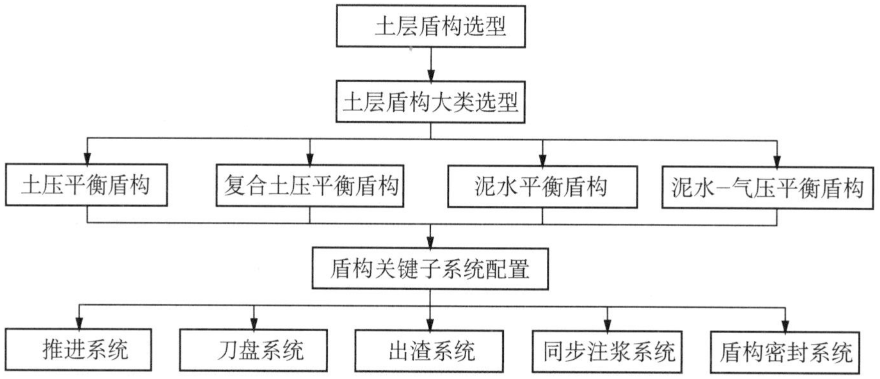

图 2-8　盾构精细化选型示意图

下面简单介绍常见的盾构机选型方法，分别是根据地层渗透系数进行选型和根据岩土体的颗粒级配进行选型两种方法。

1）根据地层渗透系数进行选型

如图 2-9 所示，当地层渗透系数大于10^{-4} m/s 时，可选用用泥水平衡盾构；当地层渗透系数小于10^{-7} m/s 时，可选用土压平衡盾构；渗透系数位于10^{-7}～10^{-4} m/s 之间地层，二者都适用，但土压盾构一般应考虑采取土体改良或气压措施。

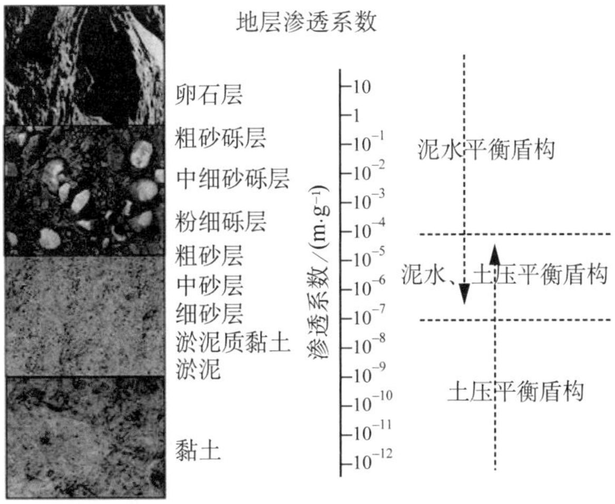

图 2-9　根据地层渗透系数选型

2）根据岩土体的颗粒级配进行选型

土压平衡盾构主要适用于粉土、粉质黏土、淤泥质粉土、粉砂层等黏土类土层中的施工。一般来说，这类土体细颗粒含量多，渣土易形成不透水的流塑体，容易充满土仓，在黏性土层中掘进时，由刀盘切削下来的土体进入土仓后，在土仓中可以建立压力，由螺旋机向外输出，在螺旋机内形成压力梯降，保持土仓压力稳定，使开挖面土层处于稳定状态。而粗颗粒含量高的渣土流塑性差，实现土压平衡困难，一般推荐使用泥水平衡盾构。盾构类型与颗粒级配的关系示意见图 2-10。

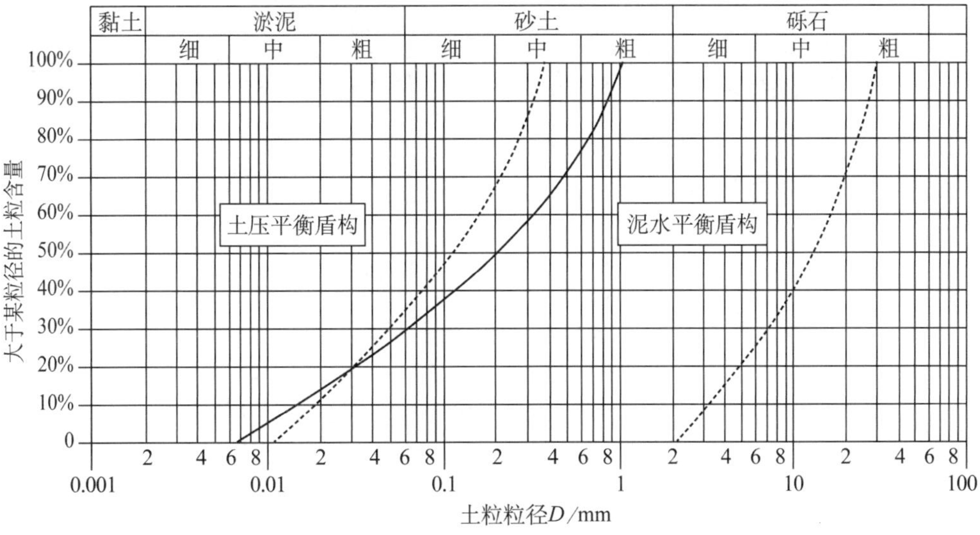

图 2-10　颗粒级配与盾构选型

一般来说，当地层中的粉粒和黏粒的总量达到40%以上时，通常推荐选用土压平衡盾构，相反的情况下选择泥水盾构比较合适。粉粒的绝对大小通常以0.075 mm为界。

2. 盾构精细化参数配置

对于盾构选型与参数配置的流程，首先应建立盾构大类选型指标与盾构大类类型的对应关系，然后再对各盾构关键子系统的配置参数进行逐一分析。盾构装备配置具体分析如下。

1）盾构壳体

盾构是由在外部荷载作用下，对内部能起保护作用的盾壳部分，以及在该保护作用下，在前部能用切削机开挖、在后部能边衬砌边掘进的功能齐全的各种设备所组成。盾构壳体是盾构机结构的重要组成部分之一，主要用于承受周围地层的水土压力，对挖掘成形但尚未衬砌的隧道段起到临时支护作用，保护掘进、排土及衬砌拼装等施工作业。壳体对穿越的影响及其风险主要如下。

（1）壳体组成。

盾构壳体由外壳板及其加固部件组成，从开挖面向后依次分为切口环、支承环和盾尾三部分(图2-11)。此外，盾构外径、盾构长度、铰接结构、盾尾止水等对穿越都存在影响。

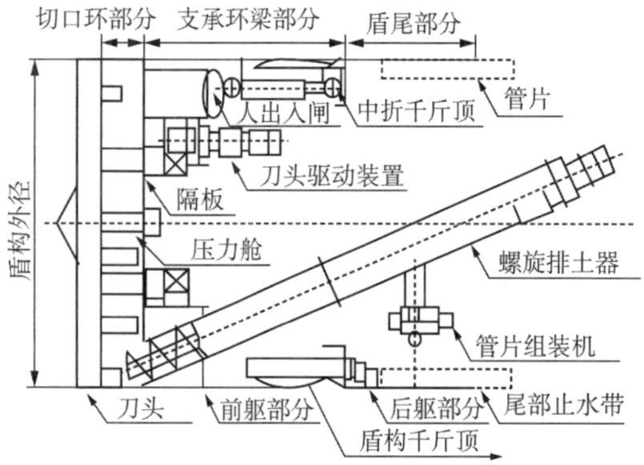

(a) 土压平衡式盾构

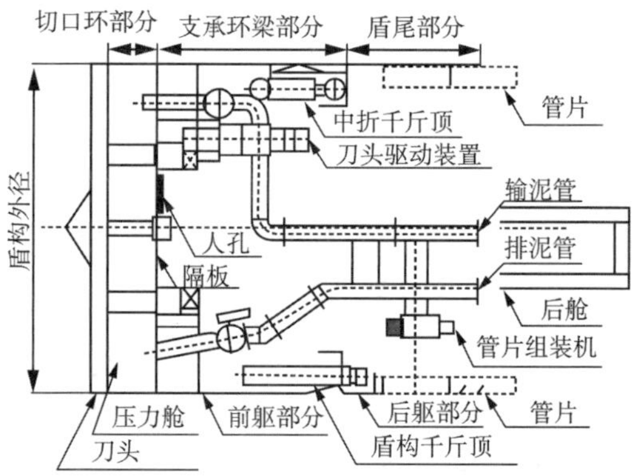

(b) 泥水加压式盾构

图2-11　闭胸式盾构的组成

在土压平衡式及泥水加压式等闭胸式盾构中，切口环和支承环由隔板隔开，切口环内部则成为刀盘切削下来的土砂移动到排土装置去的通道。还有，为了在压气条件下能更换刀头、去除障碍物，也有的在隔板部分或前部支承环上设置供人进出的气闸。

支承环内可作为容纳刀盘驱动装置、排土装置、盾构千斤顶等机械设备的空间加以利用，盾尾尾端装有止水带，使之具有防水功能。另外，还装有管片组装机，主要为衬砌作业提供空间。

在装有中折装置的盾构中，需在支承环处进行分割，所以盾壳部分被分为前壳、后壳或更多的几块，用中折销钉、中折千斤顶等加以连接。

(2) 盾壳侧壁摩阻力。

盾构外径越大、越长、外壳上凸出越多，对穿越施工影响越大。因各类施工预防性措施需要，时常在盾构壳体上设置一些外凸装置用于特殊用途(注浆孔等)。但这些外凸装置会增大盾构推进对周围土体的扰动；在盾构推进中有时会对盾构机壳体产生较大侧壁摩阻力的同时还会不断黏附在盾壳表面上，产生背土效应，一方面会造成盾构推进困难，千斤顶推力过大，另一方面会加剧盾构掘进对周边更大范围土体的剪切破坏，造成已建隧道及新建隧道产生长期沉降的范围过大、沉降量过大。因此，在盾构通过已建隧道时，特别是盾构与已建隧道之间的距离小于盾构外径时，盾构侧壁阻力的影响不容忽视。

(3) 盾壳与盾尾结构稳定性。

盾壳应具有足够的刚度抵抗周围水土压力而不至于产生有害变形。盾尾是壳体的末端结构，由两段前后厚度不同的钢板焊接成环形，其内部为管片拼装作业区(图 2-12)，由于受空间的限制，往往没有布置内部加强支撑梁，受力上类似于悬臂结构，刚度比壳体切口环与支撑环部分要低，是盾构机结构中最薄弱的部位，在水土压力作用下有产生大变形的风险，在承压水地层推进时常发生因姿态控制或其他因素导致的盾尾密封失效、盾构卡壳、管片被挤压损坏等风险较大的问题。

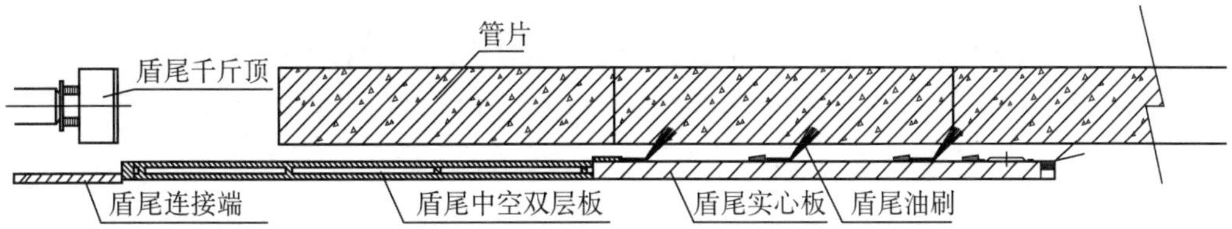

图 2-12　盾尾结构示意图(张雪辉，2017)

(4) 盾壳铰接装置。

为提高盾构机在小曲线段施工的操作性能，通常将盾构机分成前后两个部分，中间采用千斤顶有效连接，使盾构机可以实现一定角度的摆动。在水土压力作用下，盾构机铰接处较易发生渗漏水，不仅会引起水土流失，造成邻近隧道变形，而且对盾构自身带来莫大风险。同时，若铰接千斤顶推力不够，油压系统故障，不能克服前后壳体姿态变化引起的阻力，可能导致盾构无法沿小曲线顶进而卡壳，隧道轴线不满足设计要求。

2）刀盘系统配置参数

开挖装置主要设备是刀盘系统，位于盾构机的最前端，其主要作用是切削前方土体以及维持开挖面的稳定。刀盘系统的配置主要包括：刀盘型式及开口率、刀具的地层适应性、动力配置的合理性、地层添加剂等。

（1）刀盘型式及开口率。

刀盘的型式一般分为辐条式、辐板式和面板式，具有不同的支护刚度和不同的开口率。

刀盘开口率大小对土仓压力、刀盘扭矩和出土率都有直接影响。当开口率过大时，刀盘支挡能力不足，会造成开挖面处地层损失严重，开口率过小则切削下来的渣土不能及时进入舱内而积结于刀盘中心面板形成泥饼，导致进土不畅、切削困难，同样会造成前方挤土扰动严重、掘进参数波动大等。一旦刀盘产生较为严重的泥饼，会严重影响施工进度，处理时非常困难，亦会产生大量砂土损失的风险。

对于砾石层，一般都按假设围岩上出现的砾石的最大直径决定，但也有时会根据排土设备（泥水加压式盾构上为排泥管，土压平衡式盾构上为螺旋式排土器）的尺寸来设置轮式刀头，让其具有破碎开挖面上的砾石的功能，限制刀盘开口尺寸。

在固结性土层中，尤其在中央部位附近的缝隙容易黏附土、砂，发生堵塞，所以在决定开口尺寸和位置、形状时需要注意。

对于泥水加压式盾构，开口率大多取10%～30%。

对于土压平衡式盾构，面板形开口率为30%～40%，轮辐形开口率为60%～80%，框架形开口率为50%～60%。

对于一般固结黏性土层之类的黏附力大的土质，最好是扩大开口率进行掘进。

（2）刀具配置的地层适应性。

刀具的地层适应性。刀具主要功能为破碎、切割开挖面的岩土使其成为渣土。目前主要有两种配置体系，以滚刀破碎为主的滚刀体系和以切削刀切割为主的切削刀体系。滚刀体系首先是通过滚刀对大颗粒进行反复破碎，直至达到开口尺寸后通过刮刀将其刮入土仓内，此时刀盘的扭矩会急剧增大，刀具遭受反复冲击，磨损也会进一步加重。切削刀体系的刀具配置包括中心鱼尾刀、切刀、先行刀、刮刀和超挖刀等，可满足在黏土、砂及砂砾等小颗粒地层中的切削及开挖作用。切削刀体系是配置加强型先行刀如贝壳刀预先对土体进行“犁松”，不进行破碎，尽量通过切削刀和刮刀将完整颗粒刮入土仓后排出，这样可以避免刀具的反复研磨，延长其寿命。此外，合理地进行刀具布置也是减小刀具磨损，提高刀具适应性的关键。

在上海软土地区，盾构机掘进范围内基本不含砾石等高磨耗地层，盾构刀具配置一般为“中心鱼尾刀＋切刀＋周边刮刀”（图2-13），具体需要对刀具类型与规格、刀具配置的多少、刀具布置间距、刀具具体设置等进行研究后，结合地质条件和施工环境等确定。如配置不合理时，则易产生如下风险：

① 淤泥质黏土黏附在刀盘面板上结成泥饼，不利于开挖；

② 刀刃两侧受力不均导致刀具偏磨；

③ 作用于刀盘的外力不平衡，产生倾覆力矩；

④ 刀具过载导致漏油、轴承损坏、密封失效。

图 2-13　上海地区盾构典型刀盘刀具配制

为满足盾构掘进线路坡度或转弯半径的需求，通常在刀盘边缘布置仿形刀，在掘进过程中调整仿形刀的伸缩量对土体进行超挖，以创造出盾构转弯或纠偏所需的空间。当刀盘超挖过大时，会造成过大的土体损失，导致已有隧道变形超标，而刀盘超挖直径偏小不利于盾构转弯、纠偏，易导致周边土体受到盾壳的挤压、摩擦等扰动。超挖装置通常都装在刀盘内，因此应注意结构要简单、动作要可靠。另外，为了得到足够的超挖能力，切削围岩的刀头应按照刀头的标准选用。刀头的突出可以通过油压千斤顶进行调整。此时，应注意设置在油压回路中旋转接头的形状、结构的密封性和牢固性。仿形刀头行程和切削刀扭矩较大时，仿形切削刀上有较大的挖掘阻力作用其上，因此需要对其强度加以研究。另外，考虑到仿形切削刀的磨损、耐久性等因素，有时会配备备用件。必须根据曲线情况、地层条件、施工情况调整超挖量，超挖分为全面超挖和部分超挖，如图 2-14 所示。

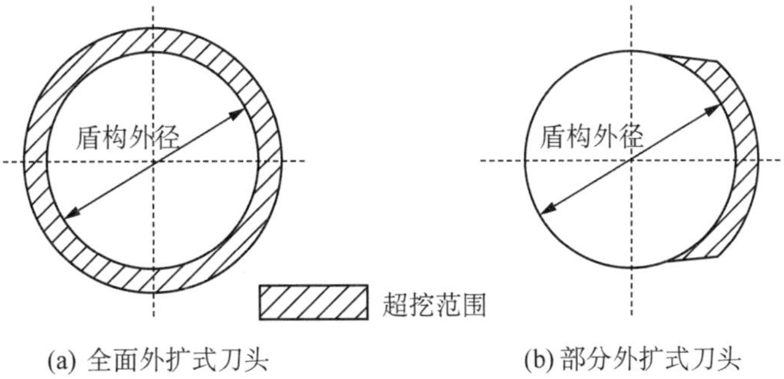

图 2-14　超挖范围

（3）动力配置的合理性。

刀盘系统的动力配置包括驱动方式的选择以及额定扭矩、脱困扭矩、最大转速的配置。刀盘的驱动方式分为电机驱动和液压驱动。电机驱动由于传动效率较高，维修保养难度较低，在各类土层中均有选用，而液压驱动可配置的刀盘最大转速更大，抗冲击能力更强，更适用于荷载频繁变化的土层。额定扭矩和脱困扭矩应根据实际情况配置，当在易结泥饼土层、易磨损的土层中掘进时，刀盘扭矩增大，容易发生盾构过载、停机的情况，故合理的动力配置是盾构顺利掘进的关键。

（4）添加剂注入口配置。

添加剂是改善盾构对土层适应性的重要措施，在刀盘上布置泡沫、膨润土等其他添加剂的注入口，在土仓内布置高压水冲刷口，将开挖土体改良成理想的“流塑”体状态，以降低泥饼、喷涌和磨损等适应性问题的发生概率。

土层隧道中刀盘系统的选型配置参数汇总如表 2-8 所示。综上所述，刀盘系统在施工中的主要适应性问题为结泥饼、磨损以及大颗粒处理不当造成的闭塞，对应的影响选型的指标为颗粒级配、金属黏附性、土体硬度、盾构直径和盾构埋深。

表 2-8　土层隧道刀盘系统选型及刀具配置参数

<table>
<tr><th>刀盘参数序号</th><th colspan="2">刀盘配置参数</th><th colspan="3">刀具配置参数</th><th>刀具参数序号</th><th>备注</th></tr>
<tr><td>1</td><td colspan="2">刀盘直径</td><td rowspan="10">刀具类型</td><td colspan="2">切刀</td><td>1</td><td rowspan="2">软土地层</td></tr>
<tr><td>2</td><td rowspan="3">刀盘型式</td><td>辐条式</td><td colspan="2">刮刀</td><td>2</td></tr>
<tr><td>3</td><td>面板式</td><td rowspan="2">滚刀</td><td>单刃滚刀</td><td>3</td><td rowspan="7">复合地层、砂卵石地层或障碍物等</td></tr>
<tr><td>4</td><td>辐板式</td><td>双刃滚刀</td><td>4</td></tr>
<tr><td>5</td><td colspan="2">开口率</td><td rowspan="3">中心刀</td><td>鱼尾刀</td><td>5</td></tr>
<tr><td>6</td><td colspan="2">驱动方式</td><td>滚刀</td><td>6</td></tr>
<tr><td>7</td><td colspan="2">额定扭矩</td><td>先行刀</td><td>7</td></tr>
<tr><td>8</td><td colspan="2">脱困扭矩</td><td rowspan="2">先行刀</td><td>齿刀</td><td>8</td></tr>
<tr><td>9</td><td colspan="2">最大转速</td><td>贝壳刀</td><td>9</td></tr>
<tr><td>10</td><td colspan="2">添加剂注入口</td><td colspan="2">超挖刀</td><td>10</td><td></td></tr>
</table>

3）盾构出渣系统配置参数

螺旋输送机是土压平衡盾构出渣系统的重要组成部分，如图 2-15 所示，其主要功能为：将开挖下来的渣土经加压后排出土仓；保持土仓压力的稳定；实现进土与出土的动态平衡。

一方面要保证开挖面、土仓和螺旋机三者之间的压力平衡，避免压力失稳造成螺旋机喷涌，另一方面与盾构推进速度匹配，实现进土量与出土量的动态平衡，避免出现极端的

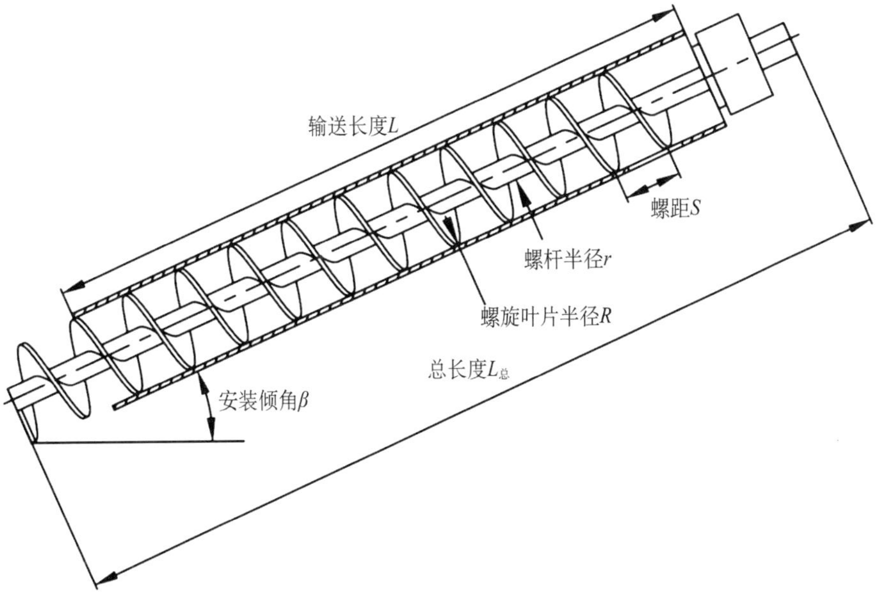

图 2-15　螺旋机结构示意图(王默,2018)

超挖或欠挖状态。因此,要维持压力与土量的平衡状态,主要受螺旋机直径、最大转速和最大出土量的影响。

螺旋式输送机按形式可分为有轴螺旋式输送机和无轴带状螺旋式输送机,在挖掘地基尤其是挖掘卵石地基时,需要按照排土能力,研究、选用合适的形式和大小(直径)。所以综合考虑对土层的适应性,出渣系统在施工中的主要适应性问题为喷涌和大颗粒造成的堵塞,螺旋机的关键配置参数如表 2-9 所示。

表 2-9　　土层隧道出渣系统选型配置参数

序号	出渣系统配置参数
1	螺旋机形式
2	螺旋机直径
3	最大通过粒径
4	最大出土量
5	最大扭矩
6	最大转速
7	改良剂注入口
8	应急配置(前端闸门,活动螺杆等)

根据土仓压力实时调整出土量、推进速度及盾构推进施工参数，可以有效保持密封舱内土压力与工作面水土压力平衡，有效控制地表沉降量。常见施工风险如下：

(1) 堵塞。当盾构在③、④、$⑤_1$、⑥层地层中掘进时，土层胶结水平较高，若渣土改良不能满足要求，往往可能造成螺旋扭矩过大，出渣系统堵塞，进而导致叶片及螺旋轴损坏、驱动电机烧坏、盾构掘进慢甚至无法掘进等一系列问题。

(2) 喷涌。当盾构在$⑤_{1T}$、$⑤_{3T}$、$⑦_1$、$⑦_2$层中掘进时，土层黏粒含量少，胶结水平低，渗透性高，且含承压(或微承压)水，渣土在螺旋机中难以形成有效土塞实现保压，易发生喷涌现象，需要对土体进行改良。

4) 泥水循环系统(泥水盾构)

泥水盾构依靠泥水渗入土体快速形成的泥膜作为媒介，产生有效泥水压力以平衡开挖面水土压力，其支护压力值通过进出泥水量及盾构推进速度的匹配进行控制。泥水循环系统(图 2-16)在泥水盾构掘进中有着至关重要的作用，一旦其管路发生堵塞或爆裂，一方面会对掌子面的稳定性产生威胁，另一方面会迫使盾构机停机维修，延缓工期。常见造成泥水排送系统故障的现象主要有：

(1) 排浆管直径过小，石块、木块等造成管路堵塞。

(2) 结泥饼造成排浆管出口和过滤箱堵塞，舱压变化造成砂粒超量进入切削舱，引起地面沉降。

(3) 泥浆当中的岩块砾石崩断的刀具等在排浆管中高速流动过程中对泥浆泵产生冲击，使得泥浆泵被击穿。

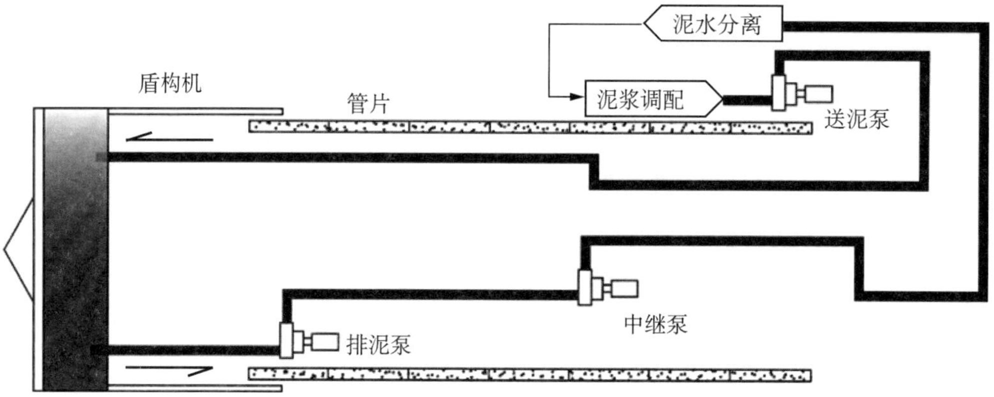

图 2-16　泥水循环系统示意图

5) 盾构机的密封系统配置参数

盾构密封的主要功能是为了防止地层中的土颗粒、地下水和各类浆液进入盾构系统内或隧道内，从而导致盾构机运转故障或隧道、地层破坏坍塌。盾构机的密封系统主要包括主驱动密封和盾尾密封，与盾构施工过程安全最直接相关的是盾尾密封。盾尾密封通常采用钢丝刷或尿烷橡胶，一般由 3 道盾尾钢丝刷和盾尾油脂组成（高压地下水时采用 4 道）。在钢丝刷之间的密封腔不断注入盾尾油脂以适应盾尾间隙变化、水土压力变化及油脂损失变化，达到良好的密封效果。故对于盾尾密封系统而言，密封刷的结构型式、道数、材料性能（弹性、韧性及耐磨性等）、油脂性能、油脂泵注入能力（注入量和注入压力）是保证密封效果的关键，如表 2-10 所示。

表 2-10　　土层隧道盾尾密封系统选型配置参数

序号	盾构密封系统配置参数
1	密封结构形式
2	密封刷道数
3	密封刷性能
4	密封油脂性能
5	油脂注入能力

当盾构处于⑦层含承压水地层之中时，盾尾密封将同时受到承压水、水土压力、注浆压力及泥水压力等不同压力作用，会有被击穿而发生突涌的危险。盾构纠偏或转弯时也可能引起盾尾与管片的相互挤压与摩擦、姿态偏移，加上盾尾磨损可能会导致盾尾失效而发生泥水渗漏。盾尾密封一旦失效，大量水土将经由盾尾间隙涌入隧道，不但对周围土层扰动极大，造成地面沉降及邻近运营隧道变形剧增，还会殃及在建盾构隧道内施工人员及施工设备。据统计，盾构掘进 1 200～1 500 m 后，盾尾刷密封将大部分失效，特别是经过较小半径转弯段掘进或长距离在砂性地层中掘进后，盾尾左右两侧尾刷将被严重磨损。

6）管片拼装系统

在盾构管片安装过程中，管片拼装机的油压动力系统、吊装头等可能会出现故障，若管片拼装系统发生故障，势必会导致管片拼装精度及管片拼装效率的下降，甚至导致管片坠落等事故的发生。

（1）管片拼装误差。

管片拼装误差过大将引起管片环面不平整、管片间高差过大、管片环椭圆度过大以及螺栓拧紧不达标等问题（图 2-17），从而易导致以下情况：①管片局部出现较大应力集中而开裂破碎；②不利于盾构掘进的轴线控制；③后续管片拼装困难；④衬砌拼缝不密贴而出现管片防水密封垫不能适应的较大初始空隙，进而出现漏水现象。

（2）管片拼装效率。

管片拼装效率主要影响整条隧道的施工速度，当盾构掘进以适应地层和环境为宜，推进过快或过慢（或长时间停推）时，往往伴随着周围土体的固结沉降而逐渐下沉，偏离设计轴线，导致姿态控制困难，纠偏地层扰动大。

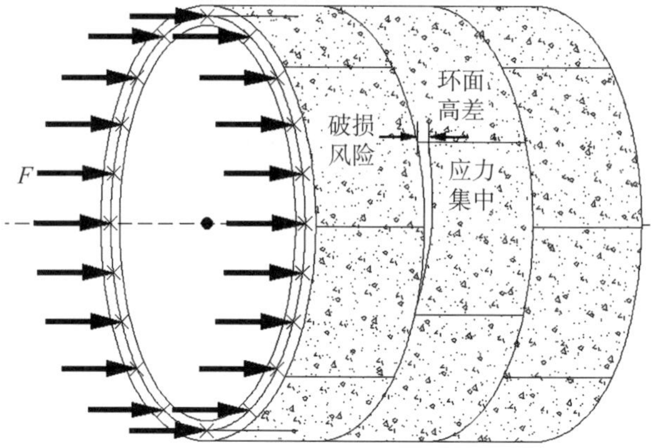

图 2-17　管片拼装破损风险示意图

7）推进系统配置参数

盾构主要依靠千斤顶顶住衬砌环产生的反力而向前推进，盾构推进具有传递功率大、负载多变、运动复杂、可靠性要求高等特点，必须满足可靠、稳定、精确控制推进要求：①能够适应不同土层以及水土压力的变化，为盾构推进提供足够的动力；②均匀准确控制盾构的推进速度，实现与渣土排出速度的匹配、进土与出土的平衡；③均匀稳定控制盾构姿态，自动实现纠偏要求。推进系统的核心部件是推进油缸，一般将其分成 4～5 个区域分组控制。应根据隧道直径大小合理布置各区的油缸数量，通过分区油缸的行程和速度控制，实现盾构的推进控制和姿态控制。推进系统相关配置参数如表 2-11 所示。

表 2-11　土层隧道推进系统选型配置参数

序号	推进系统配置参数
1	最大推力
2	最大推进速度
3	最小推进速度
4	推进行程
5	油缸分区
6	油缸数量

盾构的总推力必须根据各种推进阻力的总和及其所需富余量决定，盾构的推进阻力由下列要素组成：①盾构四周外表面和土之间的摩擦阻力或黏结阻力 F_1；②开挖面前方阻力 F_2（压力舱内压力）；③变向阻力 F_3（曲线施工、蛇行修正、变向用稳定翼、挡板阻力等）；④盾尾内的管片和壳板之间的摩擦阻力 F_4；⑤后方台车的牵引阻力 F_5。

考虑了以上各种推进阻力的总和 $\sum F_i$ 后，还要留出必要的富余量。盾壳与土体之间的摩擦、盾尾与管片之间的摩擦、盾构尺寸、盾构重量、后方台车、前方土压力、土体黏聚力以及变向荷载等因素都是需要考虑的。

上海地层中存在不少零星分布的透镜体、沙包、孔穴等不良地层，盾构推进时受到的阻力合力的大小及方向往往会有不可预见的突变，推进系统可能会受到突变载荷冲击。若推进系统的顺应性能不足，一方面容易造成系统故障，延缓工期甚至引发安全事故，另一方面可能进一步使后方受力的管片受到损伤。

另外，若盾构推进系统的液压缸泄油、自锁性能不好、在管片拼装时千斤顶缩回个数过多，均会使千斤顶无法顶住盾构正面土压力而回缩，盾构后退，进而引起开挖面失稳，水土流失，导致邻近已有隧道发生剧烈变形。

8）盾构同步注浆系统配置参数

盾构同步注浆系统的主要作用是对盾尾脱出管片后的施工间隙进行及时、足量的填充，从而有效限制地层位移。同步注浆系统应与盾构的推进状态保持同步，故对土层的适应性主要体现在：①同步浆液类型必须保证具有一定流动性、较小的收缩率以及后期强度，才能保证隧道及地层的稳定；②注浆效能由同步注浆量与注浆压力表征，它是对管片与土层的间隙充分填充的关键措施，随地层类别及埋深不同而变化，其同步特性由注浆流量与盾构推进速度相匹配来保证；③注浆口的数量配置应保证管片四周能够均匀填充；④盾尾同步注浆填充效果不能被直观检测，质量容易失控，因此为保证在各类复杂地层的注浆效果，可配置同步无损检测装置。同步注浆系统配置的关键参数如表 2-12 所示，主要为浆液类型、注浆效能、注浆口数量、同步检测装置。

表 2-12　　土层隧道同步注浆系统选型配置参数

序号	同步注浆系统配置参数
1	同步浆液类型
2	同步注浆效能
3	同步注浆口数量
4	同步注浆检测装置

9）辅助设备

盾构掘进过程中，若辅助设施出现故障，也会严重影响工程施工与邻近运营隧道的安全。

（1）施工运输。

盾构的施工常常伴随着渣土、管片等物资及人员的运输。渣土运输电瓶车行驶过程中脱轨或发生碰撞，垂直吊运过程中发生断绳、折臂、脱钩、倾斜或吊装场地地基承载力不足，均会导致管片发生碰撞破损、浆液洒落、运输中断，影响施工进度，甚至造成人员伤亡。

(2) 供电照明通风设备。

施工中若意外断电、照明设备发生故障,会导致施工中断,不但会影响施工进度,还可能会影响安全。通风设备故障会导致隧道内空气质量下降,有毒有害易燃易爆气体浓度上升,危及施工人员安全。

其实,在盾构穿越影响过程中,影响因素很多,有些影响因素是可以定量表示的,但不少影响因素仅能定性表达。

2.2.4 施工材料匹配性

盾构施工材料主要是指管片(还包括螺栓、防水密封垫)、同步注浆材料、渣土改良添加剂及泥水材料等。

1. 隧道管片

1) 管片设计和制作精度

管片的制作精度关键部位是接头处,如接头精度不高将会在衬砌环防水和整体结构受力上产生不良后果。若由于管片接头设计和制作精度不高,环、纵面不平整,接触不均,在管片拼装、盾构顶进、螺栓穿进拧紧、封顶块插入等易导致管片局部出现较大应力集中而致开裂破碎。

2) 管片及接缝抗渗性能

要防止地下水的渗入,首先要做到结构自防水,一般要求其抗渗等级不小于 S_8,渗透系数不大于 10^{-11} cm/s。目前管片本身是在工厂内预制,从钢筋笼的加工、入模浇筑混凝土到后期的脱模养护,只要严格按照制作标准生产养护,管片质量基本上可以得到保证。管片接头防水是薄弱环节,不但有密封垫本身制作问题,而且还存在运输、安全、粘贴、拼装挤压等一系列问题。隧道管片渗漏会导致周边地层损失、固结沉降,进而威胁邻近地铁隧道的安全。

3) 管片力学性能

只要盾构穿越后地层和隧道是稳定的,穿越就算是基本成功。管片是盾构隧道中最基本的结构单元,需承担水土压力及施工、运营阶段各种荷载,尤其是在施工阶段,会受到千斤顶推力、衬砌背后注浆压力以及拼装荷载等复杂作用,一旦设计阶段考虑不足或预估错误,将导致盾构隧道受力开裂变形甚至失稳破坏,进而影响周围地层与邻近地铁隧道(图 2-18)。

4) 管片环弹塑性变形

当管片环拼装完成脱出盾尾后,将直接承受地层的水土压力并发生一定程度可接受的弹塑性变形,进而可能会增大地层损失。如若采用挤压盾构施工,开始时侧向压力很

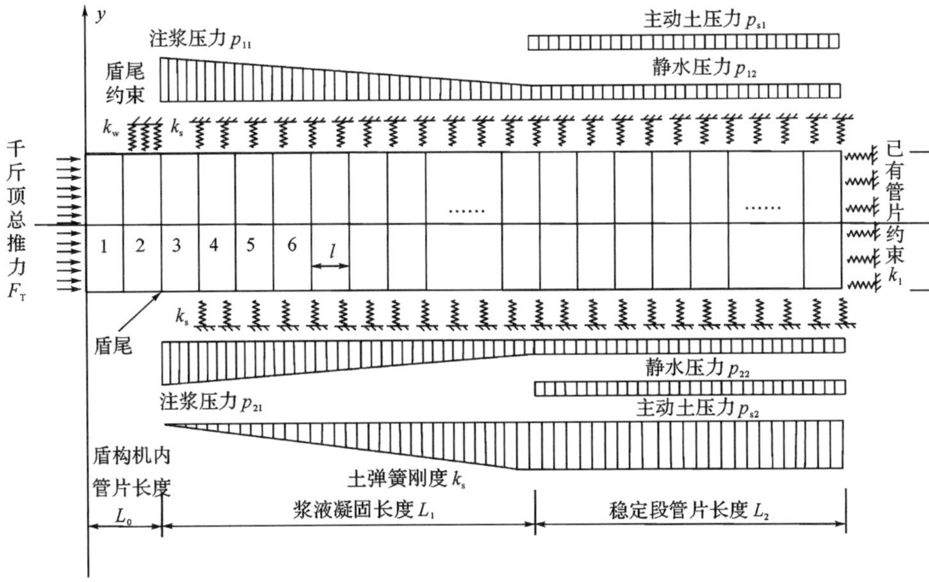

图 2-18　施工期管片受力示意图(陈仁朋,2014)

大,顶部压力小于侧向压力,隧道衬砌出现“竖鸭蛋”受力变形状态,如图 2-19(a)所示。这种状态在上海用挤压盾构施工时的土压量测中及美国哈得逊河下的林肯隧道施工量测中均有反映。而对于采用土压平衡盾构施工的隧道来说,隧道的侧压力系数小于 1.0,衬砌呈现“横鸭蛋”受力变形状态如图 2-19(b)所示。不同的隧道变形模式对地层沉降模式会产生不同的影响,“横鸭蛋”和“竖鸭蛋”变形在一定程度上都会增大地面沉降槽变。在当下设计施工中,人们已经注意到这方面的问题,通过施工控制措施来严格控制隧道脱出盾尾后受力的变形量,如提高拼装精度使衬砌环保持初始状态良好,对施工间隙进行及时充满同步注浆。

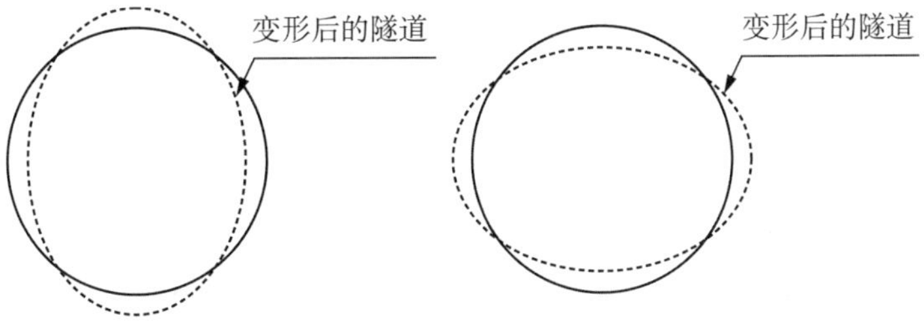

(a)“竖鸭蛋”受力变形状态　　(b)“横鸭蛋”受力变形状态

图 2-19　衬砌变形状态

2. 注浆材料

盾构法施工中,壁后同步注浆是十分重要的,起着及时填充盾尾建筑空隙、提高隧道抗渗性、稳定性等作用，对保障隧道的穿越施工和长期安全极为重要。注浆材料的性能若不满足要求，可能会存在以下几种风险：

1）管路堵塞

当注浆材料凝固速度过快、流动性较差，或者注浆材料粒径过大时，容易导致注浆管路或注浆阀堵塞，一方面延误工期，另一方面导致注浆不及时，不利于周围地层及邻近运营隧道的变形控制。

2）盾尾空隙充填质量不佳

均匀充填管片背后空隙是确保管片受力均匀的前提条件，注浆材料流动性过高或过低、失水收缩量大、凝固过慢，均会导致充填不足或不均匀，影响隧道的防渗质量及受力状态。

3）固结体强度不足

地下水的稀释、浆液的离析均有可能导致固结体强度不符合要求，不足以起到支撑周围土体、维持地层及隧道稳定的作用。

4）管片上浮

注浆材料稠度过低、凝固过慢均会导致管片所受向上浮力超过管片环自重与上覆土压，出现上浮趋势，导致隧道开裂漏水、螺栓剪断，严重时还会阻碍盾构掘进，此类现象在许多大型盾构隧道中发生过。

3. 渣土改良添加剂（土压盾构）

土压盾构法施工中，为改良刀盘切削下来的渣土，往往通过专用装置向刀盘前方、土仓及螺旋输送机内添加泡沫、膨润土或者聚合物。若渣土流塑性不足，稠度或摩擦阻力过大，将造成结泥饼、螺旋机堵塞或损坏、刀盘损坏等严重后果。而渣土不均匀、透水性过高更容易发生突涌现象。

4. 泥水材料（泥水盾构）

泥水盾构法施工中泥水的质量对于开挖面泥膜是否能可靠而迅速地形成（图 2-20）至关重要。若泥水黏度小、密度低，则泥膜形成慢且稳定性低，不但会制约掘进速度，而且明显不利于开挖面的稳定。大密度、黏度高泥水虽然有利于快速形成高质量的泥膜，但容易引起泥浆泵过载损坏、泥水处理困难以及管路筛眼堵塞等问题。

2.2.5 施工技术参数

施工技术和施工参数在盾构施工过程中起着重要作用。传统观点认为盾构掘进过程中导致地层变形的主要因素包括：正面土压力的设定，盾构姿态变化、盾尾施工间隙等因

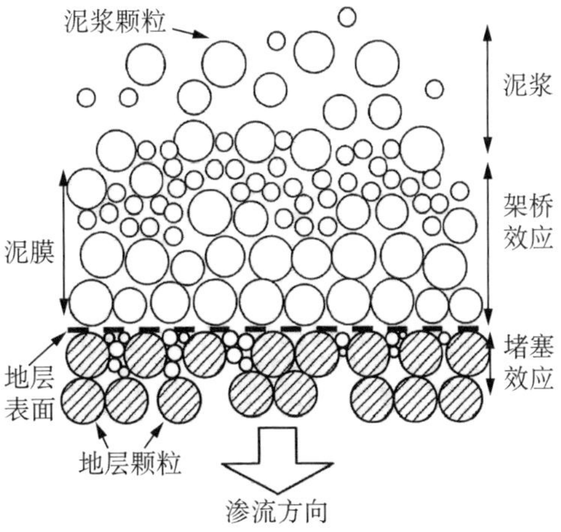

图 2-20 泥膜形成示意图

素导致的土层变形,以及扰动土体的固结。其中,正面土压力过大是导致土体隆起的主要原因,而正面土压力不足,盾构姿态变化,盾尾施工间隙等原因导致的土层变形和扰动,这些都对周围地层产生扰动,从而导致土体后期固结。盾构推进引起地层变形主要有 4 种考虑因素。

1. 正面压力

盾构正面压力及其固有波动大小是维持正面稳定及盾构机对前方土体扰动控制的关键参数,近距离穿越过程中必须重视正面压力的设置。以土压盾构为例,为最大程度降低施工对地层扰动,理想状态下,盾构在掘进过程中应保持切口正面压力等于正面静止土压力与水压力之和,但在盾构实际掘进过程中,由于土仓、面板隔挡作用以及地层特性影响导致地层压力与支护压力并不能完全相等,土仓压力始终处于波动之中,使得开挖面较难处于理想的压力平衡状态,通过盾构感应装置与调整出土系统匹配可将这种压力差尽可能保持在较小波动范围内。

盾构施工时的正面压力管理一般以盾构前方地层水土压力的实际值为基准,但在盾构近距离穿越施工的复杂环境条件下,由于已有隧道的刚度效应及置换效应,使得盾构的正面压力管理要复杂得多。

1) 正面压力较大的风险

当盾构穿越时,若正面压力过高,一方面会使邻近已有隧道发生瞬时隆沉或向远离盾构方向位移,另一方面会对土体产生较大被动挤压形成超孔隙水压,当盾构穿越后土体将产生恢复性隆沉及较大后期固结变形,严重时可致邻近地铁隧道发生剧烈隆沉变化,影响邻近地铁隧道列车安全运营,如图 2-21(a)所示。

2）正面压力较小的风险

与正面压力过大相比，正面压力不足相对而言会造成更加难以预料的结果。当穿越时盾构正面压力不足时，前方土体应力释放、松动，盾构开外面超挖甚至失稳，邻近隧道会向盾构开挖面方向产生隆沉位移，如图 2-21(b)所示，而由此产生的地层超挖损失和松动后的土层位移是难以预测、弥补或恢复的。当遇到流动性较大的地层时，会造成难以预测的灾害性后果。因此，在软土地层中近距离穿越地铁隧道时，应尽量采用偏高的正面支护压力。

图 2-21　盾构上穿时正面压力的影响

2. 掘进速度

掘进速度和其他施工参数的匹配是控制高灵敏度软土地层变形的关键。由于上海软土地层极为敏感且具有特殊的加卸荷扰动特性，而盾构掘进速度又与盾构对地层的加卸荷速度、出土量控制密切相关。当盾构近距离穿越运营地铁隧道时，盾构侧壁摩阻力及纠偏侧壁压力是导致隆沉变化不可忽略的重要因素，盾构与其间的薄层土层极易扰动失稳或产生地层流动损失。在模拟土性扰动的多步台阶式慢剪试验中，随着剪切速度的降低，土体有强度缓慢增加、超孔隙水压力降低现象，这说明盾壳移动缓慢，利于提高土体强度，降低土体扰动。另在现场测试中，盾构接近测试面时，在正面土压力不变的情况下，推进速度加大，明显地会使孔隙水压加大，增大对土体的扰动，从土工试验的结果可以推断，盾构近距离穿越运营地铁隧道时，适当放慢速度（10～20 mm/min）可以有效降低盾构摩阻力及纠偏侧壁压力引起的地层损失，有时可采用推推停停的方式放慢推进速度。

1）同步注浆流量的匹配

正常施工时盾构系统在设定条件下的同步注浆流量与掘进速度是匹配的，以保证盾尾间隙的同步充填。但往往由于地层条件和施工条件的变化、操作不当或设备故障均会导致两者不匹配。当掘进速度很快或很慢时，往往会超出盾构设备系统额定或调节范围，导致匹配失败，注浆量跟不上，或超量注浆，甚至堵塞管道。此外，注浆液的配制也是对地层影响最大的因素之一。

2）出土速度的匹配

出土量是对地层损失影响很敏感的参数，调整出土量要靠调整螺旋出土机的转速 n。n 的调整原则是保证螺旋出土机转速 n、推进速度 v 和土仓压力 P 三种之间的匹配，在盾构微扰动状态下，为使与正面压力 P 和推进速度 v 相匹配，在试验段推进中测出 n、P、v 的变化曲线，从中得出它们之间相关性统计关系。当速度 v 一般为匀速时，通过精心调整 n 值，即可适时准确地调整 P 值。

土压平衡盾构开挖面支护压力依靠渣土排出速度与掘进速度的平衡进行维持与调整。若掘进速度较快而出土较慢，则压力舱中压力升高，会对前方土体产生挤土效应。反之，若掘进速度较慢而出土过快，则正面压力减小，不足以支护开挖面前方水土压力，会导致掌子面水土流失甚至失稳坍塌。同时，掘进速度的不均匀也会导致舱压波动，不利于已有隧道变形控制。

3）刀盘转速的匹配

当盾构在密实砂土或硬黏土或加固地层或障碍物中切削时，若掘进速度与刀盘转速控制不当，会造成刀具贯入度过大甚至卡死。一方面可能导致刀盘扭矩过大，刀盘驱动系统过载损坏，另一方面可能导致盾构机发生自转，扰动周围土体的同时危及盾构机内施工人员及设备的安全。

4）泥膜形成速度的匹配

当采用泥水盾构穿越掘进时，刀具对掌子面上形成的泥膜进行切削，若盾构掘进速度过快，将导致开挖速度远大于泥膜形成速度，泥水无法对开挖面形成有效的支护压力，最终导致开挖面变形与坍塌。

5）对地层的扰动

当盾构掘进速度过快时，往往导致前方地层挤压、盾壳摩擦剪切效应增加，穿越夹层土体的变形及超孔隙水压上升快，加剧对地层的扰动以及与同步注浆的匹配性失调；反过来，当盾构机掘进速度过慢或停顿时，土压平衡反馈系统灵敏度下降，盾构姿态也会不断发生变化，造成对土体扰动时间延长，影响土体稳定。此外，由于只有盾尾通过被穿越地铁隧道后才能进行注浆加固以抑制地层变形，因此从这个角度看，盾构又需要尽快通过。显然以上论点所涉及的几种时间尺度是有区别的。相对而言，在灵敏度较高的饱和软土地层中穿越时，一般采取偏慢的掘进速度是合适的。

3. 盾构姿态

理想推进施工状态下，盾构轴线与设计轴线应保持高度一致，沿设计轴线稳定向前推进。但实际情况中，由于地质条件复杂变动、施工参数控制不当或有起伏、设计为曲线时以及从掘进到出土整个作业链条的匹配等原因，都会导致盾构机体姿态发生偏转，与设计轴线相偏离，呈现“抬头”“磕头”或“偏离”等不良姿态，从而加剧附加地层损失（图 2-22）。

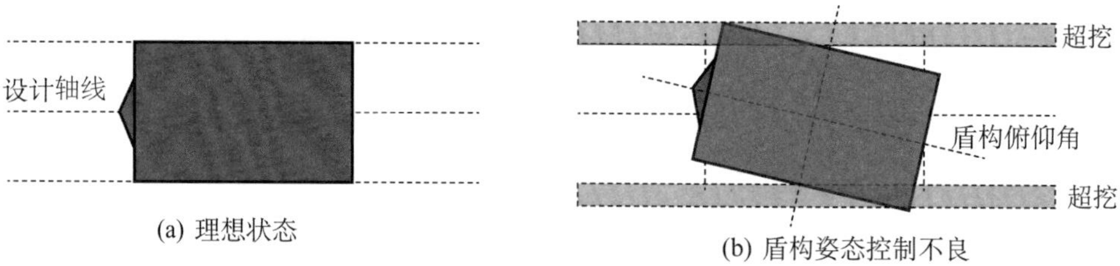

(a) 理想状态

(b) 盾构姿态控制不良

图 2-22 盾构“抬头”引起的附加地层损失示意图

此外，盾构小半径曲线转弯过程中，需要对盾构姿态进行调整。由于盾构姿态不断变化产生较大的地层损失，按几何学原理，复边形的边越多越接近圆，而在边数相同的情况下，正多边形面积最大，从而推断：盾构在曲线段推进中每环均匀地分几个小段，进行推进和转向设定每小段推进的纠偏量，则可将地层损失减少 n 倍，如图 2-23 所示。这在之前机械化和自动化程度较低时是常采用的一种控制方式，甚至每推进 10 cm 就进行一次纠偏，分 n 次纠偏的地层损失为：

$$V=\frac{2LDB^2}{nR} \tag{2-1}$$

式中 V——超挖土体的体积；

L——盾构长度；

l_i——第 i 小段的长度；

R——隧道轴线半径；

B——管片宽度；

n——分段数。

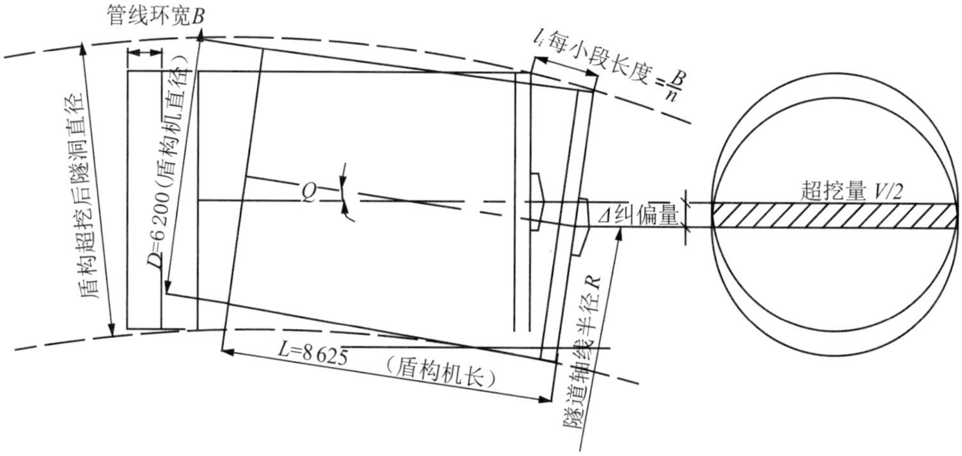

图 2-23 盾构曲线掘进时姿态调整引起的地层损失

盾构曲线推进引起的地层损失与分段数 n 成反比，因此对于带小转弯半径的盾构穿越，盾构采取勤纠、小量纠偏的原则，可使盾构以平滑曲线穿过。推进时不急纠、不猛纠，结合相应区域油压的变化、千斤顶行程及出土量等情况，密切关注、分析管片与盾壳间隙，避免一次过大纠偏，造成过大地层损失率。在曲线段纠偏过程中，盾构前面不同部位与地层作用是不相同的。

由于上海软土地层承载力低、易变形，且存在透镜体、沙包等不可预测性不良地质，盾构姿态总会随盾构的推进而变化，有时发生“抬头”或“磕头”等突变，从而导致以下四个方面的问题：

(1) 盾构姿态变化导致切口部位超挖，带来附加的地层损失；

(2) 盾尾间隙不均导致盾尾密封受管片不均匀挤压变形而失去弹性，密封性能下降或局部失效，导致盾尾漏浆、漏水；

(3) 盾构机壳体被管片卡住，无法顺利推进，硬推又将导致管片开裂；

(4) 由于盾构姿态的改变，千斤顶推力与隧道轴线不平行，产生角度从而产生沿管片径向的分力，大大影响管片的纵向和横向承载力，加之管片制作或拼装误差造成管片的环缝面不平，产生集中应力，造成管片开裂甚至破碎。

4. 盾尾注浆

盾尾脱出后，由于管片外径与土体间的物理间隙，需要采用同步注浆来进行填充，与此同时，注浆压力高低和注浆量的多少会产生附加应力引起周边土体变形。

同步注浆流量要与盾构推进速度相匹配，按计量仪表控制每环注浆量与注浆压力，力求充满盾尾后建筑孔隙并平衡地层压力，使注浆管出口压力基本等于隧道底部静止土压力，而又不大于隧顶垂直土压力。尽量减少土层的应力释放而又不使地面有过高隆起而增大地层扰动后的固结沉降，更不能顶破地层发生冒浆。每环注浆量因地质条件和掘进施工控制地层损失的效果不同而有差异。在穿越居民楼的案例中，每环注浆有时达到理论建筑孔隙的 195%，而在运营地铁隧道穿越中一般则为 130%～150%，不同施工条件和不同注浆材料，注浆量也不尽相同。

为严格控制地层沉降，在盾尾后可进行壁后补浆。当对控制沉降和加固土体有更高要求时，可在计划预留的衬砌注浆孔中进行“多点、少量、多次、均匀”的分层双液注浆，并应由熟悉的专业队伍严密地制订和实施合理的注浆工艺和注浆施工参数。严防盾尾漏浆，确保盾尾注浆出口压力，要控制盾构姿态，保证盾构由顶进转入拼装状态时，拼装衬砌环与盾尾之间空隙分布的均匀性，并及时、充足而均匀地压注盾尾油脂，以控制由于盾构注浆量或注浆压力不足产生的地层损失。

1) 注浆压力过高

较高的注浆压力会对盾尾密封油脂和钢丝刷产生较大的影响，主要表现在以下方面：

（1）会损坏钢丝刷或对管片环造成破坏；

（2）可能会劈裂周边土体，造成长期沉降；

（3）浆液可能遗漏到孔隙大的地层、透镜体、沼气囊、夹砂包中等，注浆压力无法保持稳定，因而此时即使注浆量得到保证，但由于注浆压力难以维持稳定，从而导致注入浆液无法真正补入盾构管片与地层的间隙中。同时，盾尾后未及时形成固态的浆液将流失，导致管片背后充填性降低，从而影响到周围地层与被穿越隧道，如图 2-24 所示。

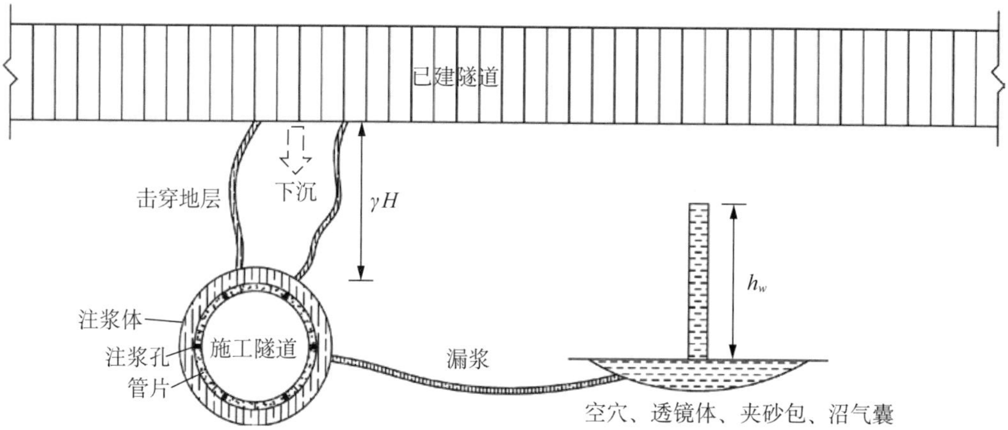

图 2-24　盾尾注浆压力过大风险

2）注浆压力或注浆量不足

注浆压力及注浆量不足容易导致管片背后充填不充分，一方面不足以支护松弛收敛的土体，从而不利于对周围地层与被穿越隧道形变的控制，另一方面会形成不均匀的加固体，导致管片与土体接触不均匀，使管片处于不利的受力状态下。

3）注浆速率过快或过慢

注浆速率需要与掘进速度进行匹配。注浆速率过快时易导致超量注浆，注浆压力上升，挤压、劈裂周围土体，甚至带来管片、盾尾密封损坏以及注浆管路爆裂的风险。而注浆流量过慢则容易造成注浆管堵塞或注浆量不能达到要求的后果。

2.2.6　施工隧道相关参数与隧道间的空间关系

穿越盾构隧道的尺寸、与既有盾构隧道的相对空间关系对穿越影响极大，这两个方面的影响关系是相对的。评定尺寸大小，除了以后续隧道外径 D 的数据值外，还必须参考既有隧道外径 d，一般以两个直径比值（D/d）或面积比（D^2/d^2）来评定。当两条隧道之间的距离小于 1D 时，其他条件不变，比值越大，施工风险越高；尤其当两条隧道之间的距离小于 0.5D 时，更需特别注意防范措施。

按照穿越施工空间相对关系，大致分为以下几类情况：

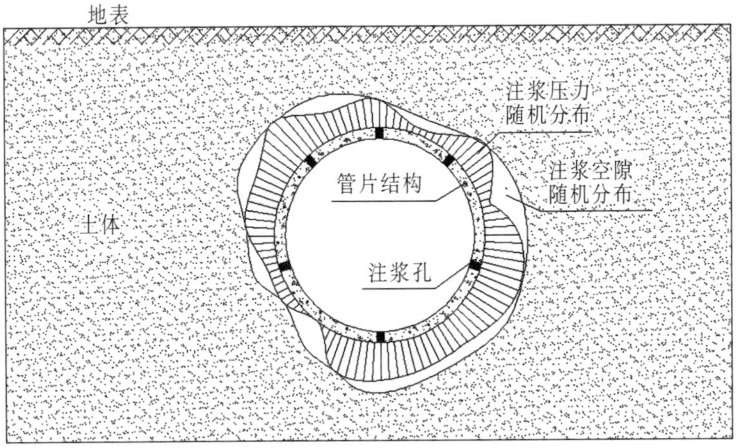

图 2-25　盾尾注浆不均风险示意图

(1) 上部穿越，属于卸载和土体扰动问题，工况相对简单，既有隧道随着卸载回弹而产生隆起现象。如既有隧道埋深较大时，应事先进行卸载计算分析，评估卸载后既有隧道内力变化，评估穿越对既有隧道的影响，工程施工过程中应考虑周密工程辅助措施加以控制卸载对既有隧道的影响。

(2) 侧向穿越，属于侧向卸载和土体扰动问题。盾构推进时，会对既有隧道的侧向地层产生挤压或卸载；工后侧向地层会发生固结变形，会对既有隧道和在建隧道带来一定的横向变形影响；两条隧道相互产生影响，一条隧道产生变形或隧道间地层发生变形都会对另外一条隧道产生影响。

(3) 下部穿越，属于下方加卸载、土体扰动与固结问题，属于穿越施工风险最大的一类。不同盾构类型在穿越过程中带来的影响不同，需要考虑后期地层发生固结变形。

(4) 曲线小夹角穿越施工工况更复杂，更难以控制，影响范围和影响程度更大。

(5) 以上几种情况组合，既有隧道将呈现更复杂的特点，实施工程措施的难度也更大更复杂。

应根据不同情况采取不同工程和技术措施。总体上来讲，两条隧道距离越近，穿越施工对既有隧道的影响越大；反之，影响越小。对应的主要工程技术措施和辅助措施有：①对穿越地层预先进行加固；②对既有隧道进行加固；③在既有隧道与新建隧道之间设置隔断或隔离措施；④加强监测分析；⑤暂停使用既有隧道等。

2.2.7　应急预案实施条件

除上述六类直接威胁到盾构施工安全的因素外，风险发生后应急预案的实施条件也可能会形成次生风险源。

一般盾构施工的应急预案主要包括以下几个层面：

（1）安全风险源确定。

（2）应急组织机构及职责。

（3）应急处置(包括启动条件、响应程序及处置措施)。

（4）应急物资及装备。

穿越段复杂的地表及地下作业条件会直接影响应急处置方案的启动及响应速度,特别是各种需占用地表空间(如地基注浆加固、明挖抢险等)或对周围环境扰动较大(如停机检修、加大同步注浆量等)的处置措施的实施条件、应急物资和装备的适用性,因实施条件不足而严重受限,导致风险进一步扩大和演变,进而产生次生灾害。因此,需要根据具体穿越段的穿越类型、应急措施的可实施条件及相关的风险要点,有针对性地制定穿越施工应急预案(详见本书第 5.7 节),并在实际施工中对应急预案的各个层面不断进行协调与优化,做到有备无患。

2.2.8 小结

以上七类因素是影响隧道穿越安全的主要因素,在穿越时必须考虑的。针对性措施越是得当,施工扰动程度越小,施工风险就控制得越好,穿越后所付出的代价就越低。

2.3 不同穿越类型及其风险要点

根据穿越采用的工法、已建隧道与新建隧道的几何关系、穿越节点处的周边环境,可将盾构穿越运营隧道分为泥水盾构穿越、土压平衡盾构穿越、上方穿越、下方穿越、复杂受限边界穿越等不同类型。不同的穿越类型有不同的风险要点。

2.3.1 泥水平衡盾构穿越风险要点

（1）泥膜无法快速形成。泥水盾构掘进时,如果泥水压力不足或选取的泥浆材料有不适应的问题,则无法确保泥膜质量,导致无法在开挖面上形成有效支承力。增加泥水舱压力可提高开挖面的支承力,但若泥水配比与地层渗透性适应性不足,容易导致泥水穿过地层直接渗出,无法形成泥膜,导致泥水大量滤失,诱发开挖面失稳等施工事故,并殃及邻近运营隧道。

（2）泥水处理环节多。泥水盾构法需要泥水处理系统对泥水进行循环及分离,构造复杂、运输距离长和泥浆质量不符合要求时容易造成管路堵塞。一旦出现问题需要维修时,会给盾构机后方注浆等保护措施带来不便,不利于保护既有的穿越隧道。

（3）当盾构位于承压水砂性地层之中,泥水仓泥浆通过盾壳与地层的间隙与盾尾相通,盾构事实上处于悬浮泥浆之中,盾尾密封装置相当于同时受到泥水压力、注浆压力以及地层水土压力的同时作用，当泥水压力过高时，会击穿密封刷而引起盾尾漏浆。同时，泥水也会进入盾尾后方管片与周围土体的建筑空隙中，对管片产生附加浮力，造成管片衬砌环上浮。

(4) 穿越运营中地铁隧道时，泥水盾构刀盘前方泥膜的孔隙比在列车振动荷载的作用下可能增大至可透水的程度，无法抵抗水土压力，造成开挖面涌水、失稳坍塌，从而造成地层大幅变形，反过来影响到邻近运营地铁隧道的安全。

泥水平衡盾构与土压平衡盾构所使用的平衡材料不同，其风险点有较大差异。

2.3.2　土压平衡盾构穿越风险要点

(1) 土压平衡盾构土仓中土渣搅拌阻力较大，且不像泥水盾构有泥水可起到润滑冷却的作用，刀盘驱动扭矩大，可能会影响长距离掘进盾构的刀具乃至刀盘的寿命。

(2) 土压平衡盾构开挖面支护力由切削下的渣土与添加剂所形成，渣土相对泥水不连续性较强，传递压力速度慢且不均匀，不利于控制开挖面变形。

(3) 对超大直径盾构来讲，上下部水土压力差较大，不利于压力平衡。

(4) 若渣土质量不佳，需要进行土体改良，否则易导致螺旋机堵塞或喷涌。

(5) 盾构出土由电瓶车运输至始发井并由龙门吊提升至地面再进行外运，效率相对较低，限制了盾构穿越速度，同时也增加了施工运输所产生的风险。

2.3.3　大直径盾构穿越风险要点

(1) 对于大直径盾构，由于盾构尺寸较大，土体开挖体积大，因而产生的卸荷量大，对土层及邻近运营隧道的扰动也更大。此外，大范围、大幅度的卸荷也导致成环管片脱出盾尾往往会发生“上浮”现象。

(2) 上海地区地层复杂，既有透水性强、摩阻力高的承压水砂层，也有触变性强、时间效应显著、强度极低的淤泥质黏土层，若盾构直径较大，则开挖范围内可能同时存在多种性质相异的土层，且水头也有突变的可能，碰到透镜体、夹砂层等不良地质条件的概率也大大升高，对刀盘、刀具的选型及正面支护压力的选取与盾构姿态的控制提出了较高的要求。

(3) 在许多开挖面稳定分析模型中，一个基本的假设就是支撑力在整个开挖面上都是均匀分布的。严格地说，这种模型描述的是气压平衡盾构。在泥水平衡盾构和土压平衡盾构中，这个基本假设对于盾构直径较小的情况是可以接受的，但是随着盾构直径的增大，支撑力随深度增加而不断增加，这个假设就显得不合理，若正面压力设置不当，会导致开挖面局部失稳。

(4) 随盾构直径增大，刀盘周边刀具离中心也越远，切削周长更长，给刀盘产生反力矩更大，在缩短刀盘及刀具寿命的同时也给驱动系统带来较大负担。

(5) 掘进单位距离需要注入盾尾建筑空隙的浆液材料量增大，需要有更高的注浆速度。同时，盾尾建筑空隙体积及注浆孔间距的增大会导致浆液填充效果变差，不利于形成均匀的注浆体来保护在建隧道与周围地层。另外，注浆量的增大也不利于对管片上浮的控制。

(6) 盾构机尺寸大意味着纠偏更加困难，纠偏导致的土体超挖量更大，也会对周围地层及运营隧道带来更大的扰动。

(7) 中小型盾构在浅埋深工况下施工，由于壳体的直径小、刚度好，且土体应力小，所以其变形小，结构稳定可靠。而对于大直径的深埋盾构下穿运营隧道施工，盾构机壳体的直径大，刚度会相应减小，且处于较大的土体应力下，更容易产生屈服变形。

2.3.4 上方穿越风险要点

在运营隧道上方穿越，总体上可以看作是隧道上方单纯卸载的过程，隧道将发生隆起现象，在隧道内和地面上可实施的控制办法有限。

(1) 盾构上穿已有隧道时，不但产生了地层损失，而且原有土体被新建隧道结构置换，二者将不可避免地形成对已建隧道上方的集中卸载，引起已有隧道局部上浮(图 2-26)，形成小曲率半径，严重时将影响隧道使用功能，甚至危及结构安全。正如前述，当覆土较深、卸载较大时，会产生局部集中卸载，需要慎重评估既有隧道应力状态变化带来的风险。

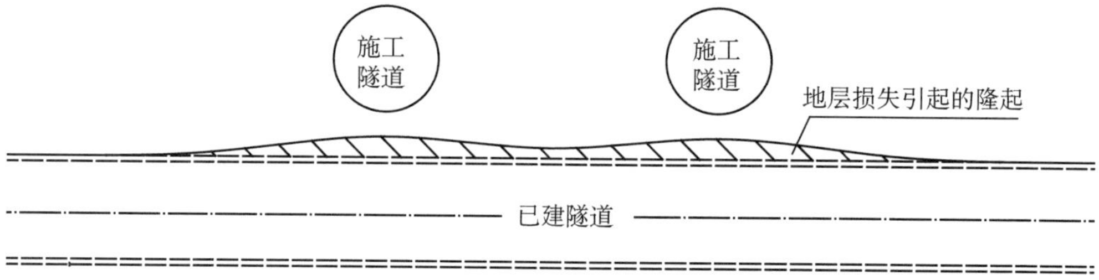

图 2-26　盾构近距离上穿对已有隧道的影响

(2) 由于上穿，施工隧道埋深相对较浅，所处地层通常较差，比如上海地区常见的第③④层土，其土体物理力学性质较差，易受扰动，且稳定所需时间较长。同时，由于覆土较浅，一方面，正面土压平衡不易建立，若施工参数设置不当，易使工作面前方土体塌陷，对于泥水盾构更是容易出现地面冒浆现象；另一方面，当上部水土压力及自重无法抵抗由周围地下水或盾尾注浆浆液引起的浮力时，盾构机易发生抬头现象，后方管片也有上浮风险。

(3) 隧道上部土方卸载是造成隧道隆起的主因，因此在对应位置实施加载是直接有效的措施。但一般情况下，穿越节点位于市区，地面一般不具备加载条件(地铁 9 号线上穿地铁 1 号线时地面上铺设了多层钢板)，运营隧道内加载受施工行车限制，可加 7～9 根钢轨，加载量有限，在建隧道内进行加载，如图 2-27 所示。因此，不同于下穿可通过二次注浆使上方下沉隧道一定程度上恢复，盾构近距离上穿后，一旦下方隧道上抬，则基本无有效措施使其重新下沉复位。如运营状态下试试穿越，在运营隧道内进行压载或纵向拉结隧道的效果非常有限。

图 2-27　施工隧道内加载

2.3.5　下方穿越风险要点

从运营隧道下方穿越，可能是一个加卸载过程。盾构推力较大可以认为是加载过程，盾构推力小可以看作是一个卸载过程。对隧道的影响是一个非常复杂的过程，施工风险较大。一旦穿越成功，可以采用其他方法控制隧道的沉降或隆起。

(1) 盾构施工地层损失较难控制，比如盾构设备本身就会造成新的地层损失，在管片拼装时，正面土压力将不可避免损失。此外，同步注浆效果不确定，对于惰性浆，还存在浆液泌水收缩等问题，过大的注浆压力一方面容易劈裂周边土体，造成上方已有隧道长期沉降，另一方面可能会导致上方已有隧道局部隆起。

(2) 下穿时施工隧道所处地层一般埋深较大，通常在第$⑤_1$、⑥或⑦层中穿越，甚至直接位于高承压含水砂层内，水土压力大，对盾构施工精度要求高，稍有不慎，就可能发生盾尾大量涌水、涌砂。对于泥水平衡盾构，还存在正面土体崩塌的风险。

(3) 近距离穿越上方隧道时，考虑到两条隧道的位置关系、上方隧道内部土体被隧道结构置换以及上部纵向存在一定的刚度对土压力的承担作用分散，将导致已建隧道下方土压力的下降，若盾构正面压力在进入穿越段前不能及时减小，有可能会导致上方隧道隆起，但在后期将发生更大更快的下沉。

盾构近距离下穿对已有隧道的影响如图 2-28 所示。

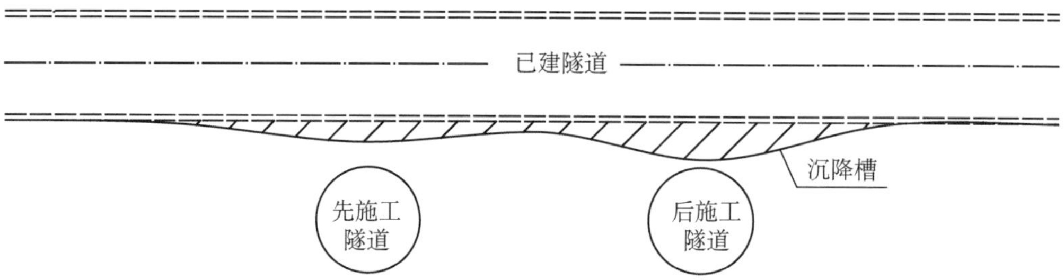

图 2-28 盾构近距离下穿对已有隧道的影响

2.3.6 小角度斜交穿越风险要点

（1）在盾构小角度斜交穿越已有隧道时，二者重叠区段较长，意味着盾构穿越施工对已有隧道的影响区段长。第一，在如此长距离的流塑地层中保持盾构机参数性能的稳定性有很大难度，对盾尾密封系统（盾尾刷、油脂）、注浆管路、注浆泵等的稳定性要求较高；第二，由于穿越区段长，自动测点无法全长布置，只能通过人工监测为辅助，但相对电子水平尺，人工监测精度和频率较低，对隧道变形反映不及时；第三，小角度斜交穿越也意味着新建隧道与后建隧道交叠区段较长，运营期列车同时通过时，将对两个隧道结构及周围土体产生更大范围的双源振动影响。

（2）由于斜交夹角的存在，已有隧道两侧变形波谷将错开，不再处于同一横断面上，不但会使隧道结构产生附加扭转内力，而且会造成内部轨道两根钢轨之间高差变大，不利于行车安全。

（3）若斜交角度很小，则已建隧道与盾构顶进轴线近似于平行，盾构下穿造成的已建隧道的变形曲线由 Peck 横向沉降曲线变为接近 Peck 纵向沉降曲线，穿越过程中不像正交穿越一样，先受正面压力作用，再受盾尾注浆作用，而是需要同时考虑到前方正面压力与盾尾注浆对监测数据变化的双重影响，首尾参数控制容易失衡。

（4）预测预估计算更困难，对应措施更复杂困难。

小角度斜交穿越时盾构正面压力与注浆压力的联合作用如图 2-29 所示。

2.3.7 复杂受限边界下穿越风险要点

前述的穿越多数是纯粹的盾构隧道穿越地铁运营隧道。穿越是多样化的，还有许多穿越受限于线路条件和施工环境，如盾构进出洞穿越，隧道需要在两条隧道之间的上下夹缝中穿越，盾构同时穿越既有运营隧道与桩基情况，从三面封闭环境下穿越下立交等。本书只是列举了上海地铁施工中遇到的特殊穿越案例的一部分。

1. 进出洞穿越

因车站换乘需要，经常会有多座车站的端头井相邻较近，盾构一出加固区就开始穿越

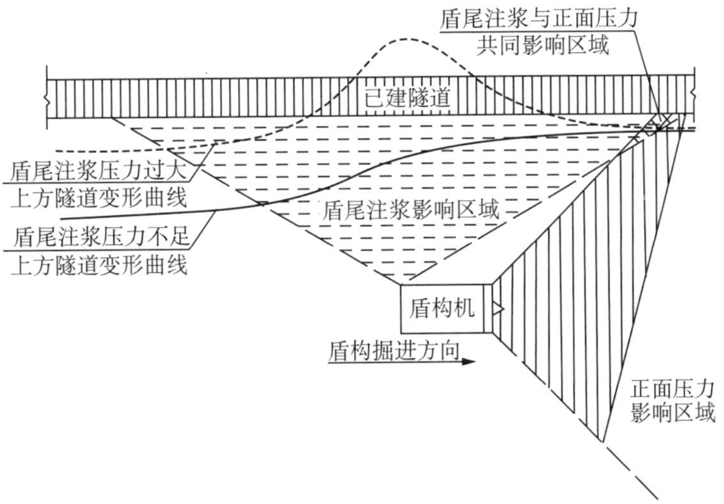

图 2-29　小角度斜交穿越时盾构正面压力与注浆压力的联合作用

既有隧道，造成无法模拟施工，无法收集施工参数，仅能凭以往经验推进盾构。如穿越区临近端头井，则穿越施工同时存在进、出洞（进洞指盾构由端头井始发，出洞指盾构进入接收井）问题。据统计，全世界盾构施工中 70% 的事故发生在盾构进出洞期间。进出洞穿越存在如下风险点：

(1) 进出洞地层损失大。盾构机头进洞时，由于前方阻力短时间内消失，导致同步注浆无法及时跟上，直接形成环形空隙，而盾构出洞时，由于注浆孔位于盾构机后部，在盾尾出洞前，无法实施同步注浆，即由于注浆管离洞圈很近，无法承受高压，影响注浆填充效果，同样将形成环形空隙。同时，加固区的质量将直接影响到临时封门凿除后加固土的自立性。若自立性达不到洞门破除所需的施工时间，将发生涌砂、涌水或漏泥漏水等。另外，如洞圈密封性不佳，亦容易出现大量渗漏水现象。大量的水土流失将导致地层发生大幅运动，最终直接威胁到邻近洞口的运营隧道。

(2) 盾构进洞及脱离加固区时，由于地质条件的改变，侧面及正面受力将会发生突变，易发生“磕头”或“抬头”等现象，导致盾构姿态偏离设计轴线。

(3) 模拟推进试验无法实施。对于出洞穿越，存在无法实施模拟段试验的缺点，无法事先摸索优化盾构施工参数。

2. 上下夹穿

上下夹穿即盾构在同一交叉点处上、下两次穿越同一运营隧道（图 2-31），不但同时拥有上方穿越及下方穿越的风险要点，还由于穿越中出现的多次卸荷扰动必然会使得地层应力场和位移场呈现更为复杂的变化。同时，对于被穿越隧道，一般整体变形呈现为被

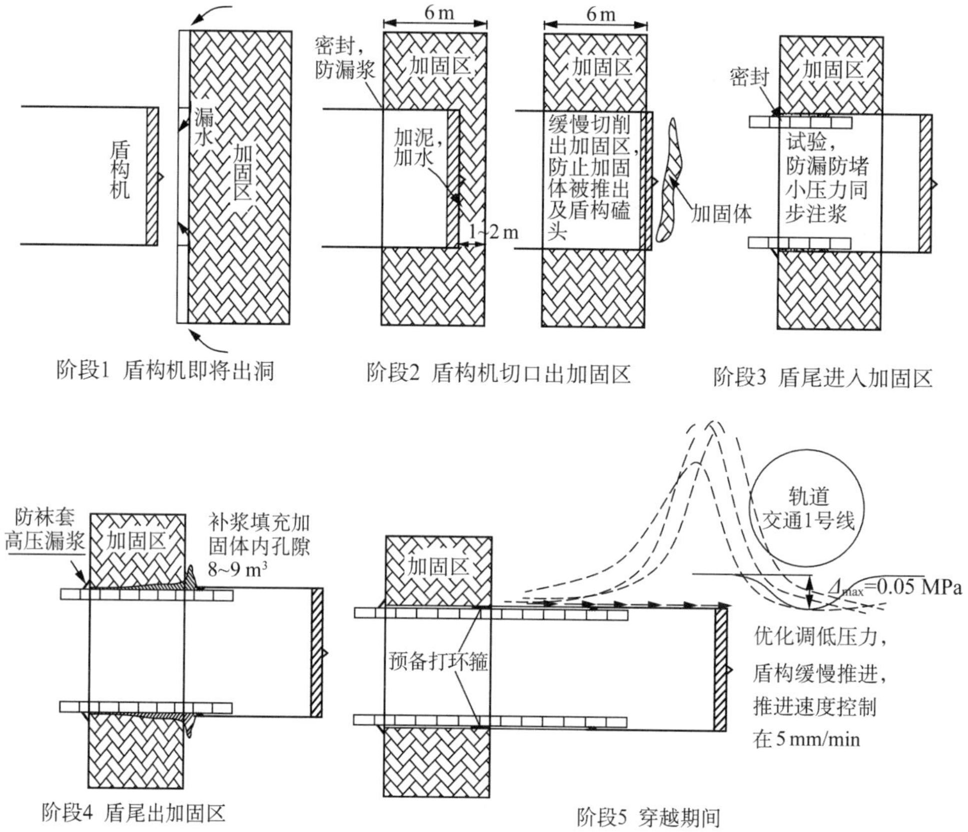

图 2-30　盾构出洞穿越施工要点

上穿越处上浮，被下穿越处下沉，在较近距离内变形方向相反，导致相对变曲较大，不利于隧道管片受力、防水以及隧道内列车的运营。

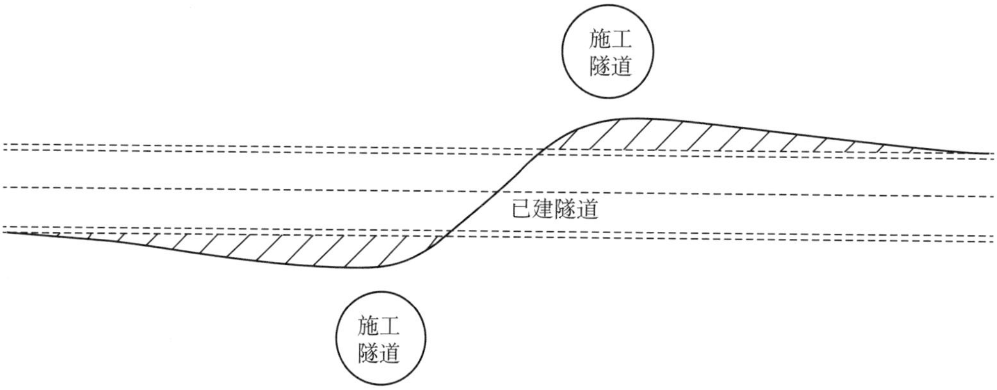

图 2-31　盾构上下夹穿对已有隧道的影响

3. 同时穿越运营隧道与桩基

随着城市道路的进一步密集化，城市中心区域大量高架桥、建筑物，地面、地下空间相互干扰的立体交叉施工工程不可回避，盾构在同一节点处连续或同时穿越桩基与运营隧道的情况并不少见(图 2-32)。可能产生的风险如下：

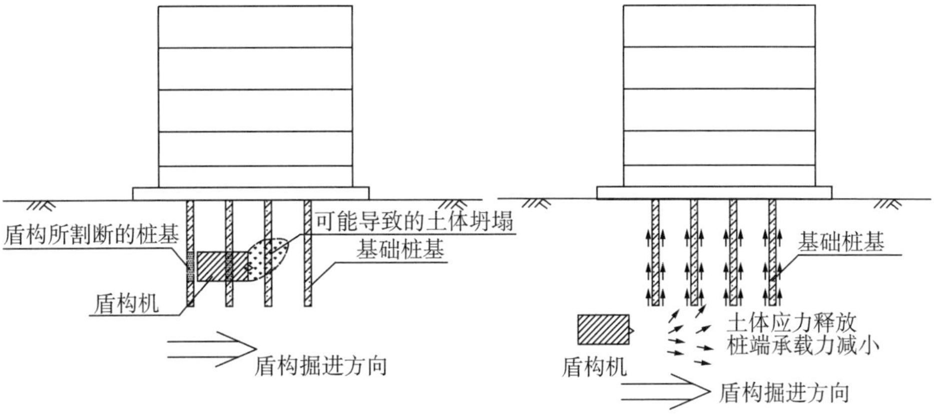

(a) 盾构切割桩基　　(b) 盾构从桩基下方穿越

图 2-32　盾构穿越桩基示意图

(1) 桩基在盾构推进过程中由于注浆压力、正面支护压力的水平挤压以及土体应力在水平方向的释放，水平变形较大，由此产生的附加内力可能致使桩身破坏。

(2) 桩周及桩端土体受到扰动导致桩基承载能力降低，从而使得地面建筑物下沉。同时，原来由桩承担并传递的部分荷载将转移至地表，相当于地面超载增加，对在建及已建隧道产生不良影响。

(3) 盾构侧面穿越桩基时，左右两侧桩基受到的内力和变形影响规律不一致，会造成地面建筑物的不均匀沉降。

(4) 盾构正面穿越桩基时，在盾构刀盘前方清障时会引起开挖面失稳和坍塌，进而影响到地面建筑物与邻近运营隧道。

4. 三面封闭穿越

盾构平行下穿下立交时，处于地下连续墙及下立交底板的三面封闭空间中(图 2-33)，底板下土体孔隙水的渗流路径被大幅减少，使得盾构推进引起的前方正超孔隙水压难以消散，而盾尾脱出后地层损失引起的负超静水压力则难以得到外界水位补给，即造成盾构施工引起的超静水压力变化幅度远大于一般盾构施工，且消散速度较慢(图 2-34)。因此，盾构在三面封闭条件下的穿越会造成下立交底板及封闭空间中的土体受显著挤压扰动，盾构前方底板上翘，地下连续墙向外挠曲，危及结构安全。而当盾构穿越后，上方土体及隧道由于卸荷而整体下沉，不但同样不利于结构安全，而且会导致地面沉降过大。

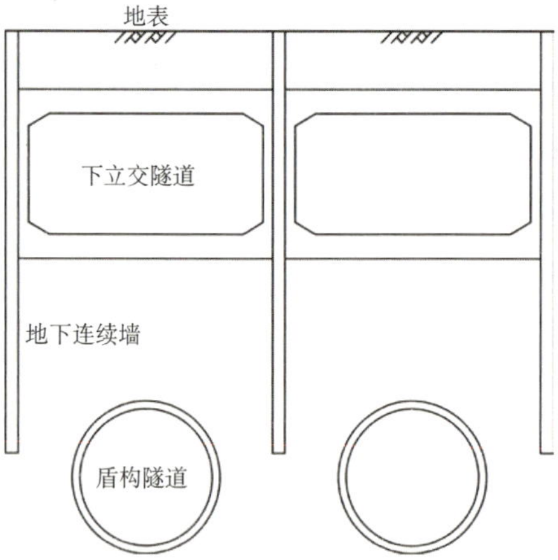

图 2-33　盾构三面封闭穿越示意图

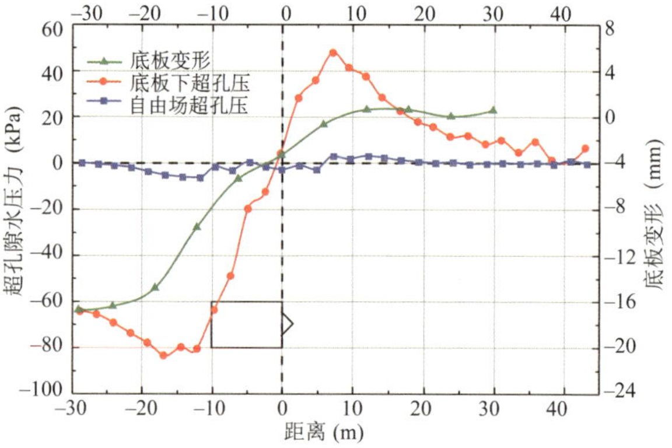

图 2-34　盾构三面封闭穿越超孔隙水压及底板变形规律

5. 长距离平行穿越

上海地铁世纪大道站是一座 4 站换乘大型车站，平面上呈"丰"字形，其换乘客流量在全网中名列第二，汇集了地铁 2 号线、4 号线、6 号线、9 号线等 4 条线路。地铁 2 号线是最早建设的，是标准地下二层车站，随后紧贴地铁 2 号线车站建设的地铁 4 号线是地下三层车站，最后建设的地铁 9 号线在另一侧紧贴地铁 2 号线。地铁 4 号线和地铁 9 号线需要长距离平行地铁 2 号线隧道施工，地铁 9 号线是长距离平行地铁 2 号线施工，两条隧道距离在 1D 范围内的平行距离超过 400 m；地铁 4 号线居于地铁 2 号线隧道的斜下方长距离施工，且在距离和空间关系上是变化的。在施工中对推进速度、土仓压力、盾构姿态、同步注浆量等提出严格要求，需同时实施自动化监测，以信息化手段指导施工推进。

2.4　风险管控

为减少或避免盾构穿越风险带来的损失，结合上一节对各种穿越风险的认识，在对大量工程案例风险进行统计分析的基础上得到各类风险的发生频率和影响后果，然后采取定性与定量相结合的方法对整个穿越项目风险等级进行综合评估，最后针对不同等级风险采取相应的预防措施和应急预案，最大限度地降低盾构近距离穿越运营隧道带来的风险。

2.4.1　风险识别与评估

全面系统地认识盾构近距离穿越运营隧道所面临的各种风险及它们相互的关联因

素，并对这些风险造成的影响和损失进行量化测评，是采取有效的预防措施与选择应对策略的基础。施工中常用的风险识别方法与评估方法如表 2-13 及表 2-14 所示。

表 2-13　风险识别方法

分类	名称	方法	适用范围
定性分析方法	检查表法（Checklist）	将项目系统以及设施设备、操作管理、施工工艺、组织措施等的各种风险因素，供识别人员进行检查核对，用来判别某项目是否存在表中所列或类似的风险	适用于工程的设计、验收、运行、管理阶段，以及事故调查过程
	专家调查法	通过不同专家意见的汇总归纳，对识别和分析结果进行重新排序，进而确定风险事件、风险因素和风险后果的关联性，及其重要程度。根据专家意见交流方式又可分为头脑风暴法和德尔菲法	适用于难以借助精确的分析技术但可依靠集体的经验判断进行风险分析。但对于复杂问题，可能存在专家之间不同的意见和分歧
	统计资料法	根据工程之间的某些风险状态的相似性，可以通过收集各种与工程相关的资料，从而辨识出类似工程的风险因素	适用于有一定量的相似工程项目资料的情况
定量分析方法	故障树分析法（Fault Trees Analysis, FTA）	采用逻辑的方法，形象地进行风险的分析工作，特点是直观、明了，思路清晰，逻辑性强，可以做定性分析，也可以做定量分析	可作定性分析，又可进行定量分析，具有应用广泛、逻辑性强、形象化等特点；有固定的分析流程，可以用计算机来辅助建模和分析，大大提高风险分析与管理的效率，非常适用于重复性较大的系统
综合分析方法	分解分析法	先将大风险项目逐层分解为若干个易于识别的小项目，再进行定性分析和定量分析的方法。可根据分解方式分为项目风险分解结构法（RBS）与项目工作结构分解法（WBS）	该方法可根据使用需求对风险等级划分进行修改，其使用不同的分析系统，但要有一定的工程经验和数据资料作依据。应用领域比较广，适用于任何工程的任何环节。但对于层次复杂的系统，要做进一步分析

表 2-14　风险评估方法

名称	方法	适用范围
层次分析法	将一个复杂的多目标决策问题作为一个系统，将目标分解为多个目标或准则，进而分解为多指标（或准则、约束）的若干层次，通过定性指标模糊量化方法算出层次单排序（权数）和总排序，以作为目标（多指标）、多方案优化决策的系统方法	应用领域比较广阔，可以分析社会、经济以及科学管理领域中的问题，适用于任何领域的任何环节，但不适用于层次复杂的系统

续表

名称	方法	适用范围
蒙特卡罗法	又称统计模拟法、随机抽样技术，是一种随机模拟方法，以概率和统计理论方法为基础的一种计算方法，是使用随机数(或更常见的伪随机数)来解决很多计算问题的方法	一般只在进行较精细的系统分析时才使用，适用于问题比较复杂，要求精度较高的场合，特别对少数可行方案进行精选比较时更有效
可靠度分析法	分析结构在规定的时间内、规定的条件下具备预定功能的安全概率的方法	适用于计算结构的可靠度指标，并可以对已建成的结构进行可靠度校核。该方法适用于对建筑结构设计进行安全风险分析
数值模拟法	采用数值计算软件对结构进行建模模拟，分析结构设计的受力与变形，并对结构进行风险评估	该方法适用于复杂结构的计算，判定结构设计与施工风险信息
模糊综合评价法	根据模糊数学的隶属度理论把定性评价转化为定量评价，即用模糊数学对受到多种因素制约的事物或对象做出一个总体的评价	结果清晰，系统性强，能较好地解决模糊的、难以量化的问题，适合各种非确定性问题的解决，适用于任何系统的任何环节，适用性较广
神经网络法	一种模仿动物神经网络行为特征，进行分布式并行信息处理的算法数学模型。这种网络依靠系统的复杂程度，通过调整内部大量节点之间相互连接的关系，达到处理信息的目的	适用于预测问题，原因和结果的关系模糊的场合或模式识别及包含模糊信息的场合。 不一定非要得到最优解，主要是快速求得与之相接近的次优解的场合；组合数量非常多，实际求解几乎不可能的场合；对非线性很高的系统进行控制的场合
敏感性评估法	敏感性分析法是指从众多风险因素中找出对工程安全指标有重要影响的敏感性因素，并分析、测算其对工程项目安全指标的影响程度和敏感性程度，进而判断项目承受风险能力的一种不确定性分析方法	用以分析工程项目安全性指标对各不确定性因素的敏感程度，找出敏感性因素及其最大变动幅度，据此判断项目承担风险的能力。 如不能确定各种不确定性因素发生一定幅度的概率，其分析结论的准确性就会受到一定的影响
故障树法	采用逻辑的方法，形象地进行风险的分析工作，特点是直观、明了，思路清晰，逻辑性强，可以做定性分析，也可以做定量分析	应用比较广，非常适用于重复性较大的系统。常用于直接经验较少的风险识别
事件树法	一种按事故发展的时间顺序由初始事件开始推论可能的后果，从而进行风险源辨识的方法	该方法可以用来分析系统故障、设备失效、工艺异常、人为失误等，应用比较广泛，但不能分析平行产生的后果，不适用于详细分析

续表

名称	方法	适用范围
分解结构评价矩阵法	通过定性分析和定量分析综合考虑风险影响和风险概率两方面的因素，对风险因素对项目的影响进行评估的方法	该方法可根据使用需求对风险等级划分进行修改，其使用不同的分析系统，但要有一定的工程经验和数据资料作依据。应用领域比较广，适用于任何工程的任何环节。但对于层次复杂的系统，要做进一步分析
贝叶斯网络评估法	贝叶斯网络为变量间概率关系的图形化描述提供了一种将知识直观地图解可视化的方法，同时又是一种概率推理技术，使用概率理论来处理在描述不同知识成分之间的因条件相关时而产生的不确定性	对于解决复杂系统中的不确定性和关联性引起的风险有很大的优势

对具体近距离穿越运营隧道的工程项目，应合理选用表 2-13 中某一种方法或组合方法进行风险识别，建立工程项目风险因素清单，分析流程如图 2-35 所示。风险评估应根据表 2-14 建立合理、通用、简洁和可操作的风险评价模型，从风险事件发生概率（描述标准见表 2-15）和发生后果（描述标准见表 2-16 至表 2-18）的估计开始，然后进行风险等级的评价（标准见表 2-19 至表 2-20），然后编制风险评估报告，为风险预控措施的制订与实施打下基础。在工程不同阶段，需进行动态评估和预控。风险评估与预控工作流程见图 2-36。

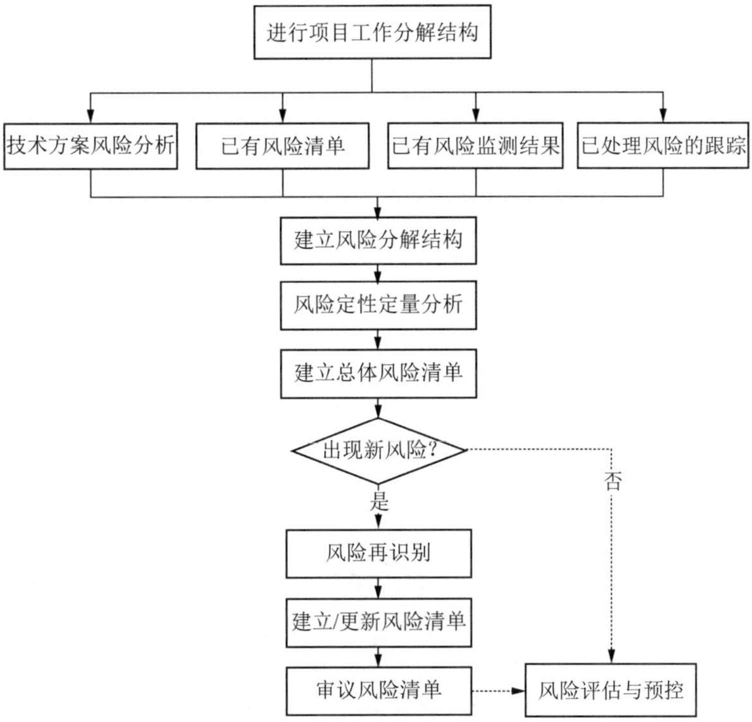

图 2-35　风险识别与分析流程图

表 2-15　　风险事件发生概率描述及其等级

描述	等级	发生概率区间
非常可能	1 级	$0.1 \leqslant P \leqslant 1$
可能	2 级	$0.01 \leqslant P < 0.1$
偶尔	3 级	$0.001 \leqslant P < 0.01$
不太可能	4 级	$0 \leqslant P < 0.001$

表 2-16　　直接经济损失等级

损失等级	1 级	2 级	3 级	4 级
经济损失/万元	$EL \geqslant 10\ 000$	$5\ 000 \leqslant EL < 10\ 000$	$1\ 000 \leqslant EL < 5\ 000$	$EL < 1\ 000$

注：EL＝经济损失；参考国务院令第 493 号《生产安全事故报告和调查处理条例》(2007 年 6 月 1 日)。

表 2-17　　周边环境影响损失等级

损失等级	涉及范围	影响程度描述
1 级	很大	周边环境发生严重污染或破坏
2 级	大	周边环境发生较重污染或破坏
3 级	一般	周边环境发生轻度污染或破坏
4 级	很小	周边环境发生少量污染或破坏

注：周边环境指自然环境、周边场地及邻近建(构)筑物、市政设施等。

表 2-18　　人员伤亡等级

损失等级	1 级	2 级	3 级	4 级
人员伤亡	是指造成 30 人以上死亡，或者 100 人以上重伤(包括急性工业中毒)	10 人以上 30 人以下死亡，或者 50 人以上 100 人以下重伤	3 人以上 10 人以下死亡，或者 10 人以上 50 人以下重伤	3 人以下死亡，或者 10 人以下重伤

注：“以上”包括本数，“以下”不包括本数，下同。

表 2-19　　风险等级矩阵表

风险等级		损失等级			
		1	2	3	4
概率等级	1	Ⅰ级	Ⅰ级	Ⅱ级	Ⅱ级
	2	Ⅰ级	Ⅱ级	Ⅱ级	Ⅲ级
	3	Ⅱ级	Ⅱ级	Ⅲ级	Ⅲ级
	4	Ⅱ级	Ⅲ级	Ⅲ级	Ⅳ级

表 2-20　　风险等级描述及接受准则

风险等级	风险描述	接受准则
Ⅰ级	风险最高，风险后果是灾难性的，并造成恶劣的社会影响和政治影响	完全不可接受，应立即排除
Ⅱ级	风险较高，风险后果很严重，可能在较大范围内造成破坏或有人员伤亡	不可接受，应立即采取有效的控制措施
Ⅲ级	风险一般，风险后果一般，对工程可能造成破坏的范围较小	允许在一定条件下发生，但必须对其进行监控并避免其风险升级
Ⅳ级	风险较低，风险后果在一定条件下可忽略，对工程本身以及人员等不会造成较大损失	可接受，但应尽量保持当前风险水平和状态

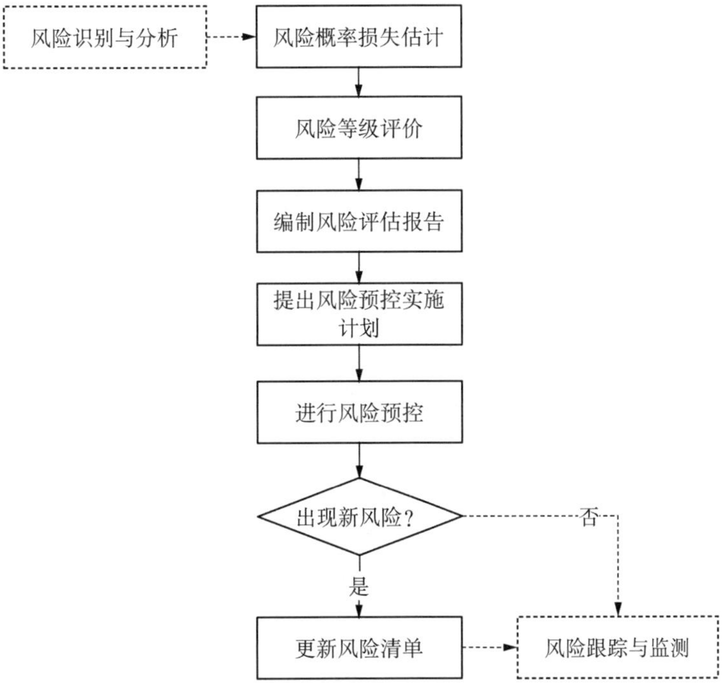

图 2-36　风险评估与预控流程图

2.4.2　穿越风险预警管理

由前述内容可知，盾构近距离穿越运营隧道工程的风险因素和风险问题较多，风险因素与风险问题之间呈现“一因多果”“一果多因”的关系，施工前的风险识别与评估不可能与实际穿越过程完全相符，为及时查清穿越风险的变化并做出应急措施保证工程安全，完整可靠的风险预警管理必不可少。风险预警包括风险跟踪与监测（图 2-37）和风险预警与应急（表 2-21）两个方面。

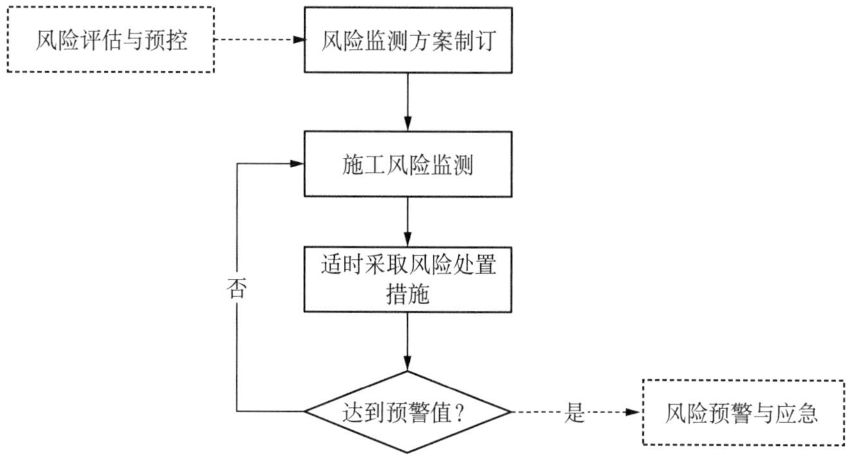

图 2-37　风险跟踪与监测流程图

1. 风险跟踪与监测

1）实时监测

监测是工程施工的“眼睛”，通过实时对地层、结构以及盾构施工参数进行监测，可掌握穿越对周围土体、邻近运营隧道的影响，评判各风险事件发生的可能性，以便对可能出现的问题及时进行处理，保证穿越过程中盾构工程本身的安全并最大限度地减少穿越对邻近隧道造成的影响。具体监测内容及对应监测方法见本书第 4 章。

2）安全巡检

安全巡检是工程监测预警的辅助手段，往往能更迅速地发现风险问题，进而采取应对措施。巡查包括两部分：一是结合监测检测数据对隧道结构表观现象进行巡查检查，以发现异常之处；二是对施工现场的巡查检查。现场安全巡视一般需要巡视人员进行观察、拍照、量测、记录和摄像等工作，重点对出现预警的监测对象进行现场安全风险状况的检查。穿越工程的巡检主体对象包括在建盾构隧道本身施工现场的巡检及被穿运营隧道的巡检。

(1) 对于施工中隧道的巡检内容包括：①出土量与土样观察；②管片变形、开裂、错台、掉块、接缝张开状况；③隧道内渗漏水状况；④盾构机械运行状况；⑤施工辅助设备运行状况。

(2) 对于运营隧道的巡检内容包括：①结构受损情况(管片变形、开裂、错台、掉块、接缝张开状况)；②道床变形、脱开状况；③隧道内渗漏水状况；④轨道静动态几何尺寸；⑤接触静态网尺寸；⑥列车运行平稳性状况；⑦其他运营辅助设施(线缆、桥架、照明)等运行状况。

2. 风险预警与应急

在工程建设期间对可能发生的突发风险事件，应划分预警等级。根据《中华人民共和国突发事件应对法》中对一般需要预警的自然灾害、事故灾难和公共卫生事件的预警级别的规定，可将突发风险事件依据其所可能造成的社会影响性、危害程度、紧急程度、发展势态和可控性等情况分为 4 级，分别与风险等级相对应。

表 2-21　　风险预警等级描述及对应预警处理

风险预警等级	风险预警描述	预警处理
红色预警（Ⅰ级）	最高级别的风险预警，风险后果是灾难性的，并造成恶劣的社会影响和政治影响	于确定时起立即以电话形式以最快速度上报相关单位。由建设单位邀请相关方面资深专家，建设政府主管部门负责人，组织相关参建单位进行讨论处理，制订解决方案，监督预警处理
橙色预警（Ⅱ级）	较高级别的风险预警，风险后果很严重，可能在较大范围内造成破坏或有人员伤亡	于确定时起 1 小时内上报施工、设计、监理、安全预警单位和地铁集团（或轨道交通公司）。地铁集团相关负责人组织参建单位进行讨论处理，并参考监理、安全预警单位或相关专家的预警处理意见，及时准确地制订解决方案，监督预警处理
黄色预警（Ⅲ级）	一般级别的风险预警，风险后果一般，对工程可能造成破坏的范围较小	于确定时起 4 小时内报送施工、设计、监理、安全预警单位和建设单位业主代表。施工单位和第三方监测单位应加大监测频率，监理和现场业主代表加强监督，安全预警单位要做初步风险分析
蓝色预警（Ⅳ级）	最低级别的风险预警，风险后果在一定条件下可忽略，对工程本身以及人员等不会造成较大损失	正常施工

2.4.3　风险预防及处理要点

1. 风险控制方式

1）风险规避

风险规避指通过改变计划以避开风险源或放弃风险活动，从而回避风险事件的发生。盾构近距离穿越运营隧道工程中，风险规避主要包括避开不良地层、避开复杂穿越环境、不在恶劣天气条件下施工等措施，这些都是控制风险的有效方法。

2）风险转移

风险转移指采取适当的方法和手段，将风险的后果转移到其他单位。工程中一般常用的风险转移措施有购买工程保险、业绩奖罚条款、担保性合同等。

3）风险减轻

风险减轻指将风险发生的可能性（事前）及发生带来的损失和影响（事中、事后）通过一定方式控制在一个可以接受的范围内。近距离穿越风险减轻措施包括地基土预处理、被穿隧道预加固、盾构机械维修以及制订应急方案并在风险事件发生时实施等。

4）风险自留

风险自留即风险承担，指的是由项目工程自身承担风险带来的损失。当工程项目发生损失后，业主和施工方通过资金融通的方式来弥补经济损失，即在发生损失后自行提供财务保障。

风险转移和风险自留属于经济、法律层面的风险控制，当隧道进入设计施工阶段时，更多采用风险规避和风险减轻这两种技术层面的方式对风险进行控制。

2. 地质水文条件风险预防及处理要点

（1）查明盾构穿越段岩土工程条件，开展有针对性的水文地质试验，建议合理的水文地质参数。

（2）查明隧道穿越段是否分布空穴、流砂夹层、透镜体，确认分布范围、规模、埋深、充填情况，分析颗粒组成、密实度和均匀性，判断它们对场地稳定性的影响程度，在隧道选线时尽量予以避让，无法避让时应提出整治方案及所需的岩土工程技术参数。

（3）分析地层是否具备储气特性，加强浅层天然气的调查和检测，提出处置建议。

（4）查明地下承压水分布情况，隧道纵断面设计时避免将隧道布置在承压水层或上下地层透水性存在明显差异的分界区段，并保证一定的隔水层厚度。不得不穿越承压水层时，设计时应进行降水处理，使承压水水头控制在安全范围内，同时做好防渗、防突涌措施。

（5）隧道纵断面设计时应避免布置在上下地层土体强度存在显著差异的地层分界区段，尽量在单一、匀质的地层中通过。

（6）盾构选型应适应不同的地层、地下水及周边环境情况。

3. 运营地铁隧道现状风险预防及处理要点

（1）收集运营隧道沉降历史资料，分析运营隧道沉降速率及沉降量，预测穿越中及穿越后运营隧道的沉降发展趋势，评价盾构穿越对运营隧道的影响程度，建议加固、隔离措施。

（2）穿越前对运营隧道被穿越段的管片、道床、辅助设施进行检查与维修，查明被穿越隧道病害的历史与分布状况，将原来存在过病害或现在仍存在病害的位置作为重点监测控制点位。

（3）盾构穿越过程中对运营隧道交通进行管制，降低列车通过被穿越段的速度与频次，最大程度降低列车振动对邻近盾构施工的影响。

(4) 新建盾构隧道完工通车后，应对两条隧道交叠段的列车运行进行合理地规划与管理，降低列车通过时的运行速度，同时尽量避免两条隧道列车同时通过交叠段，以减少双源振动给交叠段隧道结构及土层带来的危害。

4. 盾构设备风险预防及处理要点

(1) 盾构选型应适应不同的地层、地下水及周边环境情况。

(2) 通过盾构机前部的压注孔，向周围土体均匀压注适量的膨润土浆液，减少盾构机壳体与周围土体之间的摩擦力，同时避免盾构机"背土"现象的发生，将盾构机体对周围地层的扰动控制到最低程度。

(3) 对盾构机械各个构件必须进行强度、刚度校验，各连接点应采用合理的连接方式保证连接牢靠，各构件安装要定位准确，并确保电焊质量及螺栓连接的强度。

(4) 在进入穿越段前应检查刀盘结泥饼的情况。若有条件则进仓清理泥饼，疏通泡沫管；没有条件进仓的情况下，盾构机自身通过泡沫管高压力注入泡沫，刀盘快速旋转冲洗泡沫，或者通过土仓壁的注入孔，使用高压水冲洗刀盘（该处理方法容易造成开挖面失稳，使用时应注意）。

(5) 对于土压平衡盾构机，应添加渣土改良材料（泡沫等）设备；当切削土层较复杂时，可考虑压注泡沫等材料，增加舱内土体的和易性，以降低刀盘及螺旋机的负担；当螺旋机遭杂物或硬黏土卡住时，可反复伸、缩螺杆，并同时正、反转；同时，若盾构穿越路径涉及承压水层，螺旋输送机应配制双闸门或外配备保压泵以防止螺旋机喷涌。

(6) 对于泥水平衡盾构机，应在排浆管前设置沉淀槽或沉淀箱，安装竖向隔栅，做好防结泥饼措施，排浆管发生堵管应及时处理。

(7) 穿越前做好设备检测与维修工作，特别是盾尾密封装置、刀盘刀具、压浆泵、注浆阀、盾尾油脂泵、管片安装机以及盾构顶进系统液压件要确保性能稳定、良好，若质量下降要及时更换，流量计、压力计等计量仪表准确齐全。

(8) 盾尾密封油脂压入量及压力是防止盾尾漏浆的关键措施（图 2-38），注入的油脂要确保质量要求（有足够的黏度、流动性、润滑度、憎水性），并保证穿越期间在盾构后车架内备有足够的油脂，以备随时应急使用。

(9) 要检验盾构在停顿或拼装时盾构的自动补压系统是否正常。在穿越前要详细检查液压推进系统中有无泄露的千斤顶，当盾构千斤顶泄露降压时，应专门派人员补加压力，严防盾构后退。

(10) 同步浆液压注设备具备克服盾构周围高水土压力，在不影响其他管路及运作空间的前提下，适当改善同步注浆管路，减少弯头、增大管径，避免浆液在管路中沉积、堵塞。正式穿越前，需清洗疏通管路与阀件，避免正式穿越期间堵管。当发现同步注浆系统的流量计等重要计量仪表失灵或误差较大时，应派专人采用专业计量设备进行手工计量替代或校核。

（11）施工前对吊装区域进行检查核算，保证场地承压能力达到要求。

（12）及时做好停电预报工作，合理分配地面、洞内用电负荷。设置自发电机台，在线路停电后保证洞内通风、照明、抽水，并承担小负荷用电应急。

（13）由于盾构穿越的风险性，盾构机械应具备一些特殊功能，以备不时之需，举例如下：

① 壳体外直接注浆装置：可在隧道突沉且无法控制的情况下紧急启动，直接在壳体外注浆；

② 适应穿越区段地层的刀盘：如穿越区内存在障碍物，须配备足以对付该障碍物的刀盘；

③ 刀盘开口密闭装置：对于正面土体不易稳定，出现土体坍塌的情形，可开启刀盘密闭装置，避免事态进一步扩大。

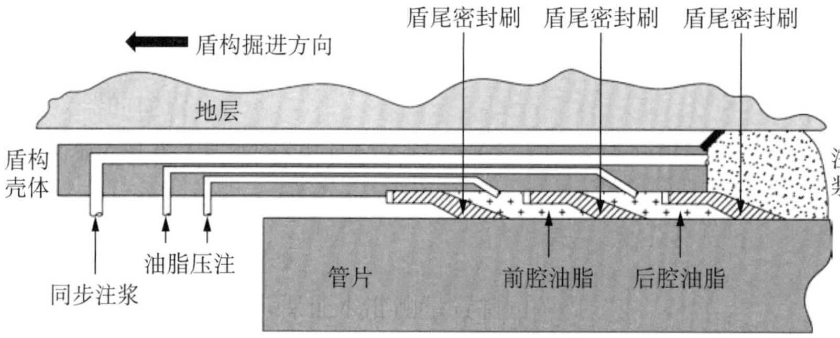

图 2-38　盾尾油脂压注示意图

5. 盾构施工材料风险预防及处理要点

1）管片

（1）按设计要求进行检验，厂家送料进场时必须有合格证书。

（2）运输、存储管片时不发生碰撞，做好保护措施。

（3）提高管片拼装质量，对环面平整情况进行检查，发现环面不平，及时地加贴衬垫予以纠正，使后拼上的管片受力均匀，同时及时调整管片环面与轴线垂直度，使管片在盾尾能居中拼装。

（4）对破损的管片及时进行修补，运输过程中造成的损坏应在贴止水条以前修补好，对于因为管片与盾壳相碰而在推进或拼装过程中被挤坏的管片，也应原地进行修补，以对止水条起保护作用。

2）浆液、泥水、添加剂等混合体材料

（1）按设计要求进行检验，厂家送料进场时必须有合格证书。

（2）进行现场试验，设计和优化配比以匹配地层条件和推进参数。

（3）配制时，注意配比准确，搅拌充分。

（4）在适宜条件下储存，并在方便、快速取用的部位放置，同时进行定期抽检，保证穿越期间备有足够的、合格的材料，以备随时应急使用。

6. 施工技术风险预防及处理要点

（1）严密监测开挖出渣量，尽量避免超挖、欠挖导致邻近运营隧道沉降（隆起）。

（2）穿越前，根据试验段推进结果及理论分析，设定合理的推进速度、盾构推力、注浆压力和正面土压力等施工参数，并在穿越过程中不断根据实时监测数据进行反馈调整。

（3）采用恰当的注浆工艺及注浆工序，注浆过程中应遵照多点、少量、多次、均匀的循序渐进原则，并根据隧道沉降监测数据及盾构推进速度，适时调整注浆量和注浆时间间隔，确保沉降稳定。注浆后应采用壁后探测技术检查壁后注浆效果，并及时对充填不佳的部位进行补强注浆。同时，为降低漏浆对地层的影响，在必要的时候，在盾尾 10～15 环的漏浆影响区域做环箍，对浆液进行分区，一方面减小流态及半流态的浆液回流损失，另一方面环箍对地层也起到一定的局部支护作用（图 2-39）。

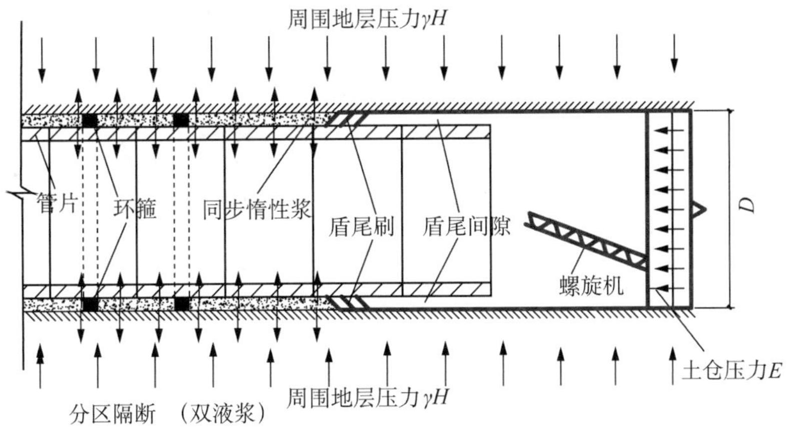

图 2-39　环箍控制漏浆方法示意图

（4）通过高精度的轴线定位（激光导向系统、螺旋仪定位系统）与三角网贯通测量（全站仪、水准仪、经纬仪）跟踪盾构及后方成环隧道与设计轴线的偏差，一旦发现有偏离轴线趋势，及时采取多段小量的方法进行纠偏，控制盾构姿态，减少地层扰动。

（5）在每环掘进结束时，通过减少出土量使前仓土压力略高于设定土压力，同时缩短拼装管片的时间。

(6) 与设计、盾构、注浆、监测等施工单位和材料供应商共同制订具有针对性的应急预案,将风险事件带来的损失控制到最小。

7. 不同穿越类型风险预防及处理要点

上述为盾构法穿越运营隧道的一般性风险管控措施,对于2.3小节中所介绍的各种具体类型的穿越施工,分别有着不同的风险特点,除采取一般性的管控措施外,还应该针对它们各自的特殊性制订各类型盾构法穿越运营隧道施工风险对策,如表2-22所示。

表 2-22 各类盾构穿越施工风险对策表

穿越类型	风险因素	风险预防及处理措施
泥水平衡盾构穿越	泥膜形成质量不佳	正确计算设定合理的正面压力、推进力、保持推进速度和干砂量相协调
		详细调查地层条件,进行试验,选择合适的泥水材料(级配、黏度、比重)
		控制运营隧道被穿越段列车运行速度
	泥水管路堵塞、爆裂	排浆管前设置沉淀槽或沉淀箱,安装竖向隔栅,跟踪监测排出浆液成分与流速,发生堵管应及时处理
		优化泥水循环管路,减少弯头、增大管径,避免浆液在管路中沉积、堵塞
	泥浆回窜及盾尾漏浆	盾构穿越前盾尾刷要严格检查,及时更换变形或损坏的盾尾刷,并做好高质量油脂涂刷密封,后备车架准备足够的聚氨酯等应急堵漏材料
		正确计算设定合理的泥水舱压力,并且在同步注浆过程中合理设置每个管路的注入压力,并保证同步注浆流量应与掘进速度相匹配
		严格盾构机和管片姿态,尽量使管片四周盾尾空隙均匀,减少密封装置被挤压程度
土压平衡盾构穿越	刀盘刀具负荷大	推进过程中仔细分析掘进参数,预计刀具磨损情况及刀盘结泥饼情况,在穿越前完成换刀及泥饼处理
		调配合适的渣土改良添加剂,及时注入土仓及盾构刀盘前方,在改善渣土流动性及密封性的同时降低刀盘动力系统温度
		选用合理的刀盘开口率及刀具布置层次
		刀盘转速与盾构推进速度相匹配,保证适量的刀具贯入度

续表

穿越类型	风险因素	风险预防及处理措施
土压平衡盾构穿越	正面压力分布不均	调配合适的渣土改良添加剂注入土仓，改善舱内渣土流动性
		正确计算设定合理的正面压力、推进力、保持推进速度和出土量相协调
	渣土运输事故	合理地组织施工，并对施工人员进行专业培训和安全教育，同时定期检查运输工具与设备质量
	螺旋机喷涌或堵塞	调配合适的渣土改良添加剂，降低渣土内摩擦力与渗透性，提高土体流动性
		螺旋输送机配制双闸门或保压泵，及时防止喷涌
		当螺旋机遭卡住时，可反复伸、缩螺杆，并同时正、反转
	卸荷变形大	正确计算设定合理的正面压力、推进力、保持推进速度和出土量相协调
		对运营隧道及周围地层进行超前加固处理
大直径盾构穿越	卸荷变形大	及时进行同步注浆及二次注浆，并且在以地面沉降允许极限值的前提下，对注浆量和注浆压力进行双重控制，即两项任意一项不满足要求就不能停止注浆，必要时进行环箍处理
	刀盘覆盖面积大	合理规划盾构推进线路，尽可能减少刀盘开挖所覆盖的土层
		加密地质勘探孔的数量，及时查处不良地质或障碍物
	正面压力分布不均	正确计算设定合理的正面压力、推进力，保持推进速度和出土量相协调
	刀盘刀具负荷大	推进过程中仔细分析掘进参数，预计刀具磨损情况及刀盘结泥饼情况，在穿越前完成换刀及泥饼处理
		选用合理的刀盘开口率及刀具布置层次
		刀盘转速与盾构推进速度相匹配，保证适量的刀具贯入度
	注浆效果不佳	及时进行同步注浆及二次注浆，并且在以地面沉降允许极限值的前提下，由注浆量和注浆压力进行双重控制，即两项任意一项不满足要求就不能停止注浆
		选用合适注浆浆液，要求初期流动性高，后期强度、致密性高，有一定膨胀性
		采用壁后探测技术以检查壁后注浆效果，及时对充填不佳的部位进行补强注浆
	纠偏困难	加强施工监测，每一环提交盾构姿态实测结果，并据此进行及时、连续、缓慢地纠偏
		通过盾壳的径向注入孔注入膨润土，润滑盾壳以减小摩擦力
		优化盾构推进设计轴线，尽可能增大穿越段盾构转弯半径

续表

穿越类型	风险因素	风险预防及处理措施
大直径盾构穿越	盾尾结构失稳	对盾尾结构体系的各构件必须进行强度、刚度校验，各连接点应采用合理的连接方式保证连接牢靠，各构件安装要定位准确，并确保电焊质量及螺栓连接的强度
	管片上浮	改善上覆土特性，增大土体压缩模量，从而增加上覆土对隧道上浮的抗力
		隧道内堆放适量重物，抵消上浮力
		通过加设剪力销、增加纵向螺栓数量、管片环间预埋钢板等方式提高隧道纵向刚度
上方穿越	已有隧道上方集中卸荷	对已有隧道被穿越段进行二次注浆、打桩、设置纵向连系梁等加固措施，穿越期间尽可能停止列车运行，在已有隧道内进行同步压重
		根据实时监测数据合理控制正面压力、注浆量、注浆压力等施工参数
上方穿越	浅覆土	对上覆土及将穿越土层进行超前加固，若有条件则在地面进行堆载
		根据实时监测数据合理控制正面压力、注浆量、注浆压力等施工参数
		考虑到盾构机及管片的上浮，盾构机顶进姿态在垂直方向上应控制在−20～−10 mm 之间
	已有隧道变形可恢复性差	提前对已有隧道被穿越段进行加固
下方穿越	地层损失难控制	配制高稠度、大比重单液浆，及时进行同步注浆及二次注浆，增强盾尾间隙填充后地层的稳定性，并减少浆液固化、泌水引起的后期沉降
		严格控制盾构机姿态，减少穿越段不必要的纠偏
		正确计算设定合理的正面压力、推进力，保持推进速度、注浆量与出土量相协调
	穿越承压水层	设计和确保实施恰当的降水、回灌、止水帷幕等承压地下水治理措施
	穿越段正面压力难控制	盾构穿越施工应采取分步台阶控制方案，以理论预测为导向，精心地根据关键监控点的实时监测反馈，每隔 2～3 环调整一次
小角度斜交穿越	交叠段长	配备稳定性更高的盾构设备及计量仪器，进入穿越段前严格检查，保证各元件处于良好工作状态
		提高施工人员责任心与操作技术，加强监测与检修管理
	已有隧道发生扭转	提前对已有隧道被穿越段进行加固

续表

穿越类型	风险因素	风险预防及处理措施
小角度斜交穿越	已有隧道变形分布模式由横向变为纵向	无论信息化施工中对监测数据的分析判断，还是对施工参数的调整，都应严格按照盾构掘进时的“首尾兼顾”原则，同时应考虑到前方正面压力与盾尾注浆对监测数据变化的双重影响，以避免对监测数据发生误判导致首尾参数控制失衡
进出洞穿越	进出洞地层损失大	辅以环箍、喷素混凝土等方式对环形空隙加以封堵
		正确设计端头加固方案，提高加固土体自立性与抗渗性，保证加固段强度均匀
		提高洞圈密封质量，同时及时调整盾构姿态，防止密封圈被刀盘割伤或被盾壳挤压，密封圈还可涂抹润滑油以减小对盾构机的摩擦阻力
	盾构姿态突变	考虑到盾构机出加固区及进洞极有可能产生的“磕头”现象，应主动使盾构机顶进姿态预先产生一定程度的“抬头”（一般比设计值略高 2 cm）
	无试验段模拟推进	正确计算设定合理的进出洞正面压力、推进力，维持盾构机以 5 mm/min 速度缓慢推进，加大端头井及被穿越隧道的监测频率，及时调整施工参数
上下夹穿	已有隧道相对变曲大	对已有隧道被穿越段进行二次注浆、打桩、设置纵向连系梁、同步压重等加固措施
		先下后上的穿越次序对运营隧道的保护和周边环境的控制较为有利
同时穿越隧道与桩基	桩身破坏，地面超载增加，地面建筑不均匀沉降	采取合适的桩基保护措施（设置隔离桩、隔离墙，土体加固，桩基凿除托换）
		正确计算设定合理的正面压力、推进力，保持推进速度和出土量相协调
		调整盾构掘进设计轴线，尽可能增加盾构与桩基的净距
	正面穿越桩基清障困难	尽可能提前对盾构穿越路线上的桩进行截断处理或者拔除，然后进行桩基托换，改变桩的传力路线，避免采取盾构直接切削桩基的工法
		若采取盾构直接切削桩基方案，宜提前优化刀盘刀具配制，如增加一定数量的先行刀和贝壳刀。切削过程中应降低推进速度控制在 5 mm/min 左右，最大不超过 7 mm/min，同时要密切注意刀盘扭矩及盾构推力的变化
三面封闭穿越	渗流路径受限，超孔压难以消散	在下立交底板上开设卸压孔，帮助消散超孔隙水压力，减小土体挤压
		优化浆液配比，壁后补压浆在同步注浆完成后尽快实施
		提前对底板下方土体进行加固
		规划线路时合理增加新建隧道埋深，增加盾构与底板的距离
长距离平行穿越	长距离穿越，扰动范围大，空间变形效应显著	严格控制推进速度、土仓压力、盾构姿态、同步注浆量等施工参数，以信息化手段指导施工

2.4.4 风险管控体系

为了实现风险管控的预期目标，保证风险监控工作的顺利进行，必须建立相应的风险管理组织(图 2-40)。建立健全的风险管控小组，在盾构穿越运营隧道的过程中抓好风险管控的领导和执行工作。

当穿越点位置处在较大的路口时，还可能涉及其他重要重大地下管线或地下空间的保护，重点防止由于施工不当引起的次生灾害和不良连锁反应，给正常的地铁运营安全带来危害。在日常穿越工程中，一般由建设单位牵头成立联合指挥与应急部门，联合与此穿越相关的单位和部门参加，其工作内容覆盖穿越施工组织与施工应急、地铁运营应急处置保障、管线单位、信息保障、地面交通联系与协同处置等，并需进行适当演练。应急预案的编制需要具备可操作性，围绕可能发生危及地铁运营安全的险情和设备故障，有效组织准备“人、机、料、法、环、测、信息”等工作内容，以实现对险情的高效处置。

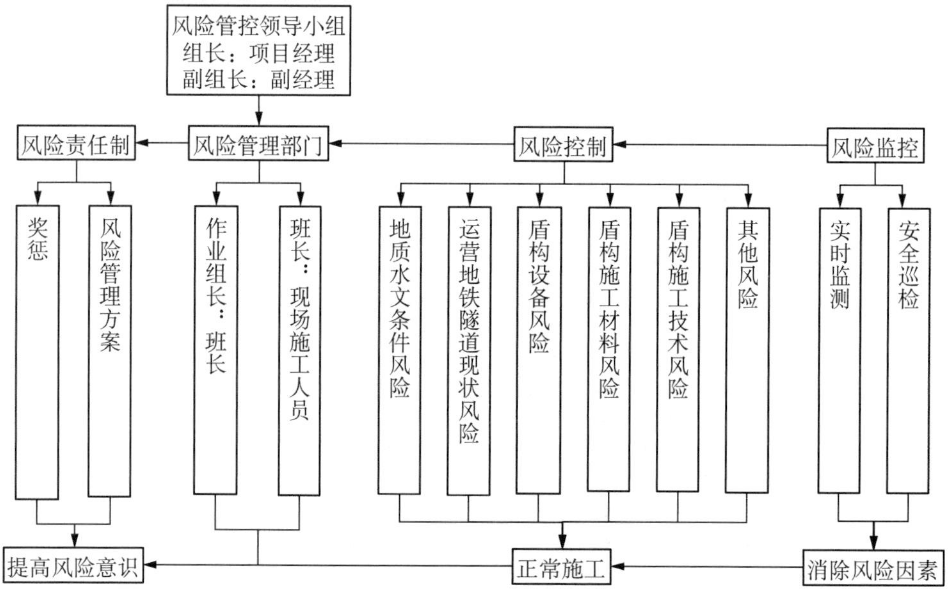

图 2-40　风险管理保证体系

第3章

盾构近距离穿越引起的隆沉变形预测方法与控制标准

3.1 引言

盾构施工必定会扰动一定范围的地层，改变原始地层的应力场，继而引起地层发生应变(图 3-1)。尽管盾构施工技术已经日臻成熟，工艺越来越完善，但由于盾构施工的复杂性，每年世界范围的盾构仍时有发生施工事故和险情。盾构穿越施工对既有运营线路的扰动仍无法完全避免，有时穿越施工的影响非常严重，影响时间长达数年。

上海淤泥质软土地层的结构性强、灵敏度高，施工扰动效应明显，且盾构施工引起的沉降大、趋于稳定所需时间长、影响因素多，影响情况较难预测和控制。鉴于运营地铁隧道对地层及结构变形控制的要求极高，盾构穿越此类工程风险极大。如何准确预测穿越施工影响，如何合理控制诱发地层沉降的因素是亟待解决的难题。在盾构穿越施工前，对既有隧道进行安全评估，对隧道沉降模式及量值进行科学的预测，并制订合理的变形控制指标，对盾构近距离穿越施工的风险评估和前期安全控制具有十分重要的意义。

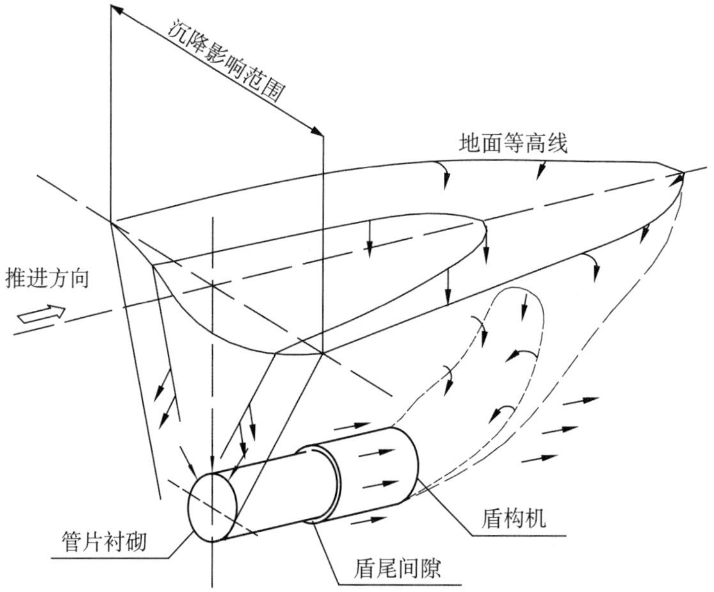

图 3-1　盾构施工产生的地层扰动

3.2 地层损失的确定

3.2.1 地层损失的概念及其组成

隧道施工中的地层损失(Ground Loss)概念最早由 Peck(1969)提出，一般定义为盾构施工掘进过程中实际开挖土体体积与隧道理论体积之差。当用于预测在饱和软土中进行隧道开挖引起的地层沉降时，通常假定地层损失体积与沉降槽体积相等。国内学者刘建航、侯学渊等对地层损失的概念和内涵进一步外延至包含隧道开挖时引起地层沉降的各种因素，使其意义更加符合实际预测，包括开挖面土体位移、盾构后退、盾体及盾尾土体位移、盾构纠偏以及扰动地层的后期固结变形等因素。

必须指出，地层损失的概念是为估算沉降而产生的，除了饱和软土剪切体积不变的简化假设之外，还对深部地层位移场的复杂性进行了简化。事实上，在极软弱或流动性地层或某种边界约束条件下，盾构掘进可导致地层在非竖直方向(如水平方向)产生较大的移动，从而使得传统地层损失效应失真。因此，在流动性较强地层或边界约束下，建议结合地层水平位移进行修正。

软土盾构施工引起的地层损失主要包括以下五个方面(图 3-2)：

(1) 由于应力释放、弹塑性变形导致的开挖面处的地层损失 V_{l1}；

(2) 由于盾壳锥度、纠偏或曲线掘进等原因导致盾壳周围地层向隧道中心位移，产生盾壳四周的地层损失 V_{l2}；

(3) 由于管片和盾尾几何差值导致的盾尾地层损失 V_{l3}；

(4) 由于隧道衬砌位移与变形产生的地层损失 V_{l4}；

(5) 由于固结和蠕变产生的长期地层损失 V_{l5}。

地层损失总量计算如式(3-1)所示。

$$V_l = V_{l1} + V_{l2} + V_{l3} + V_{l4} + V_{l5} \tag{3-1}$$

地层的固结沉降与施工装备、施工技术水平、注浆材料质量、施工参数、施工扰动等因素密切相关。如处理得当，施工造成的影响范围小、影响程度低，从而地层的固结沉降量更小、沉降时间更短。

此外，一些复杂因素导致的地层损失，如地中孔洞、障碍物、复杂边界等，还需根据具体

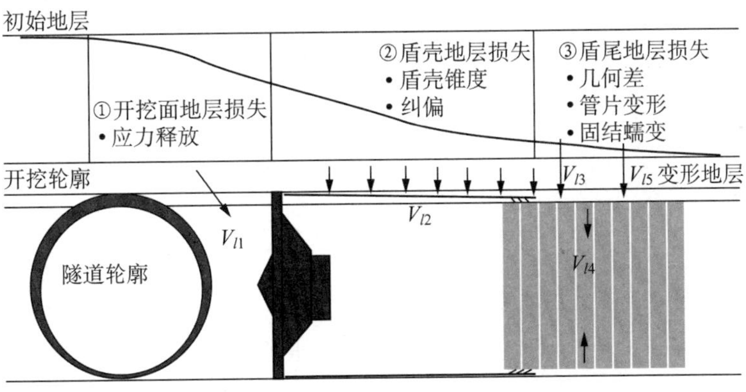

图 3-2　软土盾构地层损失

情况做深入监测、计算分析研究。极软弱地层产生的地层空间移动，对地层损失的影响较为复杂，目前的研究尚不成熟，在实际工程应用中还应以预估为准，加强监测和调整施工参数。

3.2.2 静动作用对地层损失的影响

地层损失除了上述由于各种地层运动导致的一定范围的永久土体体积损失（超挖）之外，从广义上看，各种静动力作用产生的瞬时或不可恢复的扰动变形，最终也可表现为宏观上的地层损失。

1. 静力作用

从静力平衡的角度看，盾构掘进产生的地层损失是由于开挖面、盾壳（切口环、支承环、盾尾）及盾尾注浆三个部位的应力释放所导致的趋向二次平衡状态的地层变形：开挖面支护力不足导致盾构前方应力释放；曲线段或者姿态不良导致盾壳侧壁超挖引起盾体部位应力释放；盾尾注浆量不足、不及时，或注浆压力不足引起盾尾部位应力释放。原始应力释放后，地层处于不平衡状态，通过变形使得地层再次回到平衡状态，这部分变形在宏观上体现为地层损失。

2. 动力作用

在盾构正常掘进过程中，盾构机与土体之间除了静力作用之外，还存在着复杂的动力相互作用。刀盘切削土体时，由于二者之间的相互作用，刀盘将产生明显的随机振动并作用于开挖面上；盾构近距离穿越运营地铁隧道时，运营中的地铁列车所产生的高密度往复循环荷载和振动作用通过隧道管片作用于土层，因此穿越区段的地层将受到多源动力荷载的共同作用。土体在动力作用下，变形一般会经历三个阶段，即振动压密阶段、振动剪切阶段和振动破坏阶段，如图 3-3 所示。

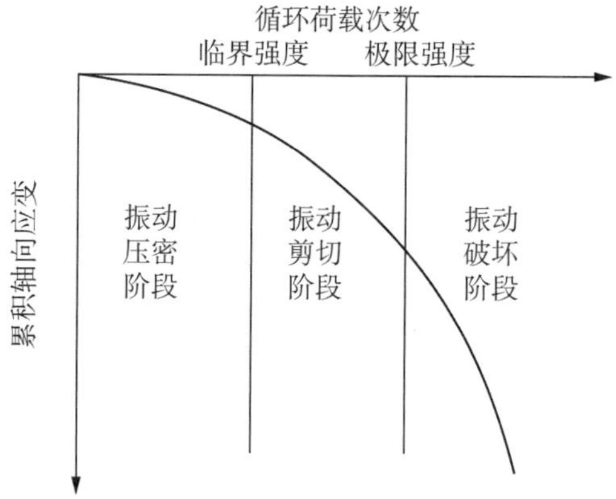

图 3-3　土体在动力作用下的一般变形过程

土体在动力荷载作用下的力学响应(包括动强度、动变形及动孔压等)与静力荷载相比有一定的特殊性,这些动力响应将直接影响穿越效果和施工控制。动强度是指土体在一定循环次数下,满足某一破坏标准的动应力,与速率效应和循环效应相关,速率效应会增大动强度而循环效应会减小动强度。动力作用下的动变形问题需要考虑随循环荷载稳定增加的残余变形及在残余变形附近的波动变形,且考虑到同时受到静力和孔压变化的影响,土体动变形将十分复杂。此外,动力作用下土体还会产生振密变形及动力蠕变变形。土中动孔压的发展是动荷载作用下影响土变形强度变化的重要因素,也是用有效应力法分析土体动力稳定性的关键。

土体在振动荷载作用下存在液化的可能性,液化是土体在动荷载作用下其原有强度突然降低的现象,常伴随着严重的工程后果。土体液化常发生于饱和砂层中,也会发生在饱和的亚黏土和级配不良的饱和砂砾石中。盾构穿越过程中如果发生振动液化,地层损失将急剧增大,开挖面前方土体将会发生失稳,运营隧道结构将会受到严重损坏。特别当盾构在饱和砂层中穿越运营期地铁隧道时,由于饱和砂土地层开挖面的不稳定特性和破坏脆性,产生的地层损失很难评价。在叠加高频次往复振动条件下,位移中的砂土颗粒受到振动激励而加速运动,加剧开挖面的水土流失。由于动力作用下超孔隙水压力上升的水平增大,工后由于超孔压消散产生的固结沉降也相应增大。

土体在动荷载作用下呈现出的性能因地层不同而差异巨大。动荷载包括盾构装备运转作业时产生的振动、在建设隧道内运输设备通过时产生的振动以及地铁隧道因列车通过而产生的振动等。这些因素往往交错在一起对地层变形产生重要影响。

3.2.3　计算方法

地层损失的计算方法主要包括两类,一类是从力学平衡和稳定性的角度看,通过稳定性系数 N_t 计算地层损失;一类是从几何的角度出发,通过间隙系数 g 计算地层损失。

1. 通过稳定系数计算

黏性土中的地层损失可以通过稳定系数 N_t 进行估算:

$$N_t = \frac{P_z - P_i}{S_u} \tag{3-2}$$

式中　N_t——稳定性系数;

P_z——开挖面中心土体垂直压力(kPa);

P_i——开挖面支护压力(kPa);

S_u——土体不排水抗剪强度(kPa)。

$$V_l = V_0 m e^{(N_t - 1)}，其中，m = \frac{S_u}{E_u} \tag{3-3}$$

式中 V_l——隧道单位长度的地层损失量(m^3/m)；

V_0——隧道单位长度的理论排土体积(m^3/m)；

E_u——土层弹性模量(kPa)。

2. 通过间隙系数 g 计算

地层损失率的另一个计算方法为通过间隙系数(g)以几何关系求得。这一概念将三维的隧道变形(包括开挖面的弹塑性变形、盾构机周围的超挖以及盾构和衬砌之间的间隙)在平面上等效为一个二维空隙，如图 3-4 所示。

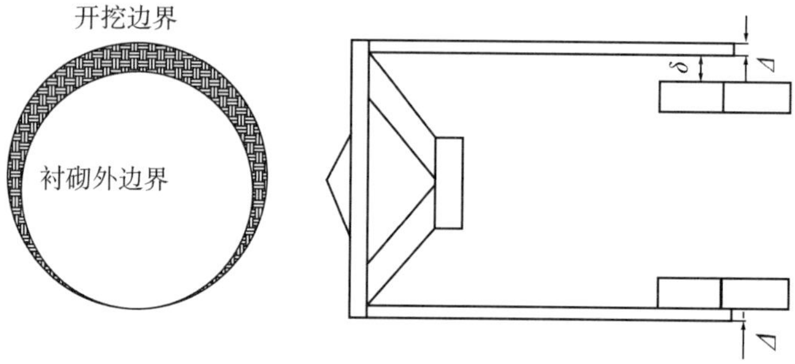

图 3-4 间隙参数 g 中物理间隙部分 G_p

根据几何关系，通过间隙参数 g 可以求得相应的地层损失率：

$$V_l = \frac{\pi(R + g/2)^2 - \pi R^2}{\pi R^2} \times 100\% = \frac{4gR + g^2}{4R^2} \times 100\% \tag{3-4}$$

式中 g——不排水条件下的间隙参数，$g = G_p + U_{3D}^* + w$；

w——工艺水平系数，取 $0.6G_p$ 和 U_i 的小值，其中 U_i 为隧道顶部处的弹塑性平面应变位移；

G_p——物理间隙；对于圆形隧道，$G_p = 2\Delta + \delta$；

Δ——盾尾厚度；

δ——衬砌的安装空隙；

U_{3D}^*——隧道开挖面的三维弹塑性变形，$U_{3D}^* = (k/2)\delta_x$；

k——考虑开挖面凸出效应的系数，对于硬黏土～软黏土取 0.7～0.9；对于极软黏土取 1；

δ_x——隧道开挖面土的最大轴向挤入量，$\delta_x = \Omega R P_0 / E$；

Ω ——与隧道稳定性系数相关的无量纲变形系数；

R——隧道半径；

P_0——隧道开挖面处的不平衡力，为原始水平地应力和支护力之差。

3. 实测估算法

通常根据项目前期一段时间积累的盾构施工引起的地面沉降实测数据进行统计计算分析，得到当前地质条件、环境条件、施工条件及施工参数下的地层损失值，将这个可靠的结果用于指导工程下一步施工的影响预测。当一个地区积累大量统计数据后，即可得到当地施工设备条件下地层损失标准值，用以预测评估或指导当地盾构隧道施工管理。其计算方法根据地层条件，一般按 Peck 经验公式反算得到。

上海地铁公司联合同济大学、施工单位、科研院所，根据大量监测数据给出了预测软土地层盾构施工的长期沉降预测，见式(3-5)，据此可推测上海软土隧道地层固结及蠕变引起的地层损失（V_{l5}）：

$$S_t = \frac{S_{max}}{1 + \frac{\alpha}{t}} \tag{3-5}$$

式中　S_t——穿越后某一段时间的沉降量；

t——穿越后测量时间；

S_{max}——回归计算的最大沉降量；

α——回归系数，一般取值为 28～32。

3.3 盾构穿越变形预测的解析法与经验法

3.3.1 解析法

解析法对盾构施工变形预测具有力学概念清晰、计算效率高等优势，通过基于一定的计算假设，能较为有效地对实际问题进行分析。盾构推进过程中，地层损失引起的位移可等效为带孔洞半空间，这是弹性力学的基本课题之一。从这一角度出发，历史上众多学者给出了求这类问题解析解的基本思路和方法。

Sagasetal 提出在各向同性均匀弹性半空间的不可压缩土中，地层损失产生的对比变形计算方法，采用虚拟镜像技术来消除无限介质情况下产生的虚拟边界条件。将土体削减等效为圆柱体，并假定其沿轴线均匀分布，得到在不排水条件下，三维地面变形计算公式：

$$S_{x0} = -\frac{V_i}{2\pi}\frac{x}{x^2 + h^2}\left(1 - \frac{y}{\sqrt{x^2 + y^2 + h^2}}\right) \tag{3-6}$$

$$S_{y0}=\frac{V_i}{2\pi}\frac{1}{\sqrt{x^2+y^2+h^2}} \tag{3-7}$$

$$S_{z0}=\frac{V_i}{2\pi}\frac{h}{x^2+h^2}\left(1-\frac{y}{\sqrt{x^2+y^2+h^2}}\right) \tag{3-8}$$

式中 x——离轴线的横向水平距离；

y——离开挖面的水平距离(以推进方向为正)。

通过式(3-6)可以计算三维地面变形,但仅考虑土体损失,没有考虑其他施工因素的影响,且假定土体不可压缩,隧道均匀收缩。当镜像法的边界条件做修正时,直接将其边界反力作用在无空洞的半空间,当隧道浅埋时,采用布新耐斯克解的误差较大。

Verruijt、Booker 改进了 Sagasetal 的镜像法,认为隧道变形主要由隧道表面土体的等量径向位移和长期的隧道椭圆化变形两部分组成,采用半弹性平面方法,与实测结果相比,该法低估了隧道的沉降值,而沉降槽的计算结果却比实际值要大。

$$U_z=\frac{2\varepsilon R^2}{m}\left[\frac{(m+1)z_2}{r_2^2}-\frac{mz(x^2-z_2^2)}{r_2^4}\right]-2\delta R^2h\left[\frac{x^2-z_2^2}{r_2^4}+\frac{m}{m+1}\frac{2zz_2(3x^2-z_2^2)}{r_2^6}\right] \tag{3-9}$$

式中 ε——均匀径向地层损失；

δ——隧道衬砌椭圆变形引起的地层损失。

Loganathan、Poulos 利用 Lee 等提出的地层损失间隙参数 g,对 Verruijt、Booker 的计算公式进行了修正,以地层损失函数替代了地层损失常数,并采用指数函数拟合隧道周围非等量径向变形,得到土体垂直位移。

$$U_z=R^2\left\{-\frac{z-H}{x^2+(z-H)^2}+(3-4v)\frac{z+H}{x^2+(z+H)^2}-\frac{2z[x^2-(z+H)^2]}{[x^2+(z+H)^2]^2}\right\}\frac{4Rg+g^2}{4R^2}\exp\left\{-\left[\frac{1.38x^2}{(H+R)^2}+\frac{0.69z^2}{H^2}\right]\right\} \tag{3-10}$$

该方法较 Verruijt、Booker 的计算公式更加准确,但仍存在以下的缺点：

(1) 软黏土中隧道的土体损失参数取值带有经验性；

(2) 预估的沉降槽宽度与水平位移稍大于实测值；

(3) 地面沉降曲线形状由 R、h 值确定,没有考虑土质条件和施工工艺。

双极坐标法在假设边界应力能展开为傅立叶级数的形式以及边界上施加的力在总体上处于平衡状态的基础上,得出双极坐标的平面应力和应变的完备解答。双极坐标在应力边界条件下解法的优点是:能把偏心圆、全空间中含括双圆及半空间含括一个孔洞的复连通域里的问题归到同一个问题的求解过程中,不过解答的过程相当繁琐,也未能考虑位移边界条件下该问题的解答。Mindlin 等采用双极坐标解法，在应力势函数的推导过程中加入了介质所受的重力场和初始应力场。他从满足隧道周边的无法向和切向应力条件开始，提取出包括开挖体重量的应力势函数，采用试凑的方法来满足位移单值和水平面无法向和切向应力边界条件，给出了应力解答，但求解过程颇为繁琐，也未能给出位移场的公式。

Bobet 从应力函数法的角度出发，尝试解决隧道衬砌与隧道周边土体两种不同介质相互作用的组合问题，采用解析法分析了在饱和土层中进行浅埋隧道开挖的情况。在隧道衬砌与土体的变形协调边界条件中采用了土体均匀收缩且与衬砌接触后共同变形的假定，给出了相应的应力函数解答。在分析中采用如下假定：①圆形断面；②平面应变问题（考虑与隧道轴线垂直的横断面）；③围岩和衬砌的界面不存在摩擦力；④埋深与半径之比大于 1.5；⑤是均匀各向同性地层；⑥地层为多孔弹性介质，衬砌弹性；⑦衬砌厚度远小于隧道直径；⑧不排水条件。在上述假设的基础上，引入连续方程、边界条件以及应变相容方程，得到饱和土层中隧道开挖引起的地层的瞬时变形计算公式：

$$U_r=\frac{1+v}{E}\left\{-\frac{a_0}{r}+\left[\frac{c_1'}{r^2}+\frac{1}{2}c_1\ln r\right]\sin\theta+\left[2\frac{a_2'}{r^3}+2\frac{b_2'}{r}\right]\cos 2\theta+\left[3\frac{c_3'}{r^4}+3\frac{d_3'}{r^2}\right]\sin 3\theta\right\} \tag{3-11}$$

$$U_\theta=\frac{1+v}{E}\left\{-\left[\frac{c_1}{r^2}+\frac{1}{2}c_1(1+\ln r)\right]\cos\theta+2\frac{a_2}{r^3}\sin 2\theta-\left[3\frac{c_3'}{r^4}+\frac{d_3'}{r^2}\right]\cos 3\theta\right\} \tag{3-12}$$

Chou、Bobet 采用 Bobet 提出的应力函数的方法，列举了 28 条已有隧道的实测数据，并与 Bobet 方法所求得的结果进行了对比。这些数据统计为日后其他理论方法的相互比较提供了统一基础。Park 在 Bobet 的基础上，将统计得到的隧道孔洞周边四种典型的变形位移边界模式，计入洞周位移边界条件进行了应力函数法的求解，并分析了该解对多个工程实例的适应性。

Verruijt 采用复变函数给出了满足地表面无法向和切向应力、孔洞周边的位移可展成映射后域内单位复数的幂级数形式边界条件下，半无限空间中单孔洞问题的解答递推公式，并给出了洞室周边有均布位移条件下的显式解答。随后，Verruijt 又给出了满足地表面无法向和切向应力、孔洞周边的应力可展成映射后域内单位复数的幂级数形式边界条件下，半无限空间中单孔洞问题的解答递推公式。

以下介绍 Mindlin 解法。

该方法主要考虑盾构推进过程中正面附加推力和盾壳与土体摩擦力、盾尾注浆压力和刀盘与土体摩擦力以及土体损失对周围土体影响，其计算模型如图 3-5 所示，并作如下假定：①盾构开挖过程中不排水，即土体不排水固结，仅考虑施工期间的变形；②土体为均质的线弹性半无限体;③盾构水平推进,不考虑纵向坡度及水平转向影响;④盾构的推进面为荷载作用面,将正面附加推力近似为圆形均布荷载,盾壳与周围土体摩阻力沿盾构外壳均匀分布,注浆压力在盾尾处一环管片范围内沿盾构圆周径向均匀分布;⑤盾构的推进仅为空间位置上的变化,不考虑时间效应。

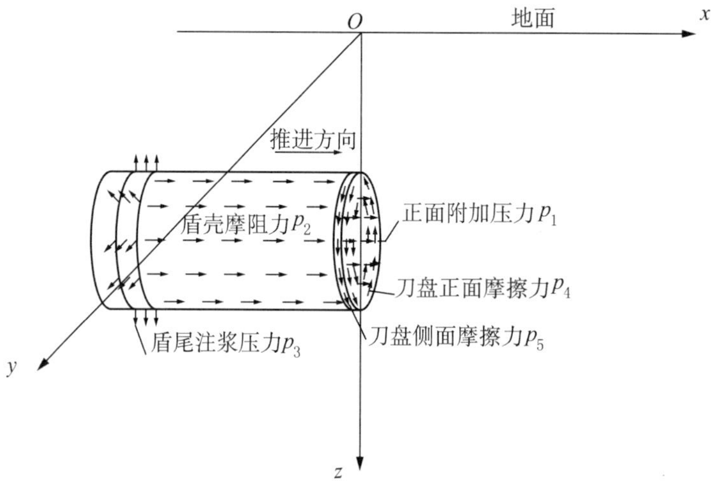

图 3-5　Mindlin 解法的计算模型

Mindlin 等推导出在弹性半无限体内作用水平集中荷载 P_h 及竖向集中荷载 P_v 时,半无限体内各点的位移计算公式,集中荷载作用点坐标为$(0, 0, c)$,Mindlin 解答计算模型如图 3-6 所示。

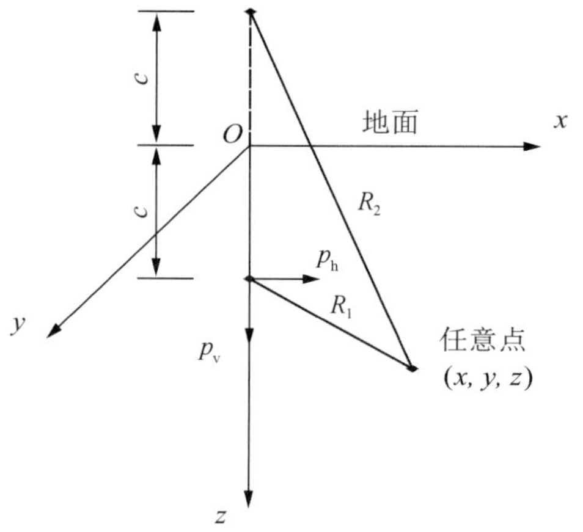

图 3-6　Mindlin 解答计算模型

在水平集中荷载 P_h 作用下,任意点(x, y, z)的位移分量为:

$$u=\frac{P_{\mathrm{h}}}{16\pi G(1-\mu)}\left\{\frac{3-4\mu}{R_1}+\frac{1}{R_2}+\frac{x^2}{R_1^3}+\frac{(3-4\mu)x^2}{R_2^3}+\frac{2cz}{R_2^3}\left(1-\frac{3x^2}{R_2^2}\right)+\right.$$
$$\left.\frac{4(1-\mu)(1-2\mu)}{R_2+z+c}\left[1-\frac{x^2}{R_2(R_2+z+c)}\right]\right\} \tag{3-13}$$

$$v=\frac{P_{\mathrm{h}}xy}{16\pi G(1-\mu)}\left[\frac{1}{R_1{}^3}+\frac{3-4\mu}{R_2{}^3}-\frac{6cz}{R_2^5}-\frac{4(1-\mu)(1-2\mu)}{R_2\ (R_2+z+c)^2}\right] \tag{3-14}$$

$$w=\frac{Px}{16\pi G(1-\mu)}\left[\frac{z-c}{R_1{}^3}+\frac{(3-4\mu)(z-c)}{R_2{}^3}-\frac{6cz(z+c)}{R_2^5}+\frac{4(1-\mu)(1-2\mu)}{R_2(R_2+z+c)}\right] \tag{3-15}$$

在竖向集中荷载 P_{v} 作用下，任意点 $(x,\ y,\ z)$ 的位移分量为：

$$u=\frac{P_{\mathrm{v}}x}{16\pi G(1-\mu)}\left\{\frac{z-c}{R_1{}^3}+\frac{(3-4\mu)(z-c)}{R_2{}^3}-\frac{4(1-\mu)(1-2\mu)}{R_2(R_2+z+c)}+\frac{6cz(z+c)}{R_2{}^5}\right\} \tag{3-16}$$

$$v=\frac{P_{\mathrm{v}}y}{16\pi G(1-\mu)}\left\{\frac{z-c}{R_1{}^3}+\frac{(3-4\mu)(z-c)}{R_2{}^3}-\frac{4(1-\mu)(1-2\mu)}{R_2(R_2+z+c)}+\frac{6cz(z+c)}{R_2{}^5}\right\} \tag{3-17}$$

$$w=\frac{P_{\mathrm{v}}}{16\pi G(1-\mu)}\left[\frac{(3-4\mu)}{R_1}+\frac{8\ (1-\mu)^2-(3-4\mu)}{R_2}+\right.$$
$$\left.\frac{(z-c)^2}{R_1^3}+\frac{(3-4\mu)\ (z+c)^2-2cz}{R_2{}^3}+\frac{6cz\ (z+c)^2}{R_2{}^5}\right] \tag{3-18}$$

式中　R_1、R_2——分别为集中荷载作用点及其对称点到所求位移点之间的距离，即

$$R_1=\sqrt{x^2+y^2+(z-c)^2},R_2=\sqrt{x^2+y^2+(z+c)^2};$$

r——集中荷载作用点到所求位移点的水平距离，$r_1=\sqrt{x^2+y^2}$；

c——集中荷载作用点埋深；

P_{h}——水平力集度；

P_{v}——竖向力集度；

G、μ——分别为土体的剪切模量、泊松比；

$(x,\ y,\ z)$——待求位移点的整体坐标。

1）正面附加推力

计算所取坐标系如图 3-7 所示，取微分面积 $r\mathrm{d}r\mathrm{d}\theta$，荷载为 $p_1r\mathrm{d}r\mathrm{d}\theta$，$p_1$ 为正面附加推力荷载集度，$c=H-r\sin\theta$。

通过坐标变换，

$$\begin{cases} x' = x \\ y' = y + r\cos\theta \\ z' = z \end{cases} \tag{3-19}$$

代入式(3-13)—式(3-15),通过积分得到正面附加推力引起土体中任一点(x, y, z)的位移为:

$$\begin{cases} u_1 = \iint\limits_{S_1} F_x^{\mathrm{h}}(r, \theta) p_1 r\mathrm{d}r\mathrm{d}\theta = p_1 \int_0^{2\pi}\int_0^R F_x^{\mathrm{h}}(r, \theta) r\mathrm{d}r\mathrm{d}\theta \\ v_1 = \iint\limits_{S_1} F_y^{\mathrm{h}}(r, \theta) p_1 r\mathrm{d}r\mathrm{d}\theta = p_1 \int_0^{2\pi}\int_0^R F_y^{\mathrm{h}}(r, \theta) r\mathrm{d}r\mathrm{d}\theta \\ w_1 = \iint\limits_{S_1} F_z^{\mathrm{h}}(r, \theta) p_1 r\mathrm{d}r\mathrm{d}\theta = p_1 \int_0^{2\pi}\int_0^R F_z^{\mathrm{h}}(r, \theta) r\mathrm{d}r\mathrm{d}\theta \end{cases} \tag{3-20}$$

式中 S_1——刀盘面积;

R——刀盘半径;

$F_i^{\mathrm{h}}(r, \theta)(i=x, y, z)$——单位水平力在计算点产生的各方向的位移,核心函数见式(3-13)—式(3-15)。

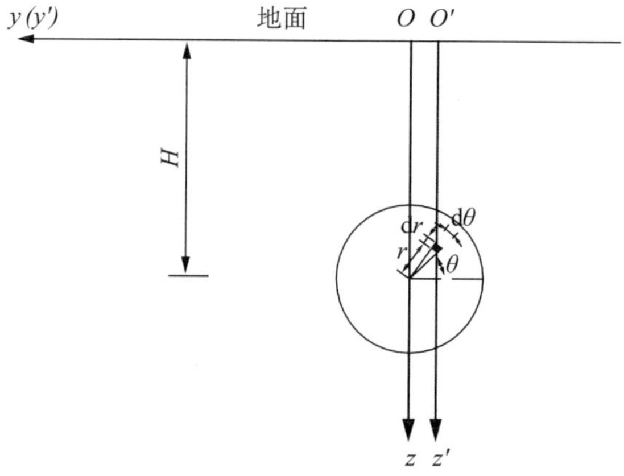

图 3-7 正面附加推力引起的地层位移积分示意图

由于式(3-20)比较复杂,通过直接积分很难得到计算结果,因此必须采用数值积分方法。为提高计算精度,采用 Clenshaw-Curtis 四阶数值积分方法求解。

2) 盾壳与土体摩擦力

计算所取坐标系如图 3-8 所示,取微分面积 $R\mathrm{d}l\,\mathrm{d}\theta$,荷载为 $p_2 R\mathrm{d}l\,\mathrm{d}\theta$, p_2 为盾构与周边土体的摩擦力集度,$c=H-R\sin\theta$。

通过坐标变换可得:

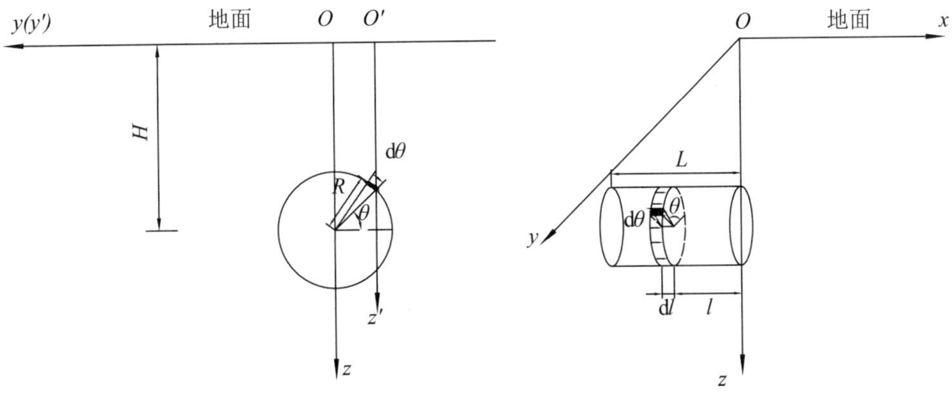

图 3-8　盾构摩阻力引起的地层位移积分示意图

$$\begin{cases} x'=x+l \\ y'=y+R\cos\theta \\ z'=z \end{cases} \tag{3-21}$$

代入式(3-13)—式(3-15)，通过积分得到盾壳摩阻力引起土体中任一点(x, y, z)的位移为：

$$\begin{cases} u_2=\iint\limits_{S_2} F_x^{\mathrm{h}}(l, \theta)p_2R\,\mathrm{d}l\,\mathrm{d}\theta=p_2R\int_0^L\int_0^{2\pi}F_x^{\mathrm{h}}(l, \theta)\mathrm{d}l\,\mathrm{d}\theta \\ v_2=\iint\limits_{S_2} F_y^{\mathrm{h}}(l, \theta)p_2R\,\mathrm{d}l\,\mathrm{d}\theta=p_2R\int_0^L\int_0^{2\pi}F_y^{\mathrm{h}}(l, \theta)\mathrm{d}l\,\mathrm{d}\theta \\ w_2=\iint\limits_{S_2} F_z^{\mathrm{h}}(l, \theta)p_2R\,\mathrm{d}l\,\mathrm{d}\theta=p_2R\int_0^L\int_0^{2\pi}F_z^{\mathrm{h}}(l, \theta)\mathrm{d}l\,\mathrm{d}\theta \end{cases} \tag{3-22}$$

式中　S_2——盾壳表面积；

L——盾构机长度；

$F_i^{\mathrm{h}}(l, \theta)(i=x, y, z)$——单位水平力在计算点产生的各方向的位移。

3）盾尾注浆压力

由于盾尾与地层间隙沿圆周分布实际上是不均匀的，浆液通过注浆孔注入孔隙后沿隧道轴向、径向的扩散机理较复杂，注浆压力沿圆周方向分布并不均匀。为简化计算，假定盾尾注浆压力沿圆周均匀分布。

计算所取坐标系如图 3-9 所示，取微分面积$R\,\mathrm{d}l\,\mathrm{d}\theta$，荷载为$p_3R\,\mathrm{d}l\,\mathrm{d}\theta$，$p_3$为盾尾注浆的附加应力集度。由于注浆压力方向为径向，需将其分解到水平、竖向两个方向，水平分力大小为$-p_3R\cos\theta\,\mathrm{d}l\,\mathrm{d}\theta$，竖向分力大小为$-p_3R\sin\theta\,\mathrm{d}l\,\mathrm{d}\theta$，$c=H-R\sin\theta$。

考虑盾尾建筑空隙以及土体应力释放影响，由于盾尾注浆而在土体中产生的附加应力近似取：

$$p_3 = p_g - 0.3\sigma_0 \tag{3-23}$$

式中 p_g——同步注浆压力；

σ_0——注浆位置土体初始土压力。

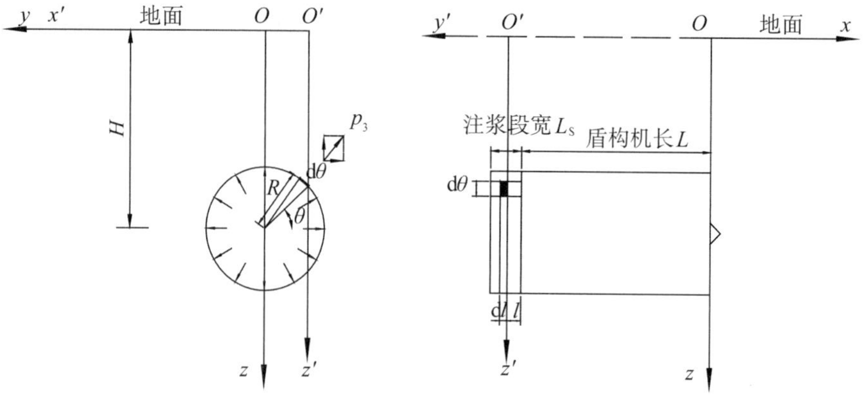

图 3-9　盾尾注浆压力引起的地层位移积分示意图

由于水平分力的作用面处在 yz 平面，而 Mindlin 解求解时集中荷载位于 xz 平面，需对其进行坐标变换，可得：

$$\begin{cases} x' = y + R\cos\theta \\ y' = -(x + L + l) \\ z' = z \end{cases} \tag{3-24}$$

分别代入式(3-13)—式(3-15)和式(3-16)—式(3-18)，通过积分得到再叠加，得到盾尾注浆压力引起土体中任一点(x，y，z)的位移为：

$$\begin{cases} u_3 = \iint_{S_3} [-F_x^h(l,\theta)p_3R\cos\theta - F_x^v(l,\theta)p_3R\sin\theta]\mathrm{d}l\,\mathrm{d}\theta \\ \quad = -p_3R\int_0^{L_s}\int_0^{2\pi}[F_x^h(l,\theta)\cos\theta + F_x^v(l,\theta)p_3R\sin\theta]\mathrm{d}l\,\mathrm{d}\theta \\ v_3 = \iint_{S_3} [-F_y^h(l,\theta)p_3R\cos\theta - F_y^v(l,\theta)p_3R\sin\theta]\mathrm{d}l\,\mathrm{d}\theta \\ \quad = -p_3R\int_0^{L_s}\int_0^{2\pi}[F_y^h(l,\theta)\cos\theta + F_y^v(l,\theta)p_3R\sin\theta]\mathrm{d}l\,\mathrm{d}\theta \\ w_3 = \iint_{S_3} [-F_z^h(l,\theta)p_3R\cos\theta - F_z^v(l,\theta)p_3R\sin\theta]\mathrm{d}l\,\mathrm{d}\theta \\ \quad = -p_3R\int_0^{L_s}\int_0^{2\pi}[F_z^h(l,\theta)\cos\theta + F_z^v(l,\theta)p_3R\sin\theta]\mathrm{d}l\,\mathrm{d}\theta \end{cases} \tag{3-25}$$

式中　S_3——注浆环管片面积；

L'——对应注浆环管片宽度；

$F_i^h(l,\theta)$、$F_i^v(l,\theta)(i=x,y,z)$——分别为单位水平力、竖向力在计算点产生的各方向的位移。

4）刀盘摩擦力

刀盘与土体的摩擦力包含两部分：刀盘正面与周围土体产生的摩擦力和刀盘圆周面与周围土体产生的摩擦力，两部分须分别计算。刀盘分为面板式、条幅式，为了简化起见，假定正面摩擦力作用面积为全部刀盘正面，摩擦力沿刀盘径向呈三角形分布。假定刀盘转动方向为由 y 轴正半轴向 z 轴正半轴转动。

对于刀盘正面摩擦力，计算所取坐标系如图 3-10(a)所示，取微分面积 $r\mathrm{d}r\mathrm{d}\theta$，荷载为 $p_4r^2/R\mathrm{d}r\mathrm{d}\theta$，$p_4$ 为刀盘切口边缘正面摩擦力集度。p_4 可根据与刀盘扭矩关系由式(3-26)和式(3-27)计算：

$$\iint p_4r^3/R\mathrm{d}r\mathrm{d}\theta=T_1+T_2 \tag{3-26}$$

$$p_4=\frac{2(T_1+T_2)}{\pi R^3} \tag{3-27}$$

式中，T_1、T_2 分别为刀盘正面摩擦扭矩和刀盘切削渣土所需扭矩。

将正面摩擦力分解到水平、竖向两个方向，水平分力大小为 $p_4r^2/R\sin\theta\mathrm{d}r\mathrm{d}\theta$，竖向分力大小为 $-p_4r^2/R\cos\theta\mathrm{d}r\mathrm{d}\theta$，$c=H-r\sin\theta$。

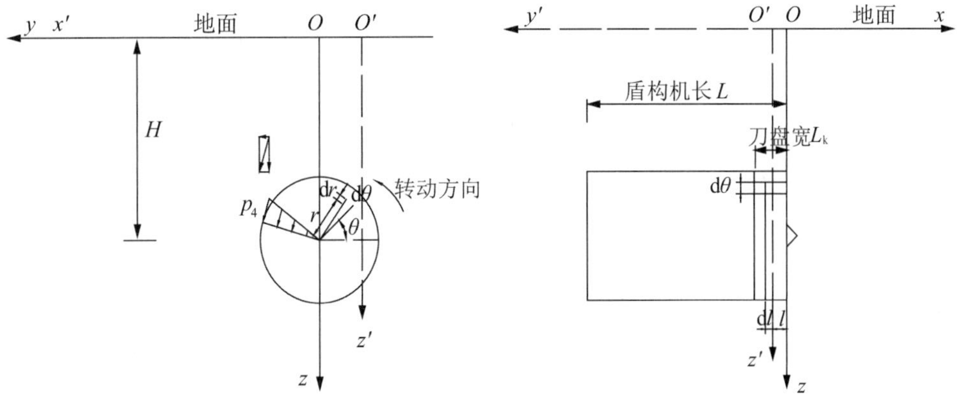

(a)刀盘正面摩擦力　　(b)刀盘侧面摩擦力

图 3-10　刀盘摩擦力引起的地层位移积分示意图

由于水平分力的作用面处在 yz 平面，而 Mindlin 解求解时集中荷载位于 xz 平面，需对其进行坐标变换：

$$\begin{cases} x' = y + r\cos\theta \\ y' = -x \\ z' = z \end{cases} \tag{3-28}$$

分别代入式(3-13)—式(3-15)和公式(3-16)—式(3-18)，通过积分得到再叠加，得到刀盘正面扭矩引起土体中任一点(x, y, z)的位移为：

$$\begin{cases} u_{4a} = \int_0^R \int_0^{2\pi} [F_x^{\mathrm{h}}(r, \theta) p_4 r^2 / R\sin\theta - F_x^{\mathrm{v}}(r, \theta) p_4 r^2 / R\cos\theta] \mathrm{d}r\mathrm{d}\theta \\ v_{4a} = \int_0^R \int_0^{2\pi} [F_y^{\mathrm{h}}(r, \theta) p_4 r^2 / R\sin\theta - F_y^{\mathrm{v}}(r, \theta) p_4 r^2 / R\cos\theta] \mathrm{d}r\mathrm{d}\theta \\ w_{4a} = \int_0^R \int_0^{2\pi} [F_z^{\mathrm{h}}(r, \theta) p_4 r^2 / R\sin\theta - F_z^{\mathrm{v}}(r, \theta) p_4 r^2 / R\cos\theta] \mathrm{d}r\mathrm{d}\theta \end{cases} \tag{3-29}$$

式中 R——刀盘半径；

$F_i^{\mathrm{h}}(r, \theta)$、$F_i^{\mathrm{v}}(r, \theta)(i = x, y, z)$——分别为单位水平力、竖向力在计算点产生的各方向的位移。

对于刀盘侧面摩擦力，计算所取坐标系如图 3-10(b)所示，取微分面积 $R\mathrm{d}l\mathrm{d}\theta$，微元上作用荷载为 $p_5 R\mathrm{d}l\mathrm{d}\theta$，$p_5$ 为刀盘侧面摩擦力集度。

$$p_5 = \frac{T_3}{2\pi L_k R^2} \tag{3-30}$$

式中 T_3——刀盘侧面摩擦扭矩；

L_k——刀盘宽度。

将侧面摩擦力分解到水平、竖向两个方向，水平分力大小为 $p_5 R\sin\theta\mathrm{d}l\mathrm{d}\theta$，竖向分力大小为$-p_5 R\cos\theta\mathrm{d}l\mathrm{d}\theta$，$c = H - R\sin\theta$。由于水平分力的作用面处在 yz 平面，而 Mindlin 解求解时集中荷载位于 xz 平面，需对其进行坐标变换：

$$\begin{cases} x' = y + R\cos\theta \\ y' = -(x + l) \\ z' = z \end{cases} \tag{3-31}$$

分别代入式(3-13)—式(3-15)和式(3-16)—式(3-18)，通过积分得到再叠加，得到刀盘正面扭矩引起土体中任一点(x, y, z)的位移为：

$$\begin{cases} u_{4b} = \int_0^{L_k} \int_0^{2\pi} [F_x^{\mathrm{h}}(l, \theta) p_5 R\sin\theta - F_x^{\mathrm{v}}(r, \theta) p_5 R\cos\theta] \mathrm{d}l\mathrm{d}\theta \\ v_{4b} = \int_0^{L_k} \int_0^{2\pi} [F_y^{\mathrm{h}}(l, \theta) p_5 R\sin\theta - F_y^{\mathrm{v}}(r, \theta) p_5 R\cos\theta] \mathrm{d}l\mathrm{d}\theta \\ w_{4b} = \int_0^{L_k} \int_0^{2\pi} [F_z^{\mathrm{h}}(l, \theta) p_5 R\sin\theta - F_z^{\mathrm{v}}(r, \theta) p_5 R\cos\theta] \mathrm{d}l\mathrm{d}\theta \end{cases} \tag{3-32}$$

式中，$F_i^h(r, \theta)$、$F_i^v(r, \theta)(i=x, y, z)$分别为单位水平力、竖向力在计算点产生的各方向的位移。

5）盾尾地层损失

采用随机介质理论计算盾尾地层损失引起的地层位移。如图 3-11 所示，考虑在距离地表深度为 η 处开挖一单元体 $d\xi d\zeta d\eta$，引入主要影响半径 $r(z)$和主要影响角的概念。根据假定，在不排水固结的条件下隧道开挖引起的最终沉降盆的体积应等于土体损失的体积，故当开挖单元完全塌落时其单元体积等于 $d\xi d\zeta d\eta$。由此可得在开挖断面以上任意水平面 z 上，开挖单元完全塌落引起的各向位移为：

$$U_{eX}(x, y, z)=\frac{x}{r^3(z)\tan\beta}\exp\left[-\frac{\pi}{r^2(z)}(x^2+y^2)\right]d\xi d\zeta d\eta \tag{3-33}$$

$$U_{eY}(x, y, z)=\frac{y}{r^3(z)\tan\beta}\exp\left[-\frac{\pi}{r^2(z)}(x^2+y^2)\right]d\xi d\zeta d\eta \tag{3-34}$$

$$U_{eZ}(x, y, z)=\frac{1}{r^2(z)}\exp\left[-\frac{\pi}{r^2(z)}(x^2+y^2)\right]d\xi d\zeta d\eta \tag{3-35}$$

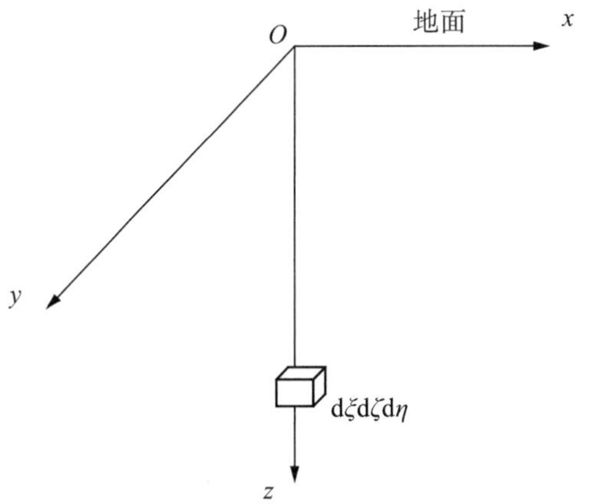

图 3-11　单元开挖示意图

式中　$r(z)$——单元开挖在 z 方向上的主要影响半径，$r(z)=(\eta-z)/\tan\beta$；

β——隧道上部围岩的主要影响角。

隧道推进产生的土体位移可以通过对单位土体产生的位移积分计算得到。设隧道开挖断面中心线深度为 h，沿 x 轴正向开挖，等效土体损失参数为 g。土体损失 $V=V_1-V_2$：其中 V_1 为深度 h，半径为 R 的圆柱体；V_2 为深度 $h+g/2$，半径 $r=R+g/2$ 的圆柱体。则隧道开挖引起周围土体变形的计算方法为：

$$u_5=\int_a^b\int_c^d\int_{-\infty}^0\frac{(x-\xi)\tan^2\beta_z}{(\eta-z)^3}\exp\left\{-\frac{\pi\tan^2\beta_z}{(\eta-z)^2}\left[(x-\xi)^2+(y-\zeta)^2\right]\right\}d\xi d\zeta d\eta-$$

$$\int_e^f\int_g^h\int_{-\infty}^0 \frac{(x-\xi)\tan^2\beta_z}{(\eta-z)^3}\exp\left\{-\frac{\pi\tan^2\beta_z}{(\eta-z)^2}[(x-\xi)^2+(y-\zeta)^2]\right\}d\xi d\zeta d\eta \tag{3-36}$$

$$v_5=\int_a^b\int_c^d\int_{-\infty}^0 \frac{(y-\zeta)\tan^2\beta_z}{(\eta-z)^3}\exp\left\{-\frac{\pi\tan^2\beta_z}{(\eta-z)^2}[(x-\xi)^2+(y-\zeta)^2]\right\}d\xi d\zeta d\eta-$$
$$\int_e^f\int_g^h\int_{-\infty}^0 \frac{(y-\zeta)\tan^2\beta_z}{(\eta-z)^3}\exp\left\{-\frac{\pi\tan^2\beta_z}{(\eta-z)^2}[(x-\xi)^2+(y-\zeta)^2]\right\}d\xi d\zeta d\eta \tag{3-37}$$

$$w_5=\int_a^b\int_c^d\int_{-\infty}^0 \frac{\tan^2\beta_z}{(\eta-z)^2}\exp\left\{-\frac{\pi\tan^2\beta_z}{(\eta-z)^2}[(x-\xi)^2+(y-\zeta)^2]\right\}d\xi d\zeta d\eta-$$
$$\int_e^f\int_g^h\int_{-\infty}^0 \frac{\tan^2\beta_z}{(\eta-z)^2}\exp\left\{-\frac{\pi\tan^2\beta_z}{(\eta-z)^2}[(x-\xi)^2+(y-\zeta)^2]\right\}d\xi d\zeta d\eta \tag{3-38}$$

式中　$a=h-R$；

$b=h+R$；

$c=-\sqrt{R^2-(\eta-h)^2}$；

$d=\sqrt{R^2-(\eta-h)^2}$；

$e=h-R+g$；

$f=h+R$；

$g=-\sqrt{(R-g/2)^2-(\eta-h-g/2)^2}$；

$h=\sqrt{(R-g/2)^2-(\eta-h-g/2)^2}$。

6）隧道自身变形

衬砌环在脱出盾尾后，一般会产生一定的变形量，隧道自身变形参考刘建航、侯学渊《盾构法隧道》一书中的椭圆变形弹性法进行计算。随着设计和施工装备水平的持续进步，隧道自身变形可经过控制越来越小，一般可达到（1‰～2‰）D 的程度。

7）地层位移计算

将盾构正面附加推力、盾壳与土体摩擦力、盾尾注浆压力、刀盘摩阻力和土体损失引起的土体变形计算公式叠加，即得到施工阶段盾构引起的周围地层任意一点的位移：

$$\begin{cases}u=u_1+u_2+u_3+u_{4a}+u_{4b}+u_5\\v=v_1+v_2+v_3+v_{4a}+v_{4b}+v_5\\w=w_1+w_2+w_3+w_{4a}+w_{4b}+w_5\end{cases} \tag{3-39}$$

式中　u——沿盾构推进方向的水平位移；

v——垂直于盾构推进方向的水平位移；

w——土体的竖向变形。

3.3.2 经验公式法

经验公式法的优点在于基于以往大量工程实测经验数据，预测结果较为准确，多为拟合公式和参数，原理简单、易于计算，可以在一定程度上反映不同地层的土的性质、隧道特点、盾构设备、施工参数和施工技术等综合因素对沉降的影响。由于它是根据以往工程实践归纳所得，对于一些土质较好、施工技术较完善的工程，参考已有类似工程的资料时，现场量测结果与计算结果比较接近。经验公式法的缺点在于以下四点：

（1）缺少对于地层位移内在机理的研究和响应；

（2）地层的详细条件、隧道截面形状、施工工法、空间关系等无法得到对应性反映；

（3）经验公式中地层损失这一经验参数通常需要根据假设和现场实测数据反算得到，这让其使用有局限性；

（4）经验方法所提出的成果往往只能得到地表沉降，而不能像解析法、数值法等可以全面分析得到整个分析域的地层变形、应力、应变等。

盾构隧道引起的地面沉降，最常用的估算方法还是 Peck 公式和以此为基础的各种修正公式。Peck 法由于计算简便、结果可靠，成为实际工程中最常用的估算盾构法正常施工引起地面沉降的方法。Peck 法认为施工引起的地面沉降是在不排水情况下发生的，沉降槽的体积应该等于地层损失的体积。假定地层损失在隧道长度上均匀分布，则正常施工情况下地面沉降的横向分布近似正态曲线，在非正常施工（近距离穿越运营地铁）情况下为偏态分布，在具体工程中应用时应考虑地层受扰动后的固结、是否存在超载等具体事宜。

下面先介绍沉降横向分布的估算公式。

1. 地表横向沉降

本部分介绍单线地表横向沉降。在正常施工状态下，隧道上方地表沉降曲线如图 3-12 所示。

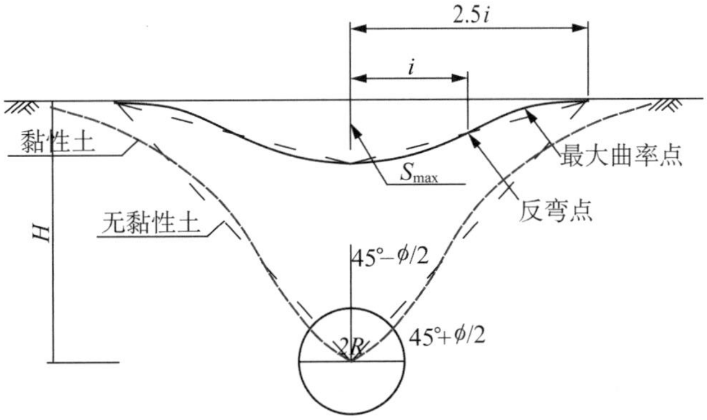

图 3-12　Peck 法横向沉降

Peck 法横向分布的地面沉降估算方法为：

$$S_{(x)}=\frac{V_l}{\sqrt{2\pi}i}\exp\left(-\frac{x^2}{2i^2}\right) \tag{3-40}$$

$$S_{\max}=\frac{V_l}{\sqrt{2\pi}i}=\frac{V_l}{2.5i} \tag{3-41}$$

式中 $S_{(x)}$——沉降量(m)；

x——距隧道中心线的距离(m)；

V_l——盾构隧道单位长度地层损失量(m^3/m)，实际工程估算中可近似取 $V_l=S'_{\max}Z$ ($S'_{\max}$为监测地表最大沉降)；

$S_{\max}$——隧道中心线处的地表最大沉降量(m)；

i——沉降槽宽度系数(m)，可按式(3-42)计算：

$$i=\frac{Z}{\sqrt{2\pi}\tan\left(45°-\frac{\varphi}{2}\right)} \tag{3-42}$$

式中 φ——土体的内摩擦角；

Z——深层土至隧道上方覆土厚度。

对于成层土取加权平均值；上海软土地区沉降槽宽度系数可按照经验公式$\frac{i}{R}=\left(\frac{Z}{2R}\right)^{0.8}$计算。

在非正常施工条件下，隧道上方地表沉降为偏态分布，可按式(3-43)和式(3-44)计算：

$$S_{(x)}=\frac{V_{l1}}{\sqrt{2\pi}i_1}\exp\left[-\frac{(x+a)^2}{2i^2}\right]+\frac{V_{l2}}{\sqrt{2\pi}i_2}\exp\left[-\frac{(x-b)^2}{2{i_2}^2}\right] \tag{3-43}$$

$$\frac{V_{l1}}{V_{l2}}=\left|\frac{i_1}{i_2}\right|, V_{l1}+V_{l2}=V_l \tag{3-44}$$

地面隆起时地层损失为负，反之为正。该公式可反映非正常施工条件下，沉降槽变化情况，如图 3-13 所示。

2. 深层横向沉降

盾构穿越的运营地铁隧道具有一定程度的埋深，采用经验公式法预测既有隧道变形需考虑深度修正。一般来说，由于既有盾构隧道纵向弯曲刚度较小，可忽略既有隧道刚度影响，这样近似所得的沉降预测值偏于安全。深层横向沉降曲线如图 3-14 所示。

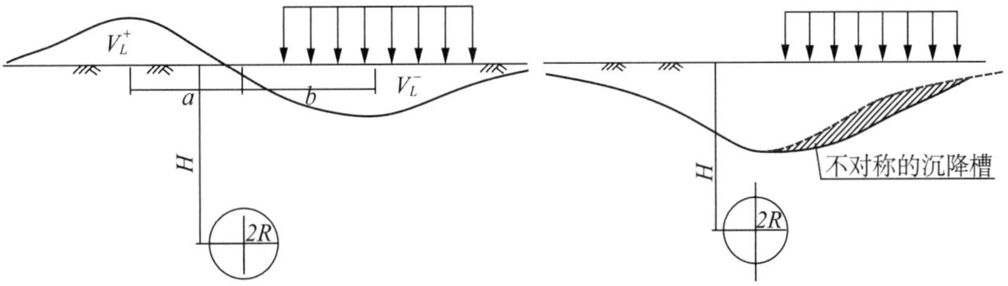

(a) 注浆过量引起临近地表隆起情形　　(b) 注浆不足情况下不对称沉降槽

图 3-13　非正常施工情况下沉降槽示意图

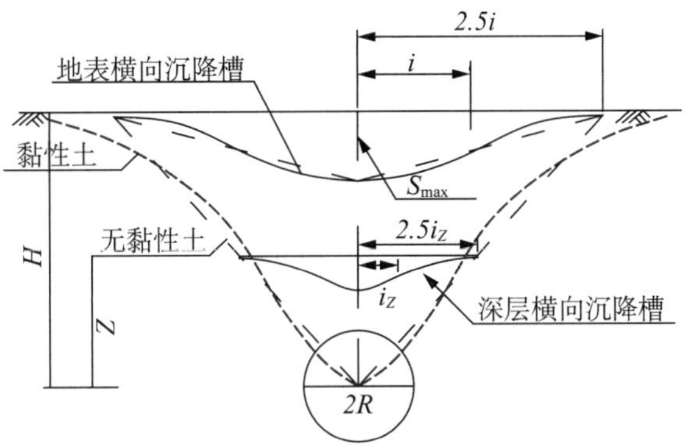

图 3-14　深层横向沉降示意图

预测地面以下各土层水平面上横向沉降时，将该土层距隧道中心距离 Z 值假定为新的 H 值，则该深度处沉降槽宽度系数与地表沉降槽宽度系数的关系为：

$$i_Z=\left(\frac{Z}{H}\right)^n\cdot i \tag{3-45}$$

深层横向沉降计算方法为：

$$S_{z(x)}=\frac{V_l}{\sqrt{2\pi}\,i_Z}\exp\left(-\frac{x^2}{2{i_Z}^2}\right)=\frac{V_l}{\sqrt{2\pi}\left(\frac{Z}{H}\right)^n\cdot i}\exp\left[-\frac{x^2}{2\left(\frac{Z}{H}\right)^{2n}\cdot i^2}\right] \tag{3-46}$$

其中，无黏性土中 $n=1$；黏性土中 $n<1$；上海软土 $n=0.8$。

3. 隧道正上方深层沉降与地表沉降的关系

当 $x=0$ 时，隧道正上方任意点沉降与地表沉降之间关系为：

$$S_{Z\max}=\frac{V_l}{\sqrt{2\pi}\left(\frac{Z}{H}\right)^n\cdot i}=\left(\frac{H}{Z}\right)^n\cdot S_{\max} \tag{3-47}$$

无黏性土中：

$$S_{Z\max} = \frac{H}{Z} S_{\max} \tag{3-48}$$

式(3-48)表明无黏性土中深层沉降与地表沉降成线性比例关系。

黏性土中：

$$S_{Z\max} = \left(\frac{H}{Z}\right)^n \cdot S_{\max} \tag{3-49}$$

其中，$n<1$，其关系曲线如图 3-15 所示。

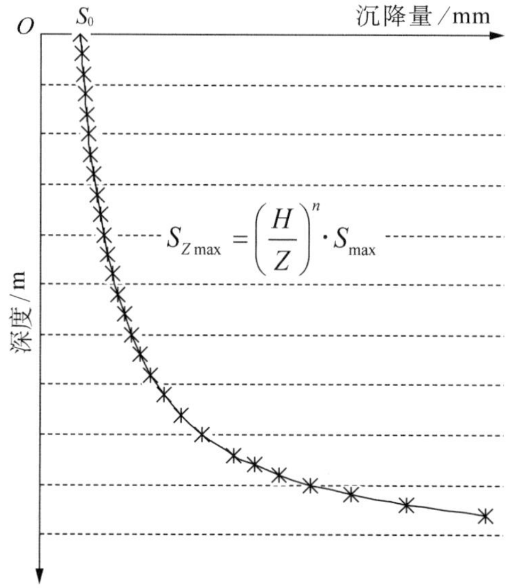

图 3-15　隧道正上方沉降与深度关系示意图

对于上海软土，$n=0.8$，可得盾构顶部深层沉降与地表沉降的对照，见表 3-1。

表 3-1　　盾构顶部深层沉降与地表沉降的对照表

盾构中心埋深 $H(H/D)$	盾构顶埋深 (Z'/D)	$S_Z/S_{\max}$（黏性土）	$S_Z/S_{\max}$（无黏性土）
1	0.5	1.74	2
1.25	0.75	2.08	2.5
1.5	1	2.41	3
1.75	1.25	2.72	3.5
2	1.5	3.03	4
2.25	1.75	3.33	4.5

续表

盾构中心埋深 $H(H/D)$	盾构顶埋深 (Z'/D)	S_Z/S_{max}（黏性土）	S_Z/S_{max}（无黏性土）
2.5	2	3.62	5
2.75	2.25	3.91	5.5
3	2.5	4.19	6
3.25	2.75	4.47	6.5
3.5	3	4.74	7
3.75	3.25	5.01	7.5
4	3.5	5.28	8

表 3-1 中：D 为盾构外径，S_Z 为近邻盾构处的地层最大沉降值，S_{max}为地表最大沉降值，中间值可采取线性内插。

4. 考虑地层扰动固结的 Peck 修正公式

上海饱和软弱黏土层中的盾构隧道现场测试研究认为，隧道顶部和周围土体在盾尾压浆填充地层损失过程中，土体受挤压会产生超孔隙水压力的消散，从而相应地使土层中的有效应力增加。同济大学于 2010 年提出了考虑施工扰动固结引起的地表沉降量 $S_{(x+t)}$计算方法为：

$$S_{(x+t)}=(\frac{V_l+H\overline{K_x}t}{\sqrt{2\pi}i})\exp(-\frac{x^2}{2i^2}) \tag{3-50}$$

式中　$\overline{K_x}$——隧道顶部土体加权平均渗透系数（$m\cdot d^{-1}$）；

H——盾构的埋深（m）。

而对于埋深较大的盾构施工，盾构施工引起的超孔隙水压力主要分布在盾构周围一定范围，考虑整个地层压缩变形将高估后期沉降。消散固结首先引起的是局部沉降，继而引起上方地层的沉降，其影响效应类似于地层损失。同济大学廖少明、范垚垚等推导出深埋隧道超孔压消散引起的等效地层损失计算公式，来计算其对上方地层变形的影响。深埋隧道固结沉降计算示意如图 3-16 所示。

计算时做以下假定：①简化为平面应变问题，不考虑孔隙水沿隧道方向流动；②固结排水发生在隧道周边一定范围，压缩层外边界取至初始超孔隙水压力达到其初始有效应力 10%的点；③孔隙水流动服从达西定律，地基中各点土体所承受的总应力不随时间变化，即土体固结符合太沙基固结理论；④衬砌为不透水边界。

为简化计算，根据其分布特点（图 3-17），本书采用两段直线来代替其实际分布曲线，并假定：

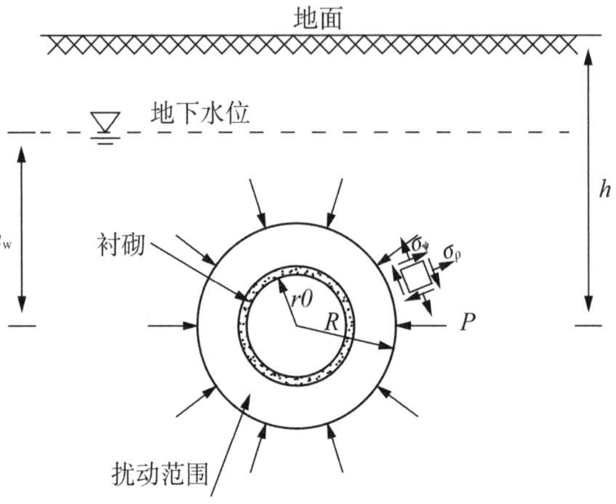

图 3-16 深埋隧道固结沉降计算示意图

$$\begin{cases} P(\rho)=P_m-\dfrac{P_m-P_c}{R_c-r}(\rho-r) & r\leqslant\rho\leqslant R_c \\ P(\rho)=P-\dfrac{P_c}{R-R_c}(\rho-R_c) & R_c\leqslant\rho\leqslant R \end{cases} \tag{3-51}$$

式中 P_m——隧道外边界处初始超孔压；

P_c——拐点处初始超孔压。

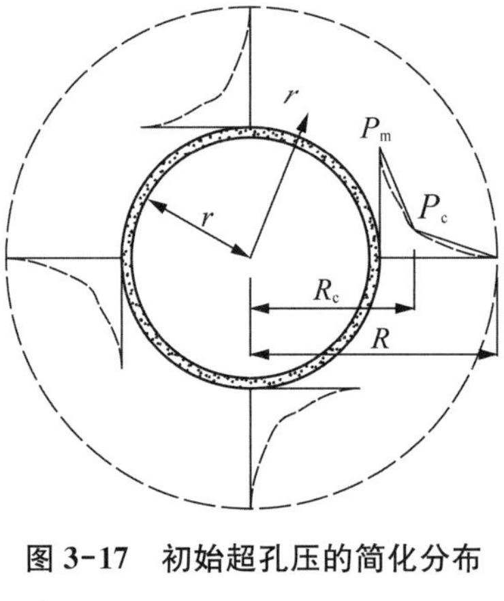

图 3-17 初始超孔压的简化分布

盾构周围径向单位厚度环状土体固结沉降引起的等效地层损失为：

$$dV_c=2\pi\rho dS_c=\frac{2\pi}{E_s}\rho P(\rho)d\rho \tag{3-52}$$

超孔隙水压力消散后最终引起的等效地层损失为：

$$V_c = \frac{2\pi}{E_s}\int_r^{R_c}\rho\left[P_m - \frac{P_m - P_c}{R_c - r}(\rho - r)\right]d\rho + \frac{2\pi}{E_s}\int_{R_c}^{R}\rho\left[P - \frac{P_c}{R - R_c}(\rho - R_c)\right]d\rho$$
$$= \frac{\pi r^2}{3E_s(n_1 - 1)}\left[P_m(n_1^3 - 3n_1 + 2) + P_c(n_1 n^2 + n_1^2 n - n^2 - n_1 n - n_1^2 + 1)\right] \tag{3-53}$$

式中，$n = R/r$，$n_1 = R_c/r$。

5. 考虑负地层损失的修正 Peck 公式

经过对上海软土地区盾构大量工程实践的总结，刘建航、侯学渊等在 Peck 法基础上提出了考虑盾构前方负地层损失的地面纵向沉降计算公式（图 3-18）。

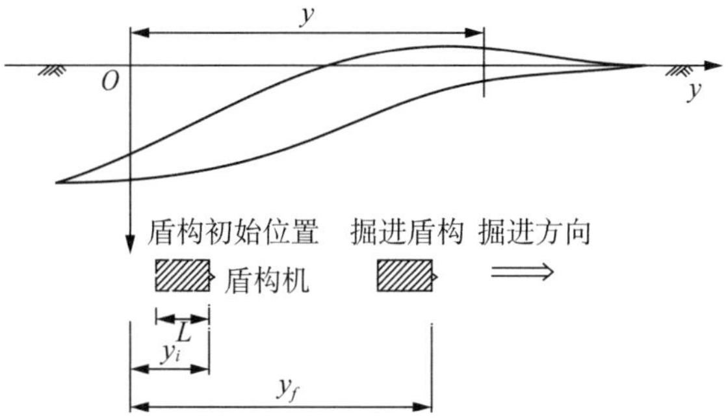

图 3-18　纵向地面沉降曲线

某点的沉降量的估算方法为：

$$S_{(y)} = \frac{V_{l1}}{\sqrt{2\pi}\,i}\left[\Phi\left(\frac{y - y_i}{i}\right) - \Phi\left(\frac{y - y_f}{i}\right)\right] + \frac{V_{l2}}{\sqrt{2\pi}\,i}\left[\Phi\left(\frac{y - y_i'}{i}\right) - \Phi\left(\frac{y - y_f'}{i}\right)\right] \tag{3-54}$$

式中　$S_{(y)}$——沿纵向隧道轴线分布的沉降量(m)，负值为隆起量，正值为沉降量；

y——沉降点距离坐标原点的距离(m)；

y_i——盾构推进起始点处盾构开挖面至坐标原点的距离(m)；

y_f——盾构开挖面至坐标原点的距离(m)；

y_f'，y_i'——$y_f' = y_f - L$；$y_i' = y_i - L$；

L——盾构长度(m)；

V_{l1}——盾构开挖面引起的单位长度地层损失量(m^3/m)；

V_{l2}——盾构开挖面以后，以盾尾空隙压浆不足及盾构改变推进方向为主的所有施工因素引起的单位长度地层损失(m^3/m)。

3.4 盾构穿越变形数值模拟方法

数值模拟方法是一种求解地下工程问题的有效通用方法之一，岩土数值模拟方法种类繁多，总体来说分为两大类：第一类是将岩土体作为连续介质，通过离散化的方法进行计算分析，包括有限单元法、有限差分法、边界元法等；第二类是考虑岩土体的离散性（包括裂隙、材料界面等），将岩土体作为离散体直接进行计算分析，包括离散元法、非连续变形分析、颗粒流等，国内外大量学者对此进行了深入而广泛的研究，取得了丰硕的成果，对理解岩土体力学性质及工程应用提供了良好的基础。

对于盾构穿越工程，数值模拟的主要目的是对主要工况及主要施工参数进行建模分析，从工程应用的角度得到地层位移、隧道变形特点与主要施工参数的关系，为穿越施工提供参考与指导。从计算精度、速度和适用性等角度综合考虑，有限单元法在盾构穿越工程中应用最为广泛。与经验法和解析法相比，其优点在于可以考虑复杂地质条件、分阶段开挖工况及特殊施工要求等，最大的不足是较难确定本构关系和计算参数取值。下面从工程实用角度出发，介绍盾构穿越数值模拟分析中常用的土体本构模型、施工过程建模方法及该类方法的优势与局限性。

3.4.1 土体本构模型

土体为气液固三相介质，自身性质十分复杂，再加上漫长形成过程及长期人类活动等多重复杂作用，其应力应变关系更加复杂，难以建立一种放之四海皆准的土体本构模型。隧道施工特别是盾构施工所引起的地层位移问题不是一个简单的岩土加载问题，而是一个加载和卸荷同时作用的复杂问题，隧道周围土体中应力路径、应力状态比较复杂，这对选择合理的本构关系提出了很高要求。为了简化计算，人们常采用弹簧、粘壶、滑片等基本力学元器件及其组合构造来描述特定力学性质的本构模型。常将土体的本构模型分为三大类：弹性模型、弹塑性模型和黏弹塑性模型。其中，弹性模型包括线弹性模型、非线性弹性模型、各向异性弹性模型等，弹塑性模型包括摩尔库伦模型、D-P 模型、修正剑桥模型、硬化土模型、小应变硬化土模型等。本书从工程实际应用的角度介绍软土地铁盾构施工领域几种最为常用的土体本构模型。

1）弹性模型（LE）

基于胡克定律线弹性模型是最简单的本构模型，假定材料应变与应力为线性关系，仅仅需要弹性模量 E 和泊松比 γ 两个参数。弹性模型对于描述土体非线性应力应变关系、弹塑性变形特性及硬化/软化特性则过于简略。在盾构穿越模拟中，线性弹性模型可以用以描述土体中的人工结构部分，如地下连续墙、隧道衬砌、盾壳等。

2）摩尔库伦模型（MC）

摩尔库伦模型是最简单的理想弹塑性本构模型，该模型包括弹性模型 E、泊松比 γ、内摩擦角 φ、黏聚力 c 和剪胀角 ψ 5 个模型参数。将材料变形分为完全弹性和完全塑性阶段，弹性阶段应力—应变呈线性关系，卸载后弹性变形可完全恢复；进入塑性阶段后应力不再增大而应变则无限增大，卸载后弹性变形部分可恢复，塑性变形部分不可恢复。材料屈服条件由摩尔圆和库伦摩擦定律得出，在主应力空间中由 6 个屈服面组成。摩尔库伦模型应力—应变关系及屈服面如图 3-19 所示。

$$\begin{cases} f_{1a}=\dfrac{1}{2}(\sigma'_2-\sigma'_3)+\dfrac{1}{2}(\sigma'_2+\sigma'_3)\sin\varphi-c\cos\varphi\leqslant 0 \\ f_{1b}=\dfrac{1}{2}(\sigma'_3-\sigma'_2)+\dfrac{1}{2}(\sigma'_3+\sigma'_2)\sin\varphi-c\cos\varphi\leqslant 0 \\ f_{2a}=\dfrac{1}{2}(\sigma'_3-\sigma'_1)+\dfrac{1}{2}(\sigma'_3+\sigma'_1)\sin\varphi-c\cos\varphi\leqslant 0 \\ f_{2b}=\dfrac{1}{2}(\sigma'_1-\sigma'_3)+\dfrac{1}{2}(\sigma'_1+\sigma'_3)\sin\varphi-c\cos\varphi\leqslant 0 \\ f_{3a}=\dfrac{1}{2}(\sigma'_1-\sigma'_2)+\dfrac{1}{2}(\sigma'_1+\sigma'_2)\sin\varphi-c\cos\varphi\leqslant 0 \\ f_{3b}=\dfrac{1}{2}(\sigma'_2-\sigma'_1)+\dfrac{1}{2}(\sigma'_2+\sigma'_1)\sin\varphi-c\cos\varphi\leqslant 0 \end{cases} \tag{3-55}$$

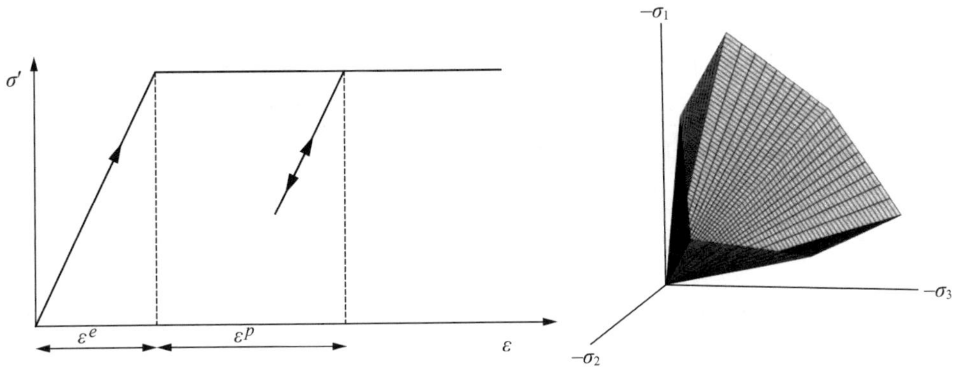

图 3-19　摩尔库伦模型应力—应变关系及屈服面

摩尔库伦模型的优势在于概念清晰、模型参数数量少、物理含义明确，且模型参数均可以通过土工试验获取，另外由于材料刚度不随应力水平改变而调整，因此计算效率高、计算收敛性好。但也正是如此，模型无法反映材料刚度的应力相关性，所以需要特别注意材料刚度参数 E 的选取，一般来说采用杨氏弹性模量，但在以加载压缩为主的问题中建议采用三轴试验 50%割线模量 E_{50}，在以卸荷为主的问题中（基坑、隧道）建议采用回弹模

量 E_{ur}，且为了反映刚度的应力相关性，可以考虑沿深度方向刚度的梯度增加，以尽可能描述土体的实际力学状态。因为 MC 模型的简化程度较大，不可避免地存在模拟精度低的问题（一阶精度），所以建议在建模分析的第一阶段采用此本构模型试算。标准三轴试验中的土体模量含义见图 3-20。

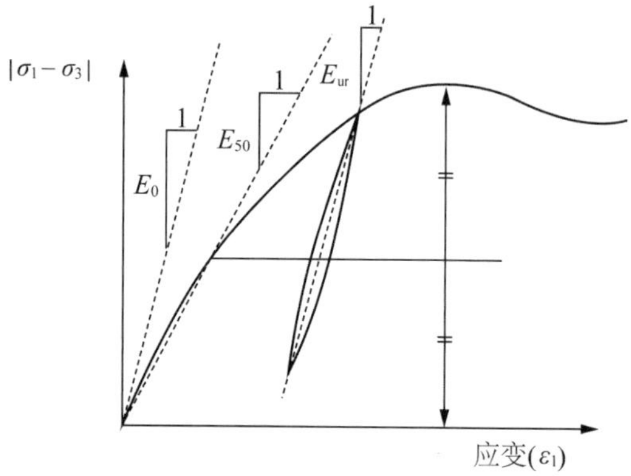

图 3-20　标准三轴试验中的土体模量的含义

3）硬化土模型（HS）

土体在常规三轴试验中的应力—应变关系一般呈现双曲线形，虽然很多非线性弹性模型（如邓肯一张模型）也可以描述这一特性，但是，由于硬化土模型（HS 模型）可以同时考虑刚度的应力相关性，基于塑性理论可考虑剪胀性和盖帽屈服面，因此在实际工程中取得了更为广泛的应用。HS 模型在 MC 模型常规强度参数的基础上对刚度参数进行了深入优化，即在一定围压条件下（一般 $P_{ref}=100$ kPa），标准三轴排水试验割线模量 E_{50}^{ref}、压缩模量 E_{oed}^{ref}、回弹模量 E_{ur}^{ref} 和表征刚度的应力相关性的幂指数 m。

模型拟合三轴试验的双曲线的应力—应变关系函数为：

$$\varepsilon_1=\frac{1}{E_i}\frac{q}{1-q/q_a} \tag{3-56}$$

式中　E_i——初始模量，与 E_{50} 相关，$E_i=\dfrac{2E_{50}}{2-R_f}$，$R_f=\dfrac{q_f}{q_a}$，其中，$q_f$ 为摩尔库伦准则确定的土体强度，$q_f=(2c\cos\varphi+2\sigma_3\sin\varphi)/(1-\sin\varphi)$；

E_{50}——与应力水平相关的割线模量，$E_{50}=E_{50}^{ref}\left(\dfrac{c\cos\varphi-\sigma_3'\sin\varphi}{c\cos\varphi+p^{ref}\sin\varphi}\right)^m$；

m——表征相关性的幂指数。

HS 模型采用剪切屈服函数和体积屈服函数的是双屈服函数。

剪切屈服函数：

$$F_s=\frac{q_a}{E_{s0}}\frac{q}{q_a-q}-\frac{2q}{E_{ur}}-\gamma^p \tag{3-57}$$

其中，$E_{ur}=E_{ur}^{ref}\left(\frac{c\cos\varphi-\sigma_3'\sin\varphi}{c\cos\varphi+p^{ref}\sin\varphi}\right)$，$\gamma^p=\varepsilon_1^p-\varepsilon_2^p-\varepsilon_3^p=2\varepsilon_1^p-\varepsilon_v^p$。

体积屈服函数：

$$F_c=\frac{\tilde{q}^2}{M^2}+p^2-p_c^2 \tag{3-58}$$

其中，$\tilde{q}=\sigma_1+(\delta^{-1}-1)\sigma_2-\delta^{-1}\sigma_3$，$\delta=(3+\sin\varphi)/(3-\sin\varphi)$。

硬化土模型(HS)应力—应变关系及屈服面如图 3-21 所示。

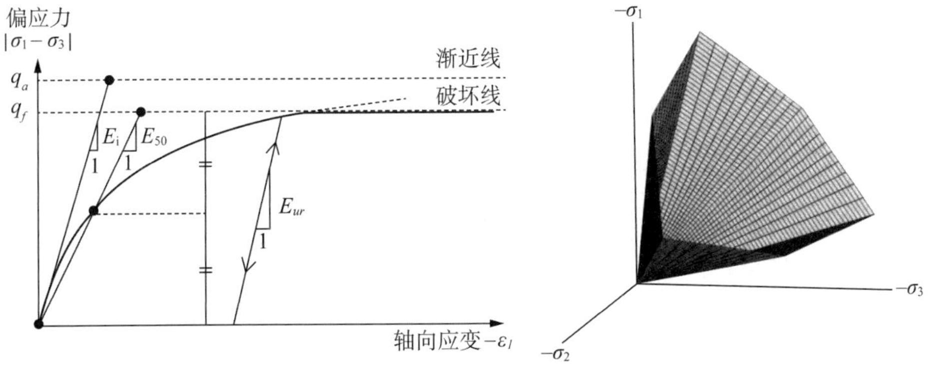

图 3-21　硬化土模型(HS)应力-应变关系及屈服面

HS 模型与理想弹塑性模型(MC 模型)不同，其屈服面在主应力空间中不是固定的，会随着塑性应变的增大而扩展。HS 模型主要包括两种硬化类型，即剪切硬化和压缩硬化。剪切硬化用于模拟偏应力作用引起的不可逆塑性剪应变，压缩硬化用于模拟单轴压缩、等向加载等产生的不可逆塑性体应变。

HS 模型的优势主要包括：①可以模拟应力—应变的非线性(双曲线)关系；②实现刚度的应力相关性；③通过体积屈服函数建立考虑正应力塑性的盖帽屈服模型；④实现剪切硬化与体积硬化。不足之处是没有考虑刚度的应变相关性，即在应变增大过程中刚度的衰减效应，由于参数数量较多且在计算过程中不断更新刚度矩阵，因此计算效率相对较低。

4) 小应变硬化土模型(HSS 模型)

HS 模型假设土体在加卸载的过程中，其刚度不随应力状态的改变而发生改变，但是土体真正的可恢复应变范围极小，随着土体应变的增大，土体刚度会在一定程度上被削弱，如图 3-22 所示。HSS 模型在 HS 模型的基础上进行了一定的改进，在原有参数的基础上通过补充两个表征应变历史的参数，来描述土体材料刚度随应变增大而降低的特性。所增加的两个参数为 G_0 与 $\gamma_{0.7}$，G_0 是在极小应变(10^{-6})以内时的初始剪切模量，$\gamma_{0.7}$ 为表示剪切模量降低至初始剪切模量 70%的应变水平。通过这两个参数，HSS 模型可以有效考虑土体刚度随应变增大而降低的特性。

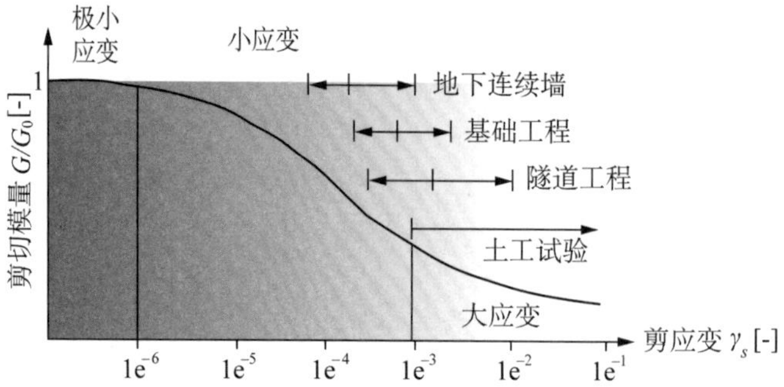

图 3-22　土体刚度随应变增大而衰减的规律

不同本构模型在不同地层与不同工况下有不同的适用性，其适用性评价见表 3-2 和表 3-3。

表 3-2　　各类本构模型的适用评价（地层角度）

本构模型	混凝土	岩石	卵砾石	砂层	淤泥	超固结黏土	正常固结黏土
线弹性模型	C	C					
摩尔库伦模型	A	B	C	C	C	C	C
硬化土模型			B	B	B	B	B
小应变硬化模型			A	A	A	A	B

（A：最优 B：适中 C：欠佳）

表 3-3　　各类本构模型的适用评价（荷载角度）

本构模型	隧道模拟	压缩	卸载/再加载	剪切/偏载	不排水加载	循环荷载	压剪	拉剪
线弹性模型	C	C	C					
摩尔库伦模型	C	C	B	C	C			
硬化土模型	B	A	B	B	B	C	A	A
小应变硬化模型	A	A	A	A	B	B	A	A

（A：最优 B：适中 C：欠佳）

3.4.2　穿越过程模拟方法

盾构作业过程可分为掘进和拼装两大阶段，盾构掘进过程是对周围地层造成扰动的主要时段，目前仅极少盾构可做到掘进的同时进行拼装管片连续作业。在中小直径的盾构施工作业中，考虑施工对环境影响、出土运输因素，会对掘进速度有所限制，因此掘进阶段和管片拼装阶段的时间相差无几，甚至掘进速度低于拼装速度。但在大直径盾构施工作业中，推进施工时间往往少于拼装时间。在盾构掘进过程中伴随着多个动作分别同时进行，且在时间上是连续的过程，这些作业主要包括土体切削、土体改良、渣土排出及盾尾同步注浆等。采用有限单元法进行盾构施工模拟的关键点在于地层损失的模拟和施工过程的模拟。

1. 地层损失模拟方法

1）几何间隙法

几何间隙法的思想是在建模过程中，考虑开挖边界和隧道实际尺寸的差异性，直接在数值模型中进行设置，开挖后允许地层向隧道边界发生变形并实现间隙闭合，使二者发生协调变形直至整个系统达到新的力学平衡状态。通过设置几何间隙，可直接模拟地层损失对地层位移的影响，这个方法最为直观。但是由于在计算中存在土体界面和隧道界面的不连续，需要引入接触面单元建立二者之间的关系，这对模型的收敛性和计算效率有一定影响。几何间隙法模拟地层损失如图 3-23 所示。

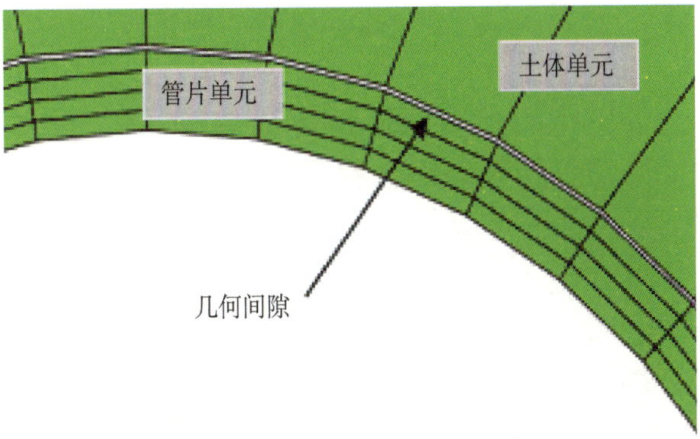

图 3-23　几何间隙法模拟地层损失

2）收敛法

收敛法也叫 λ 法，该方法是在土体开挖后、施加衬砌之前，在开挖断面上施加一个环向力，环向力的大小为 $\lambda\sigma_r^0$，σ_r^0 为初始环向地层应力，$0<\lambda<1$，衬砌所受的环向力为 $\sigma_r=(1-\lambda)\sigma_r^0$。

3）线（面）收缩法

线收缩和面收缩法的思想与收敛法相近，是指在开挖轮廓上施加一个收缩量，这一收缩量为无量纲的应变量，二维分析中为线收缩，三维分析中为面收缩。在所设定的收缩量很小时，收缩量近似等于隧道施工产生的地层损失。岩土专用有限元软件 PLAXIS 可采用这一方法对地层损失进行模拟。面收缩法示意如图 3-24 所示。

4）等代层法

等代层法也叫逐步软化法，最早由 Swoboda(1979)提出，这种方法的核心思想是将隧

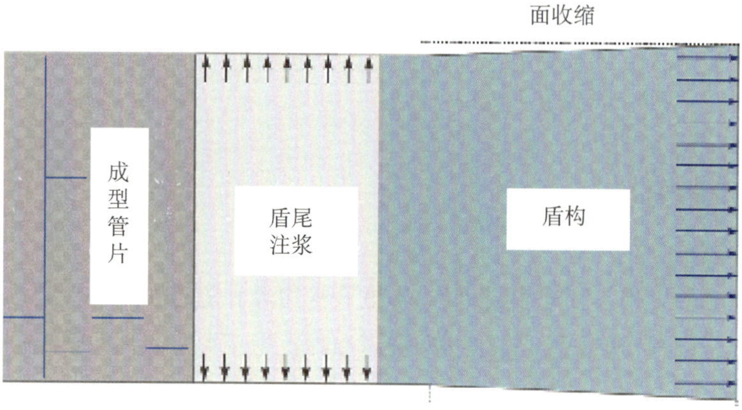

图 3-24　面收缩法示意图

道边界外一定范围内的土体模量进行一定程度的降低，用以模拟隧道施工对周围地层的扰动效应，实现隧道周围土体向隧道中心发生位移。但是这一方法的难点在于确定扰动范围和折减程度，需要结合工程实际经验进行选取。等代层法模拟地层损失如图 3-25 所示。

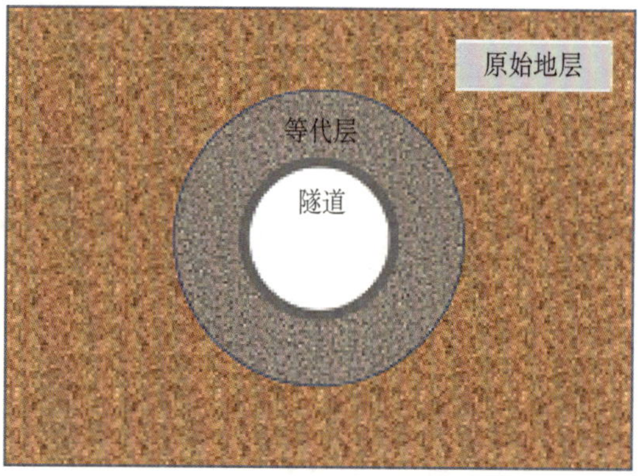

图 3-25　等代层法模拟地层损失示意图

2. 盾构穿越过程模拟

盾构穿越运营地铁隧道的完整过程模拟包括以下几个计算步骤：①初始地应力平衡，实现初始应力场的构造而不产生初始位移；②既有隧道施作并位移清零；③通过单元杀死等方法实现开挖断面上土体开挖，同时施加开挖面支护压力，一般采用沿竖直方向的梯度压力；④通过单元激活等方法实现管片施加；⑤盾构机前移及同步注浆，盾构前移目前多采用单元迁移法，即通过对预设单元的材料进行替换实现，同步注浆多采用在盾尾直接施加径向压力，并考虑沿竖向的压力梯度；⑥重复③—⑤完成下一环施工模拟。上述模拟方案尽管建立在很多计算假设和简化基础上，但对于一般的盾构穿越工程能得到较好的模拟效果。盾构穿越运营地铁隧道三维数值分析如图 3-26 所示。

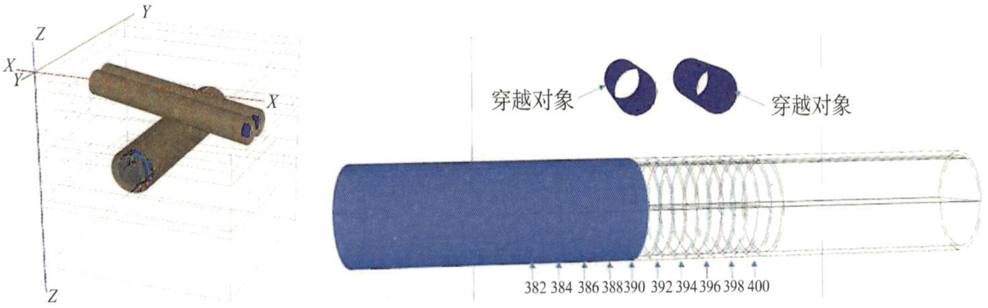

图 3-26　盾构穿越运营地铁隧道三维数值分析

目前的模拟方法、手段和计算能力均有大幅度提高，但盾构穿越过程的数值模拟分析仍存在诸多问题，主要包括以下四个方面。

1）盾构连续推进与分步模拟的不匹配性

盾构掘进是一个"推进/连续切削—改良—出土—推进—注浆"的过程。正常掘进状态下，掘进在时间上处处连续，并且在任意时刻均保持动态平衡状态。目前，工程上普遍所采用的数值模拟分析方法多是针对单环掘进状态下的静力平衡进行求解，满足静力平衡条件后通过单元杀死、激活、材料替换等方法，跳跃至下一环再次进行静力平衡求解，如此循环往复模拟盾构掘进。在宏观上，这一方法通过一系列的静力平衡结果，可以粗略模拟盾构穿越掘进的动态变化过程，对工程有一定程度的指导。但是不可否认的是，这种普遍的计算方法与实际情况有很大差异，特别是具体到近距离穿越模拟中。工程案例表明，盾壳的摩擦力对地层和既有隧道的扰动占很大比例，而由于在模拟中盾壳和土体之间并不存在真正的相对运动，因此盾壳摩擦力的扰动效应很难在模拟中得以体现。

2）土体切削及排土过程的模拟

目前通用的土体切削和排土过程模拟方法为杀死相应的土体单元，为一种简单便捷的方法。但实际切削和排土过程存在极其复杂的材料相变（固体—流塑体—流体）和大变形流动过程，原状土在刀具切削作用下变为渣土进入土仓，渣土流塑性不良时需要相应的改良剂来进行渣土改良以实现排土顺畅和有效保压。目前，常规模拟方法难以实现这一复杂过程的计算，引入应力损伤本构、CEL 等大变形计算方法可以实现这一过程的模拟，但由于计算效率、参数选取、计算可靠度等原因，大多停留于科研和机理研究层面，尚未在工程中大范围成功应用。

3）穿越对象既有变形/位移的影响

盾构穿越监控和变形保护指标的制定，往往仅考虑了当前穿越过程产生的变形量允许值，但对运营隧道既有的变形/位移考虑不足。隧道在初始建设和后期运营中已发生一定程度的变形，这种既有变形的影响不可忽视。但是在当前常用的数值模拟分析方法中，当既有隧道加入模型中后，一般均会先将整体位移清零一次，然后开始穿越施工的模拟，以与实际监控原则相吻合。严格来说，这并不是最优的处理方案。笔者认为，盾构穿越前运营隧道的既有变形/位移需通过现场量测得到，并将实测结果作为边界条件施加到数值模型中，这样一方面可以从结构受力性能、防水要求等角度对变形余量进行评估，另一方面在此实际量测所得的边界条件下分析盾构穿越施工的影响，将具有更高的参考价值。

4）盾尾注浆模拟方法

与盾构前方土体切削、排出过程相似，盾尾同步注浆的模拟存在同样的问题。同步注浆的注浆量和注浆压力需与盾构推进速度、出土量、产生的盾尾建筑空隙相匹配，以实现同步注浆引起的周围超孔隙水压力抬升与消散和力学的平衡。当前，通用的环向注浆压力模拟注浆压力在一定程度上可以体现浆液对地层的支撑作用，但是由于模拟中盾体处于静止状态，无法体现注浆与掘进速度的匹配对变形的影响；且浆液注入过程为液体流动挤压过程，实现了对盾尾间隙的体积填充，而当前的通用方法尚无法完全实现这一过程，同样需要探索实用的大变形计算方法模拟浆液注入过程中"盾壳(管片)—浆液—土体"的相互作用。

3.5 变形控制标准的制定

上海地铁专家针对上海地质条件、上海地铁结构特点、列车性能及运行条件，参照国内外相关资料，在进行了大量工程和技术比较后，于 20 世纪 90 年代量化制定了一套适合本市实际情况的地铁保护技术标准，并以此标准来保护地铁安全，指导设计施工。该标准对地铁保护的核心技术指标规定如下。

由于深基坑高楼桩基、降水、堆载等各种卸载和加载的建筑活动对地铁工程设施的综合影响限度，必须符合以下标准：

(1) 地铁工程(外边线)两侧的邻近 3 m 范围内不能进行任何工程；

(2) 地铁结构设施绝对沉降量及水平位移量≤20 mm(包括各种加载和卸载的最终位移量)；

(3) 隧道变形曲线的曲率半径 R≥15 000 m；

(4) 相对变曲≤1/2 500；

(5) 由于建筑物垂直荷载(包括基础地下室)及降水、注浆等施工因素而引起的地铁隧道外壁附加荷载≤20 kPa；

(6) 由于打桩振动、爆炸产生的震动隧道引起的峰值速度≤2.5 cm/s。

当隧道纵向具有连续可靠的沉降数据时，也可按数学方法来求解曲线的曲率半径。不过，应特别注意：避免以单个点局部曲率的计算结果来判断隧道的安全，而应根据隧道直径大小选择沿隧道纵向合理长度范围内的数据进行计算。

相对变曲应根据地铁列车行车安全对轨道变形的要求而制订，一般根据地铁区间隧道内所布置在道床上的相邻 3 个监测点的监测数据进行计算而定。

但这一标准只考虑隧道初始状态是良好的，没有考虑隧道结构变形的累加，也没有考虑隧道水平向收敛变形。尽管这个指标体系还不够完善，但在长期工程实践中它依然发挥着巨大指导作用。

具体到盾构穿越施工方面，需要根据实际情况确定更为具体的地铁变形和地层损失控制指标。盾构法隧道施工工程环境安全等级须按工程环境条件分四级，根据表 3-4—表 3-6 对盾构隧道区间所处环境条件进行详细调查，确定盾构施工影响范围内监控对象所对应的安全等级及盾构施工允许的地层损失率。对于近距离穿越运营地铁隧道工程，其监控等级为特级监护，允许的地层损失率为 0.5‰～1‰。

表 3-4　　监控等级划分

条件	允许地层损失率	最大允许地面沉降（S_{max}）	允许变形（Δ）	监控对象描述	调查内容
特级监控	0.5‰～1‰	2～4 mm	5 mm	城市轨道交通、高速铁路等极重要轨道交通线路	位置、走向、埋深，建筑物基础形式，结构特征，管道类型、管径、管材、管节长度、接头形式等
一级监控	1‰～2.5‰	4～10 mm	10 mm	上水、煤气等压力干管、市政排水总管，高压电缆等	
	2.5‰	10 mm	10 mm	密集居民建筑、保护建筑及沉降极敏感建筑等	
二级监控	5‰	20 mm	20 mm	城市干道路基、重要建(构)筑物及市政管道等	
三级监控	7.5‰	30 mm	30 mm	一般环境条件，包括空旷地段	

备注：盾构中心埋深越小，所要求的地层损失率越小。需要注意的是地层中的隧道变形与地面沉降有差异。

表 3-5　盾构中心与监控对象底面不同垂直距离对应的监控等级及允许地层损失率　　单位：‰

监控对象允许变形	盾构中心离地表或监控对象底面不同垂直距离							
	4 m	5.3 m	6 m	8 m	10 m	16 m	18 m	25 m
5.00 mm	0.6	0.8	1.0	1.3	1.6	2.5	2.9	4.0
10.0 mm	1.3	1.7	1.9	2.5	3.2	5.0	5.7	7.9

续表

监控对象允许变形	盾构中心离地表或监控对象底面不同垂直距离							
	4 m	5.3 m	6 m	8 m	10 m	16 m	18 m	25 m
20.0 mm	2.5	3.4	3.8	5.0	6.3	9.9	11.4	15.8
30.0 mm	3.8	5.0	5.7	7.5	9.5	14.9	17.1	23.8

备注：表中数值为地层损失率，其中红色区域、橙色区域、黄色区域、浅黄色区域分别对应的监控等级为特级、一级、二级、三级。当盾构中心与监控对象距离为盾构中心埋深时，表中所指变形即为地表变形。对任意深度处沉降的控制值可按本表进行线性内插。

表 3-6　不同埋深条件下对应一定地层损失率的盾构施工引起的地面沉降允许值　　单位：mm

地层层损失率	盾构中心埋深				
	7 m	13 m	16 m	18 m	25 m
0.5‰	1.5	0.8	0.7	0.6	0.4
1‰	3.0	1.6	1.3	1.2	0.8
2.5‰	7.5	4.0	3.3	2.9	2.1
5‰	15.0	8.1	6.6	5.8	4.2
7.5‰	22.5	12.1	9.8	8.8	6.3
1%	30.0	16.2	13.1	11.7	8.4

制定地铁结构保护技术标准实际上是一个极为复杂的问题，在隧道交付运营使用时其结构状态已经受力并发生了一定变形，而不是隧道原始的理想设计状态。允许结构继续发生的变形量取决于隧道既有结构状况和安全冗余量，也就是余量控制的实用方法，单纯的绝对变形量已不能完全体现隧道结构保护的要求。现在核定保护标准通常的做法是"一事一例"，即在提出某项工程的保护标准时，必须结合考虑结构现状、变形情况、渗漏水情况、结构受损等，对隧道既有状况进行安全评估，之后得到结构允许变形余量，将此变形余量视作结构允许变形的保护技术标准，变形控制标准应该体现累计量和剩余量，根据结构既有变形累计情况，确定允许变形值。单个监护工程中经常根据隧道累计变形量、不均匀变形和变形速率这三项指标来核定结构变形控制问题，将静态保护标准调整到动态保护标准，考虑实际发生量和既有结构受力变形情况，更符合结构安全变形控制。

第4章

盾构近距离穿越施工控制

4.1 引言

盾构隧道穿越施工是一项对运营隧道风险很大的作业，需要从规划方案阶段就予以足够重视。一般穿越施工的控制流程如下：评估地铁隧道结构安全状态，预估穿越给运营隧道带来的变形，评估穿越施工带来的各类风险。然后，在充分论证的基础上形成相对完善的穿越建议措施和优化方案，配置运营保驾护航措施和应急预案，包括列车限速通过或停止运营，或对隧道预加固和采取预处置措施等。

在规划方案成立后，针对优化方案提出装备配置水平要求和施工要求等。在穿越施工阶段，实现主要施工参数表格化，落实信息化施工、自动监测，实时监控运营隧道状况、自动报警，加强现场统一管理指挥，落实穿越工程的施工应急预案和运营应急预案并落实各项准备工作。

4.2 穿越施工控制与监管流程

盾构穿越工程全过程涉及的关键技术、材料与设备工艺（正面稳定、盾体姿态控制、同步注浆、长期沉降控制及信息化监控），构成了穿越工程控制的成套技术解决方案（图 4-1），具体包括以下理论成果与技术方法。

（1）微扰动控制理论与方法：上海软土的微扰动工程特性实验研究，建（构）筑物屏蔽效应理论以及基于软土微扰动变形特征的分阶段内模控制（APLOCT）理论与方法等。

（2）以低扰动为目标的盾构穿越微扰动施工系列技术：将对环境的影响降低到可接受程度为目标，调整各类施工参数，使叠合后的变形满足运营保护标准。

（3）正面稳定控制：土压盾构舱压自动微调系统、泥水盾构压力波动抑调装置、新型聚合物泥水系统 PMS、切口高分子泥浆改良材料、出洞穿越 GFRP 技术。

（4）姿态控制：分段掘进与盾壳摩擦控制技术、盾构三维姿态的精密监测、自动纠偏与排版系统。

（5）密封技术：盾尾密封注脂自动分配系统、轴封冷却装置。

（6）同步注浆：浆液填充分布控制、自动排量控制系统、耐侵蚀抗液化低稠度高密度注浆材料。

（7）二次注浆：非必要情况下，一般不提倡二次注浆；确有实施二次注浆的必要时，实施微扰动注浆控制技术，采用耐侵蚀抗液化低稠度高密度注浆材料。

（8）信息化监控：对运营隧道低延时、高精度连续监测，围绕监测数据调整施工参数，增减施工措施。

(9) 将各类施工参数统一传输到管控平台,加强监测、预测预报和预警及纠正,加强监控指导。

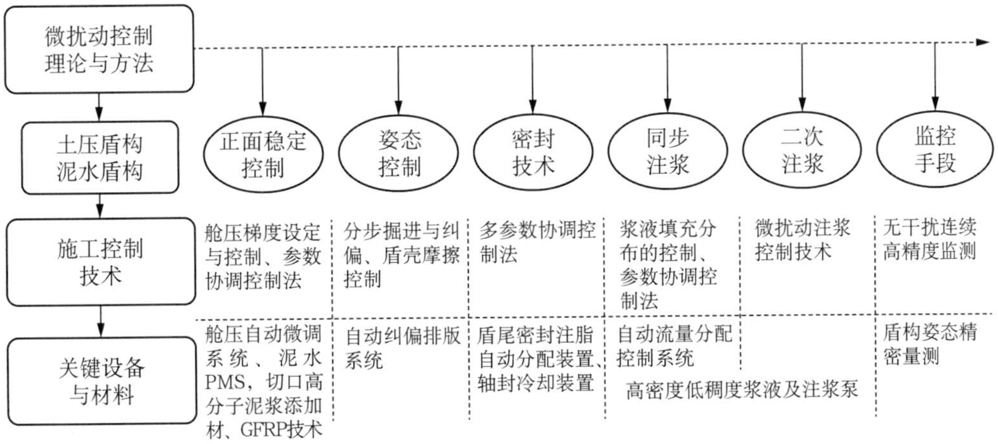

图 4-1　微扰动穿越控制技术

通过模拟施工结合地面监测以获得优化的施工参数。盾构穿越段按照优化的施工参数推进时,按地铁隧道内布置的电子水平尺实时测得的隧道纵向变形曲线来调整盾构正面压力、微调注浆量、注浆压力、推进速度、螺旋出土量等参数,使隧道最大变形量不超过警戒值。穿越施工的管理流程如下。

(1) 穿越施工前应进行充分的准备工作及论证,先确定盾构隧道与运营隧道及其他建(构)筑物的位置关系,确定穿越点处的工程地质及水文地质条件,并对盾构穿越段控制区进行划分。

(2) 分析论证后确定盾构穿越工程的重点和难点,如控制盾构穿越引起的地层损失及地层扰动对运营隧道的影响等。

(3) 制定盾构穿越段的技术要求,明确规定盾构隧道穿越工程的安全技术控制要求及风险控制与管理措施,盾构施工应严格按照其中规定进行。因现场情况须临时调整施工参数时,由现场施工人员汇报后采用现场协商形式确定;须大规模、长时间连续调整施工参数时,施工单位应以书面形式上报,召开专题会议,请有关专家评定后再执行。

(4) 建立会议制度及现场值班制度。盾构穿越工程推进后,现场每日召开例行会议,必要时可召开专题会议或专家咨询会。会议由施工、监理、业主单位参加,对现场出现的问题及时进行协商解决。如现场协商不能确定解决方案,立即向有关部门汇报。现场值班人员由业主、监理、施工单位、地铁监护方及其他相关单位组成。盾构穿越开始前各单位应做好现场值班人员安排,穿越工程开始后各值班人员应记录施工情况并及时上报。

(5) 建立地表及运营隧道变形控制标准与安全警示制度,可实行预警值、报警值和控制值三级警示制度,加强安全管理。

（6）建立信息系统，做好各类监测信息汇总、日常信息上报、紧急情况信息发布等工作。

（7）做好应急预案。各参建单位应提前对可能出现的险情制订应急方案、预备应急物资，一旦发生异常或出现险情，应立即按照设定的预案组织实施应急方案，排除险情。预案一般由施工预案和运营应急预案两部分组成，每一部分都按照不同的风险程度进行分类、分级应对。

4.3 穿越施工关键技术

4.3.1 穿越前模拟试验与参数优化

为确保盾构穿越安全，须在穿越段前方一定范围内选取 50～60 环作为模拟段试验。原因是其地层条件类似，通过试验段积累施工经验，获取施工影响数据，建立施工参数与地层变形之间关系，进一步优化调整施工参数，预测穿越施工对运营隧道的影响。通过埋设精密监测仪器，尝试不同盾构施工参数组合条件下引起的地层响应，以此优化并初步设定适用于正式穿越区的施工参数，包括盾构推进速度、正面土压力、盾构姿态与纠偏预设、同步注浆压力及注浆量等。

通常监测仪器选取深层沉降点或者精度较高的多点位移计等，根据穿越具体情况的地面条件进行布设。

1. 模拟段设置

模拟段一般设置在穿越段范围以外，一般设置在距离穿越边线 50～60 环处，如图 4-2 所示。其位置须选择地层、埋深与穿越段一致的区域作为模拟试验段，以保证模拟试验段相似性。每天盾构作业速度为 2～4 环，以测试施工参数对地面沉降的影响和深部地层的影响情况。沿隧道推进轴线方向以 5 环作为间距布置监测精度要求相对较高的深层沉降点，并选择若干横断面，布置横向深层监测点。地面监测点须钻穿混凝土路面并设有护管，采用钢筋等插入原状土中。根据模拟段试验要求确定监测频率，应根据试验情况勤测，保证及时反映施工参数调整对测点沉降的影响。

2. 参数试验优化

整个模拟试验盾构推进速度须始终控制在 10～20 mm/min。此外，须保持盾构姿态，竖直面以及水平面内轴线偏差均须控制在 1‰以内，避免姿态偏差过大导致额外地层损失增加，干扰地面沉降分析。

1）阶段Ⅰ—阶段Ⅱ

该阶段盾构切口距离穿越隧道较远，盾构推进和同步注浆对运营隧道影响较小，盾构

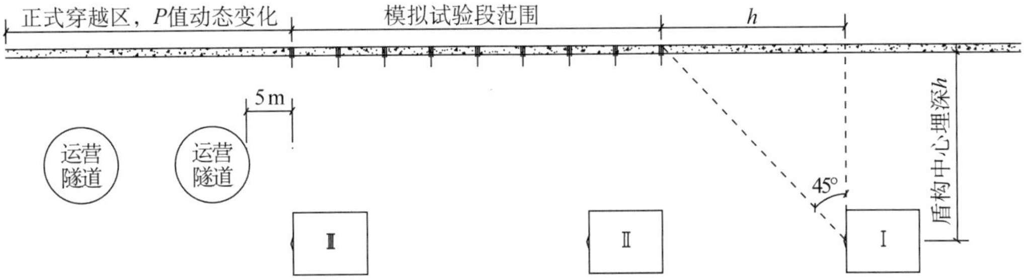

图 4-2　盾构穿越模拟段示意图

可按照原有计划正常推进。

对前方影响相对较小，故可认为，前方深层点隆沉与切口土压正相关。根据此分析，可根据该阶段测点隆沉情况，找出使得前方土体微抬的切口正面土压。

注意观察前方 45°压力角作用处地表隆沉变化情况。通过不断调整正面土压，使得前方距离为 h 处测点微抬(幅度以 0.5 mm 为宜)，同时记录整环相应的螺旋出土机转速 R 分布及其他施工参数。

2) 阶段Ⅱ—阶段Ⅲ

当盾尾进入模拟试验段时，盾尾注浆直接影响正上方测点，且不受正面出土影响。

观察盾尾正上方测点竖向位移变化情况，作为调整注浆率的依据，单环同步注浆应使上方测点微抬，并使得一定时间后沉降值符合地层损失控制要求，地面沉降与地层损失率关系如图 4-3、式(4-1)所示。

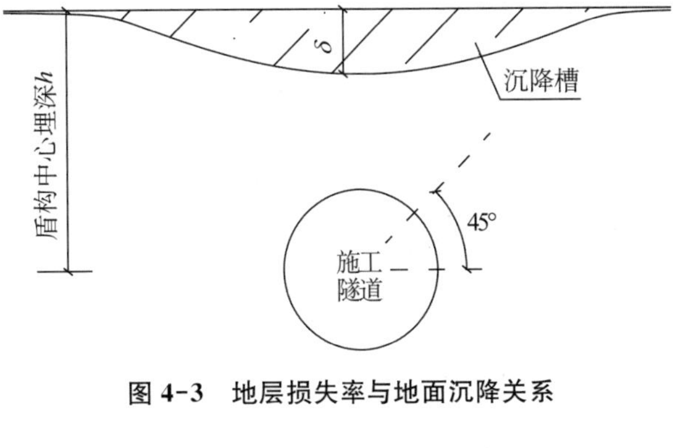

图 4-3　地层损失率与地面沉降关系

$$V_l = \delta \cdot h / (\pi \cdot D^2) \tag{4-1}$$

式中　V_l——地层损失率；

δ——地表最大沉降；

h——隧道中心埋深；

D——隧道直径。

3）正式穿越：阶段Ⅲ—盾尾脱出运营隧道

此时盾构切口逐步接近上方运营隧道，根据电水平自动化监测数据反馈，动态调整盾构正面土压，盾构刀盘切口穿越隧道前后存在压力差(切口至隧道正下方时，压力通常可减少0.04 MPa)，当刀盘达到运营隧道投影线时调整推进施工参数使运营隧道微微隆起1～2 mm。

根据大量工程监测表明，当刀盘位于隧道投影线边线还有1～5环时，上部隧道开始监测到隧道正在发生的变形。

4.3.2 同步注浆控制

一般盾构机刀盘的开挖直径大于管片外径，管片环拼装完毕并脱出盾尾后，与土体之间形成一个环形空间，简称施工间隙。如果施工间隙(空间)得不到及时有效的填充，势必造成管片周围的土体因为应力释放而产生地层变形，继而使运营隧道发生纵向或横向变形。因此，同步注浆是盾构法中必不可少的关键性辅助工法。按管片壁后注浆与盾构推进时间的不同，可分为同步注浆和二次注浆。

同步注浆是指注浆与盾构掘进同时进行，是通过盾尾的注浆管，与盾构向前推进并于盾尾形成空隙同时进行，浆液在盾尾空隙快速充填，从而使周围土体得到及时支撑，可有效防止应力释放和变形，控制地表的沉降。同步注浆示意如图4-4所示。

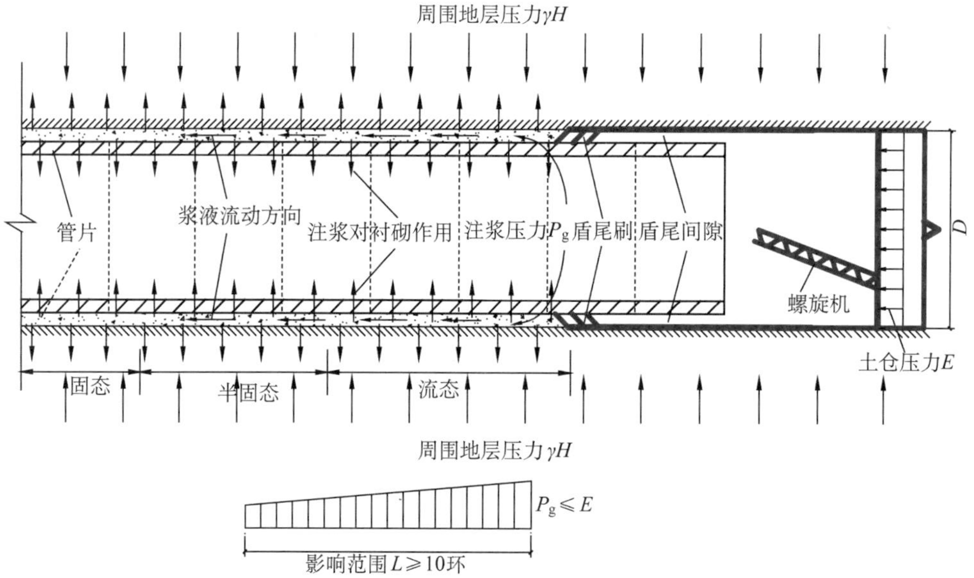

图4-4　同步注浆压力及影响

同步注浆量和注浆压力的大小、盾构装备外径尺寸、注浆材料性能有关，还与施工对地层的扰动程度等相关。其相互作用关系复杂，往往先通过多个类似条件下的工程积累数据作为参考，再通过一段时间的推进监测后，经反分析提取出一套相对优化注浆参数。

1. 同步注浆主要目的

（1）控制地表沉降。同步注浆最关键的目标就是及时填充施工间隙，防止施工间隙可能引起的地层较大变形。

（2）提高管片的稳定性，保障管片与周围土体共同作用。用具备一定早期强度的浆液及时填充施工间隙，尽快获得注浆体的固结强度确保管片衬砌的早期稳定性，防止长距离的管片衬砌背后处于无支承力的浆液环境中，使管片发生移位变形。

（3）作为隧道衬砌结构加强层，具有一定止水作用、耐久性和一定强度。充填密实的注浆体能将地下水与管片相隔离，避免或大大减少地下水直接与管片接触，从而作为管片的保护层，避免或减缓了地下水对管片的侵蚀，提高管片的耐久性。待浆液凝固后，一般具有一定的抗渗性能，能提高隧道抗渗性能。

2. 材料

从浆液的性质分类有惰性浆液和活性浆液。惰性浆液是由粉煤灰、砂、石灰膏、水和外加剂等拌合而成，浆液中不含水泥等凝胶物质，早期和后期强度都很低，现已逐步淘汰。活性浆液是由粉煤灰、砂、水泥、水和外加剂等拌合而成，具备一定的早期强度和后期强度。

按浆液的组成分类有单液浆和双液浆。单液浆是指多由粉煤灰、砂、水泥、水、外加剂等在搅拌机等搅拌器中一次拌合而成的浆液；双液浆包含 A 液和 B 液两种浆液，其中 A 液是含有水泥的砂浆，B 液是速凝剂，一般为水玻璃，根据 A 液和 B 液的配比不同可以控制混合后浆液的硬化时间。双液浆均是活性浆液，其初凝时间很短，可在 10～20 s 内。单液浆不管是惰性浆液还是活性浆液，其流动性较强，凝结时间一般都很长，在几个小时以上。

同步注浆材料宜按以下优先次序采用：

（1）缓凝可硬性浆液；

（2）高密度适时结硬性浆液；

（3）双液速凝性浆液；

（4）惰性浆液。

当采用高密度适时结硬性浆液、双液速凝性浆液、缓凝可硬性浆液对盾尾进行同步注浆时，浆液材料凝固较快，导致填充效果有时会不是很充分，有时则会造成盾构外壳背土。当注浆压力等于或小于土仓压力时，盾尾同步注浆采用惰性浆液可较好地充填盾尾间隙。

浆液的形态随离盾尾距离的远近而有所不同，离盾尾较远处（一般约 25 环以后）由于注浆时间较长以及二次注浆的作用已成固态；稍近的中间一段（一般为盾尾后 15～25 环）由于注浆时间不长，浆液尚未凝固完全，从而成为半固态，具有一定的流动性；最接近盾尾的位置（10～15 环），浆液为明显的流态，但固态、半固态和流态之间没有明显的界限。

根据盾构施工规程规定，同步注浆采用可硬性浆液。特殊情况下，为达到特级和一级的监控要求，经报批，同步注浆亦可采用配比合格的惰性浆液及工艺，但在管片脱出盾尾5～10 环后，必须以可硬性浆液做二次补浆，二次补浆过程中要维持隧道外围压力无大波动，以防止隧道及上方土层产生超过允许的隆沉及位移。

盾构推进 300 m 后，及时对注浆施工质量进行抽检，在隧道拱底范围内每 10 环取一压浆孔，拧开后探查壁后注浆是否结硬。

对于惰性浆液，稠度不得大于 9～10 cm。典型惰性浆液配比和典型可硬性浆液配比分别见表 4-1 和表 4-2。

表 4-1　　典型惰性浆液配比

黄沙	粉煤灰	膨润土	水
32 kg	30 kg	11 kg	27 kg

表 4-2　　典型可硬性浆液配比

组成	配比
膨润土	70 kg
石灰	80 kg
粉煤灰	300 kg
黄砂	1 180 kg
添加剂	2.5 L
水	300 L

3. 同步注浆压力控制

“及时、足量、均匀”充填是同步注浆的关键，注浆不足和过量注浆都不可取。注浆压力必须克服地下水压力、土压力及管道的摩阻力才能将浆液压注到盾尾空隙中，通过调节每个注浆管的注浆顺序和注浆量才能使浆液均匀地分布于管片周围，使施工间隙能被有效地填充。注浆压力的计算与外界土层的压力相关，故首先计算外界土压力值，将同步注浆管口的水平土压力值近似等效为注浆压力值。

盾尾注浆的风险点主要是由不良地质、注浆材料使用不当、注浆压力和注浆量控制不当等原因导致的漏浆、冒浆事故。

在穿越过程中，同步注浆压力应与地层压力相适应，但同时也要严防压力过大引起地面冒浆和盾尾漏浆。当注浆压力过大时，不但会导致盾尾漏浆，也会对周围土体产生劈裂注浆，在更大范围造成扰动。这将会对盾尾后未及时形成固态的浆液造成很大影响，造成浆液损失，降低充填性，从而导致地层下沉。

同步注浆漏浆机理如图 4-5 所示。

当注浆压力 $P_g>[P_g]$时，盾尾会因较大的注浆压力而产生漏浆，影响范围也大于 10 环管片。

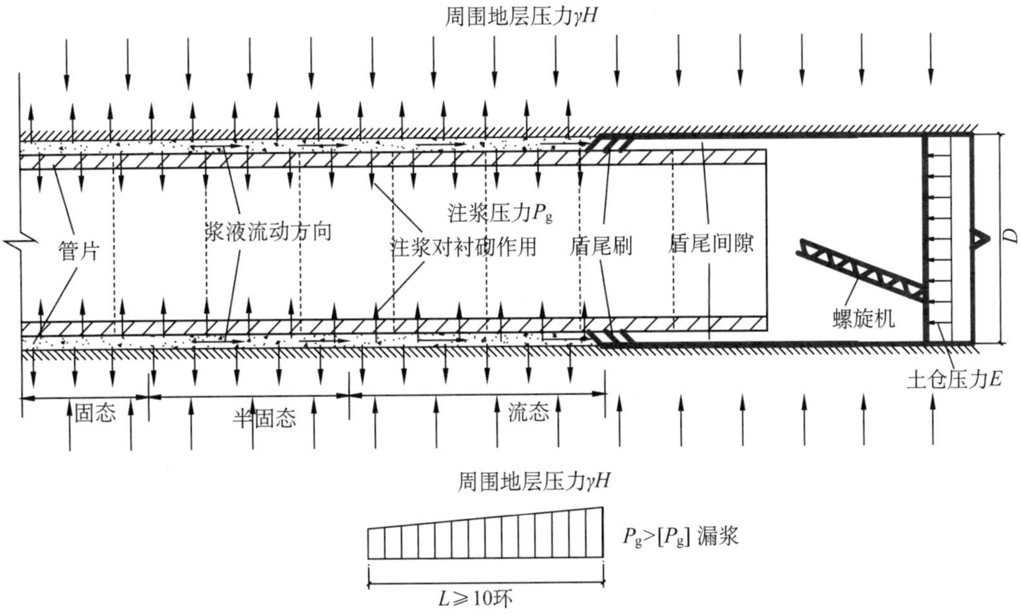

图 4-5　漏浆示意图

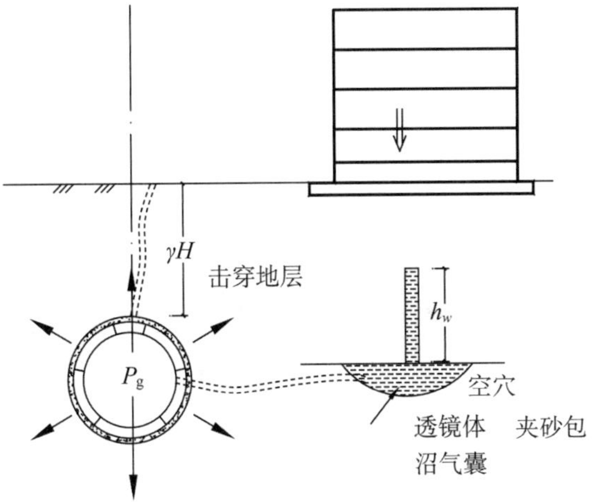

图 4-6　注浆压力过大对地层的破坏

计算劈裂压力[P_g]的经验公式为：

$$[P_g]=\gamma h+aq_u \tag{4-2}$$

式中　γ——土体重度；

h——埋深；

a——随浆液黏性和盾构机直径比而变化的系数；

q_u——土体的无侧限抗压强度。

对于混凝土管片，当注浆压力较大时，将使混凝土管片开裂。国内外对盾构注浆压力与地表沉降二者之间关系进行的研究表明，当注浆压力相当于隧道埋深处的地层应力时，对减少地层损失、降低地表沉降的效果最为显著。

注浆口当前注浆压力一般在 0.2～0.4 MPa。需要注意的是，较高的注浆压力同样也会对盾尾密封油脂和钢丝刷产生较大影响，主要表现在以下方面。

(1) 会损坏钢丝刷或对管片造成破坏。

(2) 可能会击穿地层。

(3) 浆液可能遗漏到透镜体、沼气囊、夹砂包中等，导致注浆压力无法保持稳定。那么，此时即使注浆量得到了保证，但由于注浆压力无法稳定，将导致注入浆液无法真正补入盾构管片与地层的间隙中，并对周围地层造成过大扰动。

同时，漏浆对于盾尾后未及时形成固态的浆液将造成损失，降低充填性，从而导致地层下沉。

为了降低漏浆对地层的影响，在必要的时候，可考虑在距离盾尾后 5 环左右的地方利用预留注浆孔进行二次注浆做环箍，对浆液进行隔离和阻挡，形成较稳定的注浆体。一方面，环箍可阻止流态及半流态的浆液回流损失；另一方面，环箍对地层也能起到一定的局部支护作用，如图 4-7 所示。

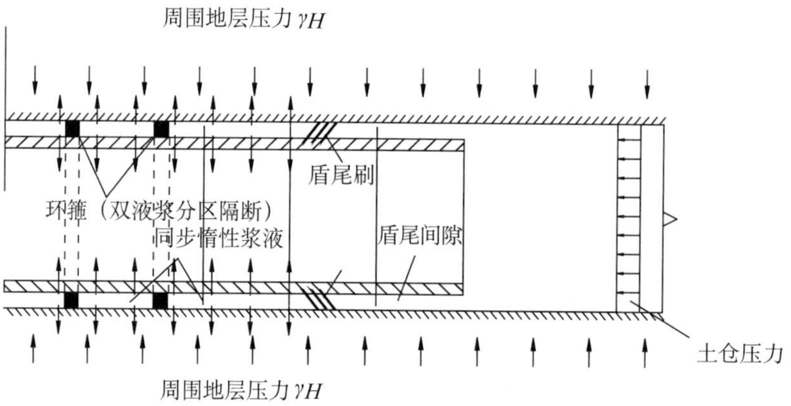

图 4-7 漏浆控制方法示意

4. 同步注浆量控制

同步注浆的注入量 Q，通常可以按式(4-3)估算：

$$Q = V \cdot a \tag{4-3}$$

式中 Q——每环同步注浆量；

V——理论空隙量；$V=\frac{\pi}{4}B(D_1^2-D_2^2)$；

B——管片宽度；

D_1——理论掘削外径；

D_2——管片外径；

a——注入率。

正确地估算注入率 a 对注浆效果至关重要。影响注入率的因素较多而复杂，主要有以下几种因素。

(1) 由注入压力决定的压密系数 a_1。

拌和均匀的浆液在压送和注入过程中，由于注入压力的作用，产生密度变大、体积减小的现象，这种现象因浆液种类的不同而存在较大差异。就单液浆而言，为了使其流动性好需要保持一定的离析水，如加压则压密程度重新变大。此外，如加气则因气体被压缩等原因，致使压密现象更加明显。

(2) 土质系数 a_2。

土体作为同步注浆的对象有硬土和软土之分，注入率与土质有密切的关系，无论哪种土质均对注入率有一定的影响。

(3) 施工损耗系数 a_3。

在盾构工法中，注浆管大多从盾构始发井附近的注浆泵开始(即直接压送方式)，随着隧道的逐渐延伸，一直持续到达竖井。特别随着近年来长距离压送及同步注浆施工的情形逐年增加，在浆液从泵房被压送到注浆孔的途中，不可避免出现浆液损耗。这意味着残留在注浆管道内的浆液将增多。

(4) 超挖系数 a_4。

超挖系数是理论空隙量的修正值，对注入率的影响极大。超挖系数因工法、土质、有无曲线段以及施工条件的不同而存在很大差异。

实际设计时，注入率 a 由这 4 个系数之和加上 1 得出，即：

$$a = 1 + a_1 + a_2 + a_3 + a_4 \tag{4-4}$$

然后按照式(4-3)求注入量 Q。

施工过程中的实际注浆量需要根据施工效果不断地试验、计算分析和调整，优化控制每一环的注浆量。每环注浆量应按满足地面沉降控制要求而定，且同步注浆流量应与盾构推进速度相匹配。穿越阶段同步注浆量可比正常情况略多。根据监测资料及时进行二次注浆，以控制穿越施工的后期沉降和差异沉降。

以上说明同步注浆的质量是影响沉降的一个关键因素。每一环的同步注浆要及时，并且在不超过地面沉降允许极限值的前提下，由注浆量和注浆压力进行双重控制，即两项任意一项不满足要求就不能停止注浆。

5. 注浆设备

同步浆液压注设备具备克服盾构周围高水土压力性能。正式穿越前，须疏通管路，避免正式穿越期间发生堵管现象。此外,注浆量的计量仪器须准确,可采取人工计量和机械自动读取相结合的方法,以此保证其准确性。

4.3.3 二次注浆控制

在时间顺序上,二次注浆迟于同步注浆时间。如果同步注浆及时足量、注浆质量高,一般不需要二次注浆。除非不得已,一般情况下不提倡进行二次注浆,原因是二次注浆需要打破管片或在在建隧道内新开孔注浆,会对管片造成一定破损,加大长期管理的风险。

确须进行二次注浆时,应采用微扰动注浆工艺注浆,注浆要以调整隧道线型为标准,实时"分段、分阶段"注浆施工,注浆施工遵照"多点、少量、多次、均匀"的循序渐进原则,根据隧道沉降监测数据及时调整施工,适时调整注浆量和注浆时间间隔,保证隧道沉降得到遏制和改善。二次注浆示意见图 4-8。二次注浆可采用双液浆,具有一定的填充性。

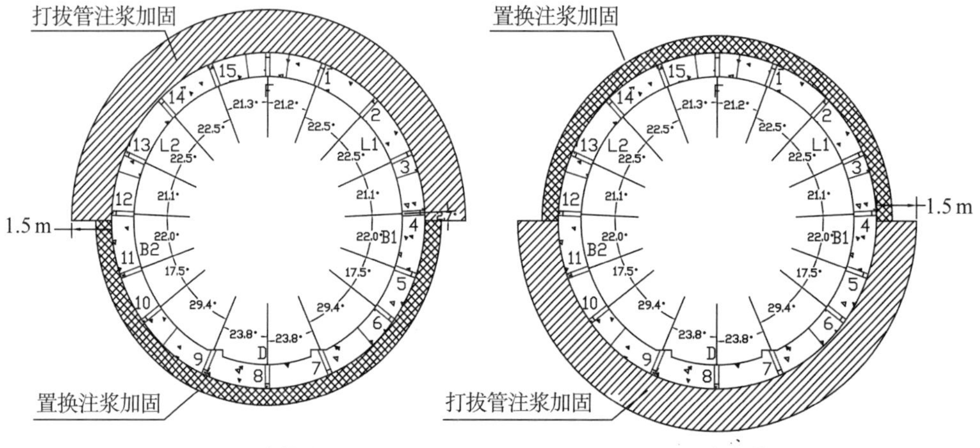

(a) 下穿越　　(b) 上穿越

图 4-8　衬砌环二次注浆孔布置及加固示意图

如二次注浆效果尚不能达到预期效果,就需要在运营隧道内沿隧道纵向布置注浆孔进行注浆控制。典型双液浆配比见表 4-3。

表 4-3　典型双液浆配比

甲液/kg	乙液/kg
水∶水泥(普硅 42.5 级)∶粉煤灰∶膨润土	35°水玻璃
100∶100∶66∶5	30～50

4.3.4 正面压力控制

合理设定土仓内土压力,是为了在盾构施工过程维持地层原始应力状态。当土压平衡盾构掘进时，刀盘切削下的土体进入压力仓，土体在压力仓内形成一定的土压力，从而保持开挖面的稳定。

实际上，开挖面要达到完全的、实时的土压平衡非常困难，螺旋机排出的土体体积往往大于理论切削的土体体积形成超挖状态，或者小于理论切削的土体体积形成欠挖状态。根据上海等地的测试结果，大多数土压平衡盾构出土量都略少于理论切削量，会对盾构机前方土体产生一定程度的挤压，引起盾构前方形成一定隆起。

土压平衡盾构可以通过调整推进速度和螺旋机转速来调整正面压力，以达到土仓压力的平衡。盾构机采用自动土压控制装置，通过装在盾构机土仓隔板上的土压计对掘进中的土压进行监测，利用装在后方台车上的操作盘内 PLC 计算出与操作目标值（管理土压值）的差值，通过 PID 控制，自动调整螺旋机转速的控制指令值，以保持土仓压力的平衡。土压平衡盾构的施工参数控制如图 4-9 所示。

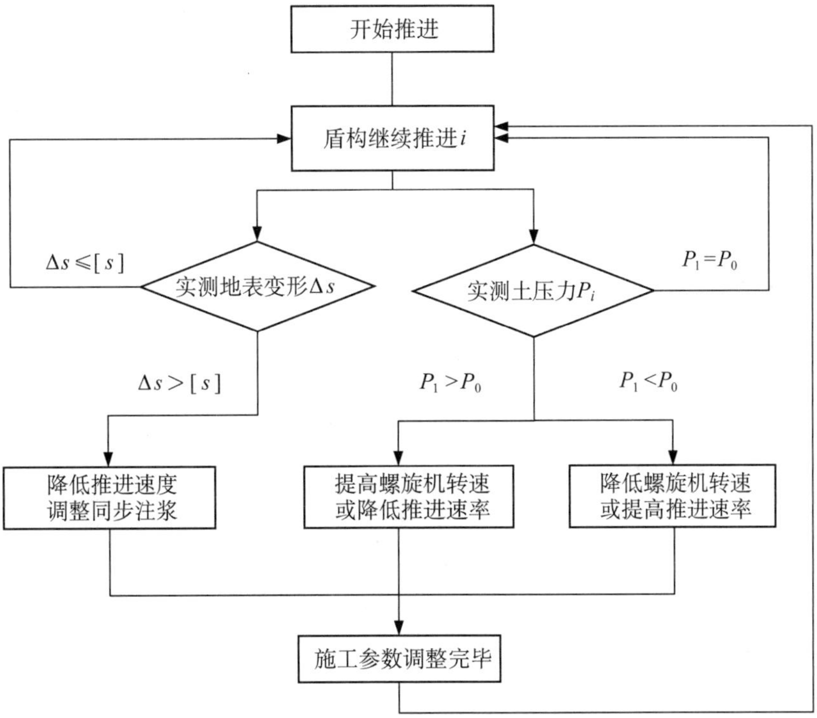

图 4-9　土压平衡盾构的施工参数控制

实测数据显示，盾构推进速度 v（mm/min）、螺旋机转速 n（rpm）与土仓压力 P（MPa）之间存在明显的相关性（$n=\alpha Pv$）。另外，当盾构停止掘进时，容易发生千斤顶收缩，造成正面压力降低，从而可能引起地层发生较大沉降，应当采取措施确保盾构停顿时的正面压力维持在正常水平。

1. 正面压力的设定

盾构穿越时，盾构开挖面的初始土压力会受到被穿越隧道的影响，此时应根据计算分析结果适当调整盾构的设定土压力值。

1）上方穿越

盾构在隧道上方穿越时，一般覆土厚度较浅，既要防止正面压力过大引起前方上部土体隆起过大而产生开裂，又要防止正面压力过小引起下方隧道发生较大回弹。

2）下方穿越

盾构正面压力及其固有波动大小是维持正面稳定及对盾构机对前方土体进行扰动控制的关键参数，近距离穿越过程中必须重视土压力的设置。从土力学的角度讲，造成下方穿越时土压力值变化的原因有两点：其一，运营隧道部位土体被置换，致使其下方土体所受竖向土压力减小；其二，由于穿越时上方运营隧道具有一定的刚度，对土压力起到了一个承担分散压力的作用。

隧道下方土体局部卸载时，上方土体将发生变形，此时上方隧道的刚度能发挥作用。如图 4-10 和图 4-11 所示，根据弹性力学理论可以推导得到引起的附加应力：

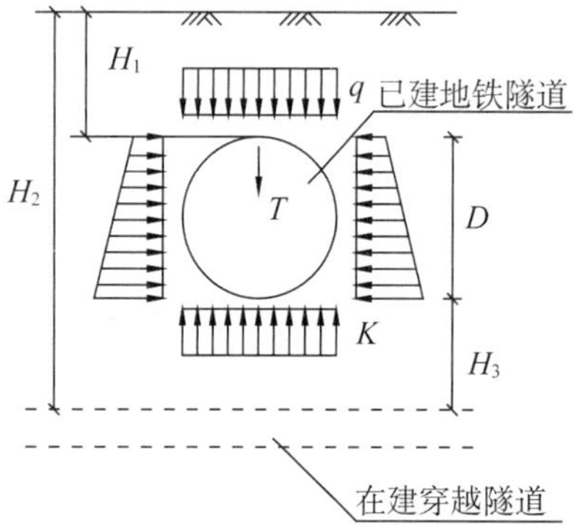

图 4-10　隧道周围土压力分布示意图

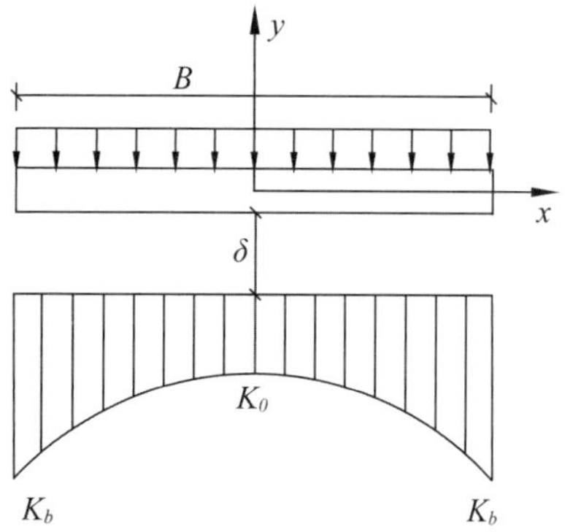

图 4-11　运营隧道土压分担示意图

$$\Delta\sigma_y = \frac{\delta BE}{2\pi(1-\mu^2)}\left[\frac{1}{x^2-\left(\frac{B}{2}\right)^2}\right] \tag{4-5}$$

对于土压平衡盾构来讲，成熟经验表明，在下穿之前适当加大压力，使被穿越隧道在盾构切口抵达之前微抬 1.0 mm，可部分抵消沉降。而在穿越到下方时，需适当降低土压。遵循“梯形”设置的原则，设定土压力变化大致可以分为 3 个阶段：穿越前，随着与上部隧道距离的不断接近，土压力值减小；穿越中，土压力值基本保持在最低位；穿出阶段，盾构头部脱出后土压力逐步恢复至正常。盾构穿越运营隧道时土压力控制方案如图 4-12 所示。

一般情况下，穿越期间的土压力按式(4-6)计算：

$$p = \xi(p_0 - p' + p'') \tag{4-6}$$

式中　p_0——隧道上方无已建隧道时的土压力；

p'——隧道上方土体被挖除所减少的土压力；

p''——隧道上方已建隧道的衬砌自重所产生的土压力；

ξ——为考虑已建隧道刚度对土压力影响的折减系数。

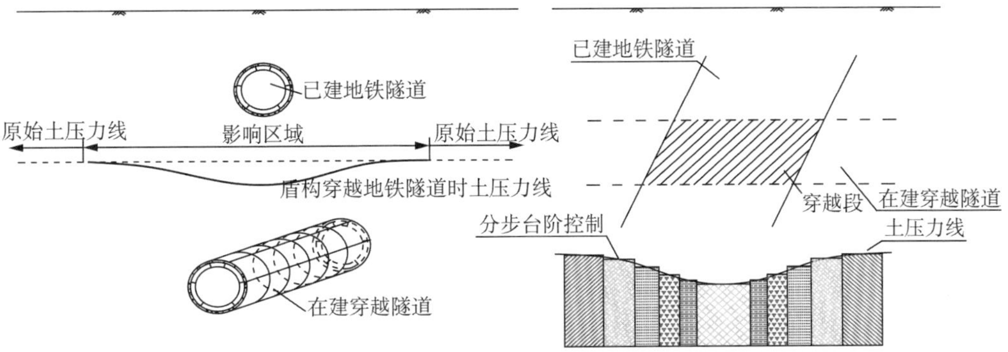

图 4-12　盾构穿越运营隧道时土压力控制方案

如图 4-13 所示，盾构下穿越地铁过程中，理论计算正面侧压力呈“V”字型变化：随着盾构切口开始进入隧道投影面下方，正面侧压力逐渐减小；切口到达隧道轴线投影面正下方时，侧压力达到最小；随着穿越继续，侧压力逐步增加，直至切口离开隧道下方，压力恢复正常。在实际施工中，过于频繁改变正面压力不利于穿越施工，因此穿越段正面压力一般设置呈阶梯形，每隔 1～3 环调整一次。

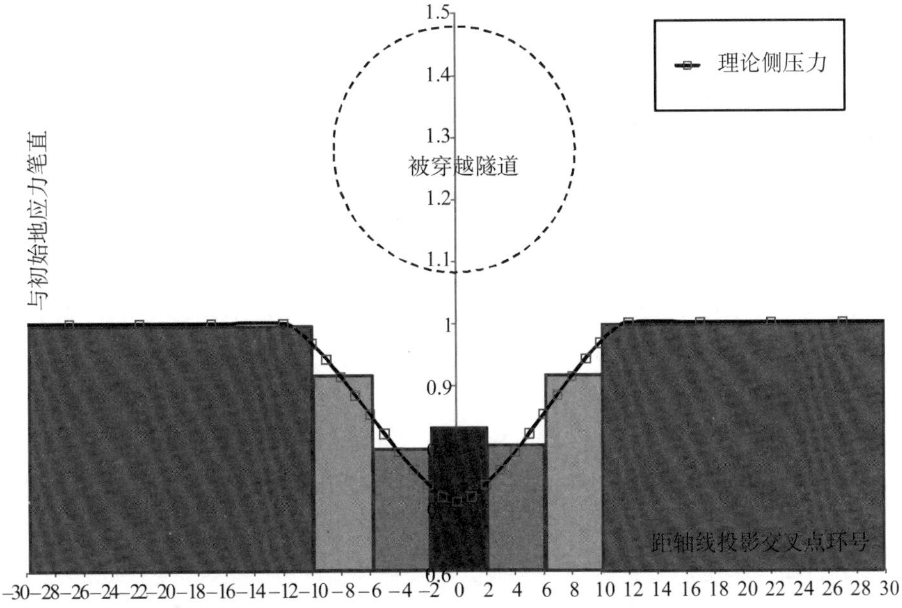

图 4-13　下穿越盾构正面压力设置示意图

2. 正面压力的优化

由于土层的复杂性，以及盾构机内部土压传感器和控制器的误差，往往造成土压力精确取值比较困难，因此在正式穿越前，还需要根据模拟推进试验的反馈，对计算静止土压力进行矫正、调整和优化。优化过程是一个逐步接近正式穿越施工条件的过程，这一试验过程可分为以下两个阶段。

第一阶段：在影响范围之外设置模拟段，通过施工参数的调整和地面变形监测反馈，获取地面最优施工参数。

第二阶段：盾构进入影响范围。以第一阶段取得的施工参数为基础，根据来自监测对象沉降监测的反馈，进一步优化施工参数，使盾构进入最佳穿越状态。

根据工程实际试验结果，以开挖面前方地表微量隆起 1～2 mm 作为设定土压的控制指标。主要因为考虑到盾构推过后，周围土体会发生固结以及后期的蠕变变形，从而造成运营隧道沉降，该种土压力设定方式能减少隧道后期的沉降，进入穿越区可以取得良好的效果。

4.3.5 参数相互匹配控制

盾构各施工参数不是相互独立的，其中许多参数相互联系、连锁改变或相互影响。因此，不仅要对施工参数进行调整，更重要的是对盾构施工参数进行优化和匹配，从其动态变化关系中发现设备运转和控制中的风险，及时建立正确的匹配关系。

1. 刀盘转速与推进速度

根据土压平衡盾构的工作原理，要维持土压平衡状态，必须使单位时间内所排出土的体积等于前方刀盘切削下来的土的体积，而这种实际排土量与理论掘削土量之间的平衡，又通过掘削刀盘与螺旋出土器组成的平衡体系来实现。

$$V_t = v\pi D^2/4$$
$$V_a = n\pi s(d_2^2 - d_1^2)/4 \tag{4-7}$$

式中 V_t——实际排土体积；

V_a——理论排土体积；

v——盾构推进速度；

D——刀盘直径；

n——螺旋器转速；

d_2——螺旋器内径；

d_1——螺旋器轴直径；

s——螺旋器轴向螺距。

当盾构维持在土压平衡状态时，盾构推进速度随着刀盘转速的增大而增大。而且当转速恒定时，推进速度基本稳定在某个值附近，即二者之间存在参数上的匹配性。

2. 仓压波动与推进速度

1）仓压波动

仓室压力(P)平衡是一个动态的平衡，受盾构推进速度 v(mm/min)、螺旋机转速 n(rpm)等参数及其灵敏度的影响($n=\alpha Pv$)，仓室压力大小一般在地层静止土压力值附近波动。波动大小很大程度上取决于盾构机的控制性能。仓压波动大小对特级监控条件下的微小变形控制相当重要。因此，特级监控条件下的盾构施工，必须事先对盾构性能进行分析和优选，选择性能良好的盾构设备，并针对盾构性能指标提出相应地减少仓压波动的参数配套关系。

2）推进速度

由土压平衡盾构的工作原理可知，盾构机通过调整推进速度和螺旋机转速来调整土仓压力以实现正面土压力的平衡。因此，合理的掘进速度对于正面稳定非常重要。保持均匀缓慢的掘进速度可以很好地减少土仓压力的波动程度。相反地，快速掘进则会导致土仓压力产生较大波动，对实现微扰动施工非常不利。

均匀慢速的掘进速度还可以达到以下目的。

(1) 减小刀盘所受扭矩，使刀盘对土体进行充分切削，防止偏挖；

(2) 减轻盾构机与地层之间的摩擦，减少其对周围土体的拖带，减小隧道与土体之间的建筑空隙；

(3) 降低对土体的扰动，从而有利于控制地层变形，降低穿越对环境的影响。

一般情况下，盾构推进速度为 2～5 cm/min。在盾构穿越运营地铁时，速度宜控制在 10 mm/min 左右。

出加固区由于盾构姿态须进行调整，速度较慢，一般为 10～20 mm/min。

正常推进地面无超载时一般为 30～50 mm/min。

一级以上监控条件下，为保证盾构前方压力的稳定，避免过大扰动并及时调整参数，一般推进速度适当放慢至约 10 mm/min 以下，仅当盾构操控性能优良时，方可将推进速度提高至 10 mm/min 以上。

3. 刀盘开口率与土仓压力、刀盘开口处压力

根据国内相关学者的研究，盾构达到出土平衡时，土仓压力与刀盘开口处的压力差应满足式(4-8)：

$$\Delta p=\frac{2\left[\frac{2c}{k_1}+(1+K_0)\gamma H\frac{\tan\varphi}{k_2}\right]L}{\xi^2 D} \tag{4-8}$$

式中 ξ——刀盘开口率；

D——土仓直径；

c——土体黏聚力；

φ——土体内摩擦角；

H——隧道中心埋深；

γ——隧道中心以上土体加权容重；

K_0——土体的静止侧压力系数；

k_1——4.3；

k_2——1.8；

L——土仓长度。

开挖面土体静止侧向土压力为 p_0，主动土压力为 p_a。因为在土仓内土体饱满情况下才能维持开挖面稳定，而土仓内土体能够维持饱满的最小压力不能低于主动土压力，则土仓压力与刀盘开口处压力差 Δp 应满足式(4-9)，否则会造成开挖面失稳：

$$\Delta p=p_0-p_a \tag{4-9}$$

式(4-9)说明，如果土体的内摩擦角过大，要保证开挖面切削的土体以100%出土率顺利进入土仓，则必须添加改性材料以减小土的内摩擦角或者增大刀盘的开口率。否则，土体将不能顺利进入土仓，而造成刀盘面板对前方土体的挤压。

如果刀盘开口率和土的强度指标不能满足使刀盘切削的土体从开挖面全部进入土仓，则会造成开挖面土体挤压及地面的隆起；而如果刀盘开口率过大，土仓压力又偏离维持出土平衡状态的土压力，实际出土率会大于100%从而引起开挖面处的地层损失。

因此，刀盘开口率应与土层性质相适应，不同直径、刀盘开口率及土体强度指标所能达到的最大出土率应能达到100%以上。否则，应增大刀盘开口率或采取减少摩阻力的措施。而在满足所要求的开口率情况下，刀盘开口率不宜过大，否则容易造成开挖面地层损失。

当刀盘开口率和土层力学指标一定时，盾构推进能达到的最大出土率是一定的。所以，对于摩擦角较大的砂性土应适当增大刀盘开口率或者采用膨润土泥浆减小土体内摩擦角以保证盾构的正常出土。

4. 盾构推进速度与出土速率

推进速度与出土量共同构成了近距离施工过程中的一个间接的正面影响因素。当盾构前部压力舱内土体的正面压力与作用在工作面上的水土压力达到平衡时，引起的土体扰动最小。而掘进速度与出土速度分别控制着土压舱内的进土量与出土量。若进土量大于出土量，土体在土压舱内积聚导致舱压增大，加大盾构前方对土体的挤压，继而会增大上方运营隧道隆起或下方运营隧道的沉降。若出土量大于进土量则相反。掘进速度与前方水土压力、千斤顶的顶推力以及土体性质有关，习惯上根据工程实际情况选定一恒定值。进土速率可用式(4-10)计算：

$$v_{JT}=\frac{\pi D_s^2}{4}\times v \tag{4-10}$$

式中　v_{JT}——进土速率；

D_s——盾构机直径；

v——盾构推进速率。

螺旋出土器的出土速率可用式(4-11)计算：

$$v_{CT}=\xi A_1 N_1 L_1 \tag{4-11}$$

式中　v_{CT}——出土速率；

ξ——出土效率；

A_1——螺旋出土器断面积；

N_1——转速；

L_1——螺旋翼片的间距。

目前，推进速率及出土量对工作面压力的影响仅停留在定性分析，如何估算工作面的压力尚无相关的理论及方法，主要靠安装在土压舱内的土压力计来辅助现场施工人员管理。

5. 注浆流量及推进速度

正常施工时盾构系统在设定条件下的同步注浆流量与推进速度是匹配的，以保证盾尾间隙的同步充填。但往往由于地层条件、操作不当或设备故障等导致二者不匹配。例如，当同步注浆阀堵塞时，注浆量并不能同步增加，有时会减少，这样造成的工程危害及风险是较大的；又例如，当推进速度很快或很慢时，往往超出了盾构设备系统调节的精度和灵敏度范围，也可能导致匹配失败，注浆量跟不上或超量注浆甚至堵塞管道，这时往往需要人工干预。

实际施工中靠注浆速度来控制注浆量，因此须计算注浆速度，根据每环注浆量和每行程推进时间得到注浆速度的计算方法：

$$V=Q/t \tag{4-12}$$

式中 V——注浆速度；

Q——每环注入量；

t——每行程推进时间。

6. 注浆量与注浆压力

实现注浆压力与注浆量的双控是相当重要的。一般情况下，注浆压力应与地层和地面超载的压力相适应，但由于注浆压力受到设备、地层等多种因素的影响，因此二者之间不能一直保持匹配关系。例如，当同步注浆阀堵塞时，注浆压力会剧增，而注浆量并不能同步增加，有时会减少，这样造成工程危害及风险较大；又例如不良地层（流砂、流塑地层等）或不可预见地质（透镜体、沙包、空穴等）导致意外跑浆时，注浆剧增，但不能维持注浆压力。

注浆压力设定值一般以上覆土重和水压为限，一般不能超过 0.5 MPa（非堵塞情况下），否则有可能导致地层劈裂冒浆、盾尾漏浆甚至封顶块塌落等风险。当发现注浆量不足或压力较高时，必须更换注浆位置继续压注，直至注浆量达到要求。

对盾构的同步注浆点及注浆管路要加强清洗、保持畅通，并应配置准确的压力计和流量计。对需要通过多次补充加固注浆以控制地面沉降的区段，要在隧道管片上设置足够数量的管片壁后注浆孔，并配置带有压力计和流量计的注浆泵及防喷阀件。

7. 出土量与土样观察

掘进工程中若出土量超出估算范围，则表明开挖面上方及有可能发生坍塌或超挖现象，而且由于土拱效应或者土体自身的黏聚力与内摩擦性能，坍塌并不能立即从地表沉降中反映出来，而是有一定延缓。同时，土样观察可以帮助及时发现地质条件的变化，特别是灾害性地质，以便及时采取措施，防范风险事故的发生。土样观察最好采用在螺旋机出土部位附近安装高清晰度远程摄像头，以便在盾构操作室和监控室随时观测，并与施工参数进行比对。出土质量也是反映盾构推进效果的一个重要因素，为确保泥仓不堵塞和土渣的流动性，采用混凝土塌落度测定方法进行评估，控制塌落度在 50～80 mm 范围内。

在可能的情况下，要对出土量进行比较准确的监控，观察土体变异情况并及时反馈给技术人员。

8. 盾构掘进的首尾兼顾原则

无论是信息化施工中对监测数据的分析判断，抑或是对施工参数的调整，都应同时考虑前方正面压力与盾尾注浆对监测数据变化的双重影响，以避免对监测数据的误判导致首尾参数控制失衡。

土仓压力与注浆压力联合作用如图 4-14 所示。

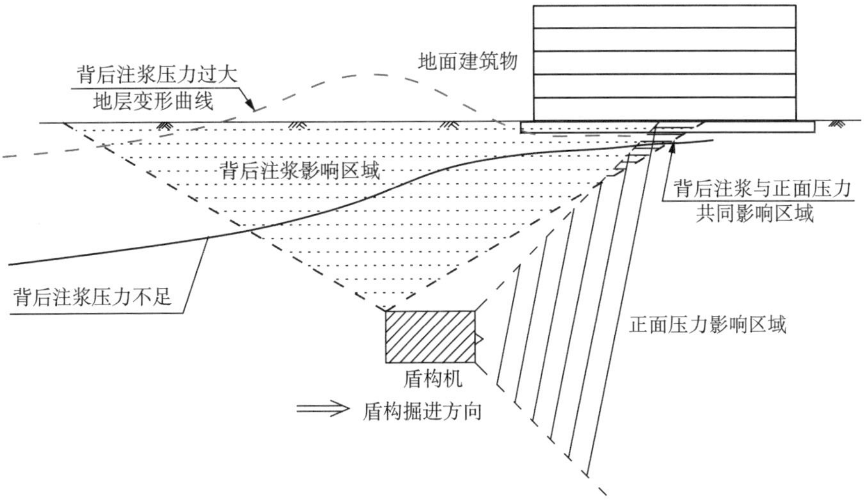

图 4-14　土仓压力与注浆压力联合作用

4.3.6　盾构姿态控制

盾构机应严格按照设计线路进行掘进，尽量避免盾构机发生偏离，盾构机每环在水平方向不能偏离 8 mm 以上，在垂直方向不能偏离 5 mm 以上，由于施工机械的精度、人工控制的误差、土层的不均匀性以及盾构本身设计轴线的曲率变化等原因，盾构姿态总会随盾构的推进而变化。随着盾构姿态变化，盾构切口部位不断超挖土体，带来附加的地层损失。除带小转弯半径的盾构穿越外，穿越范围通常较小，一般尽量避免在穿越区内主动进行盾构姿态调整，同时严格控制盾构轴线，避免大偏差，从而导致迫不得已的纠偏，即使盾构机发生偏离，纠偏时也不要过急。

盾构曲线推进引起的地层损失示意如图 4-15 所示。

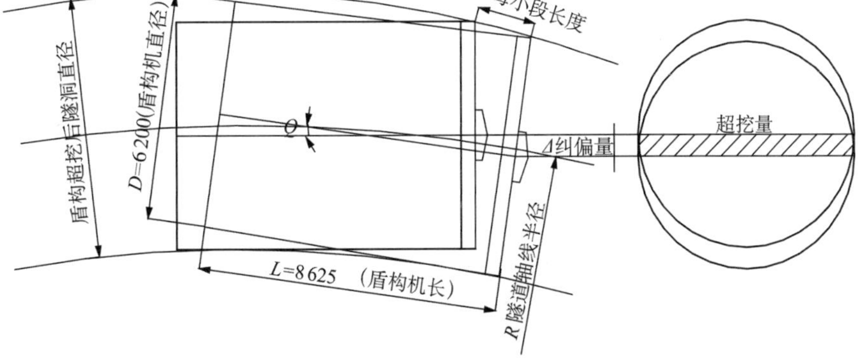

图 4-15　盾构曲线推进示意

盾构在曲线推进时，由于盾构姿态不断变化产生较大的地层损失，按几何学原理：多边形的边越多越接近圆，而在边数相同的情况下，正多边形面积最大。从而推断：盾构在曲线段推进中每环均匀地分几个小段，进行推进和转向设定每小段推进的纠偏量，则可将地层损失减少 n 倍，分 n 次纠偏的地层损失为：

$$V_{\min}=\frac{LDB^2}{nR} \tag{4-13}$$

式中 V——超挖土体的体积；

L——盾构长度；

l_i——每小段的长度；

R——隧道轴线半径；

B——管片宽度；

n——分段数。

盾构曲线推进引起的地层损失与分段数 n 成反比，因此对于带小转弯半径的盾构穿越，盾构采取勤纠、小量纠偏的原则，使盾构以平滑曲线穿过。推进时不急纠、不猛纠，多注意观察管片与盾壳间隙，相对区域油压的变化量随出土箱数和千斤顶行程逐渐变化。避免一次过大纠偏，造成过大地层损失率。

4.4 穿越施工方案与过程控制

4.4.1 区域分控掘进法

盾构近距离穿越施工的重点是减小穿越施工对地层的扰动，尽可能做到施工过程中微扰动或无扰动。具体实施为：分阶段划分与控制、分阶段变形控制指标分解、信息反馈优化施工参数、全方位控制等。

传统观点认为，在盾构掘进过程中，导致地层变形的主要因素包括正面土压力的设定、盾构姿态与变化、盾尾施工间隙等，扰动土体的固结。正面土压力过大是导致土体隆起的原因之一，盾构侧壁摩阻力也是导致地表隆起的重要因素；而正面土压力不足、盾构姿态变化、盾尾施工间隙及土体固结是盾构推进导致地层下沉的四种主要因素。根据其对周围地层产生变形的机理，将各种引起地层沉降隆起的因素综合起来，采取针对性措施进行控制，如图 4-16 所示。

图中 1、2、3、4、5 分别代表了五种不同的变形机理：

1——由于盾构推进中正面土压力的不平衡而导致地层下沉或隆起，以及开挖面的崩裂；

2——由于盾构外壳与土体之间摩擦而导致地层隆起；

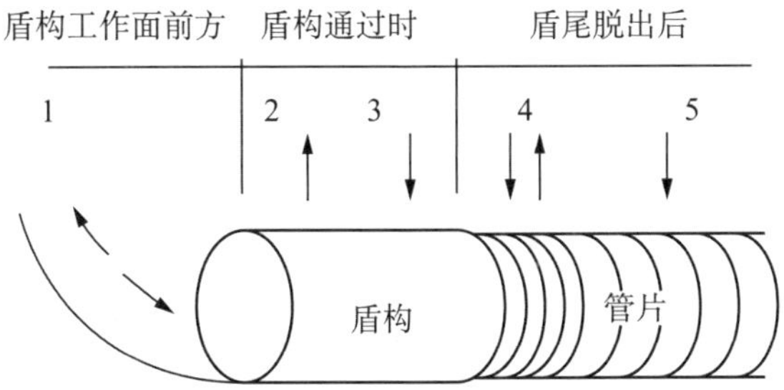

图 4-16　盾构推进引起周围土体的变形机理图

3——由于盾构姿态的变化引起地层损失而导致地层下沉；

4——由于盾构推进后的注浆引起的地层隆起及下沉；

5——由于以上四种作用，盾构推进后使周围土体产生超孔隙水压力和受到扰动而产生固结或蠕变导致地层下沉。

盾构侧壁摩阻力与盾构正面土压力都是导致地表隆起的重要因素。在盾构通过运营隧道时，特别是盾构与运营隧道之间的距离小于盾构长度时，盾构侧壁阻力的影响不容忽视。因此，在近距离施工中，应特别注意减小盾构摩阻力的影响，而盾构侧壁摩阻力的大小又取决于周边地层的特性、盾壳表面光滑度以及摩擦面的滑动速度(即盾壳移动速度)等。这种把盾构机周围的三维空间分为几个区域，投影到平面和纵剖面上，通过预测各区域的隆起或者沉降，再结合地下建筑物与各区域的相对位置，综合选择施工参数，为达到保护地下建筑物的目的而对盾构各部位、各影响因素进行全方位控制的方法称为区域分控掘进工法。区域分控掘进法的核心可以概括为“全方位受控盾构蠕动掘进，少量多次微扰动应力补强注浆”。区域分控掘进工法控制示意如图 4-17 所示。

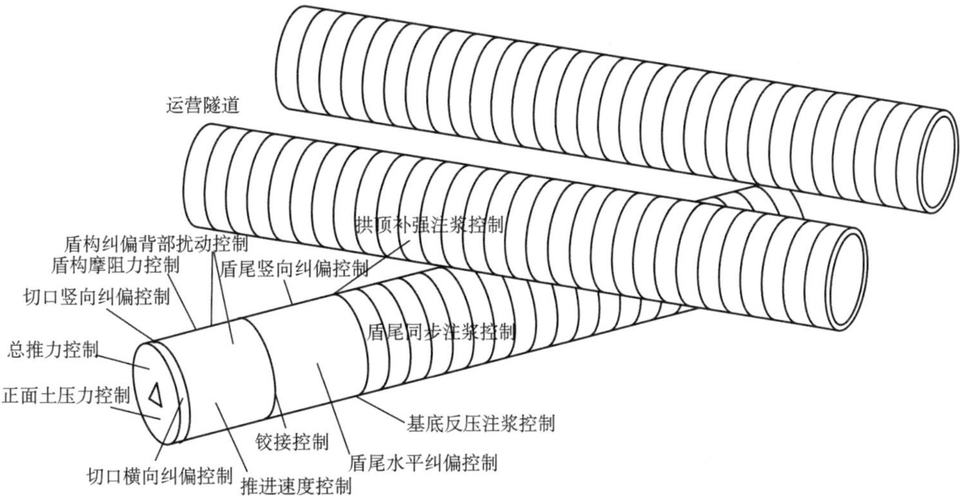

图 4-17　区域分控掘进工法控制示意图

本掘进工法的特点是：在理论研究分析计算的基础上，运用现有的盾构机，根据实测数据不断调整、修正、完善施工参数，改良盾构掘进控制方法，赋予先进的即时监测手段，实行连续不间断的施工监控管理。

4.4.2 分阶段划分与控制

1. 按隧道间距划分

隧道间距是指空间范围内近距离两隧道间的最小净距 d（衬砌外缘之间的距离），它是影响盾构穿越施工的主要参数之一。当时 $d\rightarrow\infty$ 时，两隧道间无影响，随着 d 的减小，两隧道间的影响逐渐增大，当 d 减小到一定程度，新建隧道施工对运营隧道的影响不可忽略。因此，可通过两隧道间的最小净距 d 来对整个穿越施工进行分阶段划分与控制。

习惯上用隧道间距 d 与新建隧道直径 D' 来衡量穿越施工过程中的接近程度。根据国内长期以来在软弱地层中近距离隧道施工的实践，参考相关国外工程的实践经验，对国内盾构穿越施工的接近度建议按照表 4-4、图 4-18 划分，扰动分隔线与水平面的夹角为 $45°-\phi/2$，即按照剪切破坏线来作为穿越施工的影响范围。

表 4-4　　接近程度划分

隧道间距	接近程度的划分
$<0.5D'$	超近距离
$0.5\sim1.0D'$	近距离
$>1.0D'$	基本无影响

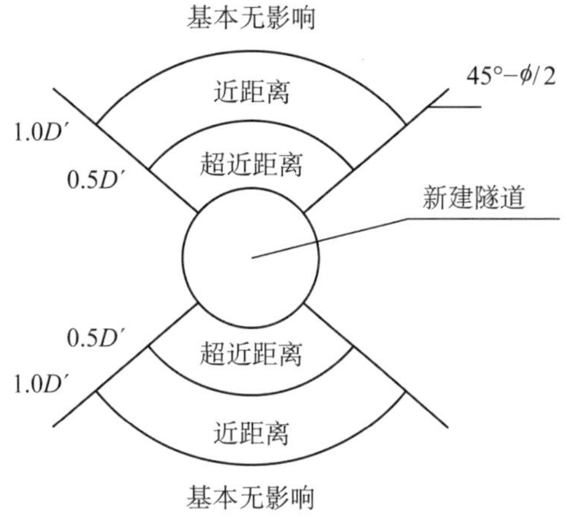

图 4-18　分阶段划分示意图

接近程度的划分间接地说明了隧道间距 d 对近距离施工的影响，d 越小，近距离施工对已建隧道的扰动越明显、施工难度越大，也就需要引起越多的重视。在 1.0D'的范围外，基本无影响，不需要考虑隧道间的相互作用，一般不需要采取特定的措施。在 0.5～1.0D'的范围，新建隧道与运营隧道之间的相互影响逐渐体现，一般需要采取合适的施工方法，根据结构物的位移、变形、内力等允许值，决定应采取的措施，要求进行监测管理。在 0.5D'范围内，必须从施工方法上采取措施，根据结构物的位移、变形、内力等来研究影响程度并采取措施，优化施工方案，并进行充分的监测。

2. 按时间效应划分

从整个盾构穿越工程时间跨度上进行划分，大致可将整个穿越工程划分为Ⅰ～Ⅵ 6 个阶段，即盾构进入穿越影响区域前、盾构进入影响区域、盾构切口到达穿越点测点、盾构通过跨越穿越点、盾尾脱出、二次注浆及长期沉降阶段。

第Ⅰ阶段，盾构进入穿越影响区域前，盾构由远处向运营隧道接近。在靠近穿越区域前，会引起运营隧道小幅的隆沉波动，但曲线总体趋于平稳。在这一阶段，对运营隧道可能产生影响的主要是盾构施工产生的轴向向前的荷载，包括盾构正面荷载及侧壁摩阻力。

第Ⅱ阶段，盾构进入穿越影响区域。所谓穿越影响区是指盾构从开始对运营隧道产生明显影响到盾构切口到达运营隧道之间的一个区域。对于穿越工程，习惯上迎着盾构施工方向引一条与运营隧道相切并与水平面呈的$45°-\phi/2$ 剪切破坏线，当盾构边缘到达此破坏线位置，即认为盾构进入穿越影响区。在此区域内对运营隧道产生明显影响的依然主要是盾构正面压力及侧壁摩阻力。盾构穿越影响区范围如图 4-19 所示。

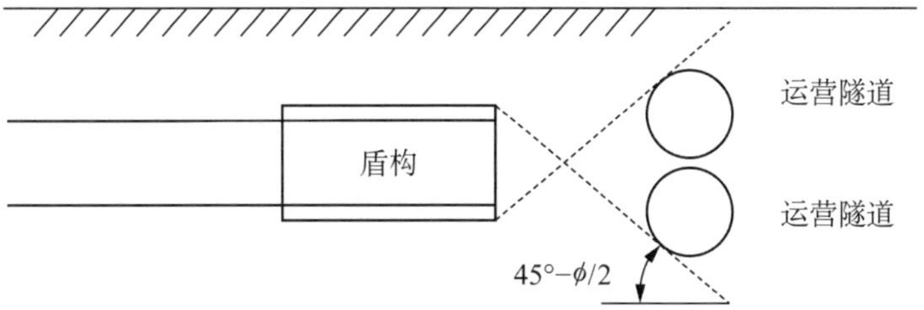

图 4-19　盾构穿越影响区

第Ⅲ阶段，盾构切口到达。运营隧道仍然主要受到轴线方向荷载也就是正面压力及侧壁摩阻力的影响。此阶段非常短暂，但是是影响因素转换的重要阶段，侧壁摩阻力的影响依然在不断增大，盾尾同步注浆及二次注浆等环向荷载也逐步开始对运营隧道产生影响。

第Ⅳ阶段，盾构通过。此阶段盾构正面压力已经不是运营隧道变形的主要影响因素，而是以盾构侧壁摩阻力、盾构纠偏等造成土体损失的影响为主，同时须考虑盾尾间隙、同步注浆的影响。

第Ⅴ阶段，盾尾脱出。运营隧道变形已基本不再受到正面压力及侧壁摩阻力的影响。盾尾脱出对运营隧道的影响主要取决于同步注浆是否能够及时填充盾尾空隙，盾尾空隙暴露时间越长，运营隧道变形越大。

第Ⅵ阶段，二次注浆及长期沉降阶段。对于被穿越隧道而言，隧道周围土体中的超孔隙水压力不断地消散，土体发生固结或次固结带动运营隧道发生沉陷。为了控制运营隧道的后期变形，常常采用二次注浆的方式来弥补土体固结造成的土体损失，应专门研究地铁运营期沉降的注浆控制技术。

4.4.3 分阶段变形控制

盾构施工的附加荷载，包括盾构正面压力、侧壁摩阻力以及盾构施工引起的土体损失，是引起周围地层变形的主要原因。

从国内外学者研究结果及实际盾构施工的经验可以得到如下结论。

（1）对于土压平衡及泥水平衡盾构，土体损失引起的地层位移主要发生在盾构切口之后。

（2）盾构正面压力对土体的影响小于侧壁摩阻力的影响，且主要对盾构切口前方土体产生作用，在盾尾以后部位，一般不考虑正面压力对土体变形的影响。

（3）盾构施工时盾构机向前推进的过程中往往带着周围一定范围内的土体一起前进形成“背土”现象，可知侧壁摩阻力会对盾构周围一定范围内的土体发生较大的影响，摩阻力引起的盾构轴线上方土体位移的隆起峰值点发生在盾构切口之前，可考虑以从盾构底部引出的与水平面呈$45°-\phi/2$剪切破坏线作为摩阻力沿盾构轴线方向对土体影响范围的最前点，以盾尾作为摩阻力影响范围的终点。

附加荷载影响范围如图 4-20 所示。

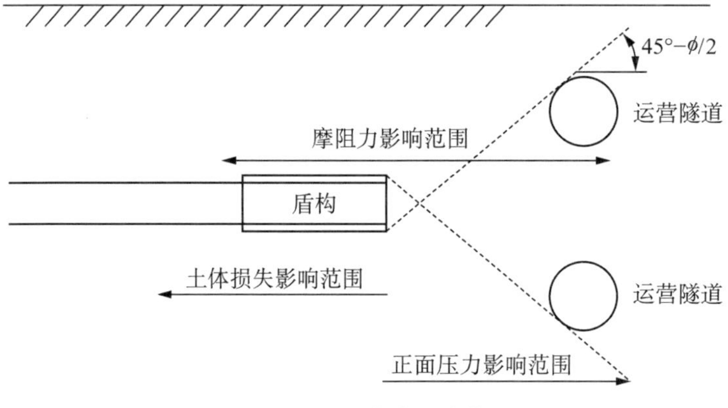

图 4-20 附加荷载影响范围

综合来看，盾构前方，$45°-\phi/2$剪切破坏线以外地层变形主要由正面附加压力引起；盾构切口至$45°-\phi/2$剪切破坏线范围内地层变形由正面附加压力及侧壁摩阻力共同引起；盾壳部分对应的土体，即盾构切口以后盾尾以前部分的地层变形受摩阻力及土体损失共同作用，且土体损失引起的位移可近似认为从盾构切口向盾尾线性增加；盾尾物理间隙及同步注浆产生位移发生在盾尾;土体长期流变及固结、次固结、补浆等因素影响发生在盾尾之后。因此,在实际的穿越施工时,可针对性地确定不同施工阶段地层变形的主要因素以及其占整个阶段总变形的比例,确定不同阶段的变形控制指标,并对施工参数进行调整优化以做好防控及抢救措施。

4.5 自动化实时监测

盾构穿越运营地铁期间,需要加强对地铁隧道安全与稳定性的监测,包括隧道的沉降与隆起监测、线路水平位移监测、收敛监测等,还需要对隧道其他病害进行视频监控。穿越前,各种监测装备调试完成准备就位,开始对隧道进行不间断监测。定时反馈影响数据是判断地铁安全和进一步调整优化施工参数必不可少的重要依据。

4.5.1 监测范围及方法

为加强对隧道监控,需要实时对其监测。以穿越区间相交投影线向两侧各延伸 $4D$～$6D$ 为监测范围,内布设自动化监测设备。有以下三种监测方法。

(1) 沉降与隆起监测:常采用自动化监测系统测量隧道的沉降,它由 2 m 长电水平尺首尾相连构成,也可采用全站仪(测量机器人)进行沉降监测的。

(2) 隧道水平位移和收敛采用全站仪和激光测距尺监测。

(3) 采用三维激光对隧道全断面进行密集点扫描,可准确掌握隧道内壁的渗漏水及隧道全断面变形。

4.5.2 监测设备

由于隧道盾构施工是连续进行的,但在地铁隧道运营行车时间内,线路区域不准任何人员入内,所以用光学仪器观察高程的方法不能作为主要手段,必须用一种自动仪器进行连续观测。目前,常采用自动化监测设备为电水平尺(EL Beam Sensor),通过自动采集系统可实现实时数据采集。

电水平尺的核心部分是一个电解质倾斜传感器。它是利用电解质来进行水平偏差(即倾斜角)测量的仪器,它的显著特点是测角的灵敏度很高,可达 2″(相当于在 1″的直尺上由于两端有 10 μm 高差形成的倾角),而且有极好的稳定性。

将上述电解质倾斜传感器(组件)安装在一支空心的直尺内,就构成了电水平尺。使用时电水平尺可以单支安装,也可以将多支电水平尺首尾相连,在监测区段内沿待测方向展开安装。工作时,所有的电水平尺的输出信号汇接到一台 CR10 型数据自动采集器上,可定时自动完成数据采集;将此数据传送到计算机中,借助专用的处理程序,就可得监测对象连续的位移曲线。

4.5.3 监测点布设

测点布设参照业主及相关管理部门要求。

1）电水平尺

由 2 m 长电水平尺首尾相连构成监测线，以监测该范围内的沉降变化，电水平尺用专用的夹紧件固定在道床上。

安装时注意所有的部件不准高于轨面，且不得造成左右两轨产生电气的通路。

数据采集器：所有电水平尺的观测信号均用电缆接至数据采集器（电缆应沿轨底引出，尽快引出道床区），数据采集器就近安装在道床区之外，并将数据输出接口用电缆引至最近的线路区以外，以便在站台上线路区以外采集实时的观察数据。

2）水平位移和沉降复核点

在穿越过程中各选取有代表性的安装电水平尺的道枕上，安排水平位移和高程测点（可借用道钉螺栓头部）。在线路停运时进行测量。

仪器：全站仪、徕卡 NA2 型水准仪（精度：0.5 mm/km）。加 GPM^3 平板测微器，因瓦合金尺。

埋设方法：用冲击钻或用射钉枪，进行测量标记的埋设。

3）收敛监测点

在穿越过程中，在隧道内以隧道中线交点为中心，按 $4D$～$6D$ 影响范围进行收敛监测点的布设。布点原则参照业主及相关管理部门要求。

4.5.4 观测频次及技术要求

1）观测频次

监测频率设置的基本原则是在确保运行安全的前提下，从实际出发，根据业主及相关管理部门的要求，结合本工程的特点、隧道盾构推进的位置及特性，自始至终与施工的进度相结合，满足施工工况的要求，在“全面、准确、及时”的原则下安排频率以及监测进程，建立起一个完整的监测预警系统。

沉降、收敛变形应采用自动化设备 24 小时进行连续跟踪观测，按要求实时报告数据；水平位移、高程复核及收敛点监测在穿越段原则上每天进行一次（按实际施工情况适当加大频率）。三项监测均在施工开始前进场准备、安装，并取得原始读数。

在盾构穿越后，继续进行相关监测，并根据监测情况决定注浆的范围、注浆量和注浆压力等，直至沉降变化量及变化趋势符合相关要求后，停止监测。

2）监测技术要求

监测过程中，采用的方法、监测仪器及监测频率符合设计和规范要求，能及时、准确地提供数据，满足信息化施工的要求。

建立水准测量控制网，在远离施工区域的稳定的基础处设立 3 个基点，整个沉降测量系统采用二等水准测量，在此基础上联测其水准高程，位移采取单向定位测量方法。

每天工作开始前检查标尺水泡、仪器气泡以及水准仪 i 角，如发现异常停止测量工作，送专业部门检修，合格后方可使用。水准测量按二等要求采用单路线往返闭合测量，采用定人、定仪器、定标尺、定线路、定点进行观测。

安装前对电子水平尺进行标定，检查数据采集系统的精度、灵敏度、速度等性能指标。

精确地确定隧道盾构与地铁交差中心点的位置(里程数结合环数)，并进行测量复核。

将数据传输线根据接线图正确、牢固地将数据线接入采集箱，采集箱电源接一单独插线板，所有连接处要用线扎、胶布扎紧。数据线要用线扎整齐。

所有的电水平尺和数据采集器须有可靠的防潮保护。

请地铁养护人员协助，不要碰撞安装在道枕上的电水平尺，以免出现错误读数。

4.5.5　监测频率及报警值设定

1）监测频率

施工期间，沉降监测原则上按照 5 min 测量一次，逐环监测；施工暂停多次/1 d 的频率进行，应根据施工工况和数据变化及时作调整；当测量数据报警或有突变时应加密测试频率直至跟踪监测。

2）变形报警值

中等直径地铁盾构隧道累计沉降量报警控制值为[－5 mm，5 mm]，报警值按照75％报警。

4.5.6　监测过程控制

穿越期间，相关参与单位集中对监测数据分析，当测量数据达到(或超过)报警值时，即刻口头报警，以便及时采取相应措施确保安全。在盾构穿越后，持续进行土体变形的观测，便于指导后阶段的跟踪注浆施工。地铁监测控制流程见图 4-21。

4.5.7　信息化施工管理

施工过程应强化信息管理，建立完善的信息反馈网络和现场指挥中心，应用“远程监控系统”将施工面和监测点的即时情况及时反馈到指挥中心，指导施工。

1）地面监测数据反馈

将地面变形监测数据、地下管线监测数据、建(构)筑物监测数据和地铁监测数据采集后传送到盾构工作面，优化和调整盾构施工参数，指导盾构正确施工。

2）盾构各类参数反馈

将盾构设备各类运行参数汇总后传输到地面监控室的数据平台，对工况和状态进行分析。

3）数据分析

将地铁隧道内即时自动监测数据传输到控制中心的数据平台，进行数据分析，指导盾构施工。

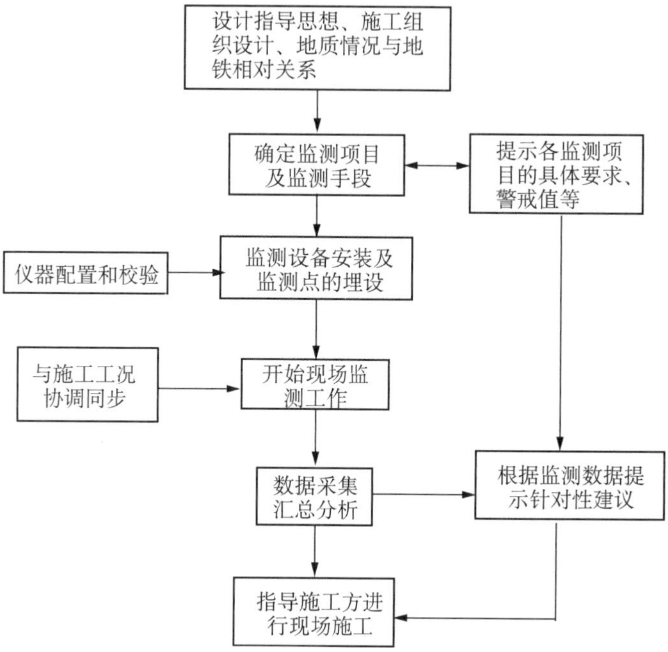

图 4-21　地铁监测控制流程图

4）施工管理措施

（1）工作人员安排。

盾构机在进入推进试验段后，需要安排各方面富有经验的技术人员进行值班，定期召开工程施工碰头会，对施工情况进行分析，商定具体施工措施，并布置当天施工任务。

现场办公室作为穿越施工的实时控制中心，各种信息、数据均在此收集、汇总、分析。中央控制室内备有盾构姿态测量报表、盾构推进和地铁监测报表、盾构推进施工参数表、盾构穿越地铁的位置关系图、地质剖面图等技术资料。通过对推进的实时情况进行监控，对各种信息进行分析，及时调整施工参数，将指令传达给施工班组，指导盾构推进施工。若出现异常情况，技术负责人及时向上级技术部门汇报，取得指示后执行。

在施工现场张贴各管理部门、设备维修单位、材料供应商、施工管理人员以及其他相关人员的联系方式。所有管理人员通信工具 24 小时开机，以便及时联络。

（2）材料安排。

在施工现场准备充足的材料，例如，工程用料（管片、密封垫、螺栓等）、盾构设备使用材料（液压油、盾尾油脂、集中润滑油脂等）、注浆材料（水泥、膨润土、水玻璃、HS 系列等）以及应急抢险堵漏材料（海绵、聚氨酯浆液）。必须确保施工物质材料的及时供应。另外，盾构设备的配件供应仓库 24 小时值班，保证常用零配件及时供应。

第5章

盾构近距离穿越地铁运营隧道施工管理指南

当盾构穿越施工的地质条件、环境条件、穿越类型、穿越空间关系及穿越管径不同时，穿越施工管理内容也会有所差异。为保护地铁隧道与运营安全，规范穿越施工，有必要依据相关法律法规、规范、技术条件，结合地铁运营单位的监管职责和工程成功经验，制订管理指南。

5.1 设计施工安全管理流程

盾构隧道近距离穿越地铁隧道项目的风险与设计施工方案紧密相关，须对这两方面进行技术审查。应根据国家和地方安全设施管理的法律法规(如《上海市轨道交通管理条例》)中规定的安全保全区管理要求，对项目作业方案进行技术审查并经市交通行政管理部门同意，采取相应的安全防护措施。一般需要综合考虑工程与水文地质条件、地铁隧道结构安全状态、预估穿越可能引起隧道变形情况、周边环境和地方经验等因素，必须慎重地采取可靠的技术措施，制订轨道交通专项保护方案，控制轨道交通设施的变形在允许的限值内，以确保轨道交通安全运行。

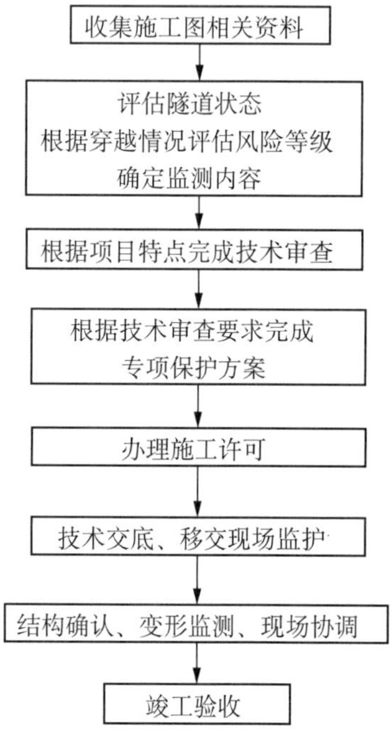

图 5-1 实施流程图

落实上述管理规定的管理流程一般为：项目建设方将作业方案提交轨道交通企业进行技术审查，轨道交通企业根据项目情况对隧道现状进行安全评估，并对项目可能引起的隧道变形进行预估，及时反馈技术审查意见，项目建设单位根据技术审查意见完善专项施工方案，形成专项保护方案后，一并提交市交通行政管理部门，市交通行政管理部门最终根据技术审查意见和专项保护方案做出是否同意作业方案的决定后，同步告知轨道交通企业，建设方根据施工许可开展项目实施(图 5-1)。涉及轨道交通流程主要为两方面：方案的技术审查、项目实施的过程监管。

在大直径盾构近距离穿越前，还需要地铁管理单位内部准备好运营应急预案以备不时之需，形成协同建设单位、地铁单位、施工单位及政府等多方面的应急联动。

5.1.1 技术审查

项目建设单位可按工程项目规模及复杂性，一次或分批向轨道交通企业提交相关技术资料，供许可审查。针对穿越地铁的建设项目，重点审查所提供的技术资料内容是否符合下述要求。

（1）新建上、下穿越隧道选线时，应保证与既有轨道交通结构的安全距离，并应根据设计方案对既有轨道交通结构进行变形、受力验算，对既有隧道结构进行安全评估。

（2）审查对新建隧道的预留要求：需要对穿越区的管片提出不同要求，如在管片上预留更多的注浆孔，必要时启动二次注浆；通水隧道自身的长期防水；有产生振动的隧道需要设置隔振或减振措施等。

（3）穿越施工前，应根据工程特点、地铁结构、施工设备的性能、环境条件及其保护等级等形成轨道交通专项保护方案。

（4）盾构穿越施工前，必须设置试验段，模拟穿越地铁施工，以便优化和掌握施工参数，为穿越施工提供可靠的预设施工参数，以地面沉降量最小为控制目标确定各参数。主要参数包括推进速度、正面土压力、同步注浆量、盾构姿态控制等。

（5）穿越过程中应采用自动监测设备，实时自动监测地铁结构变形，并根据监测数据及时调整隧道施工参数，以减小地铁隧道变形。

（6）穿越后，还应继续保持一段时间的监测检查工作，直至隧道变形稳定。

5.1.2　项目实施

1. 施工前监护

1）施工进度安排

根据建设施工单位实际工期计划，制订项目在邻近地铁作业的具体工期计划和安排。对于穿越风险较大的项目，穿越时间应安排在节假日或安排在周末等客流相对较小的时间段，以减少限速、停运等运营模式调整对工作日客流的影响。

2）预警指标

根据地铁结构本身状态，设订地铁结构的预警指标，主要包括结构变形、损伤损坏、渗漏水等预警指标，为后续决策提供数据支撑。

3）结构状况确认

在承接项目实施前，对影响区域内的地铁设施进行结构确认，确认工作必须由建设单位、地铁监护方共同签字确认，以图片为主结合文字进行详细描述，并形成确认报告。目前，一般采用拍照、摄像和三维激光密集扫描的方式，对隧道内壁的渗漏水及损害情况加以详尽描述。

4）结构边线放样复核

项目与地铁相对位置关系须经轨道交通企业监护人员现场复核，并出具正式边线复核结果提供给建设单位。边线复核方法为现场放样实测。

5）监护设备布置

对受施工影响的地铁结构采取必要的观测措施，进行监测布点并完成设备的调试安装。包括人工监测点设置、自动化设备安装调试及初始值的采集。

6）项目交底

开工前，地铁监护人员以技术审查意见为依据，结合本项目的施工方案，向建设施工单位进行技术交底，明确每道工序相应的地铁保护要求，必须待监护交底完成并落实监护措施后方可施工。

2. 施工过程监护

1）施工监督

在建设或施工单位办妥轨道交通设施监护手续后，督促建设或施工单位按照“技术审查意见”及专项保护方案要求进行施工。根据项目施工情况安排值守人员，记录施工各项参数和地铁结构变形数据，形成相应的报表。

2）变形监测

在施工过程中，应根据变形监测数据，分析项目实施产生的影响及原因。如产生较大变形，应及时报警并上报地铁监护部门或轨道交通主管部门。

3. 施工后期监护

1）后续跟踪监测

穿越完成后仍须连续对地铁隧道进行至少 6～12 个月的监测，若每月平均沉降小于 0.5 mm 且轨道交通设施的变形趋于稳定，则可终止监测。

当穿越引起沉降超过变形控制指标时，应启动注浆治理措施。注浆治理方案应包含预开孔、注浆治理及封孔三方面内容。注浆施工组织主要包括总体施工流程、注浆范围、单孔单次注浆工艺、注浆方式和注浆技术参数等内容。

2）评估总结

工程施工结束后，对工程影响范围内的地铁隧道进行综合评估分析，提交监护总结报告，并报有关主管部门和相关单位备案。

3）项目档案

收集、整理施工期间的工程作业和地铁隧道相关资料，建立安全保护区内工程作业对地铁影响的项目监护档案。

5.2 施工风险评估

施工风险评估应基于该盾构穿越工程的风险点进行综合判断，需要考虑的因素包括但不限于以下方面：

（1）盾构穿越段与既有线路的区位关系；

（2）穿越段水文、地质情况；

（3）穿越段地下管线及周边建(构)筑物情况；

（4）既有线路地铁结构初始状态情况；

（5）盾构施工可能对既有线路的影响情况；

（6）既有线路运营情况及破坏后果；

（7）是否存在其他有影响的工程。

结合地铁结构初始状态，通过理论分析、数值模拟和工程类比等方法预测盾构穿越施工对既有地铁结构带来的不利影响，根据本书 2.4 节相关内容，判定该盾构穿越施工的风险等级，评估其作业方案的可行性。风险评估过程应特别关注地铁结构的初始状态，结合已有变形确定项目实施的变形控制值和预警值。

经过评估为Ⅲ级或Ⅳ级风险，且经过专业咨询单位计算分析报告确认满足穿越安全指标的工程，由地铁运营监护单位进一步针对施工单位穿越业绩、盾构装备、项目负责人等情况进行综合评估。

5.3　预处理与工程专项针对措施

施工单位应结合 5.2 节评估意见，提出预处理与针对性措施，完善穿越工程专项施工方案。预处理与工程专项针对措施可考虑以下方式：

（1）管片预留注浆孔：穿越段预留一定数量注浆孔，盾构穿越后根据实际情况，通过管片上预留的注浆孔对扰动的土体进行固结注浆加固，防止出现固结沉降，原则上不进行二次注浆。如必须注浆，必须在列车停止运营后进行。

（2）地层注浆加固：在盾构穿越施工前，可考虑对穿越处地层进行超前注浆加固。注浆加固可防止地下水渗透、提高土体强度、降低穿越施工难度。注浆过程中，应严格控制注浆压力与注浆量，以确保注浆达到预期的效果。

（3）盾构施工控制措施：包括严格控制掘进过程中的土压力、合理控制盾构内的注浆量、采取少量多次的方式多次注浆、调整盾构姿态、保证管片拼装质量等，严格控制施工过程中的沉降，以减少对既有地铁结构的扰动。详细施工控制措施见 4.3 节。

（4）主动的轨道防护措施：对既有地铁线路结构执行自动化监测，实时掌握管片、道床、轨道等的变形情况，配合相应的全面检查和维护，及时排除发现的隧道病害，确保盾构穿越时期既有地铁线路结构状态稳定。

5.4 地铁运营隧道配合管理

一般情况下(风险等级为可接受及以下时),根据5.1节管理要求,由轨道交通运营企业监护部门牵头落实;当近距离穿越有可能引起运营安全,须要制订限速或停运等应急预案时,则须由运营公司、设施设备专业单位如工务、车辆、供电、通号、运营公司及调试指挥等部门共同协调做好行车组织方案、客运组织方案以及配套公交组织方案。

建设、施工单位完成前期工作具备条件后,由轨道交通企业召集运营、维保各专业单位,根据建设需求及可能产生的情况开展应对保障方案的各专业配套管理,主要包括施工监护配套、设施设备配套和运营配套等内容。

5.4.1 施工监护配套

可参照5.1.2节内容配套。

5.4.2 设施设备配套

此项工作由地铁管理部门牵头编写,具体内容及流程如下。

1）运行列车限速方案

主要结合项目风险评估和施工单位施工要求确定是否进行限速。通信信号单位负责根据地铁监护确定的施工具体位置,进行限速影响和限速区段测算,调度指挥部门负责牵头制订限速设置方案。限速影响较大,且范围广,有时需要公交配套等措施。

2）接触网停电区间测算和调整方案

根据确定的列车限速方案,供电部门负责根据施工单位确定的施工具体位置,测算接触网停电区间和调整方案,调度指挥部门负责牵头最终确定接触网调整方案。

3）安装临时行车标识设置、指示牌

隧道维护单位工务公司根据调度指挥室牵头确定的最终限速设置方案,安装临时行车标识和指示牌。

4）组织功能验证和保驾方案

调度指挥部门负责对接运营单位确定行车组织,包括交路、驾驶模式、限速等,并牵头各分公司制订保驾方案,包括保驾等级、值守点变更、值班要求等。

5.4.3 运营配套

为应对不同施工，针对影响程度的运营配合方案常包括限速运行行车方案、运营中断行车方案及客运调整方案。针对不同应对方案，运营配合流程及内容具体如下。

1）限速运行行车方案

结合项目风险评估以及施工单位施工要求确定限速需求，每日运营开始前，维保公司设置列车自动监控系统（Automatic Train Supervision，ATS）临时限速，并通过运行控制中心（Operation Control Center，OCC）进行确认，发布长时间区段限速的书面调度命令。当涉及通过限速区段后晚点的列车，OCC通过调整运营等级、载客通过、备车替开等措施，主动进行运营调整；涉及限速区段列车需无列车自动防护（Automatic Train Protection，ATP）保护模式运行时，OCC须发布口头书面命令。

2）运营中断行车方案

当采用运营中断行车方案时，应明确运营中断期间使用的专项类车运行图，涉及中断影响区段的列车行车要求如下：

（1）立即下达中断运营的命令；

（2）严禁后续列车通过影响区段；

（3）已进入影响区段的列车原则上通过；

（4）未进入影响区段的列车原则上退回；

（5）前30 min内全线车站将实施只出不进措施；

（6）根据调整交路方案，安排多于车底数的列车回场。

抢修人员需进入区间抢修时，OCC可安排从车站直接进入或由列车带入区间。

临时中断的应急处置主要根据各线路《运营调度细则》执行，若临时中断抢修时叠加发生其他设施设备故障，应急处置方案参见道岔故障、列车救援、触网中断与线路中断预案执行。

3）客运调整方案

（1）对外公告。

无论限速运行或中断运行，均应对外公告。针对限速方案，统一的对外宣传口径，提前在全路网张贴常态限速对外公告，待取消限速后撤下公告；若遇突发情况需实施部分区段临时停运，根据线网指挥中心（Command Operations Control Center，COCC）工作指令相关要求，在全路网所有车站公告栏内张贴运营中断对外公告，运营恢复后按照COCC指令要求撤下公告。同时完成乘客信息服务系统（Passenger Information System，PIS）/服务类型系统（Type of Service，TOS）涉及的运营信息更改工作，确保运营信息内容准确、发布到位。运营公司做好以下现场宣传引导工作。

① 加强运营调整期间车站、车厢广播和现场宣传引导，提高乘客告知力度；

② 做好路网所有车站出入口、换乘通道 LED 屏信息调整工作；

③ 路网车站各岗位员工、网络服务监督热线、媒体信息宣传部门掌握施工期间运营调整信息，做好乘客问询及解释工作。

(2) 大客流应对方案。

车站社区或周边单位联动，组成应急疏散志愿者队伍，一旦发生大客流爆满等突发事件，配合车站进行现场疏导工作。

限流车站利用限流栏杆减缓乘客进站速度，关闭部分自动售票机(TVM)和进站闸机(GATE)，增派人员在进站处利用“便携式扬声器”进行宣传引导。在重点车站增设 1～2 名重点岗位人员，且通过平行增援或提前申请方式增配车站站务助理。

(3) 运营中断客运调整。

① 在出站闸机处安排应急人员、警务人员及保洁员，引导乘客出站。

② 增派应急人员疏导站台乘客分散候车，有序下客。确保下行列车正常关门发车，确保自动扶梯不发生客流对冲，确保站台乘客不发生拥挤。

③ 通知警务站在站台、站厅客服中心维持秩序，保持信息互通。

④ 在站厅楼梯口设置隔离栏杆，视情况拉起，阻止乘客进入站台。

⑤ 须启用公交预案时，值班站长应及时安排车站应急引导人员，组织客流引导，出站至应急公交站点。

⑥ 组建应急救援队伍，当车站发生大客流爆满等突发事件时，可联系休班人员至车站协助应急。

⑦ 调整其他站区应急救援队伍至车站进行支援，配合车站做好现场疏导等各项客运组织工作。

⑧ 与车站社区或周边单位联动，组成应急疏散志愿者队伍，一旦发生大客流爆满等突发事件，配合车站进行现场疏导工作。

⑨ 做好联动，与停运方案中涉及单位及部门提前沟通，加强地面引导与配合。

5.5 监测控制标准与要求

5.5.1 变形控制指标

监控地铁隧道在穿越全过程中的变形对保障地铁运营安全至关重要。同时，由于穿越点附近往往存在众多其他类型的建(构)筑物，且其安全状况与地铁密切相关，因此穿越工程的变形监控必须整体考虑。通过对穿越位置各类地上、地下建(构)筑物进行详细调查分析，并结合地质条件、结构条件与安全运营条件，制订各类穿越对象变形的量化保护指标，以指导设计施工、保护地铁安全。表 5-1 为上海制定的盾构法隧道穿越施工环境监控等级划分标准。

表 5-1　　不同穿越对象的监控等级

	允许地层损失率	最大允许地面沉降(S_{max})	允许变形[Δ]	监控对象描述	调查内容
特级监控	0.5‰～1‰	2～4 mm	5 mm	城市轨道交通、高速铁路、等重要轨道交通线路	位置、走向、埋深，建筑物基础形式，结构特征，管道类型、管径、管材、管节长度、接头形式等
一级监控	1‰～2.5‰	4～10 mm	10 mm	上水、煤气等压力干管，市政排水总管，高压电缆等	
	2.5‰	10 mm	10 mm	密集居民建筑、保护建筑及沉降极敏感建筑等	
二级监控	5‰	20 mm	20 mm	城市干道路基，重要建(构)筑物及市政管道等	
三级监控	7.5‰	30 mm	30 mm	一般环境条件，包括空旷地段	

注：表 5-1 为与盾构中心埋深为 8 m 的情况，对不同盾构埋深的地层损失率可近似按 S_{max}、$H/31.57$ 换算（其中 S_{max} 和 H 分别为地面最大位移和盾构埋深），对任意深度处深层沉降的控制值参照表 5-2 换算。

表 5-2　　不同埋深条件下对应一定地层损失率的盾构施工引起的地面沉降允许值　　单位：mm

地层损失率 \ 盾构中心埋深	7 m	13 m	16 m	18 m	25 m
0.5‰	2.25	1.21	0.99	0.88	0.63
1‰	4.51	2.43	1.97	1.75	1.26
2.5‰	11.27	6.07	4.93	4.38	3.16
5‰	22.55	12.14	9.87	8.77	6.31
7.5‰		18.21	14.80	13.15	9.47
1%		24.28	19.73	17.54	12.63

针对运营地铁线路，除须满足以上要求，同时还应满足：轨道静态几何尺寸，隧道变形曲线的曲率半径大于 15 000 m，结构相对弯曲小于 1/2 500，隧道最终收敛变化值小于或等于 10 mm，且不得影响其安全正常使用。此外，隧道在穿越施工过程中的纵向隆沉变形

控制指标如表 5-3 所示。

表 5-3　　隧道结构纵向隆沉变形控制指标

纵向沉降与隆起控制值	报警值	差异沉降
±5 mm	±3 mm	1‰

5.5.2　监测点布置要求

监测布置应在测点布置范围、测点位置、测点间距、布置方式等方面满足各监控级别的相应要求。监测内容包含:地面沉降监测;地下深层沉降监测;地下管线沉降监测;地面建筑物沉降监测;运营隧道监测。

1. 地表沉降监测点布置

地面沉降监测点根据平面分布位置可分为平行于隧道轴线的纵向沉降监测点和垂直于隧道轴线的横向沉降监测点。纵向和横向地表沉降监测点的数据分别反映了隧道施工对地表在纵向和横向两个方向的影响程度和范围。

对于二、三级监控,纵向地表沉降监测点沿线路中线按不大于 5 m 的间距布设。横向地表沉降监测断面沿线路中线按不大于 50 m 的间距布设,横向观测范围一般不少于中线两侧 10 m(大于隧道底埋深),测点在轴线两侧对称布置,测点间距不大于 5 m。穿越已建隧道或重要管道时,在每条隧道或管道的上部应布置一个横向地表沉降监测断面。

地表沉降监测点的平面布置如图 5-2 所示。

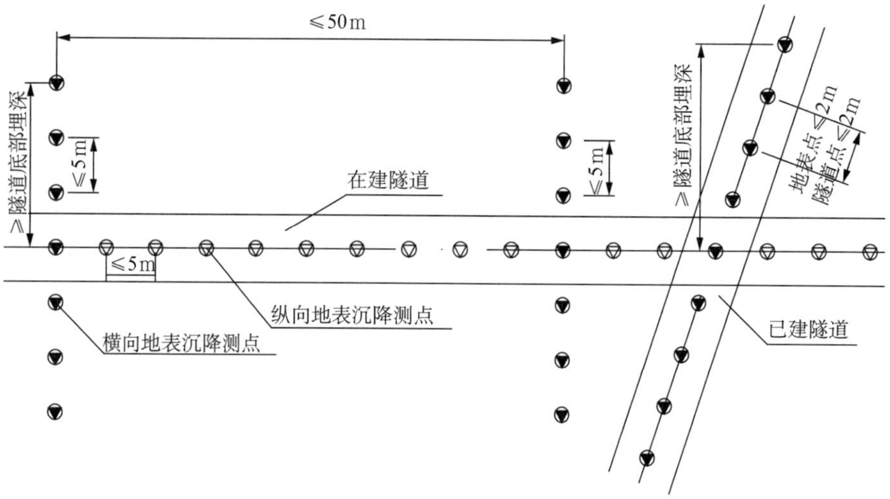

图 5-2　地表沉降监测点平面布置示意图(二、三级监控)

对于一级监控，监测点须在二、三级的基础上加密。纵向地表沉降监测点沿线路中线按不大于 2 m 的间距布设，横向地表沉降监测断面沿线路中线按不大于 20 m 的间距布设，横向监测点的横向间距不大于 3 m。地表沉降监测点的布设应钻透硬地面，埋设在土层内，由套管保护至地面，如图 5-3 所示。

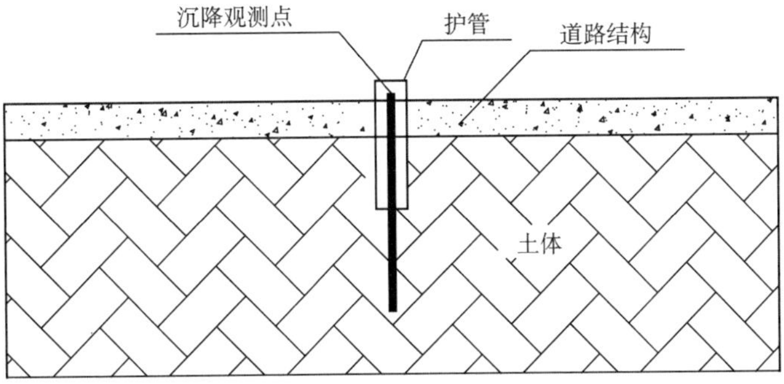

图 5-3　地表沉降监测点埋设示意图

2. 深层沉降点布置

穿越埋深较大的地铁隧道时，除在相应隧道叠交段地表布设直接测点之外，还应在穿越前、掘进试验段尽量分别至少布设一个深层点，深层点距监控对象顶部标高处距离不大于 2 m，以预先直接了解监控对象所处深度的沉降情况。

深层点布设结束后宜采取一定的防护措施，防止由于盾构推进施工之外的因素造成测点变形或其他外界因素破坏测点，影响监测数据的正常采集。一般根据现场实际情况采取加设套管或设立浅埋防护等措施保护测点，如图 5-4 所示。

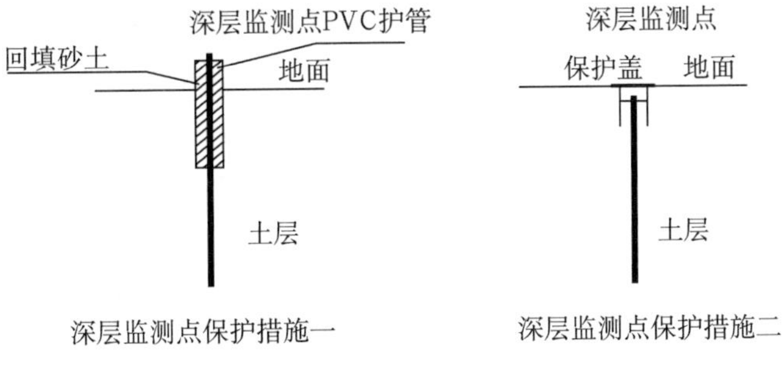

图 5-4　深层沉降点保护措施

3. 地下管线监测点布置

首先向有关部门了解隧道周围 10～15 m 范围内地下管线的种类、走向和各种管线的管径、壁厚和埋设年代，以及各管线与隧道之间的距离；然后进行现场踏勘，根据地面的管线露头和必要的开挖，确认管线情况和埋深；还须了解管道的详细资料，如管线的材料、管节长度和接头构造等。

管线沉降点布设得越密越能真实地反映地下管线沉降曲线的实际情况，也能间接反映与管线相同深度的地层的沉降情况。其布设要求如下：

（1）观测范围一般不少于中线两侧 10 m（大于隧道底埋深）。

（2）测点间距一般不大于 5 m。测点间距应小于管节长度，这样能较真实地反映管线沉降曲线。根据预估的地表沉降曲线，对受影响大的管线加密布点，兼顾受影响小的管线。

（3）优先考虑煤气管和大口径上水管，它们是刚性压力管，对差异沉降较敏感，接头处是薄弱环节。

（4）测点埋设方式有两种：直接测点和间接测点。直接测点是用抱箍把测点设在管线本身上；间接测点是将测点埋设在管线轴线相对应的地表。直接测点具有真实反映管线沉降和位移的优点，但这种测点埋设施工较困难，特别在城市干道下的管线难设直接测点，可以采取两种测点相结合的办法。

（5）管线监测点的布置可结合不同类型管线的特点进行。

① 信号电缆、电力电缆、电话等管线：由于该类管线埋深较小，且一般位于道路边沿，并有套管或盖板保护，监测时尽量利用现有管线设备进行直接监测，利用地面沉降监测点进行常规监测控制，并另外布设间接沉降监测点。

② 上水、煤气等刚性管线：该类管线埋深一般在 2 m 左右，监测时尽量利用现有管线设备（如阀门井、抽气井、人孔、窨井等）进行直接监测，利用地面沉降监测点进行常规监测控制，对现场有条件布设深层直接监测点的部位，宜布设直接监测点。

③ 雨水、污水管道：此类管线一般位于道路中央，且埋深比较深，由于道路上车流量大，现场基本没有条件进行开挖或钻孔布设深层监测点。主要利用地面沉降监测点进行监测控制，并沿管线走向布设断面监测点，利用井框架进行直接监测，如图 5-5 所示。

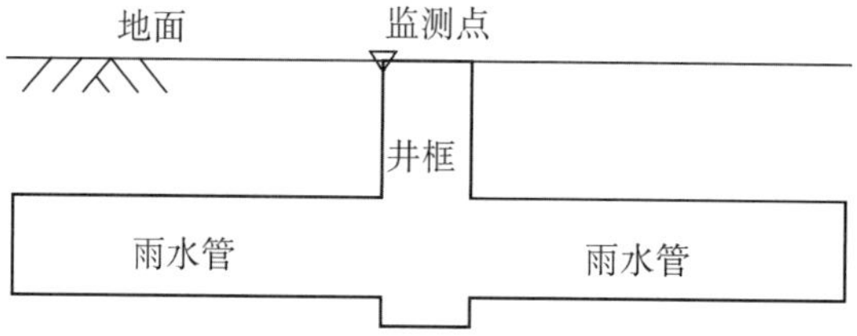

图 5-5　雨水管监测利用井框架布置直接测点

（6）对于二级以上监控（含二级监控），被保护的各种管道应布置直接沉降测点。

(7) 地下管线测点的编号应遵守有关部门的规定，如，上海市管线办公室制定的统一编号为煤气管(M)、上水管(S)、电力电缆(D)、电话电缆(H)等。

(8) 特殊情况时，须结合现场情况进行布设。

(9) 若管线监测点的布置有特殊要求，应按照管线监护部门要求设置。

4. 地面建筑物监测点布置

(1) 监测点的位置须根据建筑物的形状及其与隧道的相对位置确定。建筑物沉降监测点应布置在建筑物的外墙角、门窗边角、柱身(特别是代表独立基础及条形基础差异沉降的柱身)、外形突出部位和高低相差较多部位的两侧，具体如下。

① 建筑物的四角、大转角处及沿外墙的柱基上；

② 高低层建筑物、新旧建筑物、纵横墙等交接处的两侧；

③ 建筑物裂缝和沉降缝两侧、基础埋深相差悬殊处、人工地基与天然地基接壤处、不同结构的分界处及填挖方分界处；

④ 宽度大于等于 15 m 或宽度小于 15 m 而地质复杂以及膨胀土地区的建筑物，在承重内隔墙中部设内墙点，在室内地面中心及四周设地面点；

⑤ 邻近堆置重物处、受振动有显著影响的部位及基础下的暗浜(沟)处；

⑥ 在框架结构建筑物的每个或部分柱基上，或沿纵横轴线处；

⑦ 片筏基础、箱形基础底板或接近基础的结构部分四角处及其中部位置；

⑧ 重型设备基础和动力设备基础的四角、基础型式或埋深改变处以及地质条件变化处两侧；

⑨ 电视塔、烟囱、水塔、油罐、炼油塔、高炉等高耸建筑物，沿周边在与基础轴线相交的对称位置布点。

(2) 测点间距不大于 5 m，要尽可能充分反映建筑物在盾构穿越前后各部分的不均匀沉降。

(3) 测点布置方法如下：

① 钢筋混凝土柱或砌体墙用钢凿在柱子±0.00 标高以上 100～500 mm 处凿洞，将直径 20 mm 以上的钢筋或铆钉制成弯钩形，平向插入洞内，再以 1∶2 水泥砂浆填实。

② 钢柱将角钢的一端切成使脊背与柱面成 50°～60°的倾斜角，将此端焊在钢柱上；或者半铆钉弯成钩形，将其一端焊在钢柱上。

5. 运营隧道监测点布置

1) 隧道垂直沉降监测

沉降监测应评价监测对象的沉降量、沉降差及沉降速率，按需要计算差异沉降、相对弯曲等，主要采用水准测量的方法，通过布设基准网、沉降监测法和测量观测点，得到各观测点的历次高程，通过内业比较、计算相关参数。当须进行自动化监测时，可采用静力水准、电水平尺测量、测量机器人等方法实施。

观测前，在远离施工影响范围以外布置3个以上稳固高程基准点，并与施工用高程控制点联测。沉降变形监测基准网以上述稳固高程基准点作为起算点，组成水准网进行联测，隧道沉降监测点正对应范围以5 m为间距布设，外放范围以10 m为间距，布置于道床上，如图5-6所示，监测范围根据穿越等级进行确定。

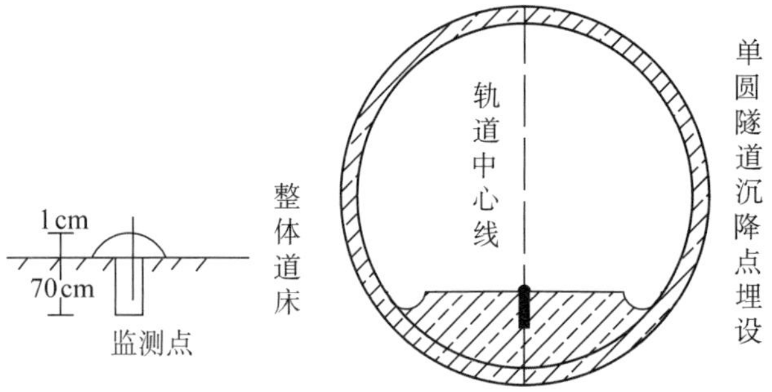

图5-6 道床垂直位移监测点埋设示意图

2）隧道直径收敛监测

收敛自动化测量（激光测距仪）获取隧道结构环片水平直径方向的收敛变形量，在施工期间实现对隧道结构收敛变形的实时监测。工程影响的收敛监测一般采用固定测线法实施，可采用人工或自动化监测。

隧道沉降监测点正对应范围以5环为间距布设，外放范围以10环为间距，布置于隧道腰部，如图5-7所示，监测范围根据穿越等级进行确定。

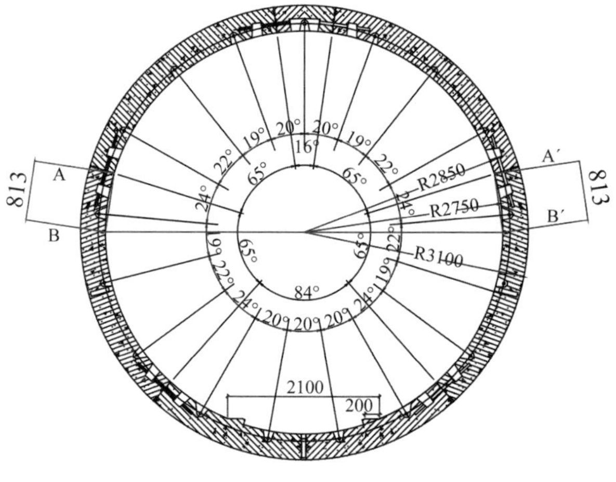

图5-7 圆形隧道水平直径点位示意图（单位：mm）

3）自动监测系统

自动化沉降监测可采用静力水准、电子水平尺、测量机器人等方法实现。沉降自动化监测一般使用电子水平尺测量系统，收敛自动化监测可采用激光测距传感器、倾角计等，特殊情况下，可以在运营隧道布设摄像头，可实时观察隧道内病害情况。

5.5.3 监测内容的实施

1. 变形监测控制网的布设

为确保监测工作的可靠性、稳定性及连续性，在整个监测区域设立完整的沉降变形监测控制网，由控制网来控制日常的沉降监测。

监测控制网的布网原则如下：

(1) 为了减少观测点误差的累积，变形监测控制网的起算点或终点要有稳定的点位，且距观测区不能太远。

(2) 为便于迅速获得观测成果，变形监测控制网的图形结构应尽可能简单。

(3) 在确保变形监测控制网具有足够精度的条件下，控制网应尽量布设一次全面网。

根据以上布网原则，在整个监测区域布设沉降变形监测控制网。主要在各路口布设较稳定的控制网点，采用往返观测附合路线，算出各点高程，作为测量时的起算点。在监测工期内应定期复核控制网。

隧道的沉降是相对于监测基准网点的，如果基准点不稳定，所求的沉降将失真，在对监测基准网做周期性观测后，其点位的高程差异是观测误差还是点位的沉降，必须加以区分。另外，点位稳定性分析还可为监测基准网提供稳定或相对稳定的基准信息，以便平差基准的选取。监测基准网由水准基点和工作基点构成，网形宜布设成附合水准路线或沿上、下行线隧道成结点水准路线形式，采用国家一等水准技术要求施测，但观测限差则应按严格表 5-4、表 5-5 的变形监测指标控制。

表 5-4　水准观测的视线长度、前后视距差和视线高度　单位：m

等级	视线长度	前后视距差	前后视距累计差	视线高度
特级	≤10	≤0.3	≤0.5	≤0.5
一级	≤30	≤0.7	≤1.0	≤0.3
二级	≤50	≤2.0	≤3.0	≤0.2
三级	≤75	≤5.0	≤8.0	三丝能读数

表 5-5　　水准观测的限差　　单位：mm

等级		基辅分划（黑红面）读数之差	基辅分划（黑红面）所测高差之差	往返较差及附合或环线闭合差	单程双测站所测高差之差	检测已测测段高差之差
特级		0.15	0.2	$\leqslant 0.1\sqrt{n}$	$\leqslant 0.07\sqrt{n}$	$\leqslant 0.15\sqrt{n}$
一级		0.3	0.5	$\leqslant 0.3\sqrt{n}$	$\leqslant 0.2\sqrt{n}$	$\leqslant 0.45\sqrt{n}$
二级		0.5	0.7	$\leqslant 1.0\sqrt{n}$	$\leqslant 0.7\sqrt{n}$	$\leqslant 1.5\sqrt{n}$
三级	光学测微法	1.0	1.5	$\leqslant 3.0\sqrt{n}$	$\leqslant 2.0\sqrt{n}$	$\leqslant 4.5\sqrt{n}$
	中丝读数法	2.0	3.0			

2. 测量技术及要求

1）基准点的复核

每月对水准控制网进行一次联测，修正其水准高程。为确保测量的精度，整个沉降测量参照二等水准测量进行。

2）测量仪器的检校

水准仪必须在法定计量部分出具的有效检验日期内使用。

每天工作开始前检查标尺水泡、仪器气泡，发现异常应停止工作检查仪器，改正合格后方可施工。

水准仪 i 角满足规范要求，保证水准测量资料可靠性。

3）测量要求

观测参照二等水准测量要求采用单路线往返测量，满足：同一人观测；同一仪器测量；同一标尺；同一道路进行。测站的设置视线长度不得大于 40 m。

5.5.4 监测频率

监测频率须根据监控等级、监测项目、施工工况、施工进度确定。

根据实际条件，不同监测项目的监测频率可以有所区别。监测项目可以分为地表沉降、隧道沉降、被保护对象（地下管线、已建隧道、地面建筑等）等几个方面。应重点保证被保护对象的监测频率，其他监测项目可根据施工工况和施工要求调整监测频率。

1. 地表及在建隧道沉降监测频率

（1）在隧道穿越被保护对象期间和后续施工（如补浆加固）期间，对于一级以上监控，被保护对象监测点应采取实时监控，直至沉降稳定。其他监测点的监测频率至少为 1 次/天。

对于二、三级监控，被保护对象监测点在隧道穿越被保护对象期间和后续施工（如补浆加固）期间的监测频率应至少为 1 次/天，同时应根据施工工况、施工要求和沉降发展情况跟踪服务，直至沉降稳定。其他监测点监测频率至少为 1 次/天。

(2) 在隧道进出洞、参数调整期间应加密监测频率，不少于 1 次/环（或 3 次/天，取频率高者）。

(3) 在后期固结沉降期间，被保护对象的监测频率为：1 次/周（第 1 个月）、1 次/月（第 1 年）。

2. 运营隧道监测频率

运营隧道内人工监测频率见表 5-6，当测量数据报警或有突变时应加密测试频率。自动化沉降、收敛监测进行定时观测，一般取 5 min 采样间隔。

表 5-6　　人工监测频率

	施工前	盾构位于运营隧道 30 m 保护区内	盾构位于运营隧道 30 m 保护区外	施工结束后
垂直位移	测 2 次初始值	2 次/周	1 次/周	2 次/月
直径收敛	测 2 次初始值	2 次/周	1 次/周	1 次/月

5.6　信息化施工

盾构穿越过程的信息化施工，是通过实测数据反馈采取渐进逼近的方法将施工参数及变形进行全过程调整和优化来实现的。在穿越施工前，需制订详细的信息传递网络，安装并调试好远程监控系统，确保监测数据及信息准确、全面、快速、及时。在穿越施工期间，施工单位应根据监测数据判断调整后的施工参数效果。当监测数据超过预警值时，应立即通知各方并下达停工指令，采取紧急处理措施。监测数据的采集内容包括：运营隧道变形、地表沉降、盾构姿态参数、盾构各类设备参数等，其中须以运营隧道内部的监测数据为主。

地下结构监护监测常用传感器类型如表 5-7 所示，监测单位可根据其各自特点、精度以及监控等级要求进行选用。

表 5-7　　　　自动化监测系统支持的传感器类型

传感器	物理量	采样速率	主要用途	实物图
倾角计	与水平面或铅垂线的角度	按用户自定义采样间隔进行采集，最高可达 10 s/次	隧道管片倾角、侧墙倾斜	
			与水平梁结合组成电子水尺，监测纵向差异沉降	
固定式测斜仪	角度量	按用户自定义采样间隔进行采集，最高可达 1 min/次	土体深层水平位移	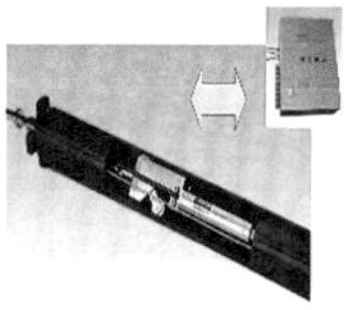
静力水准仪	液面高度量	按用户自定义采样间隔进行采集，最高可达 10 s/次	结构沉降	
全站仪	水平角、垂直角和斜距	按用户自定义采样间隔进行采集，平均每个棱镜测量时间约 5 s	三维姿态，水平位移、直径收敛等	
测距仪	距离量	按用户自定义采样间隔进行采集，最高可达 20 s/次	隧道管径收敛	
裂缝计	位移量	按用户自定义采样间隔进行采集，最高可达 10 s/次	环缝、裂缝张开	

目前，上海针对穿越工程，运营隧道内部的监测数据重点关注沉降和收敛变形及水平位移，并以沉降为主控参数，关于沉降、收敛监测传感器特点及技术原理在接下来章节中简述。

5.6.1　电子水平尺自动测量

电子水平尺(EL Beam)是一种能精确测量物体倾斜(即两点间高差)的仪器,多支电子水平尺首尾相接组成沉降观测系统。电子水平尺首先由美国 SLOPE INDICATOR 公司推出,于 2000 年首先引入上海。与静力水准系统相比,其受运营行车扰动后的稳定速度快,能在列车运营间隔内有效监测。20 年来,当既有线路受新线施工穿越影响时,电子水平尺是被最广泛采用的沉降自动监测技术。

电子水平尺由两部分组成:电解质传感器和数据自动采集系统。电子水平尺的核心部分是一个电解质倾斜传感器,它是利用电解质来进行水平偏差(即倾斜角)测量的仪器,它的显著特点是测角的灵敏度很高,可达 2″(相当于在 1 m 的直尺上由于两端有 10 μm 高差形成的倾角),而且有极好的稳定性,单个单元的构造如图 5-8 所示。将上述电解质倾斜传感器(组件)安装在一支空心的直尺内,就构成了电子水平尺。使用时,电子水平尺可以单支安装,也可以将多支电子水平尺的首尾相连,在监测区段内沿待测方向展开安装。工作时,所有的电子水平尺的输出信号汇接到一台 CR 系列数据自动采集器上,可定时(调整范围为数秒或数小时)或即时地自动完成数据采集,将此数据传送到计算机中,借助专用的处理程序,计算断面上各点连续的沉降曲线。

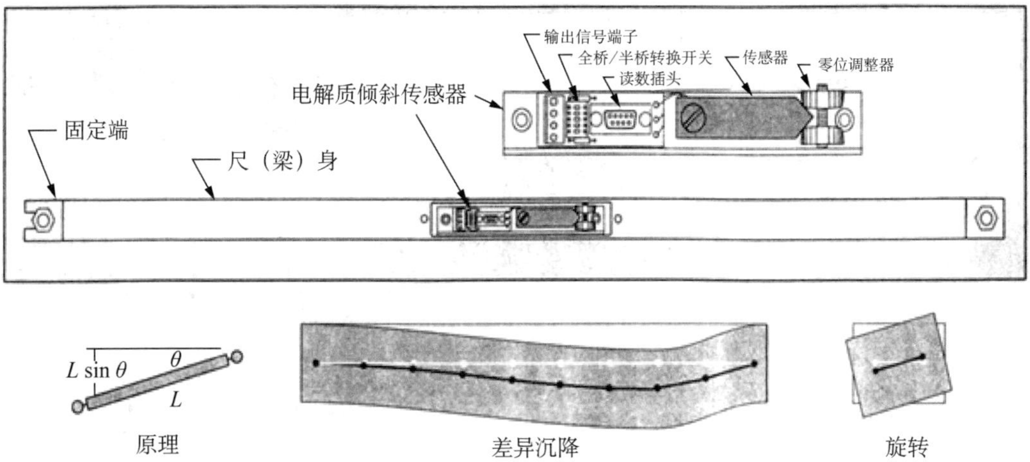

图 5-8　电子水平尺系统构造图

电子水平尺具有以下特点:

(1) 高分辨率。电子水平尺能检测到微小至 1″的倾角变化,相当于一根 1 m 梁两端发生 0.005 mm 的高差(位移)变化。

(2) 可靠的测量数据。当电子水平尺的长度确定后,其倾角的变化量就可简单且精确地换算成梁端的毫米级位移量,而与结构物本身的刚度无关。将多个电子水平尺首尾相连,则能计算出绝对位移并推断出沉降断面。

(3) 安装简单。电子水平尺因其外形设计简单(如图5-9),使得它在隧道内和其他很多地方都可以进行安装使用,尺的长度可因结构物不同而改变。

图5-9 电子水平尺系统现场安装

注:左图为尺链,右上图为同时监测纵向沉降和横向倾斜的场景,右下图为数据采集器。

(4) 简单且牢固。电子水平尺内部的电解质倾角传感器无活动部件,其绝缘的外壳能保证热量分布均匀,以避免温度升高和辐射热量产生的影响。

(5) 遥控测读。一般情况下,电子水平尺可连接到数据采集器上测读,能持续监测沉降变化;若检测到过大的沉降量则会发出报警信号。

(6) 安装时紧贴被测对象,基本不影响对被测对象的工作状态或影响很小;又可以自动读数,因此特别适合在行车时封闭的地铁隧道或其他封闭路段中进行连续沉降监测。

5.6.2 静力水准仪自动测量

静力水准仪是测量高差及其变化的精密仪器。早期的静力水准系统是利用相连的容器中静止液面在重力作用下保持同一水平的特征,测量参考点间彼此高程差,从而计算垂直形变。静力水准仪一般安装在与被测物体等高的测墩上或被测物体墙壁的等高线上,通常通过现场采集箱内置单机版采集软件实现自动采集数据并存储于现场采集系统内,再通过有线或无线通信与互联网相连进而传到后台网络版软件,从而实现自动化观测。

静力水准以结构简单、精度高、自动化性能好、无须通视等特点,广泛应用于高程测量和沉降监测领域,尤其在水电站、核电站、地铁、大型科学装置工程的沉降监测中发挥着重要作用。静力水准仪已广泛应用于管廊、大坝、核电站、高层建筑、基坑、隧道、桥梁、地铁等垂直位移和倾斜的监测。

根据容器液面状态的测量方式不同，静力水准测量系统可以分为两大类，如图 5-10 所示。

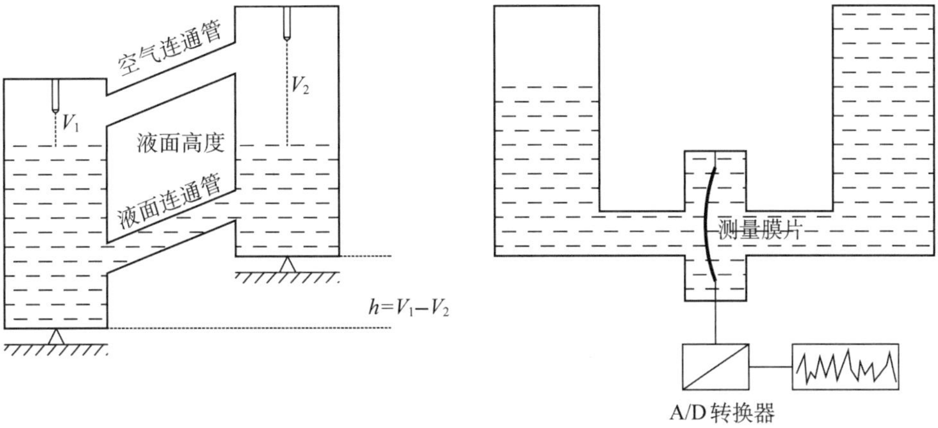

图 5-10　连通管式与压差式测量系统原理图

(1) 连通管式测量系统——各个容器中的液体相互连通，存在液体交换，测量液面高度。

(2) 压力式测量系统——各个容器间的连通管被金属膜片分隔，不存在液体间的相互交换，测量液体分断面处的压力变化。

5.6.3　激光测距传感器

激光测距仪近年来飞速发展，具有测距快、体积小、性能可靠等优点，结合物联网通信技术，能够实时自动监测，并能够满足预报警需求，已经广泛应用于地下工程领域，特别对于盾构隧道，收敛变形成为关注的焦点，因此激光测距传感器广泛应用。

激光测距仪根据测量距离和精度的需求以及测量原理可以分为：脉冲测距法、相位测距法、脉冲一相位式测距法和激光三角法，其中激光三角法多用于短距离的工业测量和逆向工程。

1) 相位法激光测距技术原理

相位法激光测距以固定频率的高频正弦信号，连续调制激光源的发光强度并测定调制激光往返一次所产生的相位延迟，通过相位延迟计算测量的距离，具有精度高的特点。地下工程中使用相位法激光测距仪进行变形监测，可保证测量精度达到毫米级别。由于地下工程中灰尘及潮湿等不利条件，为了有效地反射信号，满足变形监测固定测量方法和路线的要求，使测定的目标限制在与仪器精度相称的某一特定点上，并满足精度要求的反射介质，如图 5-11 所示。

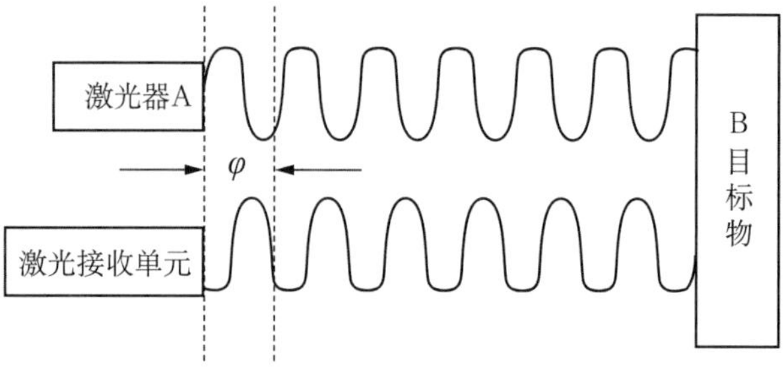

图 5-11　相位激光测距原理图

2）脉冲法激光测距技术原理

脉冲法激光测距的原理是：由激光发射器发射某一波段的激光脉冲，在空气介质或者其他介质中进行传播到达被测物表面发生漫反射的效应，将衰减后的激光脉冲原路返回到激光接收器，通过时间间隔测量模块得到发射脉冲与接收脉冲的时间差 T，根据式(5-1)计算得出所测量的距离值。

$$S=\frac{1}{2}cT \tag{5-1}$$

式中　S——待测距离；

c——光速；

T——时间差。

脉冲法测距的特点是时间间隔短、瞬时功率大，在没有合作目标时，可测得几公里的距离。目前，在变形监测领域应用较少。

5.7　应急预案

针对穿越过程中可能存在的地铁变形、漏水、修复、减速/停运等紧急情况，必须制订周全的应急预案，成立应急组织机构和应急指挥中心，明确各岗位职责和应急流程，保证险情信息及时准确上报和统一协调指挥，实现快速响应机制。

5.7.1　应急处置基本原则

在施工前，需要对施工中存在的风险进行评估，建立完善的安全应急预案，通过采取相应的技术保障措施，实现对风险的控制，防患于未然。应急处置基本原则包括以下5条。

(1) 以人为本，安全第一。把保障人员生命安全和身体健康、最大限度地预防和减少突发事件造成的人员伤亡作为首要任务；同时切实加强应急救援人员的安全防护。

（2）统一领导，分级管理。在建设单位应急管理委员会的组织协调下，各参建单位按照各自职责和权限，负责轨道交通工程建设过程突发事件的日常应急管理和应急处置工作。

（3）依法规范，科学统筹。依法规范应急救援工作，确保应急预案的科学性和可操作性，并根据实际需要，持续改进；采用先进的技术和救援装备，增强应急救援能力；充分发挥专家作用，实现科学决策。

（4）快速反应，资源整合。加强施工单位自身应急队伍建设，依托项目建设单位内部和外部的应急资源，形成统一指挥、反应灵敏、功能齐全、协调有序、高效运转的应急管理机制。

（5）预防为主，防应结合。贯彻落实“安全第一，预防为主”的方针，坚持应急与预防工作相结合。做好预防、预测、预警以及常态下的风险管控、队伍建设、设施完善、预案演练等工作。

5.7.2　应急组织机构及职责

建设单位应牵头监测单位与施工方联合值守，通过对沉降数据、沉降速率、地铁设施状态三方面进行监测并报警，决定采取的工程应对策略，启动相应的应急预案。施工总承包单位应统一协调，与设计、盾构、注浆、监测等施工单位和材料供应商共同制订具有针对性的应急预案。在工程进行的全过程中，现场应按预定计划备有应急所需的抢险设备和物质，并在方便、快速取用的部位放置。其中高质量盾尾油脂、聚氨脂、水玻璃堵漏用水泥等为盾构施工必备应急物质。要特别注意台风、强暴雨天气下的雨水、河水倒灌及运输中断等风险，及时收集局部天气预报信息，提前备足防洪排涝设备和物资。

1. 应急指挥中心

对于盾构穿越地铁过程中可能发生的风险，成立应急指挥中心，防范风险事故的发生。指挥中心由建设单位、地铁运营公司、监理代表、总承包单位有关领导和项目经理部有关人员组成，统一指挥穿越过程的总体施工安排、部署、协调、调整和应急处理。

2. 信息报告与信息联络

结合工地施工实际情况，完善施工风险情报信息网络，健全信息报告制度，保持信息渠道的畅通。重要情况的报告要及时、准确，不漏报、误报或隐瞒不报。有些情况一时间不清楚时，应先做最初报告，尽快核实清楚后再详细上报，注意做好续报。

在工地办公室的显著位置张贴项目经理部管理人员以及各相关管线管理部门人员的联络方式。工地现场重要场所配备有内线电话，主要管理人员配备对讲机。

3. 岗位职责

(1) 各专业作业队和施工班组是现场人员，也是控制工程事故的关键。各作业队和施工班组在发现事故后，由现场作业班长负责现场指挥，立即向项目经理部值班室拨打电话，及时准确汇报险情，并组织本班组成员组成临时抢险队伍，在保证人员安全的情况下进行事故处理，等待救援队伍到来。

(2) 项目经理部值班人员按值班表要求按时到位，不得缺班，严格执行交接班制度。值班人员根据值班员工作要求填写值班日志，清晰记录当班工作状况。如果接到险情报告，值班人员应做好报告记录，向报告人强调临时抢险队伍进行事故处理的要求，落实抢险物资，并立刻通知项目经理和生产副经理以及技术负责人、党支部书记、施工队长和安全员等相关人员。

(3) 项目经理、生产副经理、技术负责人、党支部书记和安全员保证自身 24 h 联系通畅；在得到事故发生通知后，立刻赶往现场。在项目经理指挥下，各司其职，开展抢险工作。

5.7.3 应急信息流程

1. 信息报告流程

发现险情或事故的人员应立即以最快捷方式向应急抢险领导小组组长报告。接到报警后，立即启动应急救援预案，并根据程序上报各相关部门（图 5-12）。

2. 报告内容

事故发生时间、类别、地点和相关设施；联系人姓名和电话等。

3. 报告时限

(1) 必须在第一时间内逐级上报，一般事故 1 h 内，重大事故不得超过半小时，特大、特别重大事故第一时间报告。

(2) 以短信方式(30 min 内)将事故简要情况向各级报告。

(3) 2 h 内将事故快报以书面形式报地铁公司。

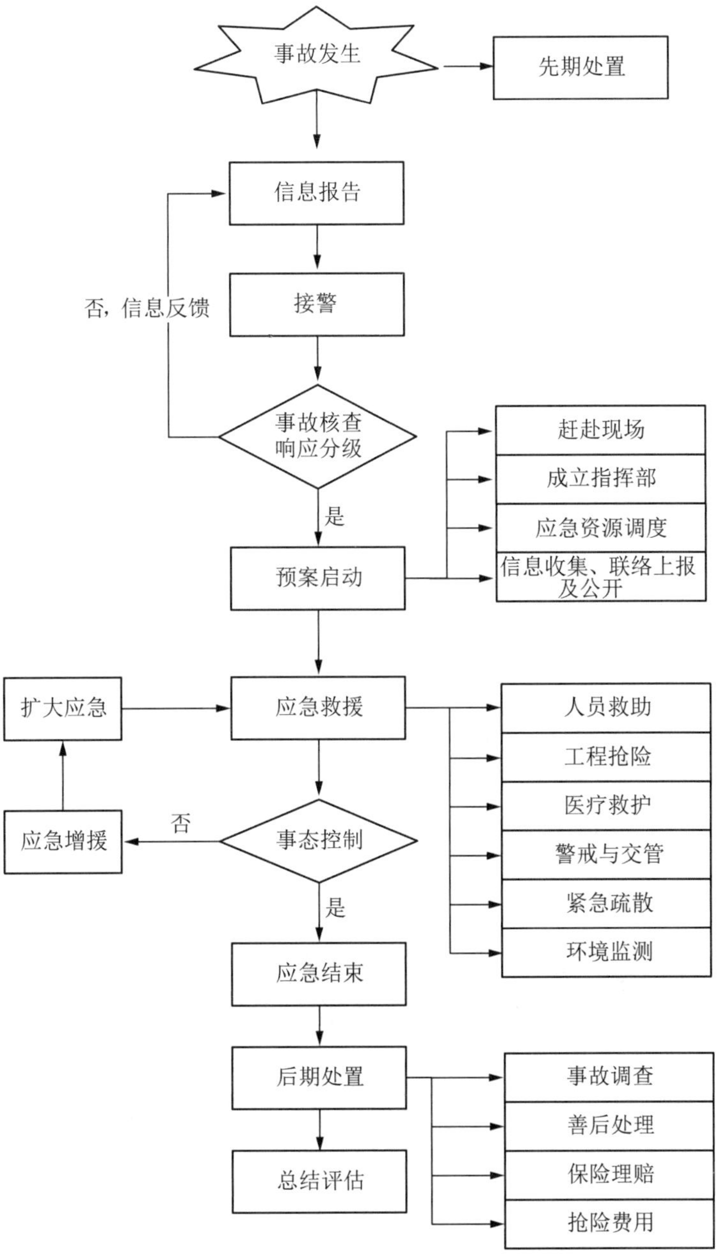

图 5-12　突发险情或事故信息报告流程图

5.7.4　应急处置

应急处置原则：实现“三早”是关键，即早发现、早报警、早处置。落实风险识别培训和应急演练，实施“自救＋他救”，以及时控制险情影响。现场落实应急材料、设备、电力、测量、人员。从应急构架上讲，应在施工前建立完备的应急预案体系，主要包括信息流程、指挥体系和应急处置方案等。一旦发生应急事宜，立即启动应急预案，有序开展应急处置工作。

1. 应急指挥

（1）当工程施工、地铁设施设备与运行、环境等一旦突发安全险情或明显异常，必须考虑是否启动应急预案。

（2）按照应急预案约定和险情发展情况自动产生应急指挥人员。

2. 应急预案启动

（1）如工程施工、地铁设施设备与运行、环境等发生险情或明显异常，且险情影响程度达到应急抢险预案规定的标准，发现后启动应急预案。建设方、施工方、地铁监护部门应按照事前制订的应急预案分工规定的流程和要求积极组织抢险处置，并及时向相关应急管理部门报告险情情况，各级预警的应急措施见表 5-8。

（2）当险情可能影响周边地区环境时，应及时向市区相关应急部门报告。

表 5-8　　各级预警的应急处置措施

预警级别	应急处置措施
Ⅳ	施工单位须加强地面巡查，采取措施控制地面变化。调整盾构隧道施工参数，加密自动化监测频率并及时反馈；地铁运营部门及时跟进监测数据变化；运营结束后，建设总部组织运营、监理、施工单位联合巡查隧道
Ⅲ	施工单位组织专家会，分析隧道受影响的原因，制订控制措施并组织实施，增加监测频率(2 h/次)；地铁运营部门及时添乘检查、调整限速、列车司机加强瞭望；运营结束后，组织对隧道进行堵漏、调整轨道几何尺寸
Ⅱ	立即停机保压，建设总部组织专家会，分析原因，制订控制措施并组织实施；增加对地铁及环境监测频率；地铁运营部门及时添乘检查、调整限速、列车司机加强瞭望；运营结束后，运营部门组织对隧道进行堵漏、调整轨道几何尺寸、加装轨距拉杆
Ⅰ	立即停机保压，建设总部组织专家分析会，判定原因制订控制对策；地铁运营部门启动一级应急响应，中断运营；上报市区相关应急部门，施工单位决定组织施工人员和周边人员撤离，抢险救援组协助地铁进行隧道内应急抢险等；运营总部应急小组组织乘客疏散、公交接驳、行车调整

3. 应急避险

事故影响范围较小时，现场人员可根据实际情况先期处理；根据事故的性质、控制程度等决定是否对人员进行疏散，施工人员疏散由应急抢险指挥长下达疏散命令。

4. 扩大应急

当事故严重程度达到Ⅱ级及以上响应标准，且发展趋势难以控制、超出项目部自身应急救援处置能力时，应及时报请市区相关印记部门，申请支援，扩大应急响应，启动上一级应急处置预案。

5. 现场应急处置措施

当穿越过程中，运营隧道受损或其他病害时，根据不同事件，可采取的应急处置措施如表 5-9 所示。

表 5-9　　隧道受损事件应急处置措施

事件名称	应急处置措施
管片渗漏水	(1) 在夜间地铁停运后清点，进入运营地铁隧道内进行分析查看，拟定措施。 (2) 立即通知监理、设计、地铁公司及运营部门。 (3) 组织堵漏注浆队伍进行堵漏处理。 (4) 加密渗漏水范围自动化监测频率，同时加强该范围地表沉降监测频率
管片开裂掉角	(1) 及时上报实际情况，加密监测频率，并辅以夜间停运期对运营地铁隧道内展开人工巡视、裂缝观测、轨道测量等手段对隧道结构进行监测和观察。 (2) 管片裂缝修补队伍采用聚合物水泥砂浆、环氧砂浆或比原结构混凝土强度等级高一级的细石混凝土回填修补
自动化监测变化超预警值	由施工单位项目部相关人员召开分析会，制定《预警处置方案》，并由施工单位立即组织实施，消除安全隐患
自动化监测变化超报警值	(1) 及时上报实际情况，加密监测频率，及时向各方汇报施工和监测情况；夜间地铁停运后清点，进入隧道检查。必要时，应增加监测点，进行不间断实时监测。 (2) 预警作业面暂停施工。组织分析会，由施工单位按照预案组织实施，消除安全隐患
自动化监测变化超控制值	(1) 及时上报实际情况，加密监测频率，及时向各方汇报施工和监测情况。必要时，增加监测点，应进行不间断实时监测。 (2) 预警作业面应立即停止施工。如涉及周边环境安全，应及时通知相关单位采取保护环境安全措施。组织分析会，由施工单位按照预案组织实施，消除安全隐患。 (3) 各应急小组保持手机通信畅通，做好各方面应急准备，特别是应急物资准备和抢险人员准备
轨道变形及道床开裂	(1) 夜间地铁停运后清点，检查及修复队伍对轨道和道床进行测量检查及维修，同时通知列车驾驶员在通过该部位时加强瞭望，待沉降变形稳定后编制专项处理方案报运营管理部门审批后实施。 (2) 将测量检查结果及时上报运营管理中心和施工风险管控实施领导小组。 (3) 优化施工参数，施工过程中加密自动化监测频率

续表

事件名称	应急处置措施
致使地铁限速或停运	应急处置由市区应急部门牵头，经地铁公司组织的专家会分析并结合营运单位意见，各相关单位按照预案规定各自负责实施应急处置内容，并向指挥中心及时汇总应急处置效果

6. 应急处置结束

应急结束判断标准及流程如下。

（1）根据现场的监测结果以及现场技术专家组的论证结论，认为事态得到控制，影响得到消除的，由现场应急救援指挥部总指挥宣布预案终止。

（2）应急处置配合协助单位陆续进行撤离和清理工作的交接，如有必要，在清理现场和受影响区域由有关监测部门继续进行连续监测，直至恢复正常状态，现场指挥部撤销。

第6章

典型盾构近距离穿越工程案例分析

6.1 引言

随着地铁网络形成，各类盾构穿越地铁隧道的工程施工不可避免；地铁隧道和公路隧道穿越建(构)筑物、地下管线、防汛墙、桩基工程已成为常态；还存在大量的地铁隧道之间的相互穿越及其他隧道类型穿越地铁隧道。自20世纪90年代初上海地铁1号线开始建设至今，盾构隧道穿越数处大片老建筑群。早期受限于盾构装备水平和施工水平，且施工经验缺乏、建筑基础较差，尽管当时每一段穿越都经过了严格论证，施工过程十分谨慎，注意调整施工参数和配套施工，也都穿越成功，但对建筑造成的都是“厘米”级别的影响或损害，建筑发生了沉降和开裂等病害，有些建筑只能进行拆除。自1998年上海地铁2号线下穿正在运营中的地铁1号线至今，上海已完成各类中直径及以上的隧道穿越地铁项目近100项，几乎包含了所有穿越类型，而每一种穿越类型都有其各自的技术难点和风险。在实施过程中，上海轨道交通建设与运营单位、设计施工单位与同济大学等企业高校紧密合作，特别是在以刘建航院士为代表的老一辈专家的精心指导下，成功实施了我国最大规模的软土地铁建设施工，为我国后续其他城市地铁穿越提供了重要参考和借鉴，同时培养和输送了大量人才。

截至2020年年底，全国开通地铁运营的城市已达41座，在建地铁的城市近50座。在地铁隧道建设中，盾构隧道不可避免地穿越各类建(构)筑，还有大量地铁盾构隧道之间的相互穿越，大直径公路隧道、电力隧道、大直径管线管廊、大直径原水管等穿越地铁隧道。要在各类复杂地层和环境中穿越，对盾构设备的选型、可靠性和适应性提出了更高的要求。这就需要注意研究当地的地质特性，从以往工程案例中吸取相关经验教训，不断地从工程实践中学习和进步，才能应对可能出现的风险。

本章从大量穿越施工中选取了不同时期、不同穿越类型、不同穿越条件及装备的7个典型穿越地铁工程案例(表6-1)。案例介绍了盾构穿越过程前后的思考和工程技术措施等相关细节，可供类似条件下的盾构穿越施工参考。

表6-1　　上海典型穿越工程实例

序号	工程名称	施工时间	类型	特点
1	地铁4号线穿越地铁2号线	2003年2—7月	下方穿越	近距离小角度斜穿，首次无事先地基加固穿越
2	地铁9号线穿越地铁1号线	2008年10月—2009年12月	上方穿越	高灵敏度软土、浅覆土，地面管线沉降与隧道上浮双重控制
3	地铁11号线上下夹穿运营地铁4号线	2010年6—7月	上下夹穿	地铁隧道上方和下方同期穿越，隧道上浮与沉降双重控制

续表

序号	工程名称	施工时间	类型	特点
4	地铁 10 号线穿越大连路下立交隧道	2008 年 12 月	受限穿越	双圆盾构，三面封闭条件下穿越
5	西藏南路大直径泥水盾构越江穿越地铁 8 号线	2007 年 11 月—2008 年 1 月	下方穿越	首次泥水盾构在承压水砂性地层中穿越
6	外滩通道超大直径土压盾构穿越地铁 2 号线	2009 年 6 月	上方穿越	首次超大直径土压盾构(15 m 级)穿越地铁，上浮控制
7	北横通道超大直径泥水盾构越江穿越地铁 11 号线	2018 年 11 月	下方穿越	超大直径(15 m 级)泥水盾构，大深度穿越地铁

6.2　上海地铁 4 号线下穿地铁 2 号线

6.2.1　概况

上海地铁 4 号线“浦电路站—张杨路站”区间工程为双孔运营隧道，隧道总长度为 1 422.718 m。地铁 4 号线隧道外径为 6.2 m，内径 5.5 m。本区间隧道采用错缝衬砌，每环衬砌由 3 块标准块(B)、2 块邻接块(L)和 1 块封顶块(F)组成，管片厚度为 0.35 m，宽度为 1.2 m。本区间隧道采用日本三菱公司生产的 ϕ6 340 土压平衡盾构机施工，盾构机外径 6.34 m，内径 6.25 m，长度约 8.62 m。

盾构机从浦电路站始发(下行线隧道)，沿福山路下方向北推进 420 m 后，斜向穿越世纪大道，从地铁 2 号线“东方路站—上海科技馆站”区间隧道下方通过。盾构机到达张杨路站调头后，再次出洞(上行线隧道)，向南推进 130 m，斜向穿越世纪大道，再次从地铁 2 号线区间隧道下方通过。隧道平、剖面相对位置如图 6-1、图 6-2 所示，盾构机参数如表 6-2 所示。

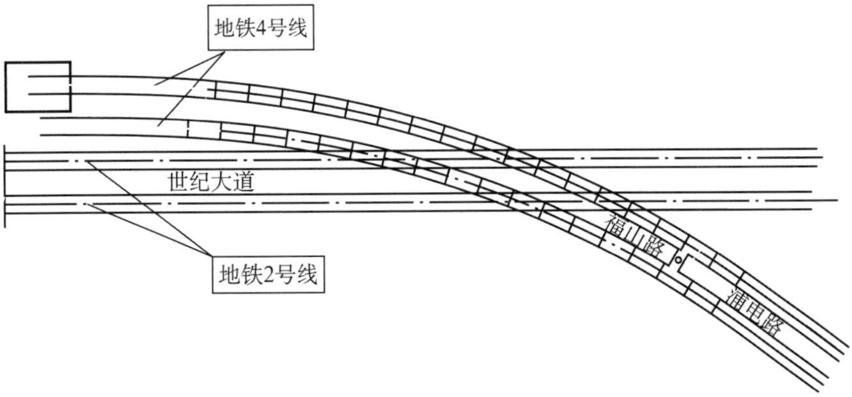

图 6-1　M4 线盾构隧道穿越 M2 线平面图

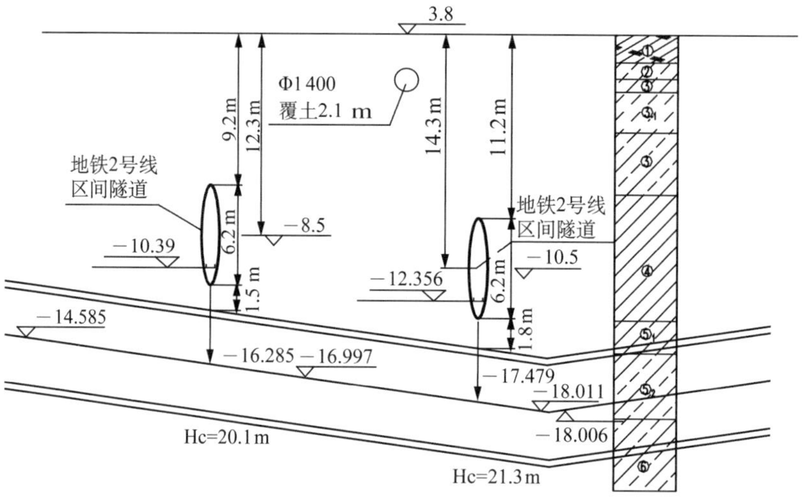

图 6-2　地铁 4 号线下行线盾构隧道穿越地铁 2 号线剖面图

表 6-2　　地铁 4 号线下穿地铁 2 号线盾构机参数

盾构类型	加泥式土压平衡盾构	盾构机外径/mm	6 340	刀盘直径/mm	6 340
厂家		盾构机内径/mm	6 250	刀盘质量/t	26
盾构机外径/mm	6 340	盾壳钢板厚度/mm	45	刀盘扭矩/(kN · m)	3 180
盾尾注浆口	4	盾尾操作间隙/mm	25	功率/kW	385
盾尾油脂	4+4	建筑空隙/mm	35	特点描述	刀盘驱动为液压马达驱动
密封(钢丝刷)	2+1	刀盘开挖直径/mm	6 350	盾构隧道段长度/m	2 052
推进油缸	22 个	开口率	37%	管片外径/mm	6 200
千斤顶	22(4 组)	刀具	软土刀具	管片内径/mm	5 500
额定推力/kN	32 000	刀盘转速		环宽/mm	1 000
行程	1 860 mm×3+1 200 mm×19	刀盘驱动装置	液压马达驱动 55 kW×12	纵向、环向螺栓的直径与数量	M30 双头直螺栓,环向 12 只,纵向 22 只

6.2.2　控制难点及关键

本次穿越为上海首次在软土地层中实现在无事先地基加固条件下的穿越工程。盾构穿越的控制难点如下。

(1) 地铁 2 号线隧道全部位于饱和淤泥质黏土④层之中,该土层具有流塑性、孔隙比大、敏感度高特征,属高压缩性土,受扰动后沉降大、稳定时间长。穿越区位于多条道路的交汇处，地面交通十分繁忙，地面和地下基本没有加固条件。

（2）盾构小半径、小交角、小半径曲线穿越施工增加了对土体的扰动。本区间上行线隧道在穿越区段的线形为：平曲线 $R=379.851$ m，竖曲线 $R=2\,995$ m；下行线隧道在穿越区段的线形为：平曲线 $R=399.851$ m，竖曲线 $R=2\,995$ m。

（3）两隧道间的距离小，最小为 1.045 m。具体信息如表 6-3 所示。

表 6-3　　地铁 4 号线与地铁 2 号线竖向间距

上行线	隧道间投影交叉点的净距离分别为 1.045 m 和 1.375 m
下行线	隧道间投影交叉点的净距离为 1.719 m 和 1.542 m

（4）盾构机从地铁 2 号线隧道下方斜向穿越，穿越距离长，影响范围大，再增加外放影响范围 5～10 m，施工影响区域的范围大，如表 6-4 所示。

表 6-4　　地铁 4 号线与地铁 2 号线平面位置关系

上行线	隧道交叠的投影长度约为 96 m(137～217 环)
下行线	隧道交叠的投影长度约为 69 m(354～412 环)

（5）国内外可参考的类似工程少。在本工程施工前和同期施工的上海地铁穿越工程中，一般都事先对下卧软土地基进行加固。

综合前述各种不利因素，要在确保地铁运营安全的前提下从没有加固过的淤泥质软黏土层下方近距离穿越，施工难度和风险都很大。

6.2.3　变形预测

为保证本穿越工程能顺利实施，穿越前对既有地铁 2 号线隧道进行安全评估。利用 ANSYS 有限元分析软件建立三维数值模型，分析了盾构施工参数与地层位移场的关系，以及盾构隧道近距离施工的相互影响，以指导穿越施工。

1. 模型说明

计算模型中土体单元按实体八节点等参单元考虑；隧道结构按匀质弹性材料八节点板单元考虑；盾尾地层损失根据盾尾间隙大小按间隙单元考虑。模拟的施工参数主要包括：盾构正面顶力、盾构侧壁摩阻力和盾构纠偏压力以及盾尾同步注浆。

模拟的主要工况如下（图 6-3）：

工况一：M4 线盾构头部推进至地铁 2 号线下行线正下方前。

工况二：M4 线盾构头部推进至地铁 2 号线下行线正下方中。

工况三：M4 线盾构头部推进至尾部脱离地铁 2 号线下行线下方。

工况四：M4 线盾构头部推进至地铁 2 号线上行线正下方中。

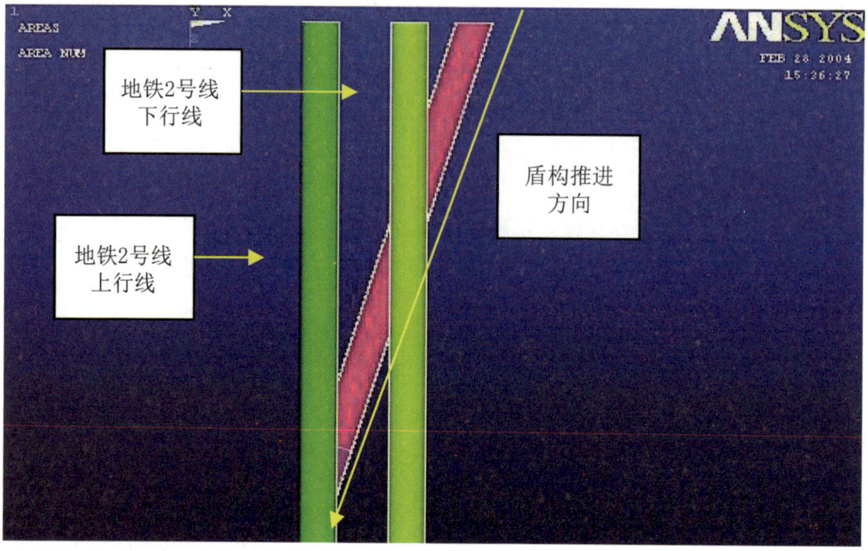

图 6-3　盾构推进模型图——工况说明

盾构主要受到侧壁摩擦力及正面压力的影响。侧壁摩阻力按照盾构侧壁切削土体的土体不排水抗剪强度分布在盾构壁上,正面压力为 0.1 Pa,其中 P 是指盾构正面土体的静止侧压力,荷载作用如图 6-4 和图 6-5 所示。模型重点分析了在此两种荷载组作用下,地铁 2 号线 4 个工况的变形。

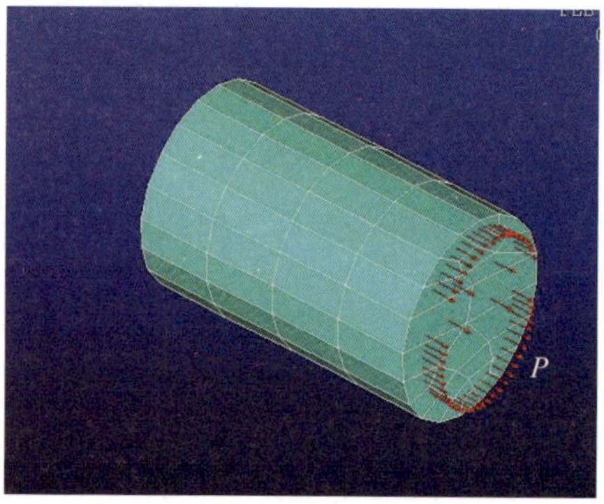

图 6-4　正面推力作用

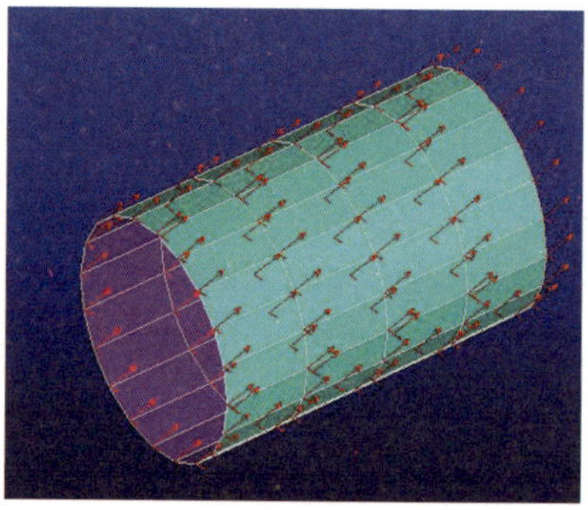

图 6-5　侧壁摩阻力作用

2. 计算结果

各工况典型计算结果如图 6-6 和图 6-7 所示,S_{max} 为最大隆起值,S_{min} 为最大沉降值,工况计算结果对比如表 6-5 所示。

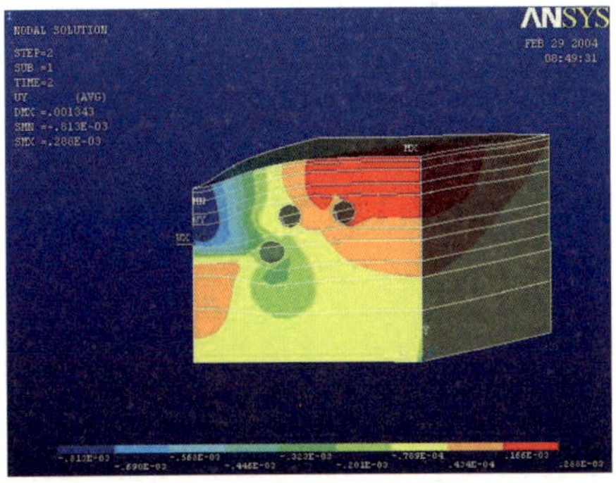

图 6-6　正面推力作用下工况 4 种土体位移

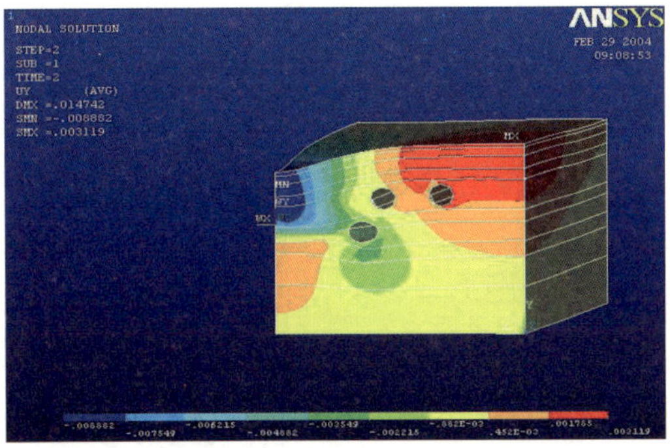

图 6-7　侧壁阻力作用下工况 4 种土体位移

表 6-5　工况计算结果对比

工况	正面压力引起沉降最大值 a_1	正面压力引起隆起最大值 a_2	侧壁摩阻力引起最大沉降值 a_3	侧壁摩阻力引起最大隆起值 a_4	a_3/a_1	a_4/a_2
一	1.72	0.39	18.64	4.30	10.8	10.9
二	1.25	0.34	14.07	3.74	11.2	11
三	1.82	0.31	19.71	3.33	10.8	10.7
四	1.34	0.29	14.74	3.12	11	10.8

由图 6-6 和图 6-7 可知，在盾构正面压力作用下的土体变形与在侧壁摩阻力作用下的土体变形的形状及分布是一致的，最大沉降隆起值出现的部位也大体是一致的(沉降最大值出现盾尾后远端位置，隆起最大值在盾构头部到达点正上方附近)。

值得一提的是，在此次穿越前的理论预分析中首次发现，当盾构与穿越对象距离很近时，盾构侧壁摩擦影响远超过推力或正面土压力的影响；同时发现当盾构正面到达隧道下方时土压力下降。这两个重要发现直接为盾构施工控制提供了重要理论依据。

6.2.4　过程控制与实测分析

1. 模拟推进

在前期理论分析与经验判断的基础上，初步设定盾构穿越施工参数。并根据变形分布规律，在盾构推进轴线的前方 50 m 范围内埋设了 4～5 个断面的深层点，模拟盾构穿越地铁 2 号线的施工，以进一步探求盾构各施工参数以及盾构各部位对地层扰动的规律，以优化和掌握施工参数。根据模拟试验结果，穿越段施工参数及要求初步设定如下。

(1) 推进速度：10 mm/min，慢速困难区段 6～8 mm/min。

(2) 土压力：0.27～0.28 MPa，盾构接近地铁 2 号线下方时，按实际情况适当降低。

(3) 注浆量：建筑空隙的130%左右，即1.8～2.2 m^3/环，注浆压力0.3～0.5 MPa。

(4) 纠偏：盾构水平纠偏量＜20 mm/环，垂直纠偏量＜0.05度/环，每50 cm测量盾构姿态。

(5) 总推力：控制1 200～1 500 t，刀盘扭矩1 100～1 400 kN·m。

2. 穿越施工

施工顺序如下：①盾构第一次穿越施工，地铁4号线下行线盾构先穿越地铁2号线上行线，后穿越地铁2号线下行线；②盾构进入张扬路车站后，对穿越部位隧道间土体进行加固；③盾构第二次穿越施工，盾构在张扬路车站调头后进行地铁4号线上行线推进，先穿越地铁2号线的下行线，后穿越地铁2号线上行线；④区间隧道施工完成后，对穿越部位隧道的土体进行加固。

盾构第一次穿越施工是从浦电路车站开始推进的，至2003年2月15日下行线盾构刀盘已推进到地铁2号线上行线隧道平面投影线的下方，3月2日盾尾脱离地铁2号线下行线隧道投影线，穿越总持续时间为15 d。设定土压力与计算土压力对比如图6-8所示。

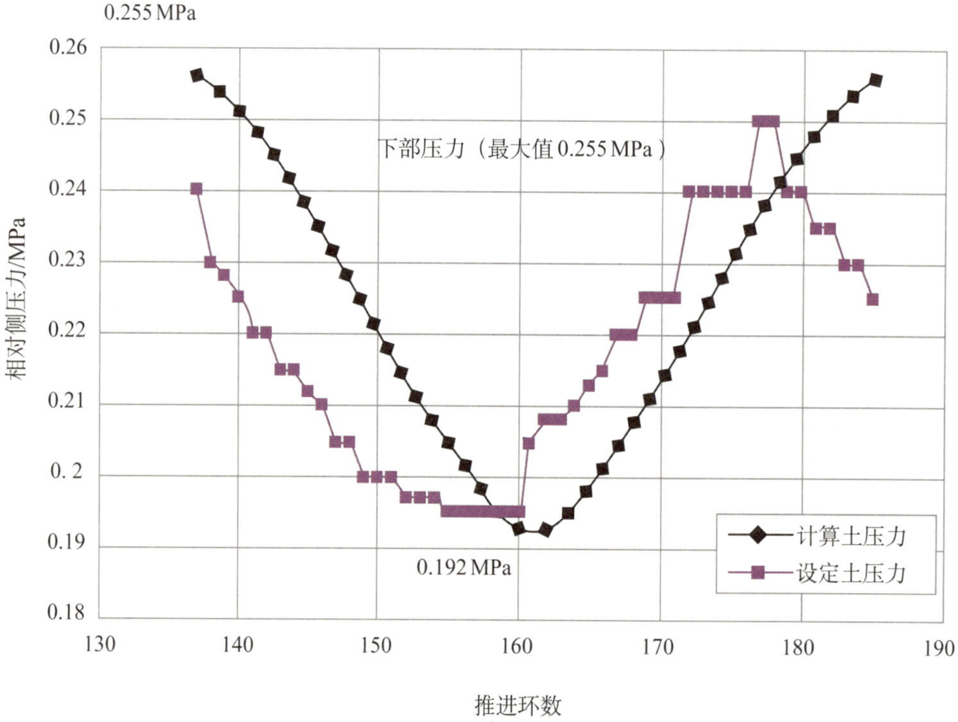

图6-8 设定土压力与计算土压力比较

图6-8中计算土压力即考虑隧道部位土体被隧道置换以及已建隧道对土压力的架越作用所得到的土压力理论曲线。盾构推进至距离地铁2号线隧道尚有6环时，盾构施工

开始对地铁 2 号线隧道产生影响，盾构正面土压力设置在 0.24 MPa 左右，使地铁 2 号线隧道略微隆起，随着盾构与地铁 2 号线的距离及覆土厚度减小，正面土压力值不断降低。实际穿越中(155—160 环)，盾构正面土压力基本保持在最低位；穿出阶段，盾构头部脱出后土压力逐步恢复至正常。计算土压力变化趋势与设定土压力符合得较好，但计算值较理论值有 6—10 环的滞后。

下行盾构穿越阶段，不同时刻地铁 2 号线上、下行隧道的沉降见图 6-9 和图 6-10。在盾构到达前，盾构纠偏时，盾构机左肩外侧的土体处于受挤压状态，而右肩外侧的土体处于应力释放状态。从图中 2003 年 2 月 18 日的沉降曲线可以看出监测点 UP22UP27 处于盾构机身的右侧，也是隆起量最大的部位。当盾构刀盘推进到地铁 2 号线隧道轴线的正下方时，上行线隧道隆起已达到 2.5～3.1 mm。此后随着盾构推进，隧道隆起峰值自右向左运动。当盾构刀盘已经部分从隧道投影推出来后，由于纠偏和同步注浆不当所引起的地铁 2 号线隧道瞬时隆起曾最高达 3.3 mm。

2 月 22 日，盾构刀盘已推进到地铁 2 号线下行线隧道平面投影线，盾构右肩上方对应地铁 2 号线隧道内的监测点 DW26 和 DW27 号，隧道隆起由原来的 0.2 mm 抬高到 0.7 mm，盾构右肩逐渐靠近地铁 2 号线隧道投影线中心线对应监测点为 DW27～DW18，隆起变化量为 0.5～1.8 mm，最大隆起量在隧道右上方。地铁 4 号线下行线的盾构穿越过程中，地铁 2 号线地铁隧道的隆起一般控制在 2.5 mm 以内。随着穿越的进程，隧道隆起的峰值也自右向左移动。

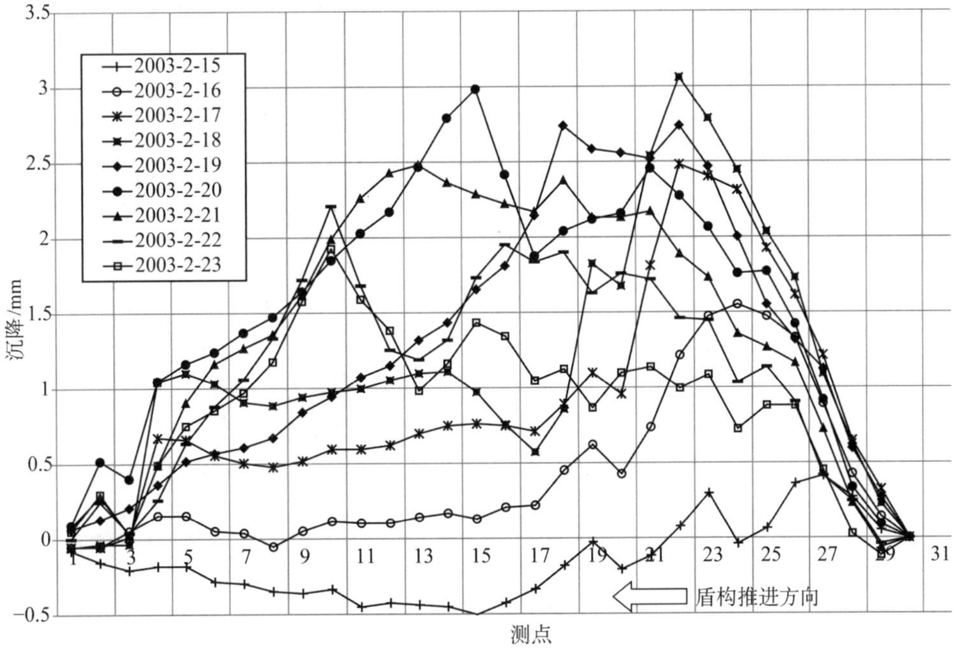

图 6-9　第一次穿越过程中地铁 2 号线上行线隧道沉降情况

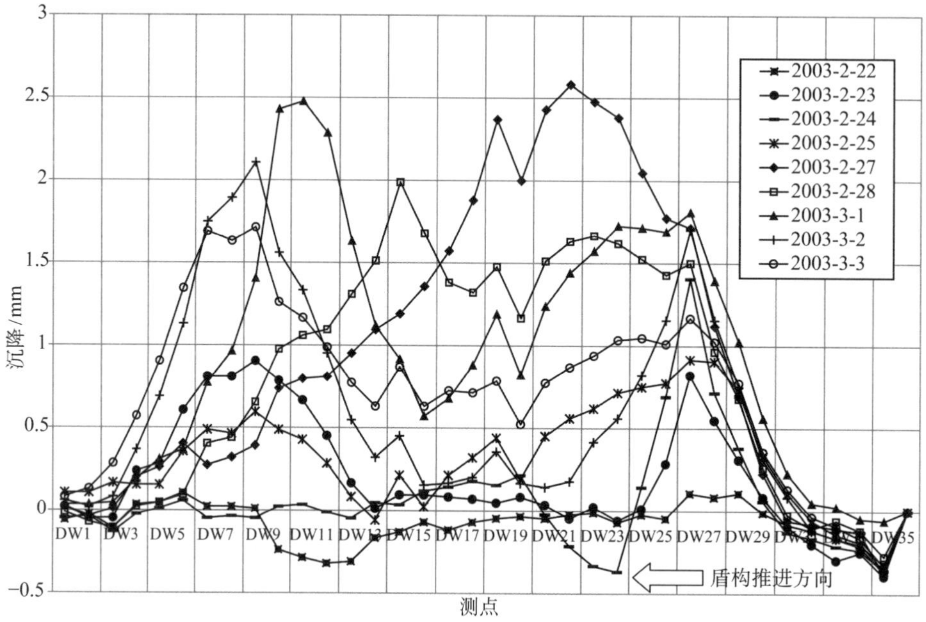

图 6-10　第一次穿越过程中地铁 2 号线下行线隧道沉降情况

盾构隧道第二次穿越施工是从张杨路车站开始推进的，2003 年 6 月 30 日，盾构机刀盘进入地铁 2 号线下行线隧道投影线，7 月 22 日，盾尾完全脱离地铁 2 号线上行线，整个穿越历时 23 d，穿越时地铁 2 号线下行线、上行线隧道的沉降情况见图 6-11 和图 6-12。

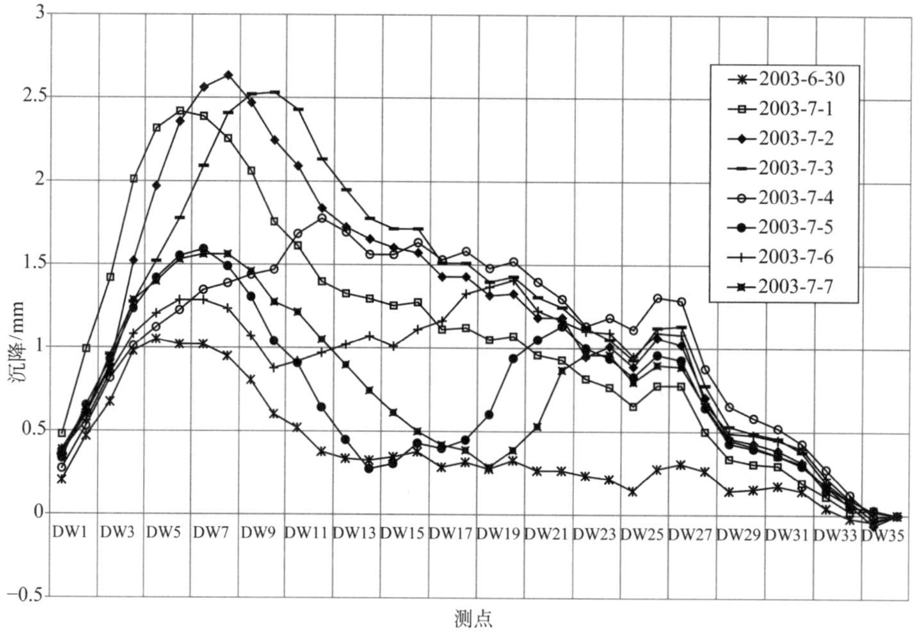

图 6-11　第二次穿越过程中地铁 2 号线下行线隧道沉降情况

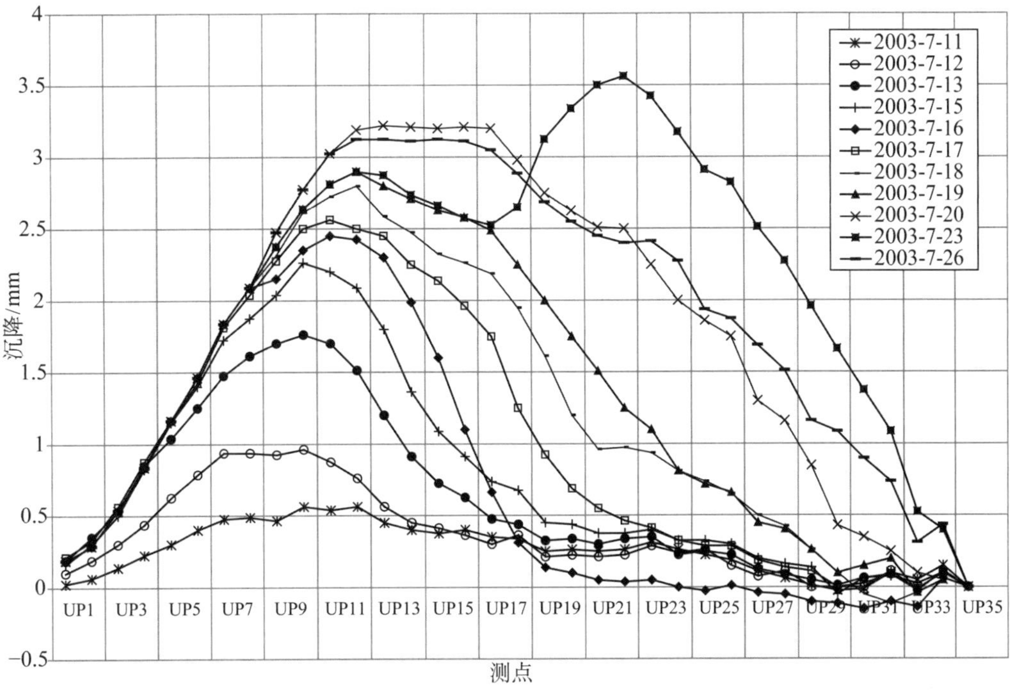

图 6-12　第二次穿越过程中地铁 2 号线上行线隧道沉降情况

盾构首先穿越地铁 2 号下行线隧道，尽管对施工参数实施了严格控制，但盾构施工对地铁 2 号线隧道的影响仍十分明显。7 月 1 日地铁 2 号线下行线隧道隆起量已达到 2.5 mm。7 月 7 日，地铁 2 号线下行线隧道隆起曲线呈现 M 头型，中间最低处(盾构机身部位)的隆沉量为 0.2 mm，头部隆起最大为 1.5 mm。此时，调整盾构施工参数对机身上方 2 号线隧道的沉降影响能力非常有限。7 月 10 日，盾构的左尾位于隧道中心线，11 日晚进行二次注浆，地铁 2 号线下行线隧道抬高到 1.5～1.9 mm。由于地铁 4 号线上行线穿越距离地铁 2 号线隧道非常近，在穿越过程中地铁 2 号线隧道呈现明显的振陷，在列车运行后，与地铁 2 号线隧道平面投影交叉部位在盾构推过之后产生了明显的振陷。此后，连续几天在列车停运后进行注浆以控制地铁 2 号线隧道的沉降。

3. 穿越后施工

地铁 4 号线隧道与已建地铁 2 号线隧道间，存在地铁 2 号线施工期间所注的惰性浆液、速凝浆液，与地铁 4 号线施工所注的惰性浆液及多次扰动过的土体，因此此区域土体稳定性很差，在上部地铁 2 号线列车的运行作用下，容易产生变形导致破坏。为保障地铁 2 号线的安全运营，采用了一系列补偿注浆措施。

1）注浆步骤与位置

注浆分五步进行，注浆加固范围如图 6-13 所示，具体措施包括以下几项。

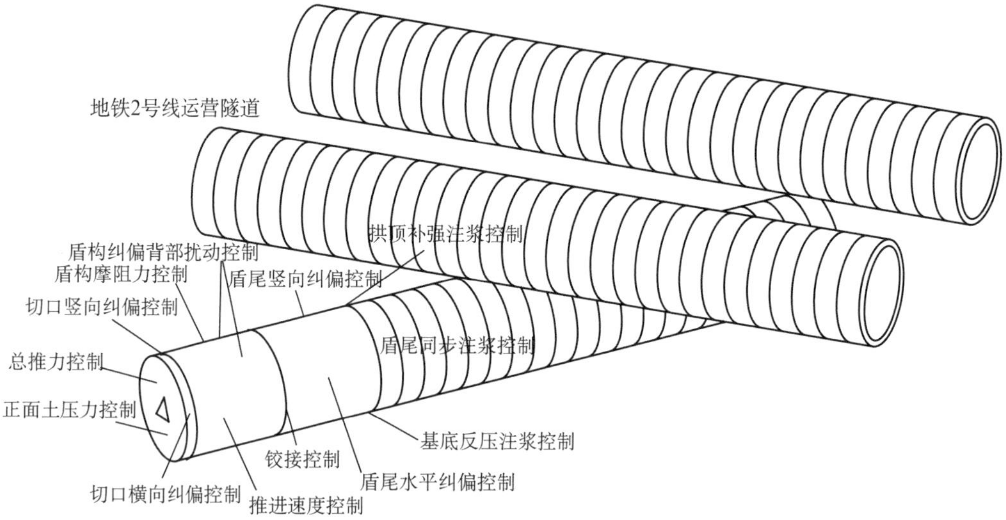

图 6-13　注浆加固范围

(1) 隧道盾构施工中，在盾尾后 5～8 环处从隧道上部注浆孔进行拱顶补强注浆。目的是运用土体应力补偿的原理，减缓地铁 2 号线的变形。

(2) 拱顶补强注浆的同时，在盾尾后 10 环以后，从隧道下部注浆孔对地铁 4 号线下卧层进行基底反压注浆。目的是防止拱顶补强注浆引起地铁 4 号线沉降而带动地铁 2 号线隧道的变形。

(3) 在注浆施工过程中，从隧道顶部范围内的预留注浆孔中打入适当数量的注浆管，打入深度为距地铁 2 号线隧道管片外壁 20 cm 左右。目的是穿越期间可根据监测数据随时进行注浆，在变形较大时起一定的纠偏作用。

(4) 上述注浆施工结束后，对地铁 2 号线有影响的施工区段范围内的惰性浆液进行置换注浆加固，注浆加固范围为管片外 0.5 m。目的是将稳定性差的惰性浆液置换为可硬性浆液。

(5) 最后对该区段隧道土体进行分层劈裂注浆加固，加固区段为下行线隧道 341～451 环、上行线隧道 117～239 环。施工范围为隧道顶部的 5 只预留注浆孔以上、地铁 2 号线中心线以下范围内的土体。目的是针对变形较大部位注浆，改善曲线线形，促使其趋向于稳定；形成长期、稳定、均匀的加固体，支撑地铁 2 号线的长期安全运营。

2）浆液配比与注浆施工参数

二次补偿注浆采用可硬性的双液浆，浆液配比如表 6-6 所示。注浆压力严格控制在 0.5 MPa 以下，注浆流量严格控制在 10～15 L/min 之间。

表 6-6　　浆液配比

甲液	乙液
水∶水泥∶粉煤灰∶膨润土/kg	35°水玻璃/kg
100∶100∶100　5～8	30～50

3）注浆过程

在盾构穿越后，地铁 2 号线开始逐步向下沉降，当局部区域沉降到±0 以下时，开始在其对应区域下方现行施工的隧道管片的预留注浆孔内进行二次补充注浆。此后，随着盾构向前推进，二次补充注浆的施工区段也相应向前推进。在刚脱出盾尾 10～15 环后的几天内，地铁 2 号线沉降速度较快，此时二次补充注浆采取每两环施工一环，每孔注浆量 200 L 左右，注浆后将地铁 2 号线向上抬升 1～2 mm；注浆施工在隧道的上部和下部轮流对称进行（第一阶段）。经过 4～5 次补充注浆后，地铁 2 号线沉降速度明显减缓，平均每天沉降在 0.5 mm 左右，最大沉降在 0.8 mm 左右，此时二次补充注浆采取每 4 环施工一环，每孔注浆量 100 L 左右，注浆后可将地铁 2 号线向上抬升 0.5～1.0 mm；注浆施工在隧道的上部和下部轮流对称进行（第二阶段）。再经过 5～8 次补充注浆后，地铁 2 号线沉降速度进一步减缓，平均每天沉降在 0.3 mm 左右，最大沉降在 0.5 mm 左右，此时二次补充注浆采取每 4 环施工一环，每孔注浆量在 50 L 左右，同时在局部沉降较快的区域或在发生沉降突变的地方增加注浆孔及增加注浆量，注浆后可将地铁 2 号线向上抬升 0.3～0.7 mm（第三阶段）。如此再经过 4～6 次补充注浆后，地铁 2 号线沉降速度已经很缓，平均每天沉降在 0.2 mm 左右，最大沉降在 0.4 mm 左右，此时二次补充注浆结合置换注浆一起施工，注浆时仍采取每 4 环施工一环，每孔注浆量 50～100 L，注浆后可将地铁 2 号线向上抬升 0.3～0.6 mm（第 4 阶段）。

根据地铁 2 号线内电子水平尺连续跟踪监测的数据显示，注浆施工起到了很好地减缓并稳定地铁 2 号线的作用，通过注浆最终将其恢复并稳定在原始位置附近。

6.2.5　结论与经验教训

（1）工程实践表明，盾构侧壁摩阻力与盾构正面土压力都是导致地表隆起的重要因素。近距离施工中，应特别注意减小盾构摩阻力的影响，而盾构侧壁摩阻力的大小除取决于周边地层的特性、盾壳表面光滑度外，还应采取盾壳润滑以及缓纠推进的措施以降低盾构掘进过程中侧壁摩阻力对周围土体的影响，从而达到保护邻近地铁的目的。

(2) 在整个穿越过程中,将推进速度基本控制在 8～10 mm/s 是此次能够成功完成穿越的一个重要原因。

(3) 盾构在曲线掘进过程中姿态不断变化,必然会由于超挖而导致地层损失。"分小段推(一环分成 12 段)、均匀地转"能够减少因为超挖而产生的地层损失。

(4)"顶住正面、调整压力"是考虑到穿越过程中会由于上部隧道内部土体被隧道置换以及上部隧道存在一定的刚度,导致已建隧道下方土压力发生异常变化。实测表明在盾构穿越地铁 2 号线的过程中,设定土压力变化可以大致分为三个阶段:穿越前,随着与地铁 2 号线之间的距离不断接近,土压力值减小;穿越中,此时土压力基本保持在最低位;穿出阶段,盾构头部脱出后,土压力逐步恢复至正常。

(5) 实测数据表明,各个测点最大的隆起速度出现在盾构头部或尾部到达的时候。盾构已经开始脱离交叉区域时,各个测点的沉降和隆起出现一致性变化,即在一天时间内同时隆起,在后一天内同时沉降,这明显与注浆有关。"封住盾尾、合理注浆",能够迅速填充盾尾施工间隙,减少因地层损失所造成的土体位移;同时合理的注浆压力,能够使浆液渗入土中孔隙,同时起到加固土体的作用。

(6) 无论理论上、实验研究中或是施工的实际情况都表明,"慢慢地推,分小段推;慢慢地转,均匀地转;顶住正面,调整压力;封住盾尾、合理注浆"是适用于上海软土地区隧道近距离穿越建构筑物的宝贵经验。

6.3 上海地铁 9 号线上穿地铁 1 号线

6.3.1 概况

上海地铁 9 号线"肇家浜路站—徐家汇站"区间隧道总长约 1 110 m,隧道外径为 6.2 m,内径为 5.5 m,采用预制钢筋混凝土管片通缝拼装,每环由 1 块封顶块、2 块邻接块、2 块标准块和 1 块拱底块组成,环宽为 1.2 m。隧道采用两台外径 6.34 m 的土压平衡盾构机进行掘进施工。

穿越区间为地铁 1 号线"衡山路站—徐家汇站"区间,地铁 9 号线盾构在推进至衡山路天平路附近时,上穿运营中的地铁 1 号线,两线隧道之间的平面夹角约 45°,相对位置如图 6-14 所示,盾构机参数见表 6-7。

两线隧道之间的最小垂直净距仅约 0.83 m,而覆土厚度只有 4.24 m,见图 6-15。地铁 1 号线隧道位于第④层灰色淤泥质黏土和$⑤_{1-1}$灰色黏土中,地铁 9 号线盾构在第$③_1$灰色淤泥质粉质黏土和④灰色淤泥质黏土中掘进。

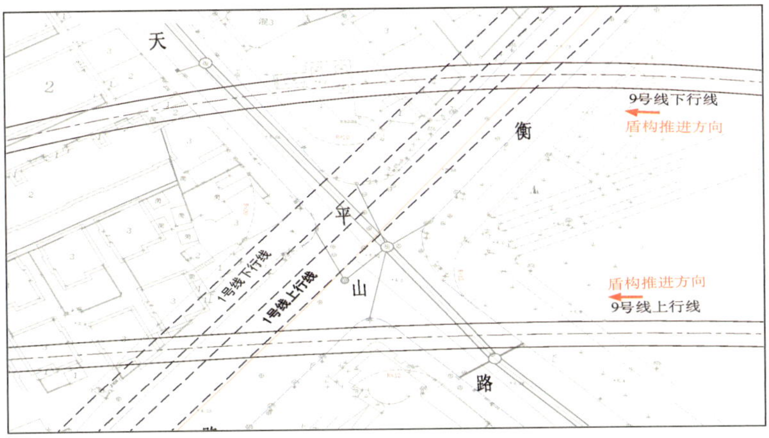

图 6-14　地铁 9 号线与地铁 1 号线平面相对位置

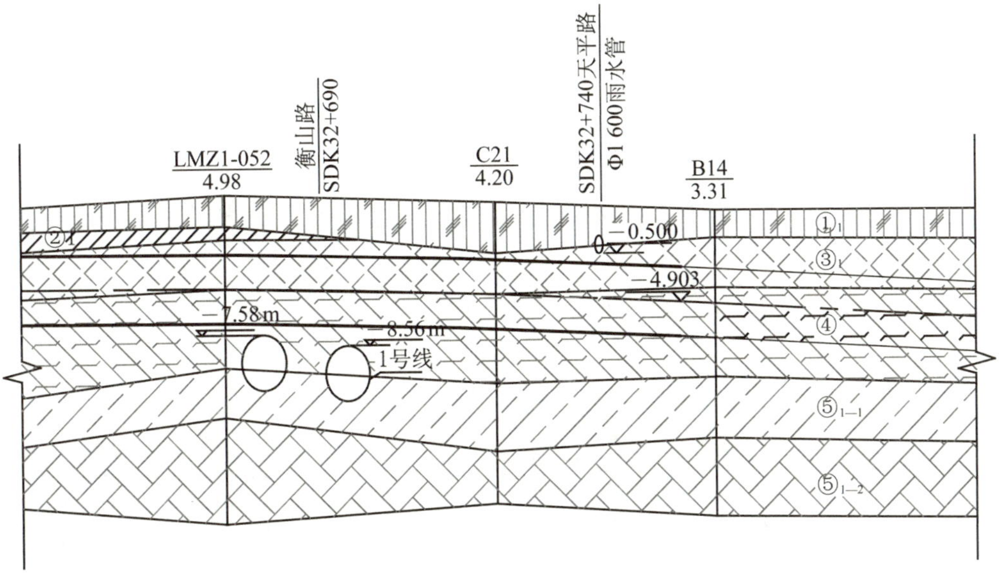

图 6-15　地铁 9 号线上行线隧道与地铁 1 号线隧道竖向相对位置

表 6-7　　地铁 9 号线上穿地铁 1 号线盾构机参数

盾构类型	土压平衡盾构	盾构机外径/mm	6 390	刀盘直径/mm	6 400
厂家	海瑞克	盾构机内径		刀盘质量/t	61
盾构机外径/mm	6 390	盾壳钢板厚度		刀盘扭矩	
盾尾注浆口	4	盾尾操作间隙		功率	

续表

盾尾油脂		建筑空隙		特点描述	
密封(钢丝刷)	2+1	刀盘开挖直径/mm	6 400	盾构隧道段长度/m	4 951
推进油缸	16×2	开口率	42%	管片外径/mm	6 200
千斤顶	16	刀具	软土刀具	管片内径/mm	5 500
额定推力/kN	34 500	刀盘转速/rpm	0～1.87	环宽/mm	1 200
行程		刀盘驱动装置	液压马达驱动 55 kW×7	纵向、环向螺栓的直径与数量	M30 双头直螺栓，环向 12 只，纵向 17 只

6.3.2 控制难点及关键

本次穿越工程施工难点包括以下几方面：

(1) 交叉处两隧道上下净距最小为 0.83 m。

(2) 穿越处覆土深度仅为 4.24 m，盾构姿态上抬、下方地铁隧道上浮。

(3) 覆土以渗透系数大、土性差的填土为主，正面土压力难以维持稳定，且注浆压力和注浆量过大容易导致地面冒浆等。

(4) 穿越点处于市中心，穿越段位于地面交通繁忙的衡山路下方，上浮压载和地基加固受很大限制。

穿越过程中可能出现的施工风险如图 6-16 所示。

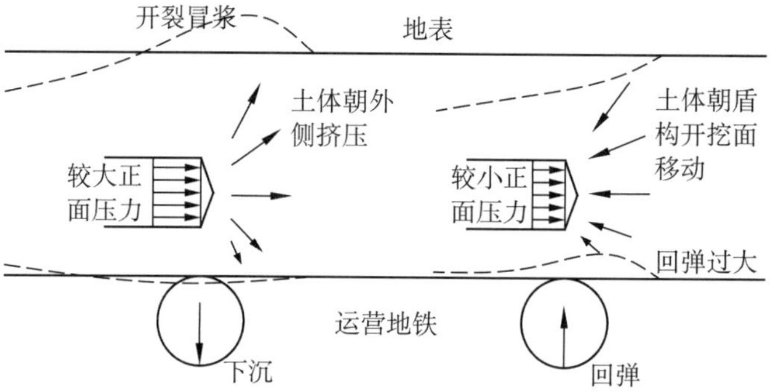

图 6-16 超浅覆土近距离穿越施工中的风险

6.3.3 变形预测

为保证本穿越工程的顺利实施，穿越前建立三维数值模型，分析了盾构施工对地层位移及运营隧道的影响，以指导穿越施工。地铁 1 号线与地铁 9 号线隧道的相交，在空间几何学上呈 45°的异面相交，计算模型如图 6-17 所示。

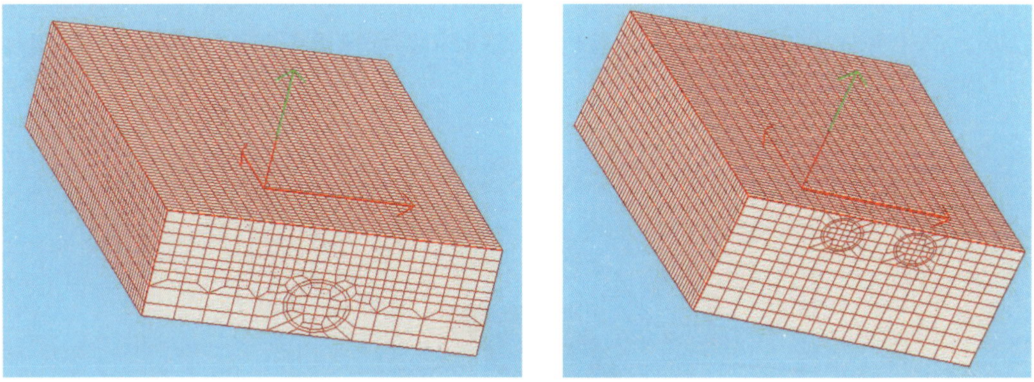

图 6-17　计算模型示意图

由于地铁 9 号线隧道开挖引起土层应力释放的效应，隧道下层土体均有向上运动的趋势。穿越地铁 1 号线隧道处，隧道有向上移动的趋势，竖向位移如图 6-18 所示。地铁 1 号线下行线隧道顶部的最大竖向变形为 6.33 mm；而底部的最大竖向变形为 3.95 mm。竖向直径伸长率约为 0.38‰，与此同时隧道水平向的直径将缩短，为 0.33‰。

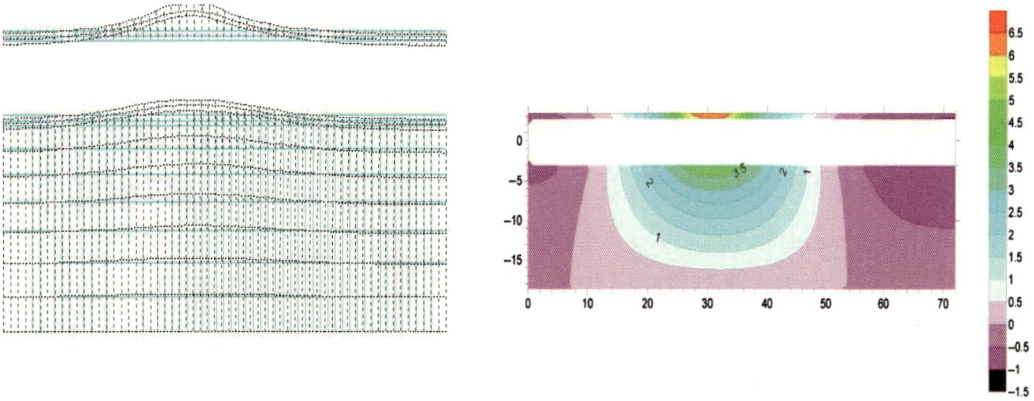

图 6-18　叠交处地铁 1 号线上行线竖向位移

6.3.4　过程控制与实测分析

1. 模拟推进

根据模拟试验要求，在盾构到达前设置模拟段。根据模拟段试验结果，穿越段土压力设置在 0.08～0.1 MPa 之间，并应保持压力波动小于 0.01 MPa。推进速度应控制在 10 mm/min 左右，按每段 20～30 cm 进行推进，以缩小施工相关信息反馈的时间间隔，及时对参数进行优化调整。同步注浆浆液采用高密度浆液，注浆量为 4 m^3，以增强对盾构周围土体的填充和加固效果。

为减小地铁 1 号线上浮，穿越处上方路面铺设厚度 5 cm 厚钢板及 10 cm 厚沥青铺层，人行道则铺设铁块压重，见图 6-19。覆盖范围为衡山路路面穿越处 9 号线隧道边线以外 3 m 内，纵向约 16 m 长，均布荷载约为 5.9 kPa，路面压重引起正下方隧道顶部附加应力平均约为 4.8 kPa。

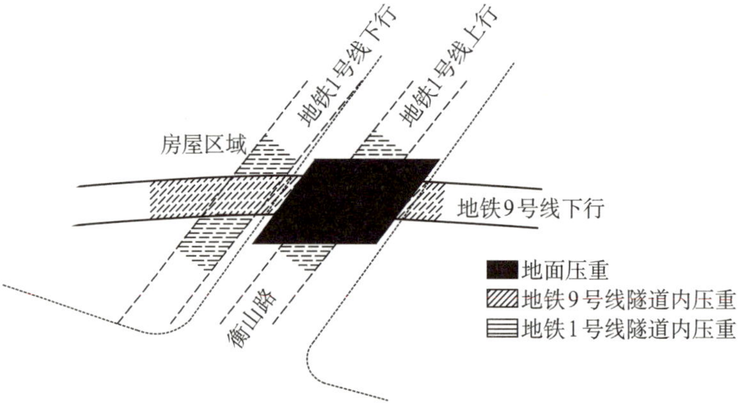

图 6-19　地面压重分布示意图

为了增强隧道的整体刚度，减小盾构施工引起的变形。地铁 1 号线叠交位置隧道通过在管片上打入膨胀螺栓，利用 20＃槽钢进行纵向拉紧。

2. 穿越施工

除上文所述在地面压重外，同时在隧道内进行压重，如图 6-20 所示。在考虑作业空间允许的条件下，穿越范围内的地铁 9 号线隧道施工轨道下方堆设每环 5 t 的铅块压重，即均布荷载 6.7 kPa，压重作业与盾构掘进施工同步。在第一节车架与盾构本体之间有 9 环的距离，考虑到此范围内主要进行管片拼装和轨道、轨枕安装工作，可在靠近盾构本体

图 6-20　地铁 9 号线穿越地铁 1 号线期间施工隧道内堆载情况

约 5 环范围内堆载 2 层管片作为临时压重，之后再用铅块替代管片压重，以保证在施工可行的前提下尽量及时地进行压重。施工期间盾构车架自重以 5 t/m 计算，即 8.1 kPa。另外，地铁 1 号线隧道内铺设 10 个钢轨，重量为 0.6 t/m，即 0.7 kPa。钢轨分布范围为两隧道交叉处两侧各延伸 10 m，共约 30 m。

为保证穿越工程的顺利实施，在地铁 1 号线隧道 4 个被穿越段内布置电水平尺，每 2 m 布置一测点，监测范围约 70 m，实时监测隧道的变形情况，测点布置如图 6-21 所示。

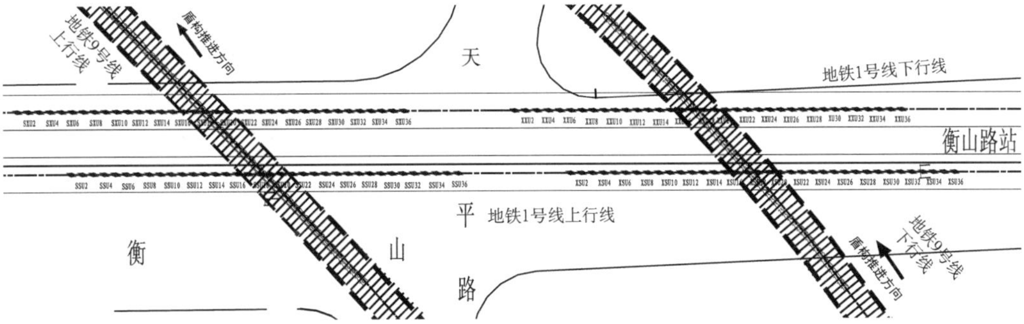

图 6-21　电子水平尺测点布置

根据盾构与运营地铁的相对位置，取 5 个关键施工工况，对盾构推进期间运营地铁所受变形影响进行了分析，地铁 9 号下行线盾构穿越过程中地铁 1 号线变形如图 6-22 和图 6-23 所示（正值表示隆起，负值表示沉降，以下同）。

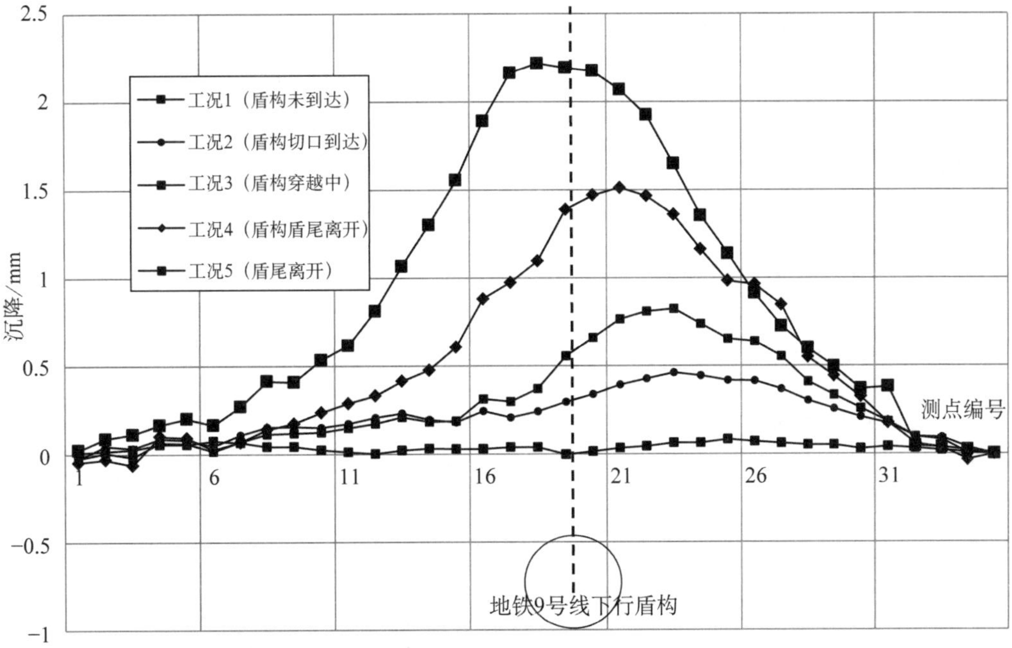

图 6-22　地铁 9 号下行线盾构穿越过程中地铁 1 号线上行线位移

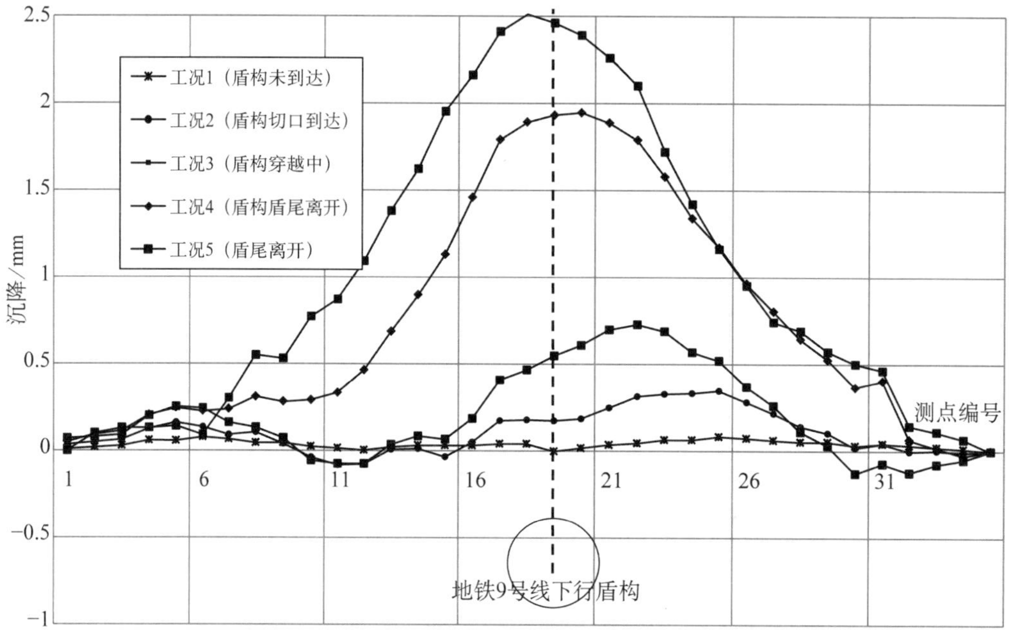

图 6-23　地铁 9 号下行线盾构穿越过程中地铁 1 号线下行线位移

工况 1：为盾构切口距离运营地铁水平距离 9.6 m(8 环)，此时运营地铁受扰动影响不明显。

工况 2：为盾构切口右端刚刚到达穿越的切入点，此时运营地铁已产生最大值为约 0.3 mm隆起的显著影响。这阶段的隆起主要是由于盾构离运营地铁越近，对地铁附近土体的挤压效应增强引起的。

工况 3：为盾构穿越中，可见运营地铁隆起量显著增大，其最大隆起量约为工况 2 最大隆起量的 3 倍左右。

工况 4：为盾构盾尾离开，运营地铁继续隆起。这主要由两个方面的原因造成：一是盾构施工对周围土体的扰动影响；二是盾构推过后，土体卸载和盾构机重量的卸载影响。地铁两隧道轴线交叉点约位于电子水平尺测点 18 附近，但是穿越过程中，纵向沉降曲线轴线都显著偏离测点 18，并且有逐渐靠近测点的趋势。这主要是由于盾构斜穿越，切口右端先切入，先引起右侧地铁的扰动。工况 3 后，盾构切口右端离开，切口左端推进扰动引起左侧地铁的明显隆起。工况 4 后 3～7 d，运营地铁仍有一定量的隆起，但变形速率减缓。

地铁 9 号上行线盾构穿越引起地铁 1 号线的变形如图 6-24 和图 6-25 所示。

由图 6-24 和图 6-25 其变形规律与下行线穿越相似。本工程在穿越施工阶段，两隧道的 4 处交叠段最大隆起均小于 3 mm，地面未发生冒浆及过大隆起现象，最终隆起量控制在 4～5 mm 以内，基本达到要求。

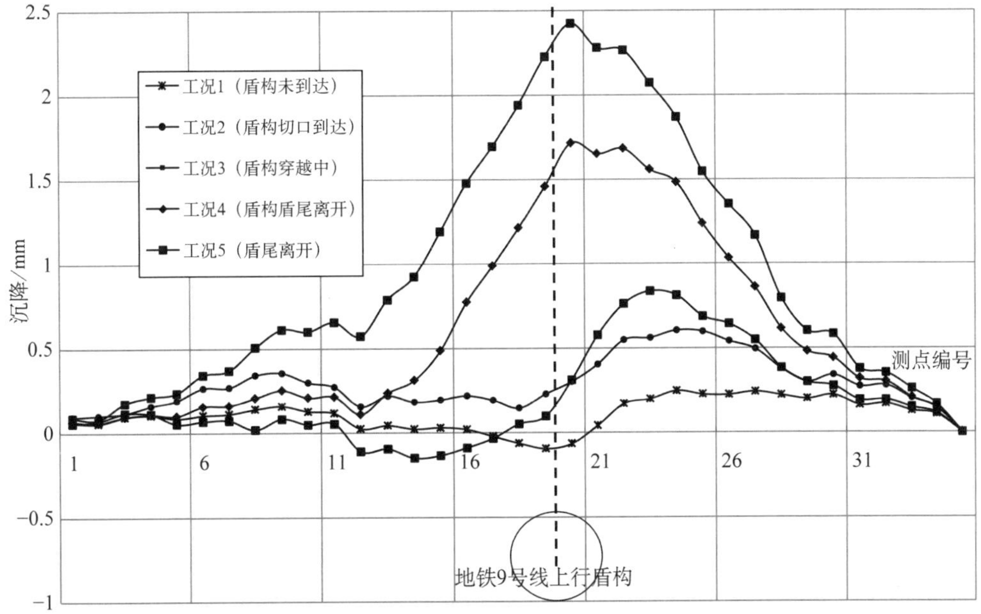

图 6-24　地铁 9 号上行线盾构穿越过程中地铁 1 号线上行线位移

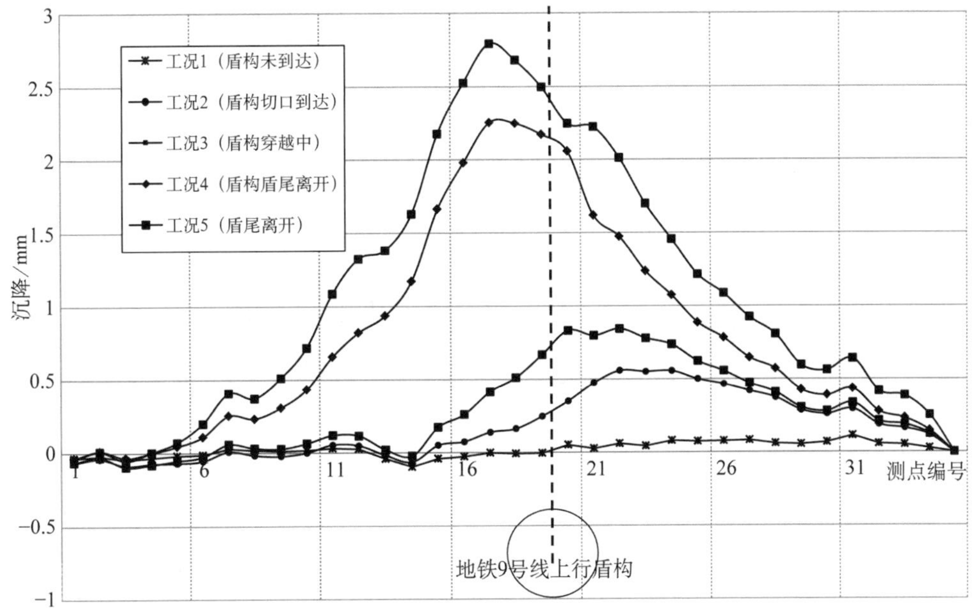

图 6-25　地铁 9 号上行线盾构穿越过程中地铁 1 号线下行线位移

3. 穿越后施工

2009 年 2 月 8 日至 2 月 13 日，地铁 9 号下、上行线分别穿越后 2 个月和 4 个月，先后完成下、上行线压重的全面卸载，卸载施工工况见图 6-26 示。

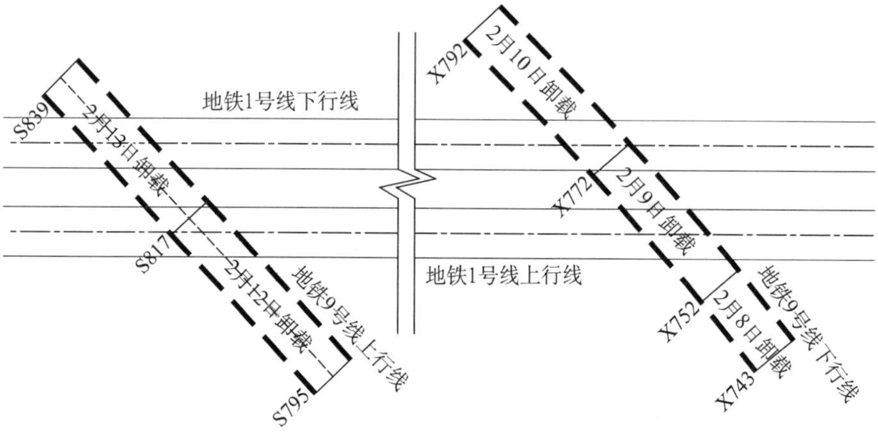

图 6-26　卸载施工工况

隧道内压重卸载后，由于应力释放，原本稳定或变形缓慢的运营地铁隧道会受到一定的影响，随着上方荷载的卸载发生微小的抬隆起现象。全面卸载后地铁电水平尺测点SXU18 和 XSU18 的沉降变化情况如图 6-27 所示。

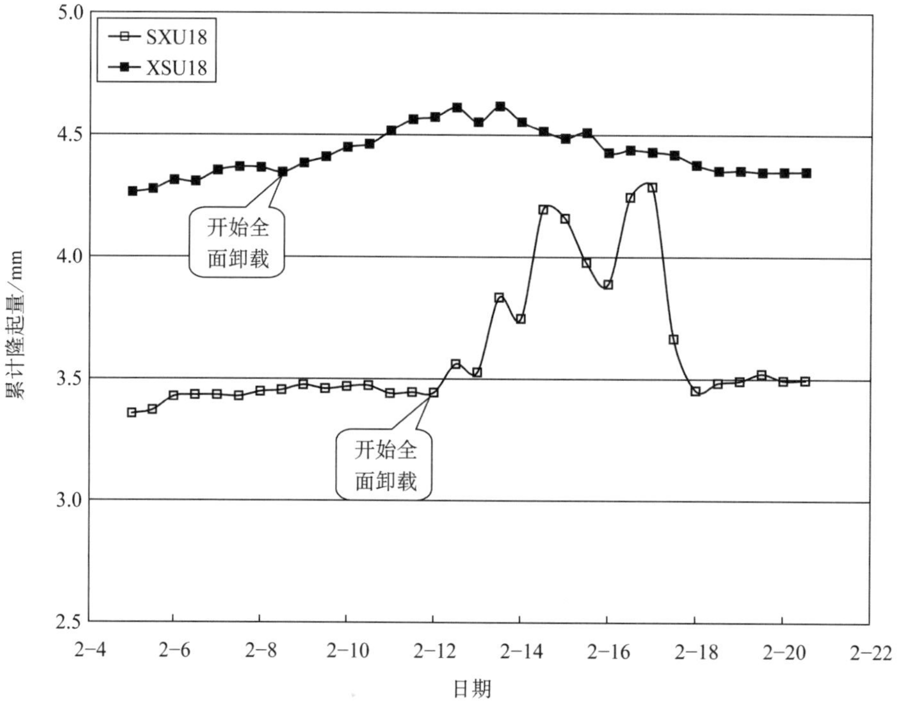

图 6-27　卸载影响曲线

从图 6-27 中可以看出，当卸载施工开始后，趋于稳定的测点开始产生一定程度的隆起，但是，经过一段时间后，测点隆起量又回复到卸载之前的水平。这说明了卸载确实引起了土体扰动,但是这种扰动产生的土体变形是弹性可恢复的。

4 个穿越段交叉处测点的沉降随时间变化,曲线如图 6-28 所示。由图可知穿越过程中引起的沉降仅占最后沉降值的 30%～60%,说明穿越后后期蠕变产生的变形量也需要采取措施加以控制。测点沉降在盾构盾尾离开一周后开始变缓,但是 SSU18 和 SXU18 后期变形速率远低于 XSU18 和 XXU18。说明地铁 9 号线下行线盾构推进的扰动较大,土体变形受影响时间也较长。

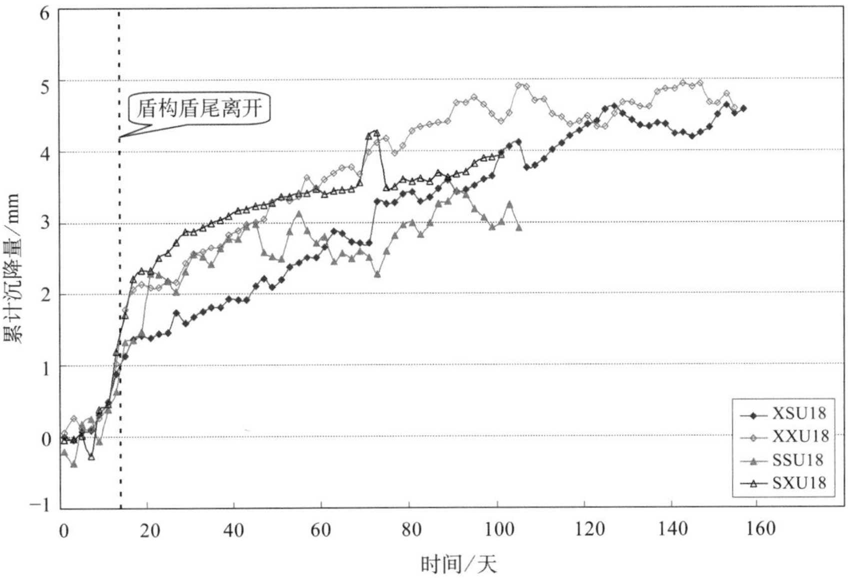

图 6-28 运营地铁的长期沉降曲线

6.3.5 结论与经验教训

针对本工程特点及监测数据分析,本项目施工结论与经验教训如下:

(1) 盾构浅覆土上穿运营隧道时,须采取地表与已建隧道压重、注浆加固等措施,才能有效控制运营隧道上浮。

(2) 压重卸除后,已建隧道还将继续产生一定隆起,但变形以弹性变形为主。

(3) 盾构上穿运营隧道,穿越过程中引起的变形仅占最后总变形值的 30%～60%,须采取二次补浆等措施,以控制穿越后土体蠕变引起的隧道变形。

6.4 上海地铁 11 号线上下夹穿地铁 4 号线

6.4.1 概况

上海地铁 11 号线从地铁 4 号线隧道顶部和底部穿越,将地铁 4 号线夹在中间,是典型的上下夹穿越工程案例。上海地铁 11 号线区间隧道施工至零陵路时上下夹穿运营的地铁 4 号线隧道，与地铁 4 号线隧道平面夹角约为 75°。地铁 11 号线上行线从地铁 4 号线隧道下部穿越，二者间净距 1.82 m；下行线从地铁 4 号线隧道上部穿越，隧道间净距 1.69 m。穿越节点处盾构顶部覆土深度约为 6.0 m。平、剖面位置关系如图 6-29 和图 6-30 所示，盾构机参数见表 6-8。

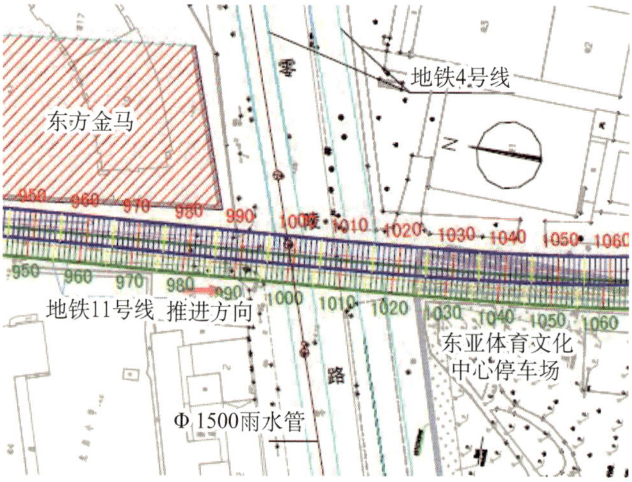

图 6-29　穿越节点处平面示意图

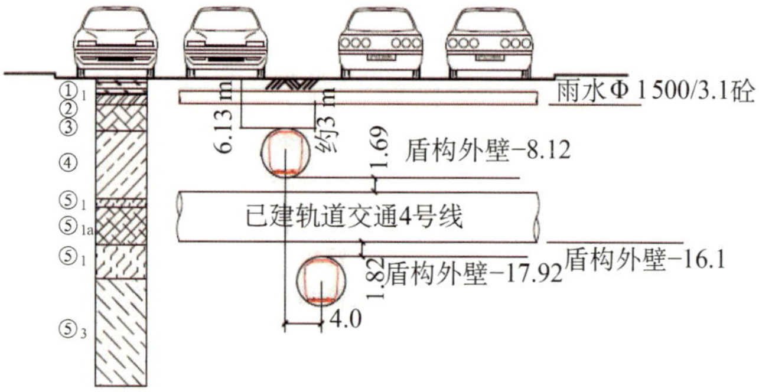

图 6-30　穿越节点处剖面示意图

表 6-8　　地铁 11 号线上下夹穿地铁 4 号线盾构机参数

盾构类型	土压平衡盾构	盾构机外径/mm	6 340	刀盘直径	
厂家	隧道公司	盾构机内径/mm	6 390	刀盘质量	
盾构机外径/mm	6 340	盾壳钢板厚度/mm	45	刀盘扭矩	

续表

盾尾注浆口	4	盾尾操作间隙/mm	25	功率	
盾尾油脂	4+4	建筑空隙/mm	35	特点描述	
密封(钢丝刷)	2+1	刀盘开挖直径/mm	6 340	盾构隧道段长度/mm	3 220
推进油缸	16×2	开口率	40%	管片外径/mm	6 200
千斤顶	16	刀具	软土刀具	管片内径/mm	5 500
额定推力/kN	35 000	刀盘转速/(r·min^{-1})	0~1	环宽/mm	1 200
行程/mm	1 500(26)/2 250(6)	刀盘驱动装置		纵向、环向螺栓的直径与数量	

6.4.2　控制难点及关键

本次穿越工程施工特点如下：

(1) 穿越施工区域为上海地区最软弱地带，跨越的土层为流塑状，灵敏度高。其中③号淤泥质粉质黏土层，呈流塑状，灵敏度高达 6.1~7.7；且局部区域$⑤_{1a}$号砂质黏土层发育，渗透系数高，为承压含水层。

(2) 同一交叉点处上下两次穿越，先期穿越施工的扰动影响对后续施工影响较大。

(3) 浅覆土上穿越工况中位于④号淤泥质黏土层，盾构极易发生上飘抬头，姿态控制及正面压力控制难度大。

(4) 盾构上下穿越的先后次序难以确定。

6.4.3　变形预测

施工前为进一步了解施工产生的影响，首先通过数据模拟进行预测，计算模型尺寸为：宽度 80 m(开挖隧道至模型边界距离>5D)，纵向 80 m(已建隧道至模型边界距离>5D)，高 40 m(开挖隧道至模型边界距离>3D)，模型网格划分示意图如图 6-31 所示。

由于隧道平面交角较大，故模型简化为垂直相交状态；模型边界条件除上表面设置为自由面外，其余各面均施加法向约束；土体、衬砌层、注浆层材料均使用 8 节点实体单元进行模拟，其中地层按照弹塑性介质考虑，遵循 Drucker-Prager 强度准则，力学参数见表 6-9 所示。衬砌层厚度 0.35 m，γ=2 500 kg/m^3，弹模 E=30 GPa，泊松比 μ=0.2；注浆层厚度 0.5 m，γ=2 100 kg/m^3，弹模 E=1 GPa，泊松比 μ=0.25；利用隧道的收敛及注浆层的收缩来模拟地层损失的发生，详细地层物理参数见表 6-9。

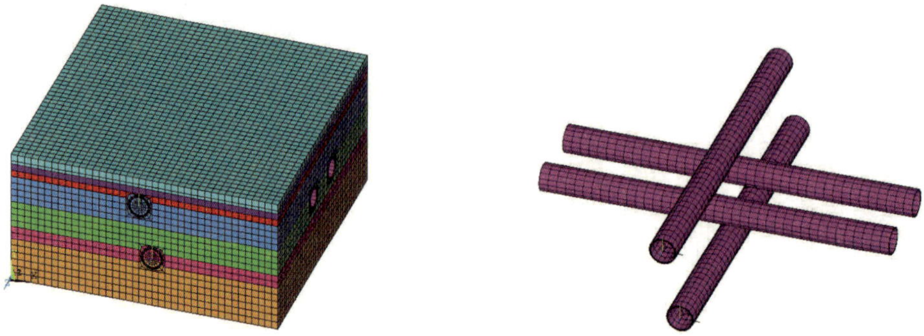

图 6-31　模型网格划分示意

表 6-9　地层物理力学参数

层号	土层名称	泊松比	弹性模量/Mpa	内聚力/kPa	内摩擦角/(°)
①$_1$	素填土	0.4	15	15	18
②$_0$	粉质黏土	0.35	24.15	22	16.5
③	淤泥质粉质黏土	0.38	15.6	11	15
④	灰色淤泥质黏土	0.4	10.45	11	11.5
⑤$_1$	黏土	0.38	14.2	13	14
⑤$_a$	砂质粉土	17.3	0.35	6	30.5
⑤$_3$	粉质黏土	17.9	0.38	20	18.5

在数值模拟盾构穿越过程中共设置了 8 个荷载步，如图 6-32 所示，分别模拟上、下行盾构驶近地铁 4 号线隧道、通过地铁 4 号线隧道上行线、通过地铁 4 号线隧道下行线、远离穿越区域。每个荷载步又设置两个荷载子步：开挖隧道所在区域土体，施加掌子面顶进压力，在管片层与注浆层交界面上施加注浆压力；设置管片层、注浆层单元，逐步卸去注浆压力。

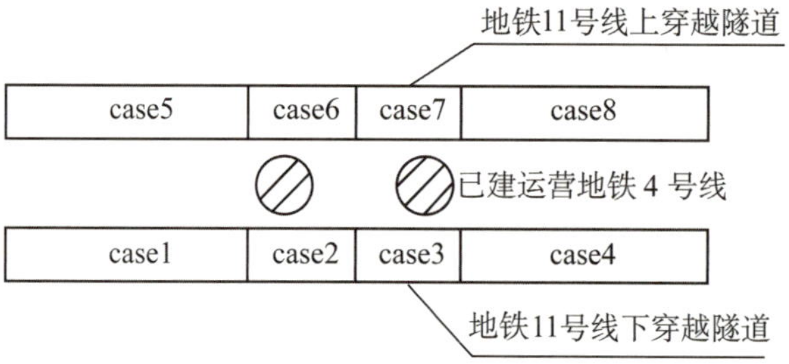

图 6-32　计算荷载步示意图

两种穿越次序下地表竖向位移的变化情况如图 6-33 和图 6-34 所示。

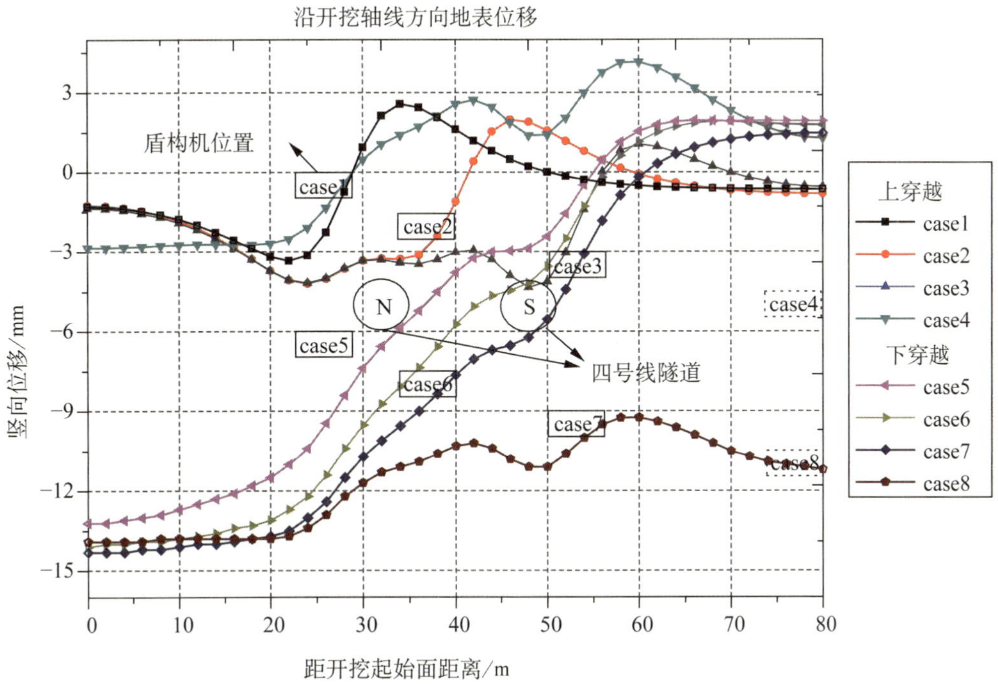

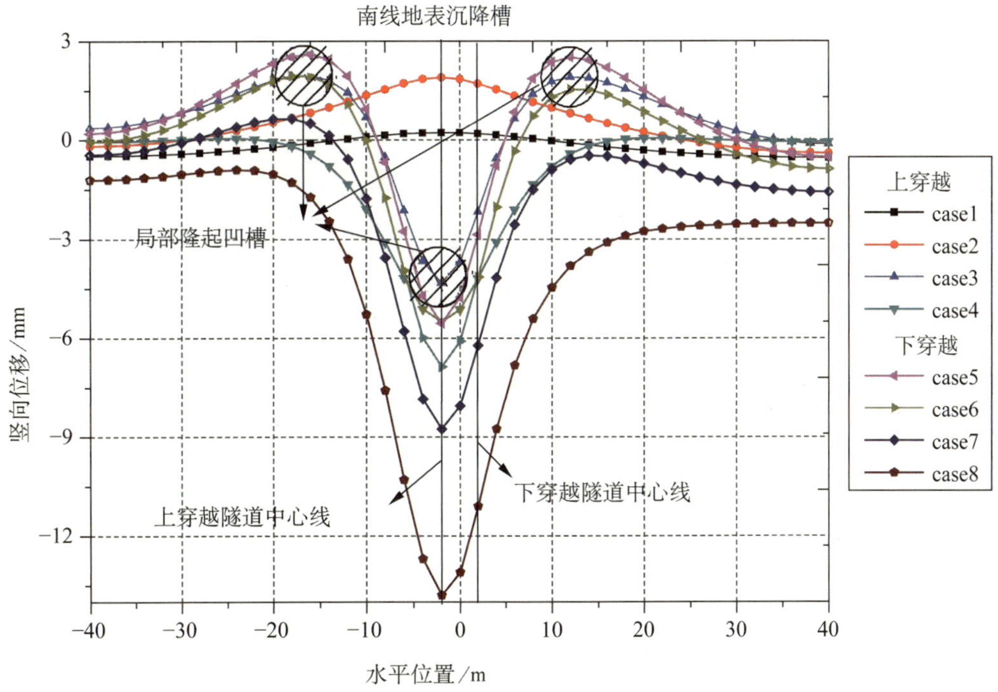

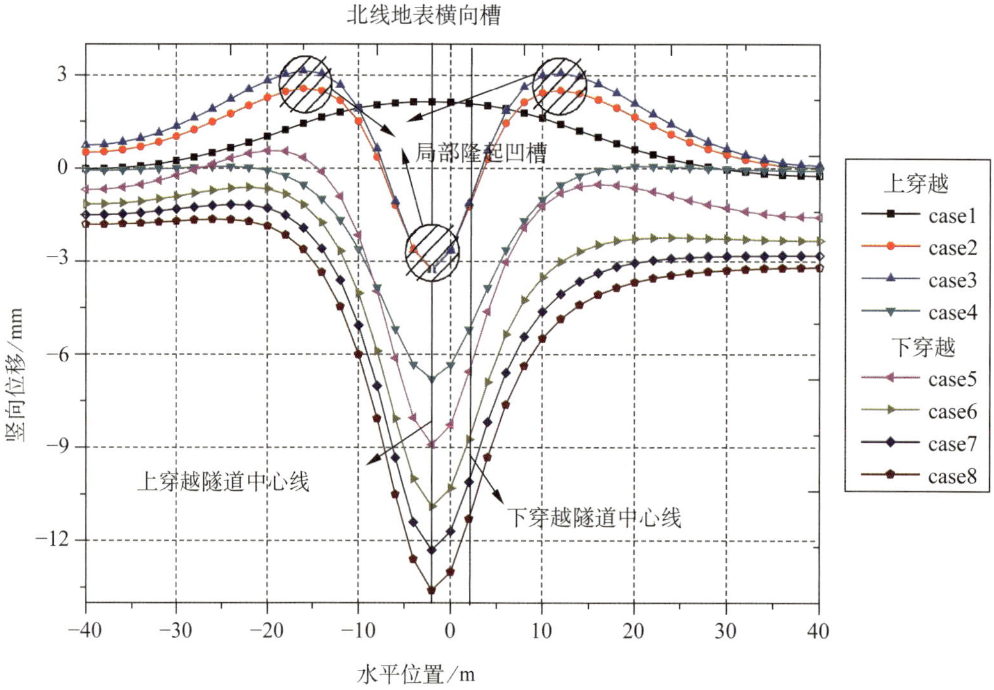

图 6-33 先上后下穿越地表竖向位移示意图

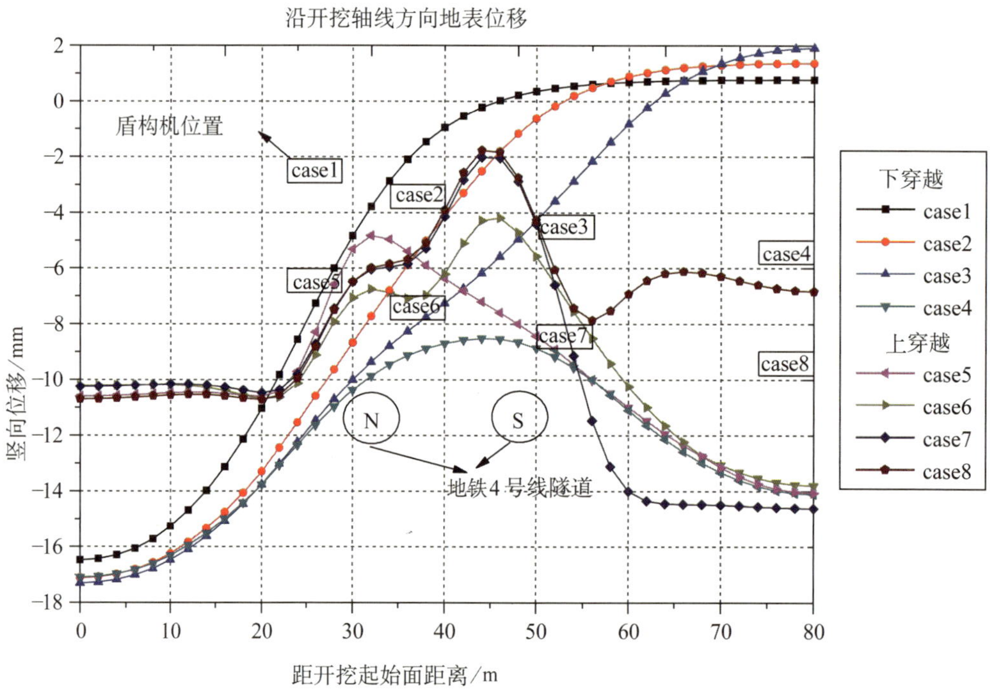

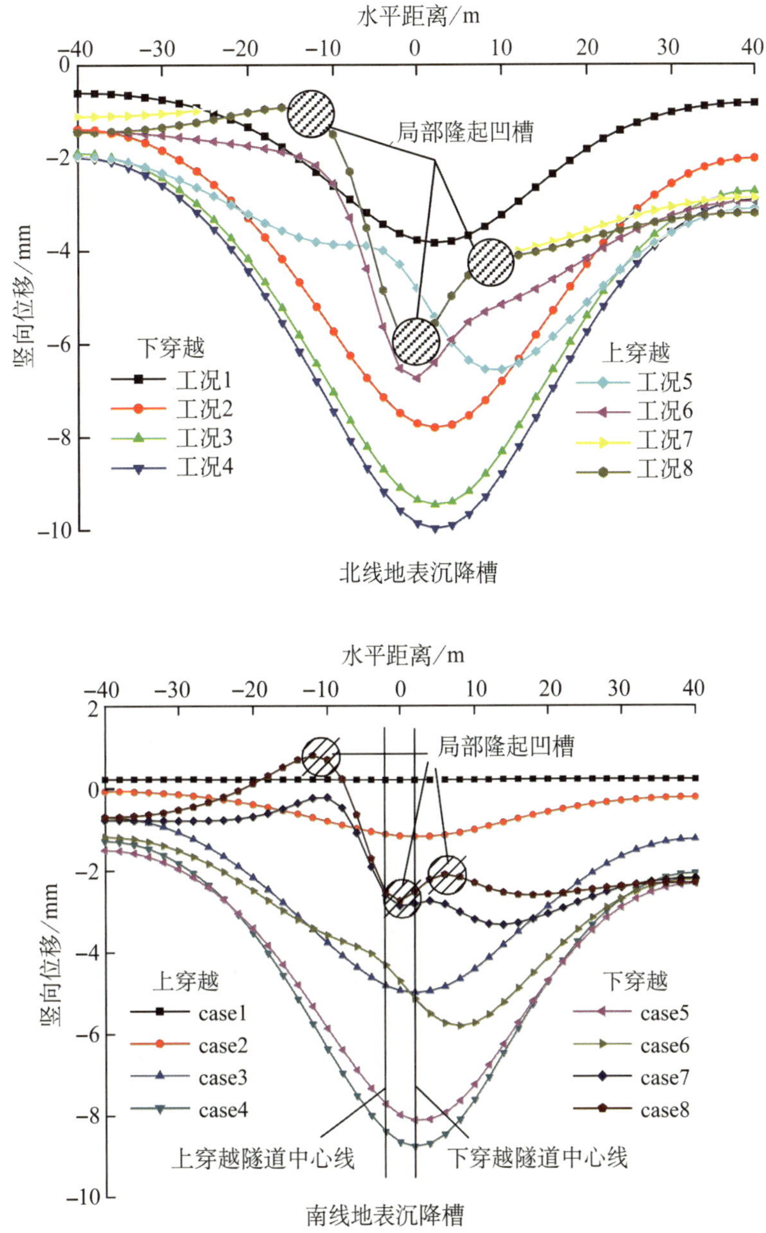

图 6-34　先下后上穿越地表竖向位移示意图

结果表明：

(1) 两种穿越次序对地表竖向位移的影响均可分两个阶段：在上穿越阶段，地表竖向位移整体呈上浮趋势，但在穿越轴线交叉区域，由于盾构施工引起的地层损失的影响，出现了明显的局部凹槽；在下穿越阶段，地表竖向位移呈现整体下沉趋势。

(2) 在已有隧道结构处，已有隧道的上浮带动周围地层回弹，从而在浅覆土条件下致使地表也出现局部隆起现象。

(3) 地表竖向位移值变化较大的工况均发生在盾尾离开其所在区域时。

(4) 先下后上穿越次序引起地表竖向位移曲线较为平缓，对地表建筑物的保护更为有利。

(5) 先下后上的凹槽中心受两阶段的共同影响更接近于模型中心，且穿越结束时地表位移竖向位移显著较小。这表明在先下后上穿越次序下，各时段位移变化的整体性更强，更能利用上穿越土体卸载引起地层回弹产生的对地表沉降的抵消效应。

两种穿越次序下隧道竖向位移的变化情况如图 6-35 和图 6-36 所示。

结果表明：

(1) 两种穿越次序对隧道竖向位移的影响也可分为两个阶段：上穿越阶段呈上浮趋势，但与地表位移相比，由于受隧道自身刚度的影响，隧道位移没有出现显著的凹槽现象；下穿越阶段则呈下沉趋势。

(2) 由盾尾空隙产生的地层损失对隧道结构自身位移的影响趋势与地表基本保持一致，但受隧道自身刚度的影响，影响范围并无显著差异。

(3) 先上后下的穿越过程中，隧道竖向位移呈隆起—沉降—隆起—沉降的变化趋势；而先下后上的穿越过程中，隧道呈沉降不断发展再不断回弹至较小的沉降值的变化趋势。相比于先上后下情况中位移呈现的反复震荡变化，先下后上情况下位移的渐近式的发展对隧道的变形控制更为有利。

(4) 两种穿越次序下，虽然隧道结构的最终竖向位移值较为接近，但其引起的位移曲线分布形态有较大区别：先上后下穿越时的位移曲线变化曲率较大，且南线隧道更是出现了反对称的分布形态，这对隧道结构的受力性能以及接缝处的止水要求都较为不利；而先下后上穿越引起的位移曲线变化趋势则较为平缓。

综合考虑先上后下及先下后上两种穿越情形下，盾构穿越施工引起的地表位移和地铁位移大小及分布形态的变化及其对地铁隧道结构安全的影响，分析可知先下后上穿越方案对地铁隧道保护相对有利。

6.4.4 过程控制

基于以上理论分析结果，确定了先下后上的穿越次序，同时为确保工程万无一失，在实际工程中还制订了以下一系列针对性的施工控制措施：

(1) 采用高稠度、大比重单液浆，以增强盾尾间隙填充后地层的稳定性，并减少浆液固化、泌水引起的后期沉降；

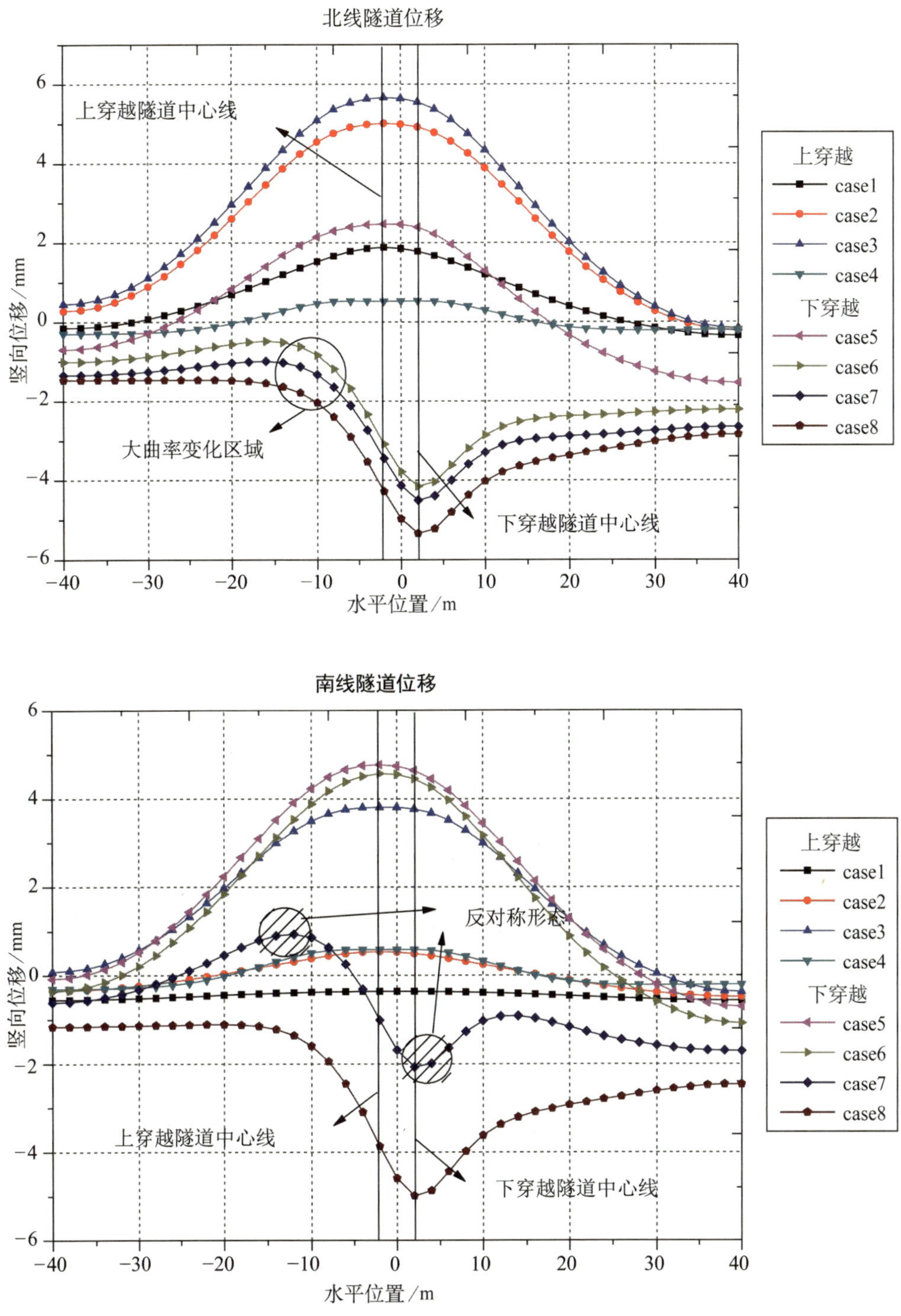

图 6-35　先上后下隧道竖向位移示意图

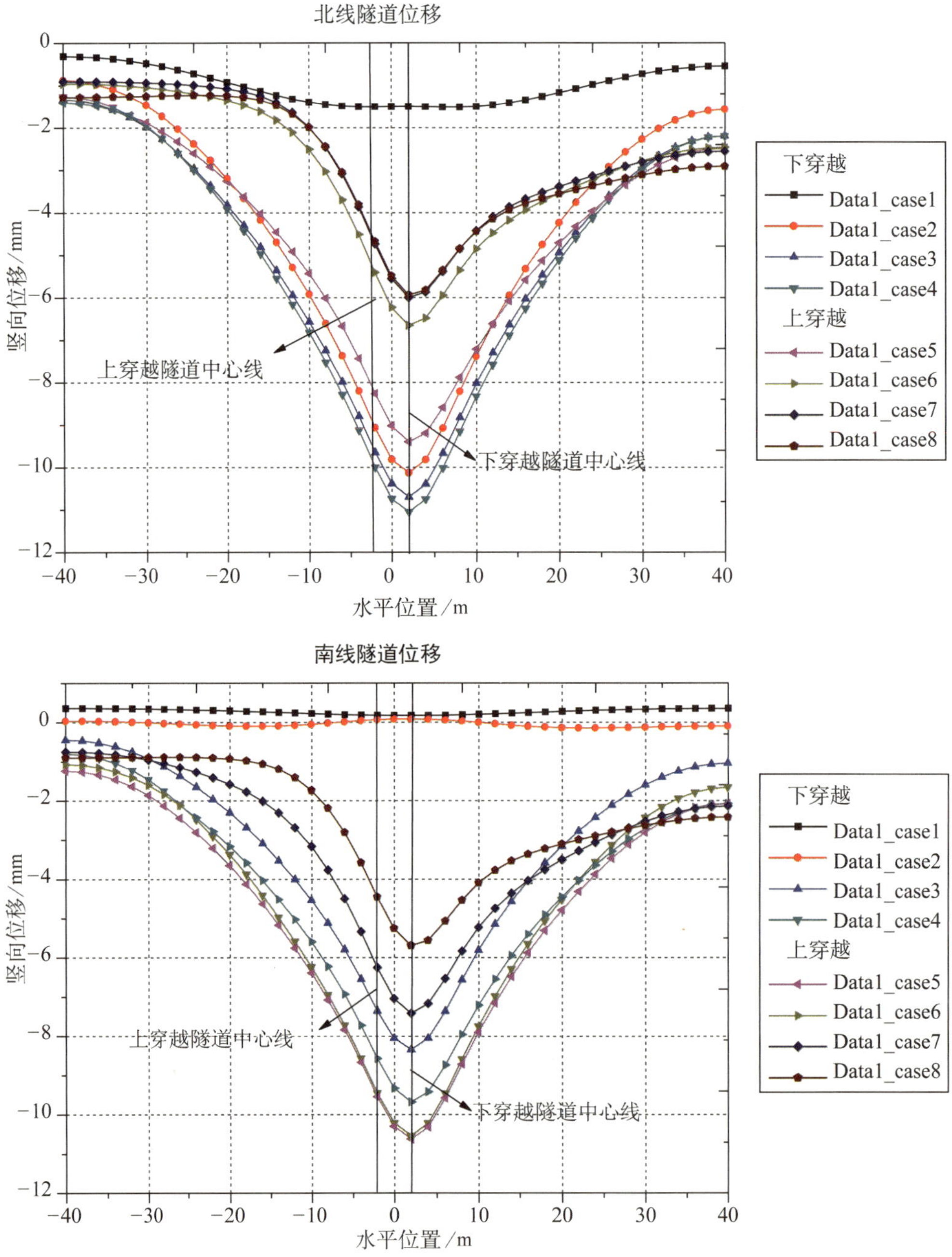

图 6-36　先下后上隧道竖向位移示意图

(2) 适当提高盾尾空隙的填充率，以及在穿越节点管片上预留注浆孔，以备实施二次注浆，确保地铁隧道变形控制在安全范围。同时，盾构尾部到达前使得运营隧道呈现2～3 mm微幅的预先上抬，以利于隧道最终沉降值的控制。

(3) 穿越节点区域由于已建隧道的影响，初始地层压力在同一高程位置会出现剧烈的波动。盾构通过穿越节点时应减缓推进速度，及时控制仓内压力平稳变化，防止过小、过大的正面压力导致前方坍塌和对隧道结构的损坏。

（4）上穿越处于浅覆土（$H<D$）施工状态，需加强对盾构姿态和正面稳定性的控制：对新建隧道进行同步压重，防止姿态上飘；使用泡沫添加剂或高分子泥浆，对开挖面、土仓、螺旋机土体进行改良，稳定仓内土压并防止出土口喷涌。

（5）在穿越节点两侧对运营隧道进行压重，以减少土体开挖卸载引起的隧道回弹上浮。

（6）在穿越节点两侧运营隧道内设置纵向连系梁，以增强隧道的整体刚度。

（7）穿越过程的变形控制措施也应根据位移发展的两个阶段加以区分：下穿越过程以控制隧道沉降为主，采用提前注浆、二次注浆等措施减少其最终沉降量；上穿越过程以控制隧道回弹上浮为主，采用压重、纵向加强等措施控制回弹位移量及其发展过程。

6.4.5　实测对比与工程效果分析

出于减少两次穿越间相互影响的考虑，两次穿越之间设置一定的时间间隔：6 月 9 日开始下穿越施工，上行线推进至 977 环，盾构切口进入穿越区域，6 月 22 日推进至 1 027 环，下穿越结束；7 月 6 日开始上穿越施工，下行线推进至 977 环，盾构切口进入穿越区域，7 月 20 日推进至 1 028 环，整个穿越施工结束。

为了对地铁运营隧道的严格保护，在穿越施工期间，对穿越区域的区间隧道进行了重点监测：穿越节点两侧各 40 m 范围内，布设了 40 台间距 2 m 的电水平尺首尾相连构成的监测线，对运营隧道竖向位移变化情况进行实时监测，地表沿开挖轴线方向，每隔 5 环布设地表沉降观测点。测点布设如图 6-37 所示。

夹穿过程中沿开挖轴线方向地表位移的变化情况如图 6-38 所示。

结果表明：

（1）与理论预测结果相比，实测数据的位移绝对值显著偏小。这表明预先注浆、二次补浆等施工措施对地表沉降控制取得了良好成效。

（2）由实测的上浮趋势线可以发现，地表位移并没有出现显著的回弹现象，且地表上浮趋势线在已建隧道所在区域出现明显凹槽。这表明同步压重、纵向刚度加强等措施能对隧道的回弹起到一定的抑制作用，从而也抑制了地层的整体上浮。

夹穿过程中已建运营地铁隧道竖向位移情况如图 6-39 和图 6-40 所示。结果表明：

（1）实测数据与理论预测结果的位移分布及变化趋势保持一致。

（2）实测数据的绝对位移值和上浮回弹量显著偏小，这表明针对性的施工措施对控制隧道的位移变化尤为有利。

（3）隧道位移横向槽中心与下穿越隧道中心线基本重合，下穿越过程引起的地层损失是隧道沉降的主要原因，但由于上穿越卸载回弹，隧道在上穿越中心线出现局部回弹凸起。

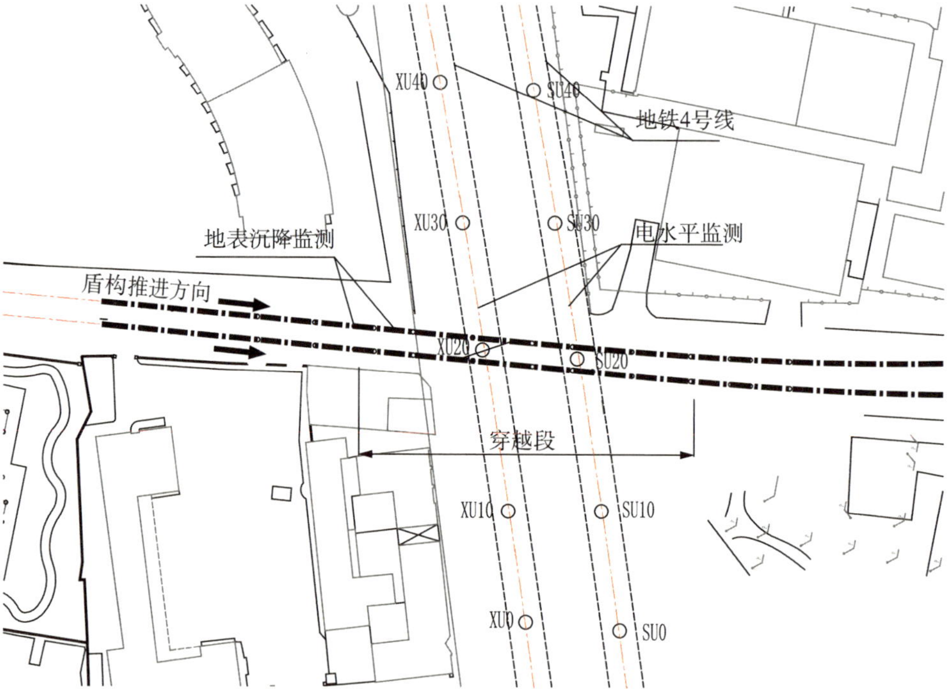

图 6-37　监测测点布设示意图

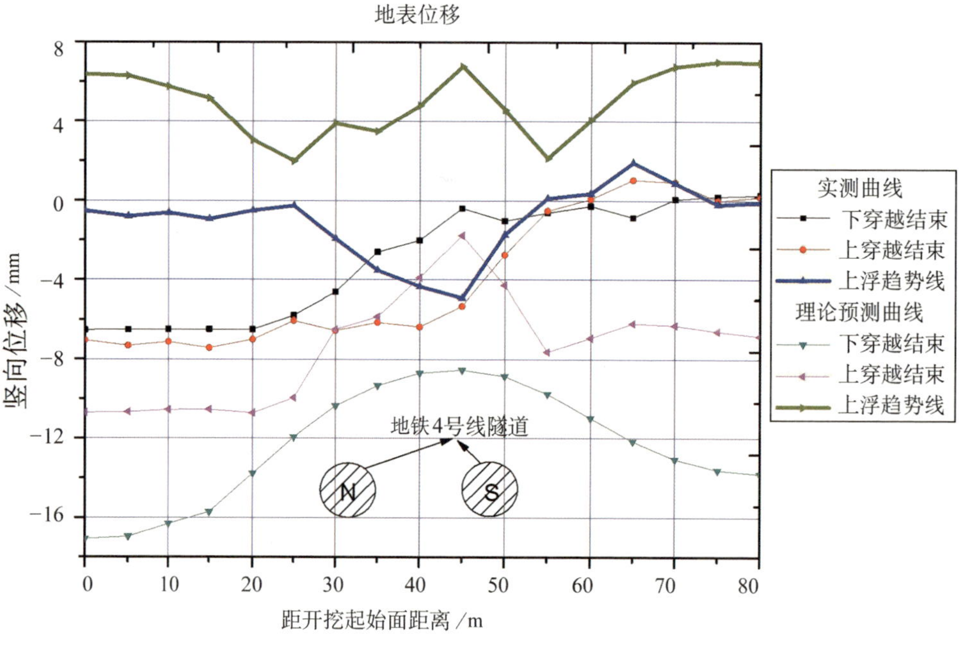

图 6-38　纵向地表竖向位移变化示意

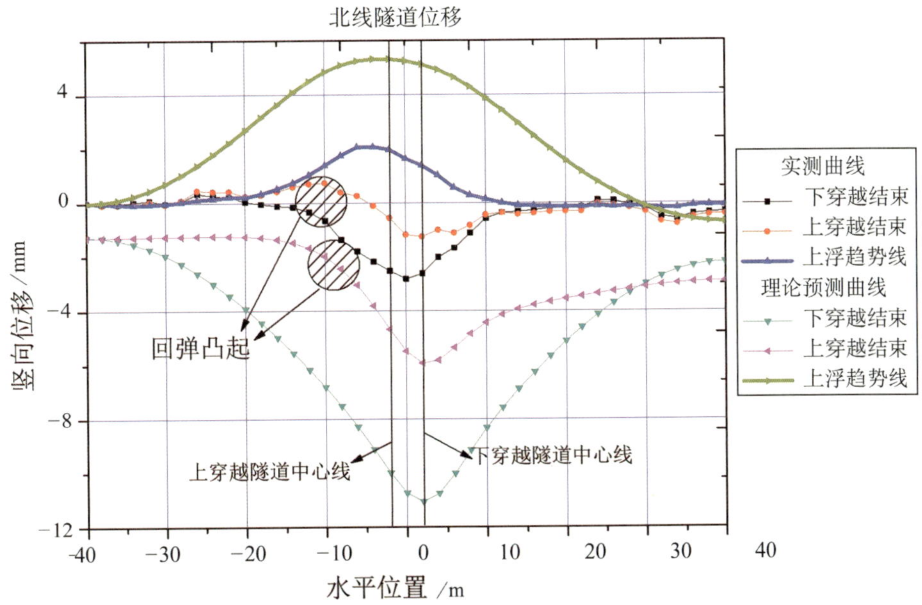

图 6-39　北线隧道竖向位移变化示意

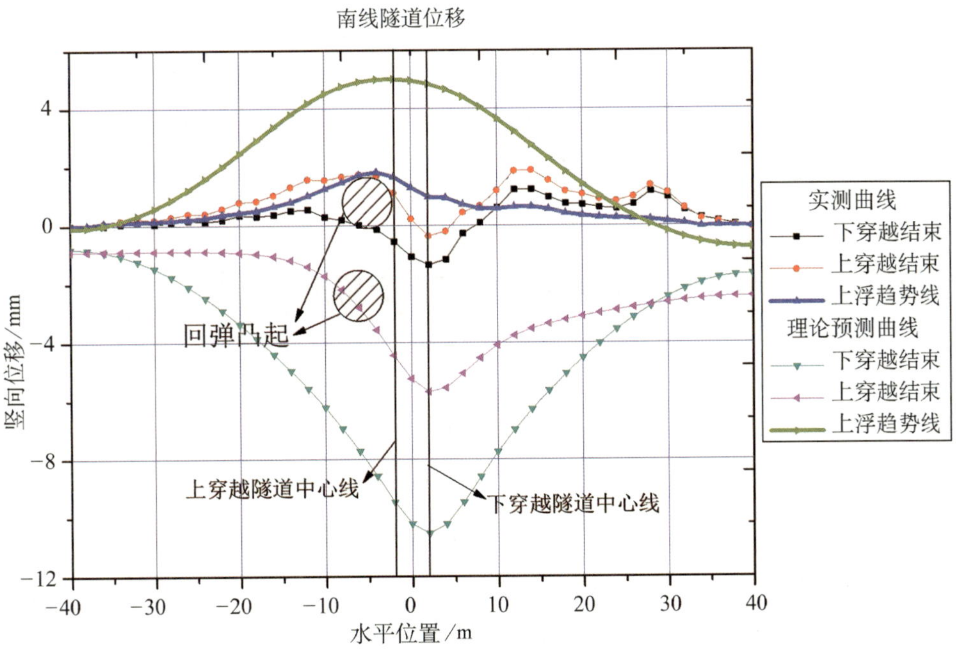

图 6-40　南线隧道竖向位移变化示意

从实测变形曲线可知，穿越节点区域地表变形呈现下沉趋势，而隧道呈现上浮趋势，两者呈现相反的变化趋势。而理论计算结果中地表与隧道均呈现整体上浮趋势（仅局部凹沉），这是由于理论计算中未考虑压载影响而产生较大隧道上浮，从而带动周围地层变形所致。

6.4.6 结论与经验教训

结合土压盾构上下夹穿已建运营地铁的工程实例，对上下夹穿施工条件下的位移场分布及发展规律进行了分析，并将理论计算与现场的实测数据进行了对比验证，得到了以下结论和建议：

(1) 先下后上的穿越次序对运营隧道的保护和周边环境的控制较为有利。

(2) 实测数据与数值计算结果的变化趋势基本保持一致，其中两者的地表位移数值较为接近，而实测隧道位移数值较理论计算结果偏小。这表明同步压重、纵向刚度加强等针对性的施工措施对隧道变形起到了良好的保护作用。

(3) 穿越节点处的预先注浆引起隧道微降以及通过后的及时二次注浆隆起，能在一定程度上抵消地层损失引起的隧道变位及长期沉降，这对控制隧道的最终沉降有一定成效。

(4) 位移的分阶段控制方法对隧道变形的控制尤为有利，应根据不同的穿越阶段采取不同的变形控制措施。

(5) 受先期下穿越对土体造成扰动的影响，后期上穿越情形与以往单独上穿越情形对位移场的影响存在一定的差异，整体上浮趋势减弱，最大回弹值偏小。

(6) 受两次穿越之间相互影响的作用，地表及隧道位移的发展趋势与单独穿越均存在较大差异。施工控制过程中，应结合两者之间的实测数据进行综合判断和预测。

6.5 上海地铁 10 号线下穿越大连路下立交隧道

6.5.1 概况

上海市地铁 10 号线 3 标段是典型复杂受限边界的下部穿越案例。地铁 10 号线"同济大学站—大连路站"区间里程为 SK25＋113.496～SK24＋460.068 m，采用双圆盾构施工。区间全长 653 m，且盾构分别在道路和下立交隧道下推进，其中 213 m 在下立交结构下长距离叠交推进(图 6-41)。隧道底部埋深－19.815～－12.291 m，盾构主要穿越土层为④⑤土层，下立交底板与盾构隧道的最小净距为 7.74 m(图 6-42)。

地铁 10 号线"国权路站—同济大学站"区间里程为 SK26＋111.500～SK25＋421.132 m，长 690.4 m，其中 563 m 在下立交结构下长距离叠交推进(图 6-44)。采用单圆盾构施工，隧道底部埋深－20.040～－13.114 m，盾构主要穿越土层为④$⑤_{1-1}$、$⑤_{1-2}$层土层，下立交底板与盾构隧道的最小净距为 3.68 m(图 6-43)。

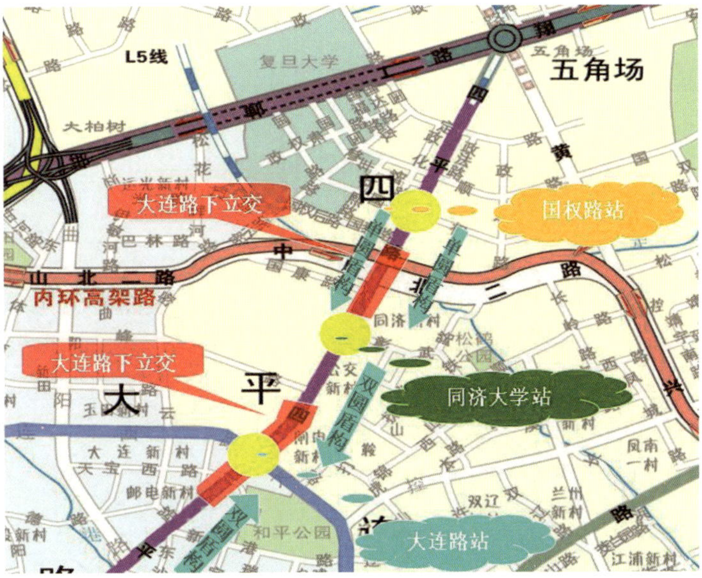

图 6-41　四平路下立交与盾构隧道位置平面图

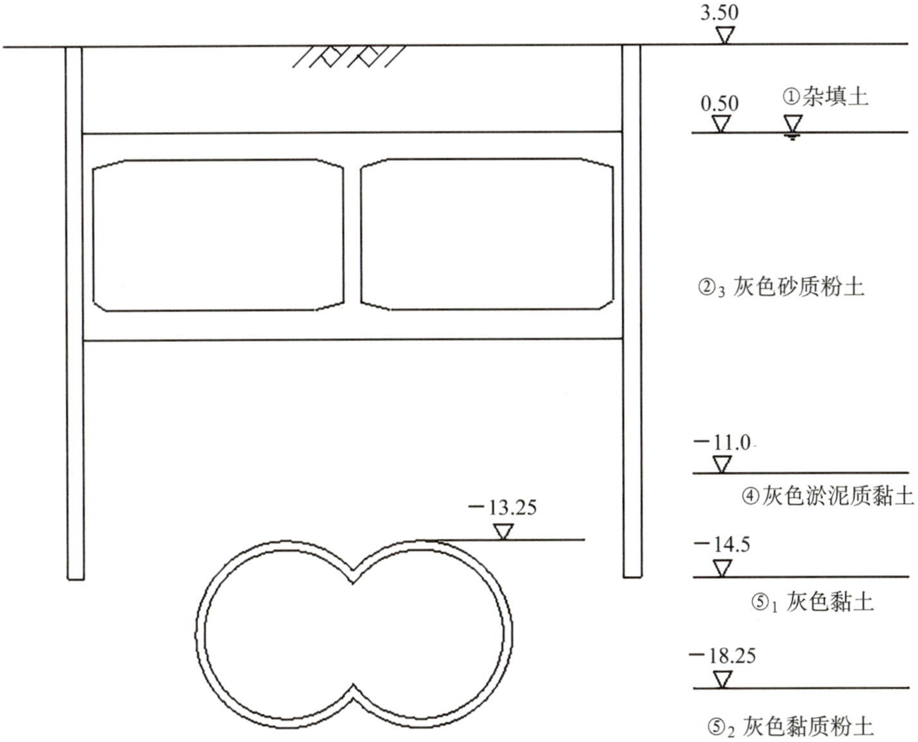

图 6-42　双圆盾构隧道主要穿越土层示意图

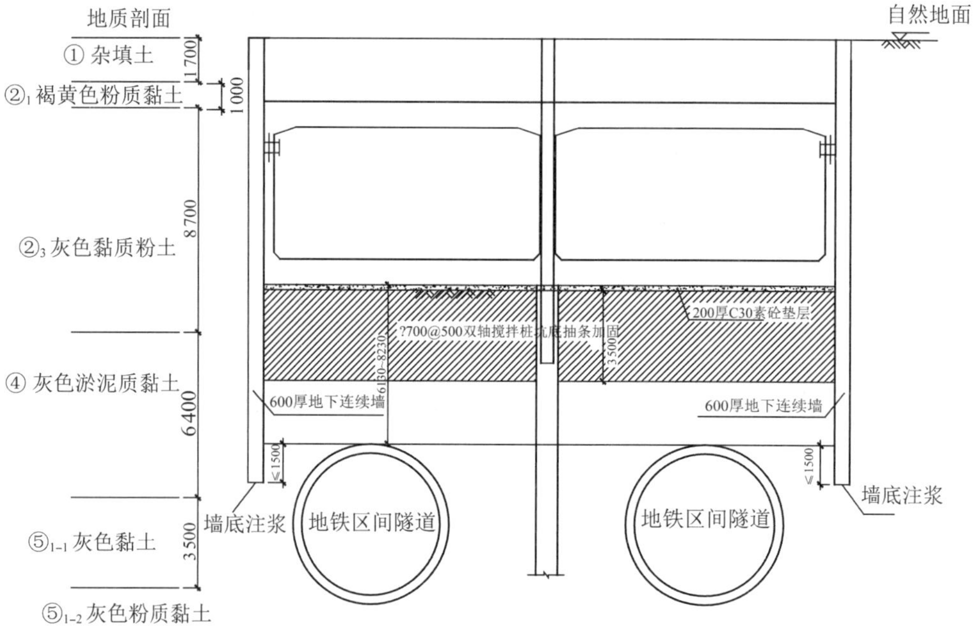

图 6-43　单圆盾构隧道主要穿越土层示意图

6.5.2　控制难点

本次穿越工程的施工难点如下：

(1) 隧道平行位于下立交正下方，单、双圆盾构穿越距离长度分别达 563 m 和 213 m，且盾壳顶与下立交底板的最近距离分别为 3.68 m 和 7.74 m，如施工发生意外或出现纰漏，施救措施困难，因此施工难度极高。

(2) 双圆盾构纠偏较困难，顶进姿态难以控制。

(3) 在三面封闭情况下进行盾构掘进，对下立交底板结构乃至整个下立交及下卧土层将产生显著挤压扰动。

(4) 在三面封闭的下立交下部进行盾构隧道施工，各项盾构参数均受到影响，优化施工参数难度大。

(5) 在三面封闭情况下，盾构推进产生的超孔隙水压难以消散，对上方隧道的稳定影响较大。

6.5.3　变形预测

前几节已介绍过多例单圆盾构穿越案例，本工程作为双圆盾构穿越段为案例进行分析。为保证本穿越工程的顺利实施，穿越前利用有限元分析软件，分阶段分析了双圆盾构施工对已建下立交隧道的影响。计算模型整体如图 6-44 所示，地质参数根据工程勘测选用。隧道管片为 C50 混凝土，错缝拼装接头刚度折减系数为 0.75。

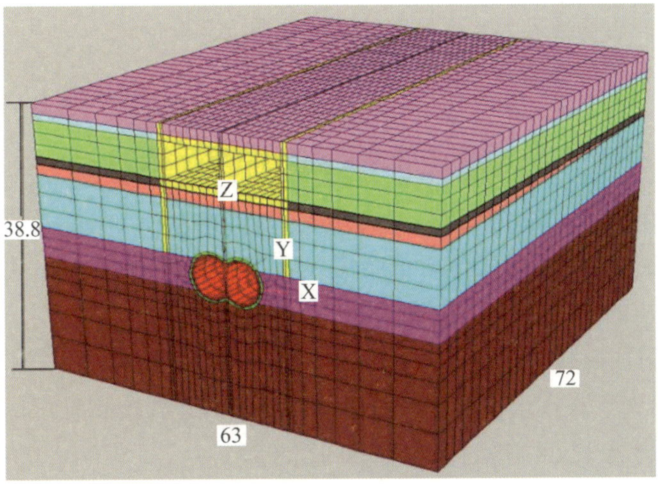

图 6-44　有限元分析整体模型

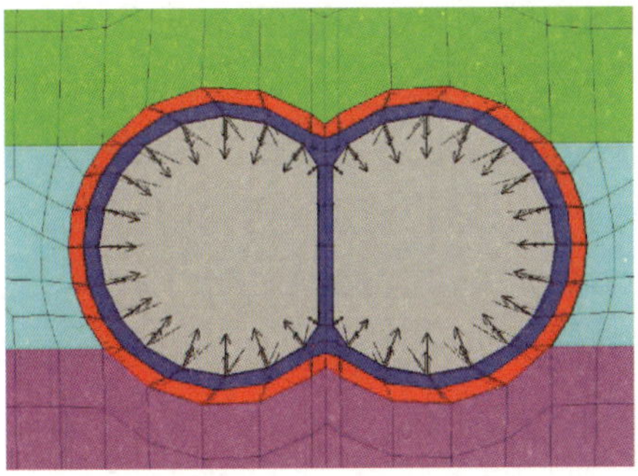

(a) 盾构隧道开挖土体释放 20% 荷载

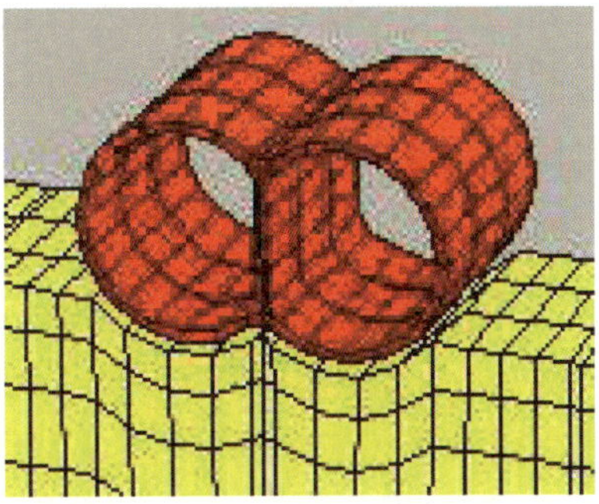

(b) 管片完成拼装，释放 80% 荷载

(c) 盾构机推进，作用于前方土体的推进力模拟

图 6-45　盾构推进过程模拟

盾构推进力作用下的数值模型模拟如图 6-45 所示，分别为施工期间盾构隧道土体开

挖释放荷载(20%)以及完成管片拼装形成支护释放荷载(80%)过程以及作用于前方土体的纵向推力影响。盾构推进力水平按实际情况选取为 500 kPa。

模拟计算结果分析如下。

1. 盾构推进引起下立交底板附加荷载及孔隙水压变化规律

下立交底板下附加荷载沿隧道中轴线分布曲线如图 6-46 所示,可见:

(1) 下立交底板下超孔压的绝对值明显大于自由场下与底板同一埋深处的超孔压,两者负最大超孔压的比值为 13.1,正最大超孔压的比值达 17.5。

(2) 底板下附加荷载是盾构推进引起的孔隙水压力和土体对底板作用的合力,开挖面前方,附加荷载对底板产生挤压,最大值为 47.97 kPa,在开挖面前方 7.2 m 处取得,而该处的超孔隙水压力为 47.36 kPa,占附加荷载的 98.7%。

(3) 开挖面前及后 1 环范围内,超孔隙水压力为正值,最大值为 47.36 kPa,在开挖面前方 7.2 m 处取得,特别在开挖面前方,底板下附加荷载曲线和超孔压曲线非常接近,距开挖面越远两者越接近,即使在差值较大处,即开挖面前方 4.8 m 处,超孔隙水压也占附加荷载的 89.2%,这说明开挖面前方的附加荷载主要是由超孔隙水压力产生的,要减小底板下的附加荷载主要还是应在底板下铺设排水板、底板上设置排水孔。

(4) 在开挖面后方且与其距离超过 1 环的范围内,超孔隙水压力与附加荷载均为负值,尤其是盾尾后 4 环范围内,附加荷载跌幅速率最大,达 7.9 kN/环。

图 6-47 为开挖面前方 7.2 m 处底板下附加荷载横向分布曲线,附加荷载和超孔隙水压力最大值在距底板中线约 2.0 m 处取得,分别为 50.45 kPa 和 50.16 kPa,最小值在底板两端取得,分别为 10.53 kPa 和 24.75 kPa。

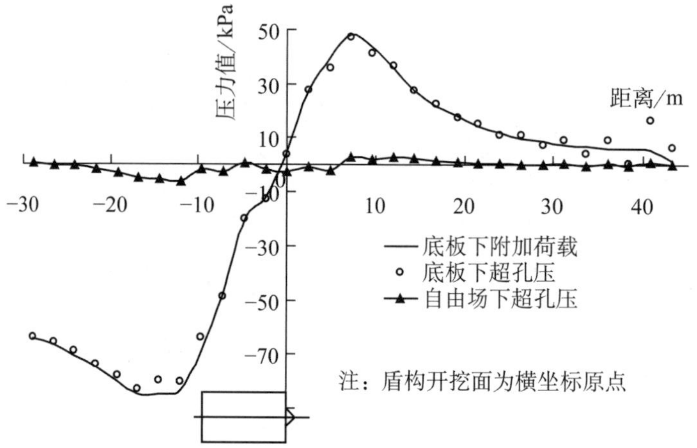

图 6-46 底板下附加荷载沿隧道轴线分布曲线

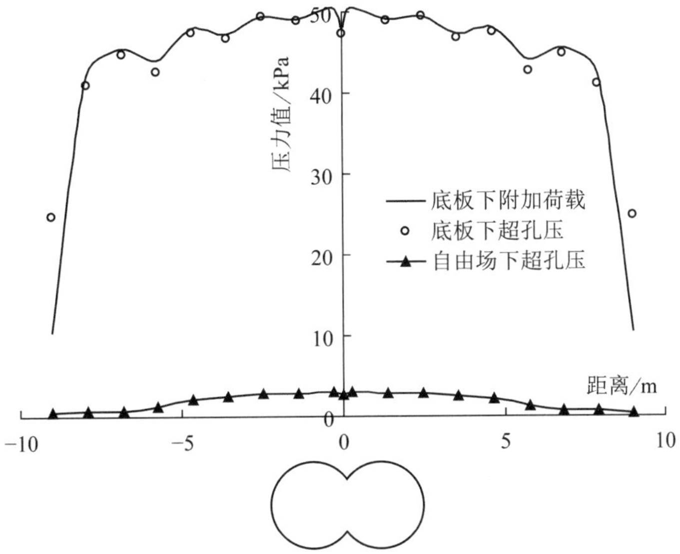

图 6-47　切口前方 7.2 m 处底板下附加荷载横向分布曲线

2. 盾构推进引起下立交底板变形分析

下立交底板沿隧道中轴线的沉降曲线如图 6-48 所示。

(1) 沉降曲线线型接近直线，这可能是由于整个下立交结构的刚度较大，当盾构施工引起的地层损失传递到下立交底板时，下立交底板主要发生的是刚性位移而底板弯曲变形引起的位移不大，最大沉降值为 17.35 mm，开挖面前方约 20 环底板有上翘的趋势，但最大上翘量不超过 2 mm。

(2) 图中假想线为相邻两环沉降值差值的 10 倍，其最大值恰好在盾尾处取得，在盾尾及其后 4 环的范围内，假想线数值的变化梯度较大，而在其他位置则比较平缓，这表明盾尾脱离对底板变形及地层损失影响最大，建议壁后补压浆在同步注浆完成后尽快实施。

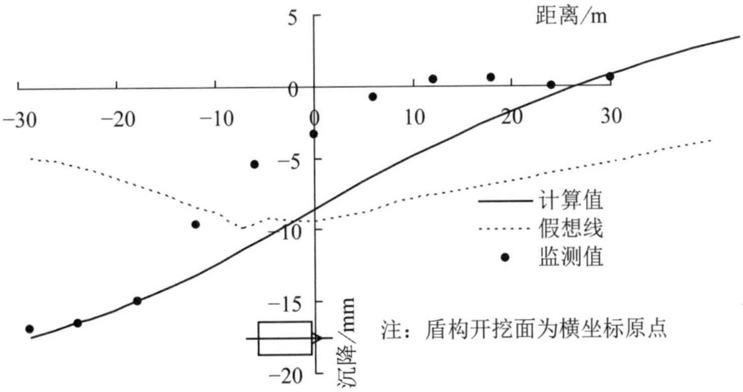

图 6-48　底板沿隧道轴线沉降变化

图 6-49 中的下立交底板横向沉降曲线非常平坦且距开挖面越近曲线越平坦，开挖面后方 28.8 m 处底板最大值在中线处取得为 17.35 mm，最小值在两端取得为 16.43 mm，最大值与最小值的差值不到 1 mm。

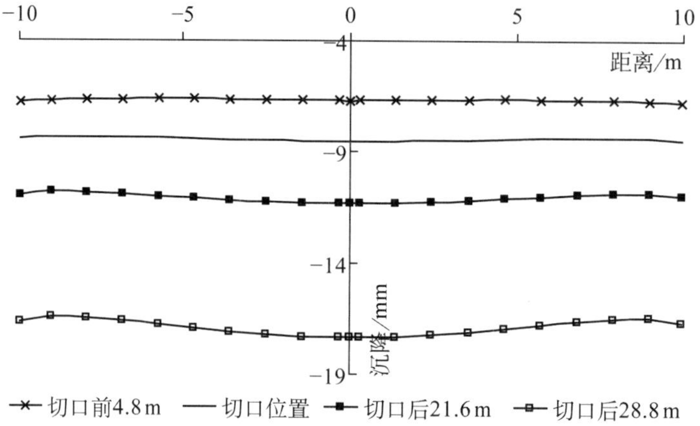

图 6-49　底板横向沉降曲线

6.5.4　过程控制与实测分析

1. 同步注浆控制

1）注浆材料配比优化

按不同的水玻璃添加比例进行配比，对浆液分别进行了稠度、坍落度、泌水性、收缩性、初凝时间及强度等测试，发现：①改变水玻璃添加比例对塌落度影响不大；②当水玻璃体积由 60 L 增加到 80 L 时，稠度、初凝时间、收缩率及泌水性随着水玻璃的体积的增加而减小；③当水玻璃体积由 80 L 增加到 100 L 时，稠度、初凝时间、收缩率及泌水性随着水玻璃的体积的增加而增加；④浆液的强度和弹性模量随着水玻璃体积的增加而增加。

最终采用注浆配比（1 m^3）：325 硅酸盐水泥（350 kg）：膨润土（50 kg）：粉煤灰（100 kg）：水玻璃（80 L）：水（785 L），其物理力学性能如表 6-10 所示。

表 6-10　选用配方浆液物理力学性能

稠度/mm	塌落度/mm	初凝时间/h	收缩率/%	泌水率/%	强度/MPa			
					1 d	3 d	7 d	14 d
11.8	28	5.2 h	7.15	4.25	0.17	0.25	0.37	0.46

2）注浆孔布置优化

针对双圆盾构原有上、下海鸥块处的两点注浆形式[图 6-50(a)]浆液不能够很好地填充盾构机周围的建筑空隙的缺陷，施工单位将注浆方式改为左、右隧道顶吊装孔及其他吊装孔位置的多点注浆形式[图 6-50(b)]。调整后,一方面浆液易于均匀流动分配填充盾尾间隙,另一方面也可为管片纠偏提供一种有效手段。如果隧道发生旋转,可进行反压浆进行纠正。如盾构向右旋转,就需将注浆孔设在左上和右下[图 6-50(c)],反之则是右上和左下。

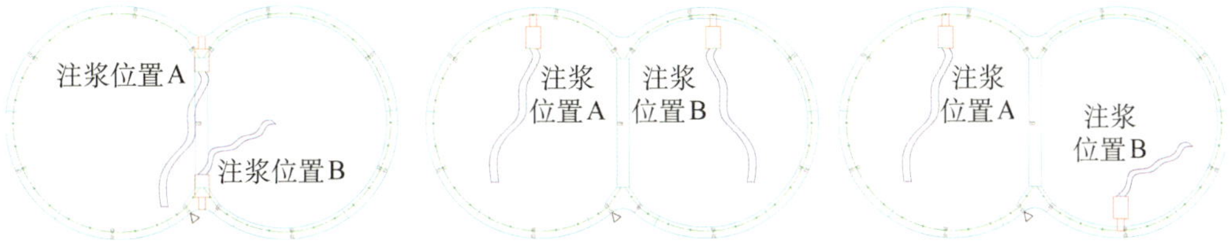

(a) 原有注浆孔布置　(b) 优化后注浆孔布置　(c) 纠偏用注浆孔布置（右旋）

图 6-50　双圆盾构注浆孔布置优化

2. 卸压孔技术

由于盾构推进产生在地层中超孔隙水压难以在三面封闭下消散,下立交底板位于②$_3$层砂质粉土地层,导致上方隧道底板产生较大上浮压力,和因土体有效应力下降导致的地层强度稳定性问题。为此,在上方隧道地板上预先设置排水泄压孔,并在每个泄压孔中设防喷和过滤装置,防止因隧道底板下的泥沙喷涌导致水土损失而引起的下立交结构沉降,并保持隧道的长期稳定性。

3. 掘进监测结果与分析

1) 超孔隙水压监测

图 6-51 为位于隧道中轴线上部的 KD1 测孔、隧道上行线上部的 KD2 测孔和隧道上行线左侧 KD3 测孔的孔隙水压时程曲线。盾构切口于 2008 年 12 月 21 日 12:30 到达监测断面,于 2008 年 12 月 24 日 8:00 盾尾脱离该监测断面。由各测点超孔隙水压监测结果得出如下结论:

(1) 下立交底板下超孔隙水压的量值与距盾壳远近相差不大,这与自由场段有较大区别,即距离盾壳越近超孔隙水压变化越显著。这是因为盾构施工产生的超孔隙水压主要是向孔隙水压低的上部排出并消散,而地下连续墙和下立交底板均不透水,底板下土体处于三面均不透水的边界条件下,因此,三面封闭土体中的超孔隙水压很难形成向外界消散的梯度。

(2) 盾构切口到达监测断面前,开挖面前方土体中超孔压主要受土仓压力和上海鸥块背土的影响,图 6-51(a)中超孔压为正,反映了盾壳的背土对前方土体产生挤压,而图 6-51(c) 中超孔压有正有负,反映了推进阶段土仓压力偏大、管片拼装、停推阶段土仓压力偏小的特征。

（3）盾构通过阶段，由于周围土体受到盾壳与土体之间巨大的摩擦力，周围土体受到“加载”荷载，超孔隙水压力急剧升高，盾尾脱出时达到最大值，盾尾通过监测断面后超孔隙水压有小幅下跌，随后，由于壁后“及时”注浆使超孔压恢复到最大值附近后逐渐消散。

（4）“及时”注浆后的一段时间，超孔压出现突跌现象，这可能是由于浆液收缩或隧道周围土体向临空面内坍塌引起的。

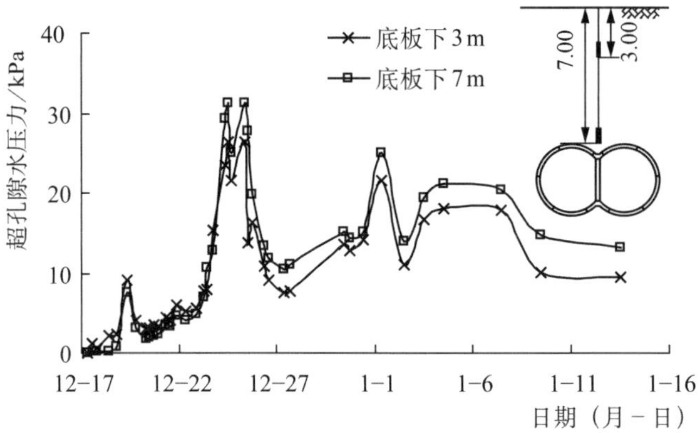

（a）KD1 测孔

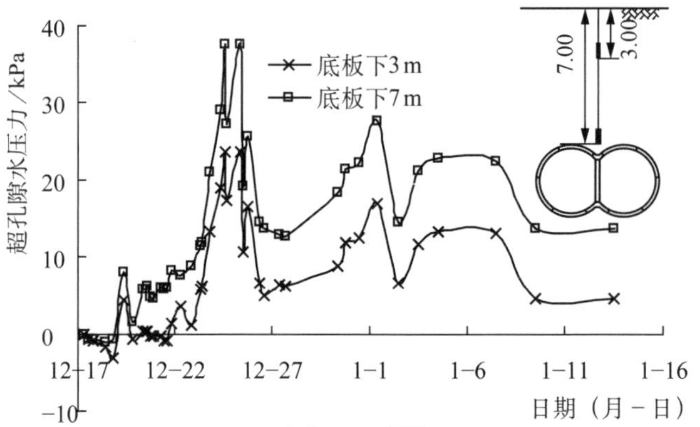

（b）KD2 测孔

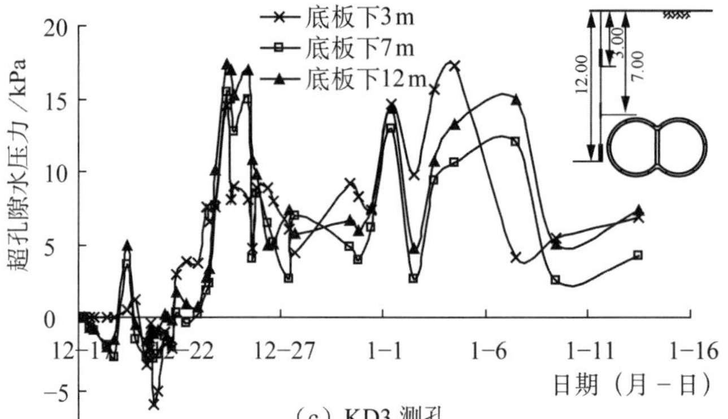

（c）KD3 测孔

图 6-51　超孔隙水压力时程曲线

2）土压监测

不同监测断面的土压力时程曲线如图 6-52 所示，得出如下结论：

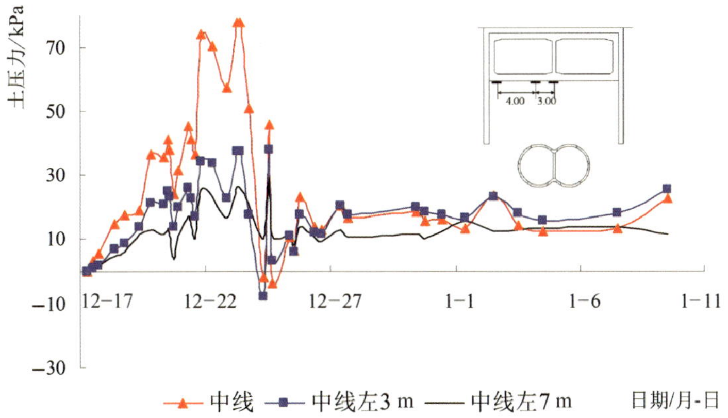

(a) 断面 D—D

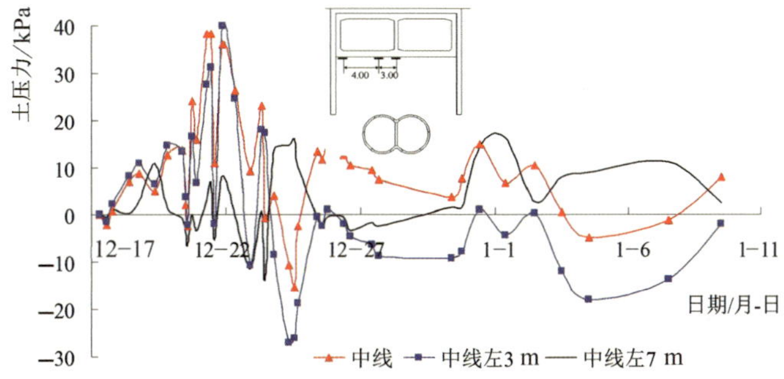

(b) 断面 E—E

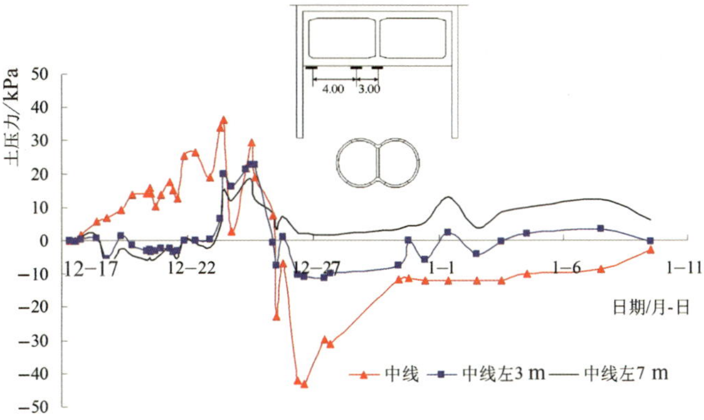

(c) 断面 F—F

图 6-52　土压力时程曲线

(1) 从盾构切口纵向距监测断面约 10 环开始，土压力开始发生明显变化，盾构通过监测断面前，开挖面前方土体受到挤压，土压力呈“锯齿”型升高，这是由于管片拼装的时候盾构后退，使开挖面平衡压力下降，地层产生下沉变形引起的。

(2) 土压力的最大值在切口到达监测断面或其前1环处取得，盾构通过监测断面时，土压力出现突跌现象，盾尾脱出时达到最小值，这可能是由于盾壳与软黏土之间的黏附作用，特别是上海鸥块的背土效应引起的，因为盾壳带动周围土体向盾构推进方向移动势必会造成盾壳长度范围内的地层损失。

(3) 盾尾脱出达最小值后，由于同步注浆的影响，土压力又急剧升高，升高增量值小于注浆压力值0.2 MPa约为0.07 MPa，大体与上覆土体压重相当。

(4) 盾尾脱离监测断面约一星期后，土压力趋于稳定，随后由于二次补压浆的影响，土压力有所起伏，如果考虑下立交底板下的自重抗力30 kPa，待盾尾脱离测点两个星期后，土压基本稳定在4.6～94.3 kPa之间，这表明下立交底板仍承受一定的地基抗力且与其下方土体密贴。

(5) 距离中隔墙越近，土压力受施工影响越显著，土压力最大升高速率为17.6 kPa，最大下降速率为4.9 kPa。

6.5.5 结论与经验教训

针对双圆盾构特点，关于本项目施工结论与经验教训如下：

(1) 双圆盾构在三面封闭情况下近距离穿越下立交底板时产生的挤土效应十分显著，下立交底板下最高挤土压力可以达到80 kPa，最大超孔隙水压约为38 kPa。在三面封闭情况下超孔隙水压力值，随离开底板间距的变化不明显，这一点与自由场不同。

(2) 在三面封闭情况下，双圆盾构推进引起的土体最终沉降一般控制在15～20 mm，采取信息化精心施工、严格管理也可将沉降控制在5～10 mm。

(3) 在下立交底板上开设卸压孔，对于减小土体的挤压荷载，特别是消散挤压和注浆产生的超孔隙水压力有明显的效果，卸压孔的纵向间距设为6 m，横向间距设在距中墙1 m处或距边墙2 m处为宜。

(4) 优化浆液配比对控制隧道偏转和地面沉降有显著作用。水玻璃的含量对浆液的物理化学性质非常敏感，通过试验优化得到水玻璃的含量的"最优值"。在配比(1 m^3)：水泥(350 kg)：膨润土(50 kg)：粉煤灰(100 kg)：水(785 L)不变的情况下，水玻璃的体积比含量以8%(即80 L)为宜。

6.6 上海西藏南路大直径泥水盾构下穿越地铁8号线

6.6.1 概况

西藏南路盾构下穿越地铁8号线是典型的大直径泥水盾构、近距离、大深度、下穿地铁工程案例。上海西藏南路越江隧道工程分为东、西线盾构推进段，在世博会举办期间将作为联系世博会浦西和浦东园区的专用越江通道。盾构从浦东工作井出洞约 400 m 后，将从地铁 8 号线“周家渡站—西藏南路站”区间隧道下方穿越，其中西线盾构隧道长度为 1 176.784 m，共 784 环，东线盾构隧道长度为 1 158.772 m，共 772 环。最小转弯半径 R=700 m，管片外径 Φ11.36 m，内径 Φ10.36 m，壁厚 500 mm，中心环宽 1.5 m，采用通用单面楔形钢筋混凝土管片错缝拼装成环。

西线隧道采用日本三菱公司生产的外径 Φ11.58 m，内径 Φ11.44 m，全长 11.245 m 的泥水平衡盾构掘进机施工，与隧道管片外弧面间隙 11 cm。盾构灵敏度为 0.97，刀盘转速为 0.47 r/min，最大掘进速度为 4 cm/min，刀盘开口率为 25%。

东线隧道施工采用日本 IHI 公司、上海隧道设计研究院、市政二公司联合设计生产的泥水平衡盾构机，盾构机外径 Φ11.58 m，内径 Φ11.44 m，全长 11.345 m，与隧道管片外弧面间隙 11 cm。盾构灵敏度为 0.97，刀盘转速为 0.47 r/min，最大掘进速度为 4.5 cm/min，刀盘开口率为 25%。

西藏南路隧道东、西线平面净距约为 11.4 m，地铁 8 号线隧道上、下行线平面净距为 4.6 m，两对隧道成井字型交叉，穿越区两对隧道中心线的水平面投影夹角约为 56°，平面线形为直线，纵断面线形为 R=1 398.3125 的圆曲线，穿越部分长度为 28.7 m。两者相对位置关系如图 6-53 和图 6-54 所示。

具体穿越区地层情况如表 6-11 所示。

为实时监控隧道变形状况，以西藏南路盾构隧道东、西线盾构隧道与地铁 8 号线上、下行线相交的两点，沿地铁 8 号线向两侧各 38 m 范围内(共 100 m)，布置 50 支 2 m 长电水平尺，构成总长 100 m 的监测段，通过监测软件实时监控隧道变形状况。具体测点布置如图 6-55 所示。

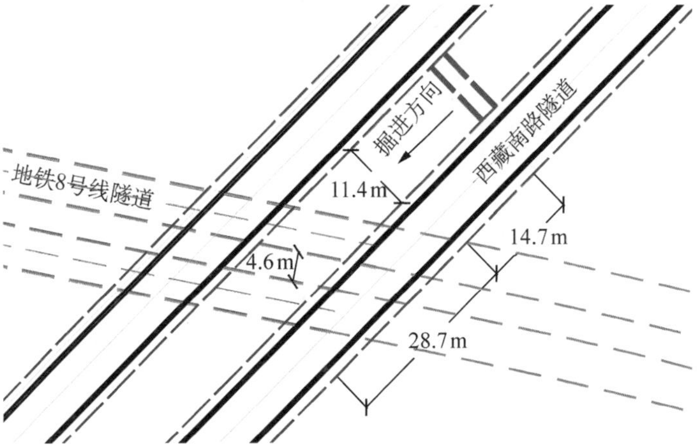

图 6-53 西藏南路隧道与地铁 8 号线隧道平面位置关系图

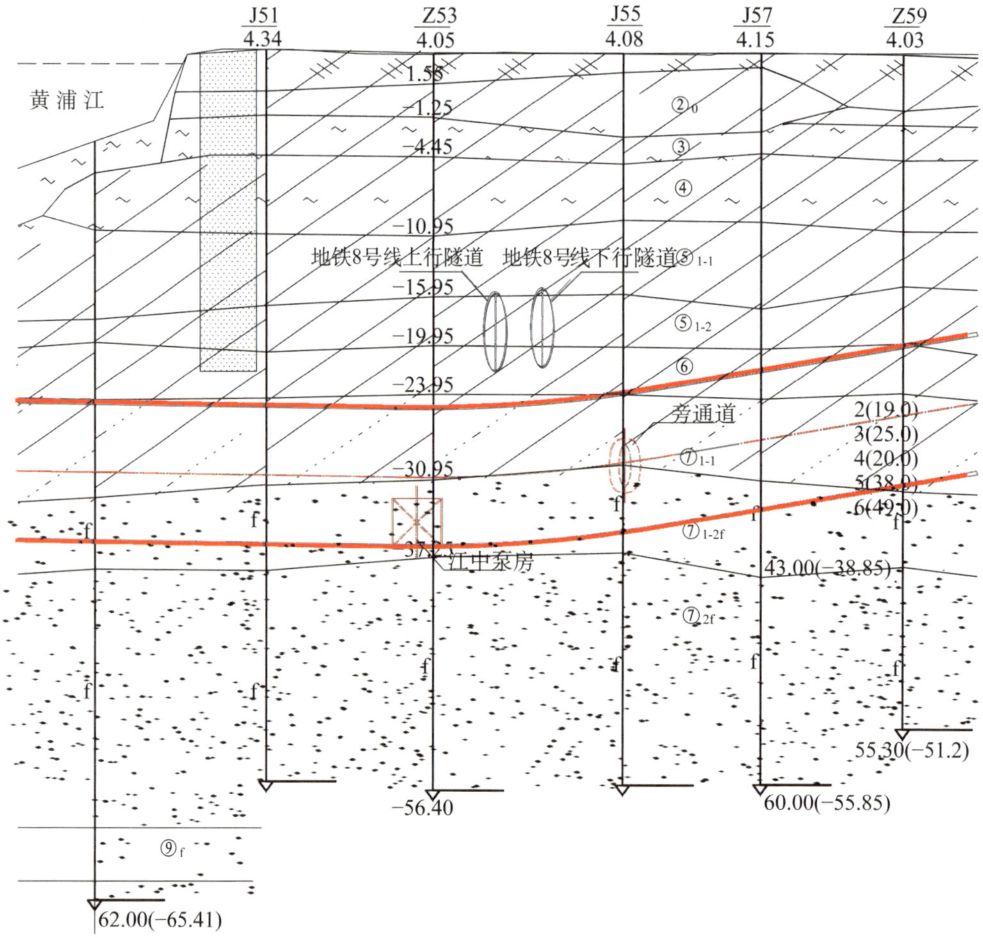

图 6-54　穿越剖面以及地层示意图

表 6-11　　　　穿越区主要地层物理力学参数统计

层序	层名	层顶标高/m	直剪固快		含水量/%	重度/(kN·m^{-3})	渗透系数/(cm·s^{-1})		侧压力系数K_O	比贯入阻力/MPa	备注
			C/kPa	Φ/(°)			K_V	K_H			
⑤1-1	灰色黏土	−9.62	14	13.5	40.9	17.4	6.41E−7	1.44E−6	0.5	0.70	
⑤1-2	灰色粉质黏土	−15.72	13	22	34.3	18.0	3.75E−6	5.79E−6	0.39	0.99	
⑥	暗绿色粉质黏土	−20.02	49	18.5	23.5	19.7	2.50E−7	3.36E−7		2.69	地铁8号线隧道下卧层

续表

层序	层名	层顶标高/m	直剪固快		含水量/%	重度/$(kN\cdot m^{-3})$	渗透系数/$(cm\cdot s^{-1})$		侧压力系数 K_0	比贯入阻力/MPa	备注
			C/kPa	Φ/(°)			K_V	K_H			
⑦$_{1-1}$	草黄色砂质粉土	−23.92	5	32	27.5	18.9	7.26E−5	1.49E−4	0.31	7.01	盾构切削区
⑦$_{1-2}$	灰黄色粉砂	−29.72	1	35	25.8	18.9	6.09E−4	8.19E−4		15.11	盾构切削区
⑦$_2$	灰黄色～灰色粉细砂	−38.85	1	35	26	19.0	4.18E−4	6.42E−4	0.3	23.22	

注：J55 孔为例，孔口标高 4.08 m

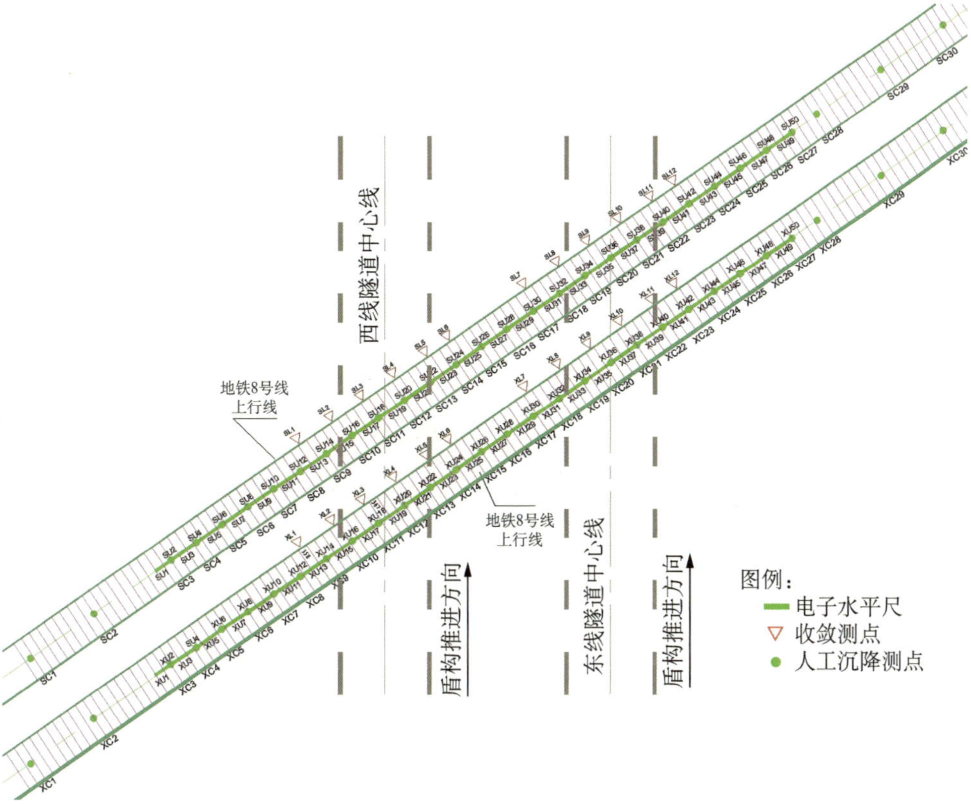

图 6-55　隧道测点布置图

6.6.2　控制难点及关键

此次穿越为国内外首次大直径泥水平衡盾构近距离下穿地铁隧道工程，无以往任何工程实例可供参考，而地铁隧道作为城市交通的重要组成部分，其保护要求极高。此次施工的难度、风险极大，具体表现在如下方面：

（1）最小垂直净距小，盾构截面大，与运营地铁面积比约为 3.5。

（2）首次采用泥水盾构下穿运营地铁，地铁振动对泥水盾构泥膜影响不清楚。

（3）切削区主要为上海地区典型的第⑦层粉砂类土，俗称“铁板砂”。如欠挖，则切口前方土体必将处于被动土压力状态，但实际上很难通过加大推力或加大泥水压力，造成前方土体由静止土压状态，转变成被动土压状态。

6.6.3 穿越过程分析

为详细分析穿越过程，各环施工对区间隧道的影响，选取西线分别穿越下、上行线各阶段进行分析。

1. 西线盾构穿越下行隧道

根据盾构机与穿越区间相对位置关系（图 6-56）进行分阶段讨论，具体分析如下：

1）第一阶段：切口抵达前

该阶段，盾构切口逐步接近地铁隧道，其切口正面影响逐渐增强。

选取切口抵达前 9 环，对应隧道竖向位移里程曲线进行分析，如图 6-57 所示。在施工 249～257 环时，切口逐步逼近隧道正下方，期间，切口舱压基本在 0.26～0.287 MPa 之间，推进速度基本在 12 mm/min 左右，同步注浆量维持在 8.0～8.8 m^3。

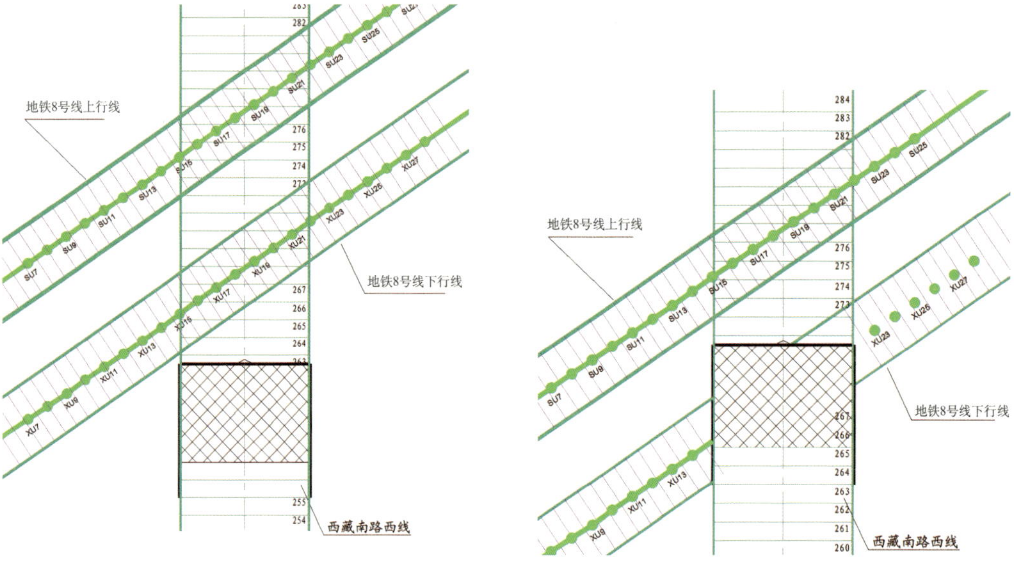

(a) 切口即将进入隧道下方　　(b) 盾尾即将进入隧道下方

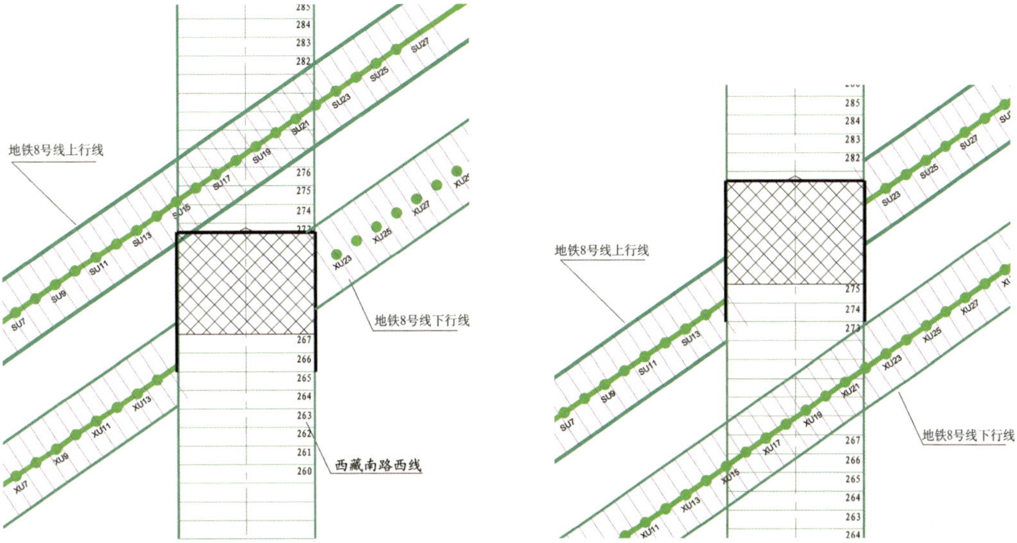

(c) 切口即将退出隧道下方　　(d) 盾尾即将退出隧道下方

图 6-56　盾构位置示意

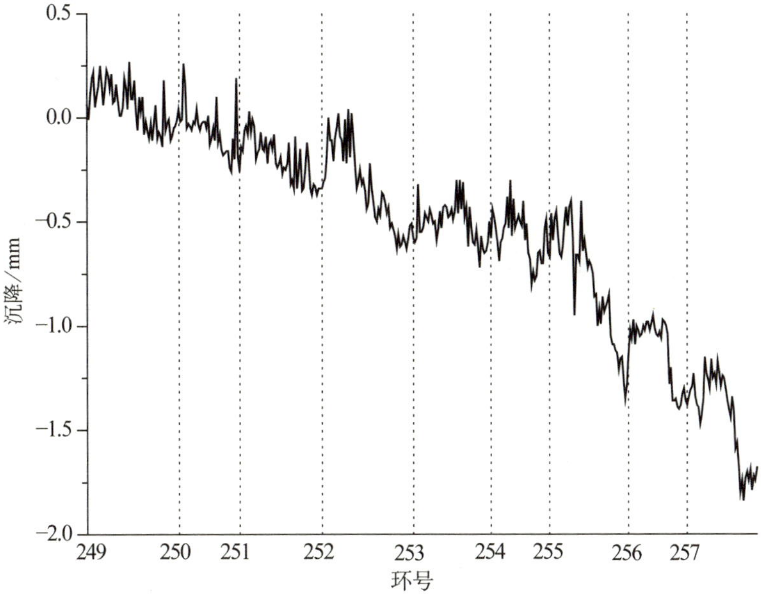

图 6-57　隧道竖向位移时程曲线

由图可知，在推进 249～251 环过程中，单环施工期间隧道竖向位移窄幅波动，但未呈现出明显规律，说明盾构施工暂未影响到前方隧道，单环施工导致隧道竖向位移幅度基本在 0.3 mm 以内。

在观察停推期间隧道竖向位移变形时，发现隧道每日变化幅度也达到 0.4 mm 左右。因此可以认为，直至施工 252 环开始，盾构施工才开始对前方隧道产生影响，即可以认为西线盾构穿越下行时，切口影响距离约为 9.0 m，并且推进 255 环开始，隧道逐步产生明显反应，单环推进期间，初期隧道微抬或维持稳定，拼装期间则迅速下沉。

总体上，推进拼装对地铁影响趋势是沉降，推进时地铁隧道基本保持微上抬或沉降较小，在拼装时则地铁隧道下沉明显。

2）第二阶段：切口进入下行隧道—盾尾进入下行隧道

推进 258 环开始，切口正式进入下行隧道，盾构位置如图 6-56(a)所示；至推进完 265 环时，盾尾进入下行隧道，盾构位置如图 6-56(b)所示。该阶段各环施工期间，单环关键施工参数如表 6-12 所示。

表 6-12　　关键施工参数统计

环号	舱压/MPa	平均速度/(mm·min^{-1})	浆量/m^3
258	0.29～0.32	9.38	8.8
259	0.34	11.9	8.8
260	0.355	11.8	8.8
261	0.34～0.365	5.4	8.8
262	0.34	15	8.8
263	0.33	5.2	13.35
264	0.3	14.3	10.13
265	0.3	13.6	9.46

考虑到推进初期，前方隧道未有隆起，是随着切口逼近逐步沉降的，该现象与以往土压平衡盾构穿越工程不同。为控制隧道沉降，尝试加大切口舱的压力，切口舱压逐步从 0.30 MPa提高到 0.36 MPa，虽然推进时隧道能有所上抬，但单环沉降控制效果不明显，高泥水压力反而对盾尾形成较大威胁，期间多环多次漏浆，后逐步回调至 0.30 MPa。

同步注浆量基本按照 8.8 m^3 控制，泵口压力在 0.9～1.3 MPa 之间。263～265 环，考虑到盾尾漏浆情况，适时增加了注浆量，以弥补地层损失。

对应各环施工期间，单环沉降情况以及关键变形指标如表 6-13 所示：

表 6-13　　隧道变形指标统计

环号	推进时间	沉降量/mm	拼装时间	沉降量/mm	单环沉降量/mm	最大差异沉降/mm	曲率半径/m
258	2 h 40 min	1.1	1 h 30 min	−0.28	0.82	0.27 (X19 与 X20)	20 000 (X16)

续表

环号	推进时间	沉降量/mm	拼装时间	沉降量/mm	单环沉降量/mm	最大差异沉降/mm	曲率半径/m
259	2 h 6 min	0.71	1 h 30 min	−0.7	0.01	0.3 (X17 与 X18)	19 048 (X16)
260	2 h 7 min	0.18	1 h 48 min	−0.94	−0.76	0.47 (X11 与 X12)	11 429 (X16)
261	4 h 40 min	−0.63	1 h 50 min	−2.41	−3.04	1.37 (X11 与 X12)	7 142 (X16)
262	1 h 40 min	0.27	2 h	−0.9	−0.63	1.51 (X11 与 X12)	6 349 (X16)
263	4 h 50 min	−1.13	1 h 50 min	−0.9	−2.03	1.55 (X19 与 X20)	4 545 (X14)
264	1 h 45 min	0	1 h	−1.38	−1.38	1.92 (X19 与 X20)	3 448 (X22)
265	1 h 50 min	−0.39	1 h 37 min	−0.7	−1.09	2.14 (X19 与 X20)	2 632 (X14)

穿越初期，各环推进期间，隧道不同程度地上抬，但从 261 环开始，因为施工故障频繁，隧道出现下沉现象，在推进 263 环期间，隧道下沉量达到−1.13mm。针对 261 环、263 环数据分析如图 6-58 和图 6-59 所示。

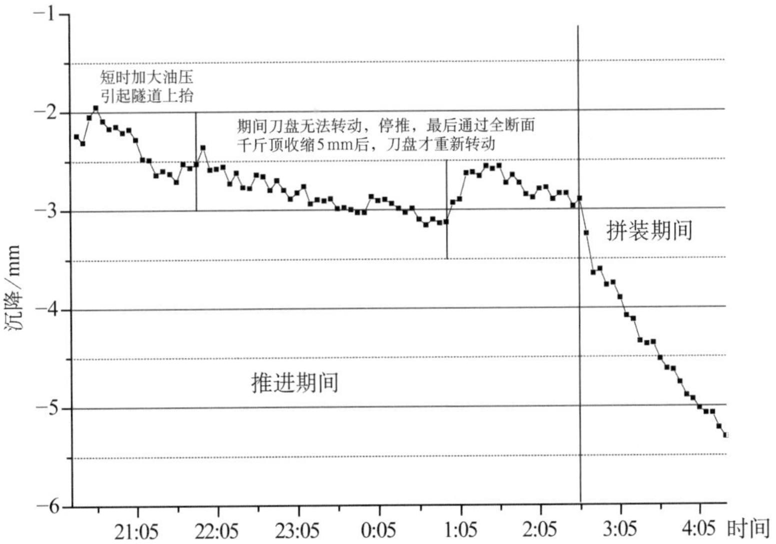

图 6-58　隧道位移时程曲线(261 环)

在推进 261 环初期，尝试加大油压，初期导致隧道略有上抬，但超高的工作负荷导致盾构机械系统性故障，此时刀盘已嵌入前方坚硬砂层中，重新开启刀盘则无法启动，最后通过全断面千斤顶收缩 5 mm 才重新得以掘进。施工 261 环期间，上方下行隧道下沉了 3.04 mm，其中，拼装期间下沉 2.41 mm。推进期间回缩千斤顶、漏浆状况以及配管延长了拼装时间等因素是导致该环沉降量偏大的原因。该下沉量是西线推进期间上、下隧道所出现的最大单环沉降量。

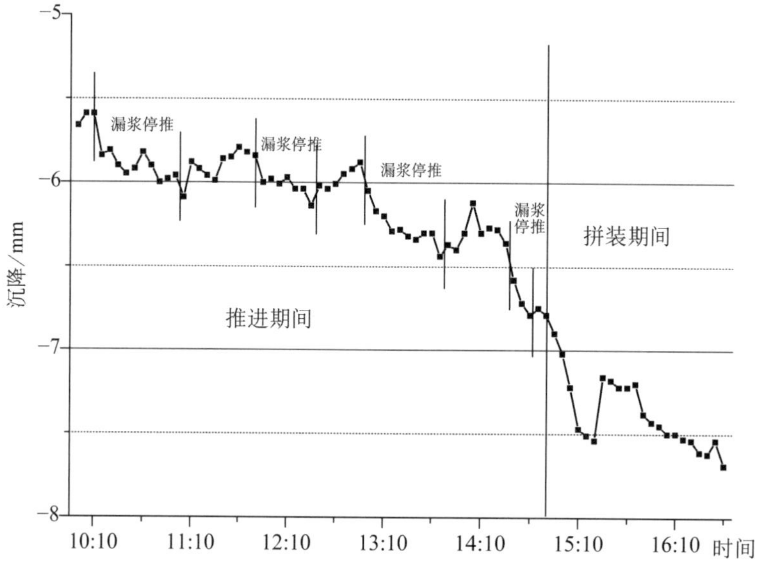

图 6-59　隧道位移时程曲线(263 环)

推进 263 环过程中，多次漏浆，根据图 6-59 可知，一旦漏浆停推，隧道立即下沉，为弥补该环地层损失，适当增加了该环同步注浆量，最终达到 13.35 m^3，该环施工导致隧道下沉 2.03 mm。

3）第三阶段：盾尾进入隧道下方—切口出隧道

该阶段，切口另一角也逐步退出下行隧道投影区，而盾尾一角已进入下行隧道下方。推进 266 环开始，盾尾正式进入下行隧道，建筑空隙及时填充将较为关键。至推完 267 环时，切口即将退出下行隧道。该阶段各环施工期间单环关键施工参数如表 6-14 所示。

表 6-14　关键施工参数统计

环号	舱压/MPa	平均速度/(mm·min^{-1})	浆量/m^3
266	0.3	13.6	8.8
267	0.3	6.52	8.8

此外，在推完 266 环后，利用同步注浆设备，在 262 环两孔位处各补 0.3 m^3 单液浆。该阶段共计耗时 14 小时 12 分，下沉量为 1.33 mm，沉降速率约为 0.67 mm/环。单环沉降情况以及关键变形指标如表 6-15 所示。

表 6-15　　隧道变形指标统计

环号	推进时间	沉降量/mm	拼装时间	沉降量/mm	单环沉降量/mm	最大差异沉降/mm	曲率半径/m
266	1 h 50 min	−0.52	1 h 35 min	−1.5	−2.02	2.54（X19 与 X20）	1 990（X14）
267	3 h 50 min	0.65	1 h	−1	−0.35	2.61（X19 与 X20）	1 923（X14）

该阶段仅两环，但施工期间，隧道反应程度不一，施工 266 环导致隧道下沉达 2.02 mm，而 267 环施工仅导致隧道下沉 0.35 mm，具体沉降曲线如图 6-60 所示。

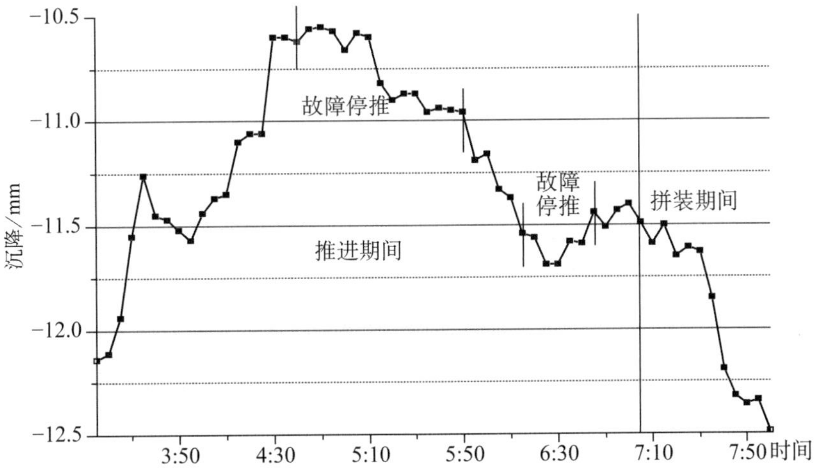

图 6-60　隧道位移时程曲线（267 环）

267 环推进期间，初期隧道抬升较为明显，上抬量一度达到 1.62 mm，可以归结为地铁 8 号线隧道内壁后注浆以及盾构后方 262 环补注浆综合作用的结果。

由于隧道下沉发展较为迅速，经过现场研究，决定从地铁 8 号线隧道内注浆，以减缓隧道下沉趋势。11 月 7 日凌晨 2:30（第 267 环于 3:15 正式推进），利用隧道管片两腰预留注浆孔，采用常规注浆设备进行壁后注浆。由于注浆孔位置与水平夹角仅为 15°，其对抬升隧道的作用不直接。此外，注浆单位未掌握“多点、少量、多次、均匀”的注浆原则，也影响到注浆的效果。由于单环、单孔注浆过多，注浆后导致附近地铁隧道管片环缝渗漏。注浆期间及后期，未发现隧道上抬反应，此次壁后注浆对控制隧道沉降的效果有限，且操作性较差，故此后未再使用。

4）第四阶段：切口出隧道—盾尾出隧道

该阶段，切口已完全退出下行隧道投影区，盾尾也逐步退出。

从推进 268 环开始，切口逐步退出下行隧道，因此，对盾尾建筑空隙的控制较为关键。

至推完 275 环时，盾尾即将退出下行隧道。各环关键施工参数如表 6-16 所示。

表 6-16　　关键施工参数统计

环号	舱压/MPa	平均速度/(mm·min^{-1})	浆量/m^3
268	0.3	15.8	8.8
269	0.29～0.3	14.3	9.32
270	0.3	11.8	9.34
271	0.305	12.5	9.15
272	0.303	16.7	8.83
273	0.303	10.7	8.5
274	0.303	13.6	8.8
275	0.303	15	8.8

该阶段，切口泥水压力基本控制在 0.3 MPa 左右，推进速度在 10.7～15.8 mm/min 之间，大部分施工环同步注浆量控制在 8.8 m^3，但 269～271 环，同步注浆量略微增加。拼完 271 后，在 265 环两孔位置各补 0.8 m^3，在 266 环两孔位置各补 0.5 m^3；拼完 272 后，在 267 环两孔位置各补 0.5 m^3。

该阶段累计用时 1 d 5 h 50 min，期间下沉量仅为 0.28 mm，隧道基本稳定，隧道变形情况如表 6-17 所示。

表 6-17　　隧道变形指标统计

环号	推进时间	沉降量/mm	拼装时间	沉降量/mm	单环沉降量/mm	最大差异沉降/mm	曲率半径/m
268	1 h 35 min	0.63	1 h 30 min	−1	−0.37	2.72 (X19 与 X20)	1 770 (X14)
269	1 h 45 min	0.31	53 min	−0.37	−0.06	2.80 (X19 与 X20)	1 702 (X14)
270	2 h 7 min	1.52	2 h	−1.2	0.32	2.69 (X19 与 X20)	1 581 (X14)
271	2 h	0.21	1 h 5 min	−0.32	−0.11	2.71 (X19 与 X20)	1 646 (X14)

续表

环号	推进时间	沉降量/mm	拼装时间	沉降量/mm	单环沉降量/mm	最大差异沉降/mm	曲率半径/m
272	1 h 30 min	0.82	50 min	−0.31	0.51	2.59 (X19 与 X20)	1 724 (X14)
273	2 h 20 min	0.3	55 min	−0.49	−0.19	2.63 (X19 与 X20)	1 695 (X14)
274	1 h 50 min	0.3	1 h	−0.5	−0.2	2.72 (X21 与 X22)	1 626 (X14)
275	1 h 40 min	0.37	1 h 30 min	−0.54	−0.17	2.74 (X21 与 X22)	1 581 (X14)

5）第五阶段:盾尾脱出后

该阶段,随盾构逐渐远离区间隧道,影响逐渐减小,但在盾尾脱出下行隧道后,各环施工仍然使得下行隧道产生两阶段变形,如图 6-61 所示,推进初期上抬,而拼装期间则下沉,但竖向位移幅度随盾尾的逐渐远离,逐渐减小,至推进 281 环时,单环施工仅使得隧道下沉约 0.2 mm,可以认为之后盾构施工对下行隧道的影响逐渐减弱。

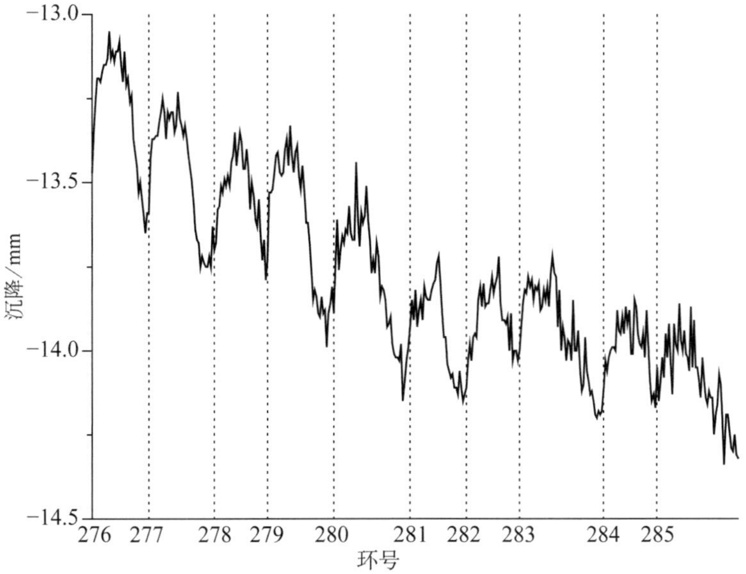

图 6-61　隧道竖向位移时程曲线

针对上述各阶段,对应盾构推进各阶段下行隧道沉降分布如图 6-62 所示,由图可知,沉降槽中心由切口抵达前位于 X12 测点处,逐步转移至 X16 测点,最终沉降槽宽度约为 30 m。在拼装完 269 环之后,X19 与 X20 差异沉降达到最大,为 2.8mm。盾尾退出下行隧道投影区时，最小曲率半径仅为 1 581 m，位于 X14 处。

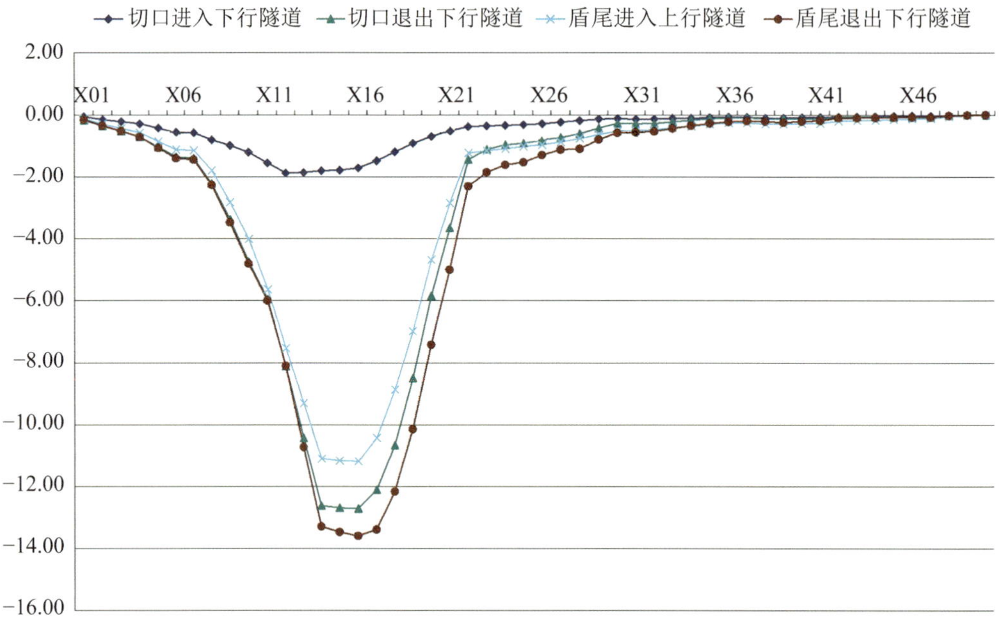

图 6-62　隧道沉降分布示意

选取与盾构切口最先接近的 X15 电水平测点，观察隧道沉降时程曲线如图 6-63 所示。

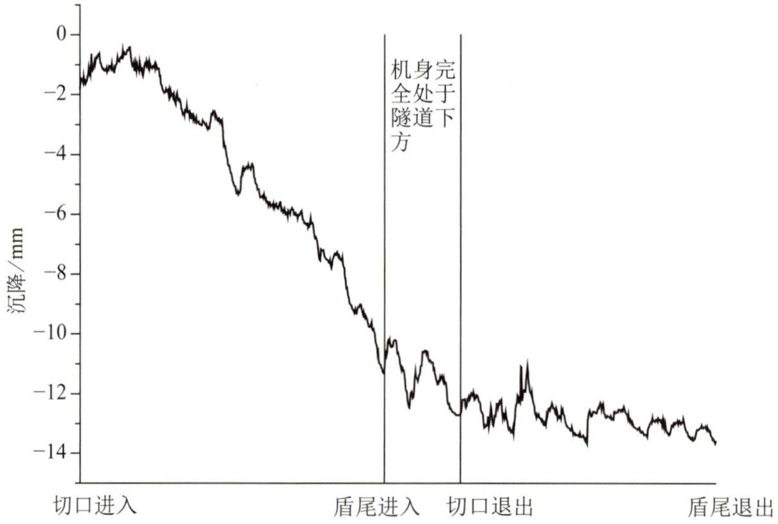

图 6-63　隧道竖向位移时程曲线

根据图 6-63，西线穿越下行隧道时，隧道沉降基本上在切口出隧道前发生，期间总沉降为 10.47 mm，沉降速率为 1.05 mm/环。盾尾经过期间总沉降为 2.64 mm，沉降速率为 0.26 mm/环。

2. 西线盾构穿越上行隧道

1）第一阶段：切口抵达前

推进 257～266 环，盾构逐步接近下行隧道，切口舱压从 0.28 MPa 逐渐上调至 0.36 MPa，根据图 6-64 可知，上行隧道单环几乎无下沉量。但施工 261 环时，由于长时间停推以及配管等原因，隧道下沉趋势明显，达到 0.5 mm 左右。

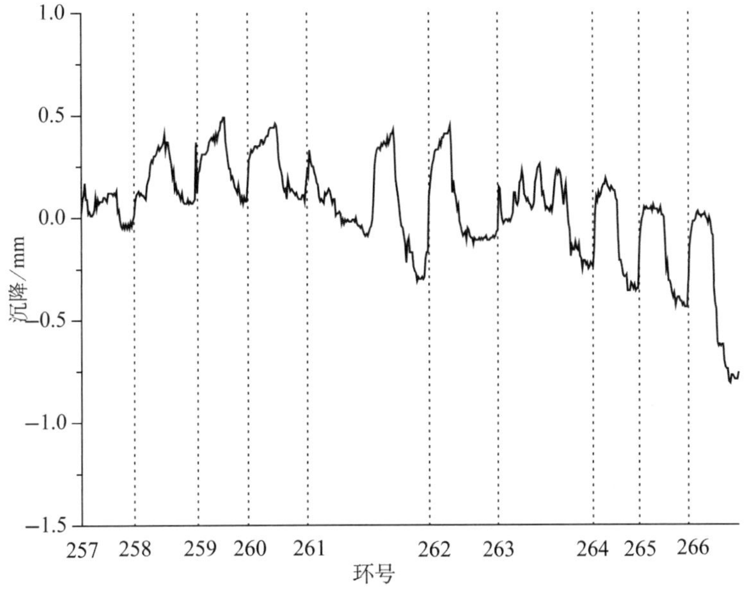

图 6-64　隧道竖向位移时程曲线

2）第二阶段：盾构切口进入上行隧道下方至盾尾进入隧道前

该阶段，各环切口泥水压力基本控制在 0.3 MPa 左右，各环盾构推速差别较大，268 环最快，达到 15.8 mm/min，而 267 环推进速度仅为 9.3 mm/min。推完 272 环后，在 267 环两孔位置各补 0.5 m^3。施工参数如表 6-18，隧道变形见表 6-19。

表 6-18　　关键施工参数统计

环号	舱压/MPa	平均速度/($mm\cdot min^{-1}$)	浆量/m^3
267	0.3	9.3	9.34
268	0.3	15.8	9.15
269	0.29～0.3	14.3	9.32

续表

环号	舱压/MPa	平均速度/(mm·min^{-1})	浆量/m^3
270	0.3	11.8	8.5
271	0.305	12.5	8.8
272	0.303	16.7	8.8
273	0.303	10.7	9.0
274	0.303	13.6	9.0

表 6-19　　隧道变形指标统计

环号	推进时间	沉降量/mm	拼装时间	沉降量/mm	单环总沉降/mm	最大差异沉降/mm	曲率半径/m
267	3 h 50 min	0.34	1 h	−0.92	−0.58	0.35 (S9 与 S10)	18 182 (S12)
268	1 h 35 min	0.46	1 h 30 min	−0.62	−0.16	0.36 (S9 与 S10)	21 052 (S12)
269	1 h 45 min	−0.07	53 min	−0.8	−0.87	0.46 (S9 与 S10)	19 048 (S12)
270	2 h 7 min	−0.12	2 h	−1.02	−1.14	0.6 (S9 与 S10)	11 429 (S16)
271	2 h	0.03	1 h 5 min	−0.91	−0.88	0.7 (S18 与 S19)	9 756 (S16)
272	1 h 30 min	0.08	50 min	−0.92	−0.84	0.87 (S18 与 S19)	8 511 (S16)
273	2 h 20 min	0.05	55 min	−1.88	−1.83	1.13 (S19 与 S20)	7 273 (S15)
274	1 h 50 min	0.2	1 h	−0.99	−0.79	1.36 (S19 与 S20)	5 714 (S15)

该阶段，大部分施工环、隧道均小幅上抬。267 环推进期间出现停推，期间隧道明显表现下沉趋势，如图 6-65 所示。

根据图 6-65 可知，一旦停推，隧道下沉趋势明显。停推时，由于向外的渗流停止，以及千斤顶压力不可避免地小部分释放，导致隧道下沉。

3）第三阶段：盾尾进入上行隧道至切口出上行隧道

本阶段施工参数及隧道变形信息见表 6-20 和表 6-21。该阶段，两环推进期间，隧道均小幅小沉。

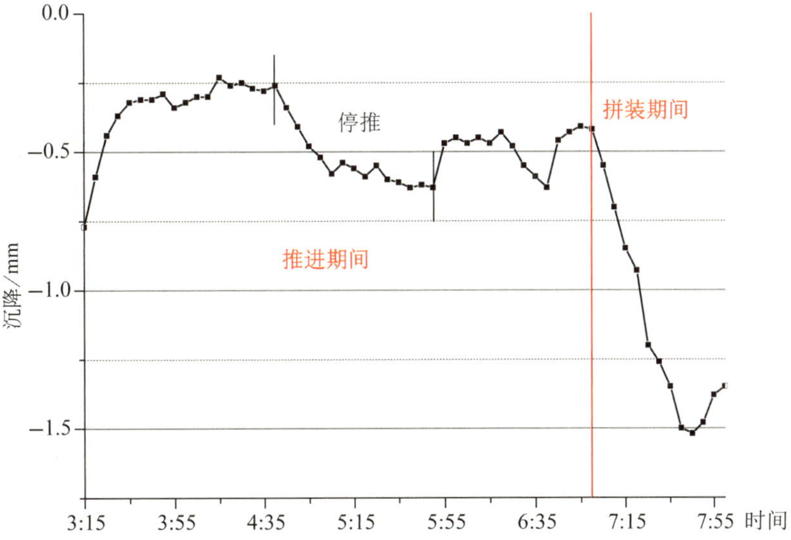

图 6-65　隧道竖向位移时程曲线(267 环)

表 6-20　关键施工参数统计

环号	舱压/MPa	平均速度/(mm·min^{-1})	浆量/m^3
275	0.303	15	9.2
276	0.303	15	9.2

表 6-21　隧道变形指标统计

环号	推进时间	期间 C15 测点沉降量/mm	拼装时间	沉降量/mm	单环总沉降/mm	最大差异沉降/mm	曲率半径/m
275	1 h 40 min	−0.06	1 h 30 min	−1.5	−1.56	1.6 (S19 与 S20)	4 348 (S15)
276	1 h 40 min	−0.23	1 h 5 min	−1.24	−1.47	1.78 (S19 与 S20)	3 636 (S15)

4) 第四阶段:切口出上行隧道至盾尾出上行隧道

本阶段施工参数如表 6-22,切口泥水压力基本控制在 0.303 MPa,阶段后期,切口水压逐步上调,推速较为稳定,基本在 15 mm/min 左右,同步注浆量在 8.8～9.2 m^3。推完 280 环后,在 274 环两孔位置各补 0.5 m^3;在 268 环一孔位置补 0.6 m^3。

表 6-22　关键施工参数统计

环号	舱压/MPa	平均速度/(mm·min^{-1})	浆量/m^3
277	0.303	15	9.2

续表

环号	舱压/MPa	平均速度/(mm·min^{-1})	浆量/m^3
278	0.303	15.8	9.0
279	0.303	15	9.0
280	0.303	15	9.2
281	0.303	15.8	9.2
282	0.31	15	8.8
283	0.34	15	9.0
284	0.345	15	9.0

对应隧道变形信息见表 6-23。该阶段累计用时 1 天 55 分钟，期间下沉量约为 6.35 mm，沉降速率约为 0.71 mm/环。

表 6-23　　隧道变形指标统计

环号	推进时间	沉降量/mm	拼装时间	沉降量/mm	单环沉降量/mm	最大差异沉降/mm	曲率半径/m
277	1 h 40 min	0.35	50 min	−1.4	−1.05	1.92 (S12 与 S13)	3 101 (S15)
278	1 h 35 min	0.57	1 h	−1.06	−0.49	2.03 (S12 与 S13)	2 759 (S15)
279	1 h 40 min	0.22	1 h 10 min	−0.64	−0.42	2.22 (S12 与 S13)	2 439 (S15)
280	1 h 40 min	0.39	1 h 38 min	−1.36	−0.97	2.33 (S12 与 S13)	2 286 (S15)
281	1 h 35 min	−0.17	1 h 15 min	−0.81	−0.98	2.43 (S12 与 S13)	2 235 (S15)
282	1 h 40 min	0.22	50 min	−0.87	−0.65	2.42 (S12 与 S13)	2 151 (S15)
283	1 h 40 min	0.88	2 h	−1.43	−0.55	2.47 (S12 与 S13)	2 151 (S15)
284	1 h 40 min	0.21	50 min	−0.85	−0.64	2.54 (S12 与 S13)	2 105 (S15)

该阶段，大部分施工环推进期间导致隧道不同程度地上抬，其中 283 环推进导致隧道上抬 0.88 mm。

针对上述各阶段，对应盾构推进各阶段下行隧道沉降分布如图 6-66 所示，沉降槽中心在穿越期间有逐步向右转移的趋势，最终位于 S17 测点处，宽度约为 34 m，穿越结束后,S12 与 S13 差异沉降达到最大,为 2.54 mm,S15 处最小曲率半径为 2 105 m。

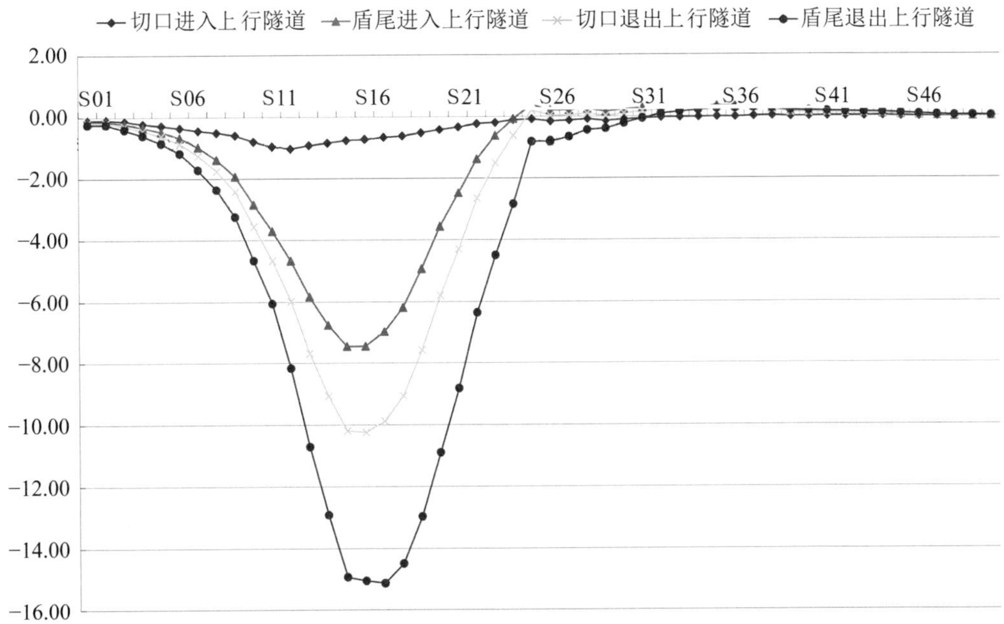

图 6-66　隧道沉降分布示意

选取与盾构切口最先接近的 S15 测点作为特征占,隧道沉降时程曲线如图 6-67 所示。

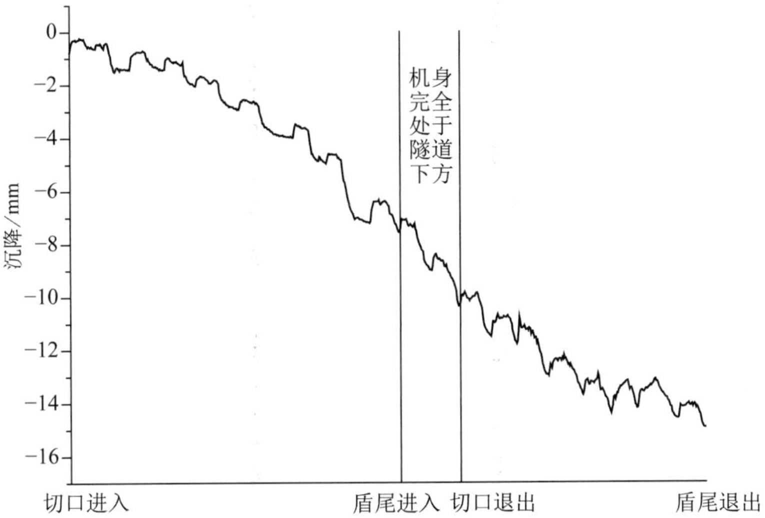

图 6-67　隧道竖向位移时程曲线

由上图 6-67 可知,整个穿越期间,隧道呈波浪状下沉趋势,切口出隧道的过程中,总下沉量为 11.14 mm,沉降速率为 1.11 mm/环。盾尾经过期间总下沉量为 8.78 mm,沉降速率为 0.88 mm/环，远大于穿越下行时的沉降量。

由于切口抵达上行隧道前盾构施工参数调整幅度较大且状况频出，故隧道对切口逐步逼近的反应较为明显，影响范围大于穿越下行。

根据上述各阶段施工及隧道位移情况，切口出隧道前，总沉降为 18.79 mm，沉降速率为 1.88 mm/环。盾尾经过期间总沉降为−9.25 mm，沉降速率为 1.03 mm/环，远大于穿越下行时的沉降量。

东线穿越下行隧道时，切口对前方隧道的有效影响范围为 9.0 m 左右。此外，由于盾尾脱出后，即着手开始采用环箍方式进行补注浆，对下方隧道的影响较大，故无法估计盾尾影响范围。

在东线穿越下行隧道期间，进行隧道结构检查，发现隧道新增渗漏水病害，主要集中在纵缝和环缝部位。

6.6.4 二次注浆分析

在同步注浆的浆液具有一定强度后，选择开始二次补偿注浆，期望能起到既填充空隙又挤密土体的双重效果。

西线穿越完成后，依次在 283 环、273 环和 263 环注浆形成环箍，如图 6-68 所示，使地铁 8 号线上、下行线分别位于环箍之间，封闭了穿越区注浆层。此时，同步注浆浆液仅有 2 天强度，相对较低。之后在环箍间注浆，注浆效果得以确保。

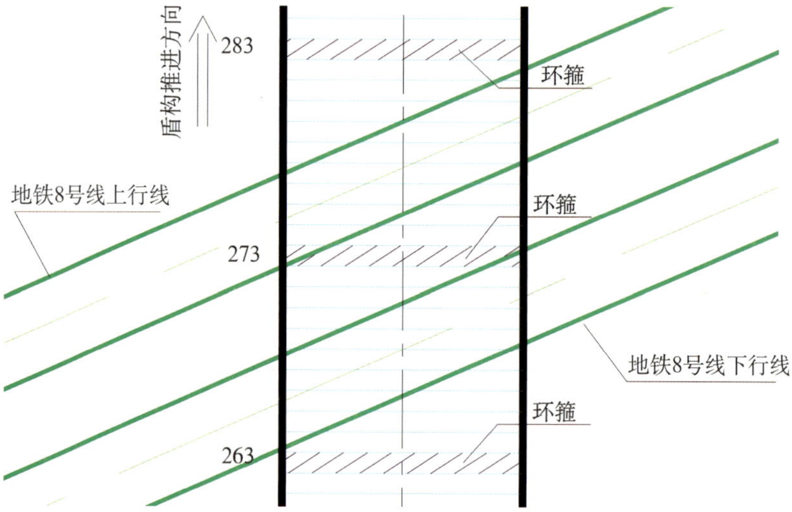

图 6-68　环箍示意

隧道上、下行二次注浆阶段，隧道竖向位移时程曲线如图 6-69 和图 6-70 所示，通过少量多次跳浜式注浆，累积注浆量 62 m^3，平均每环注浆约 3 m^3，使地铁 8 号线下行线最大沉降由－14.52 mm 减小为－2.75 mm，上行线最大沉降由－16.84 mm 减小为－2.80 mm，效果相当明显。

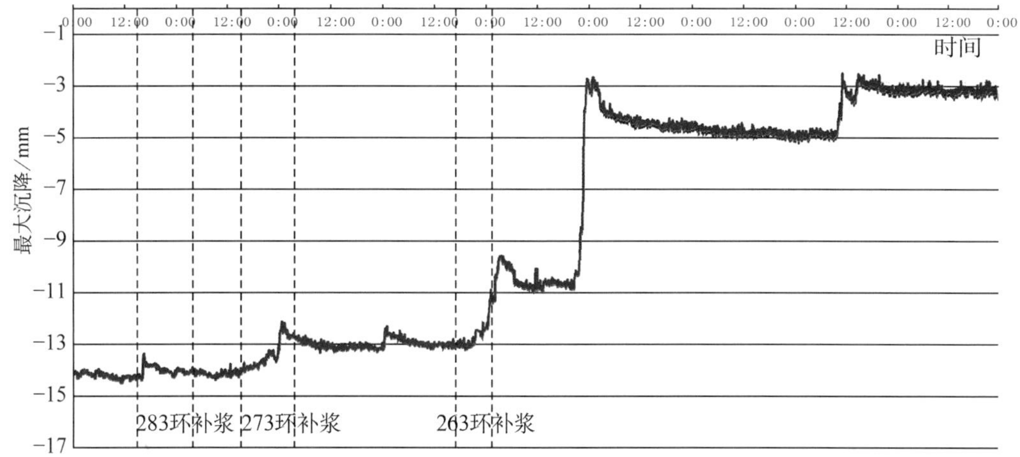

图 6-69　下行线隧道竖向位移时程曲线

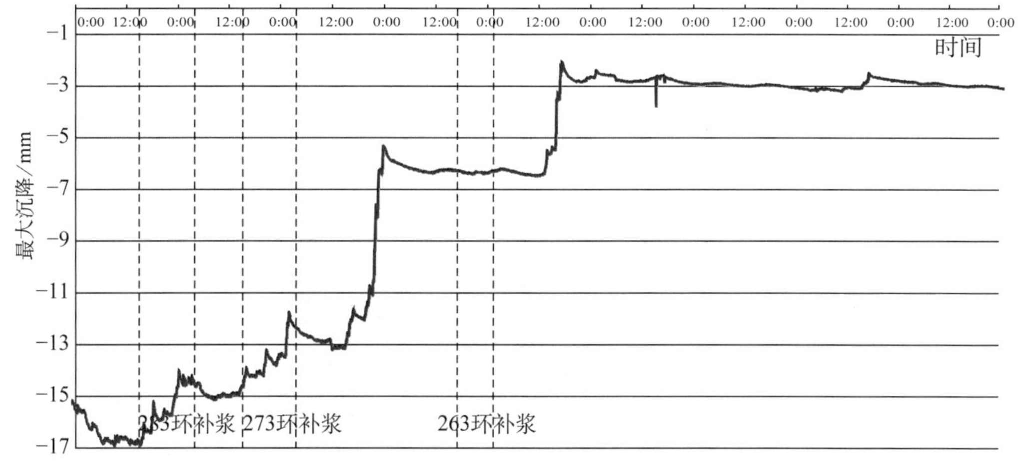

图 6-70　上行线隧道竖向位移时程曲线

6.6.5　穿越后列车振动对隧道的影响分析

1. 空车行走振动对隧道的影响

盾构穿越完成后，隧道尚未完全稳定，为了解列车振动的影响，于 1 月 29 日晚 23:30—1:35，按 20 km/h 时速，在西藏南路站—耀华路站两下行区间进行试车，共计 16 列次。上行线隧道沉降曲线如图 6-71 所示。

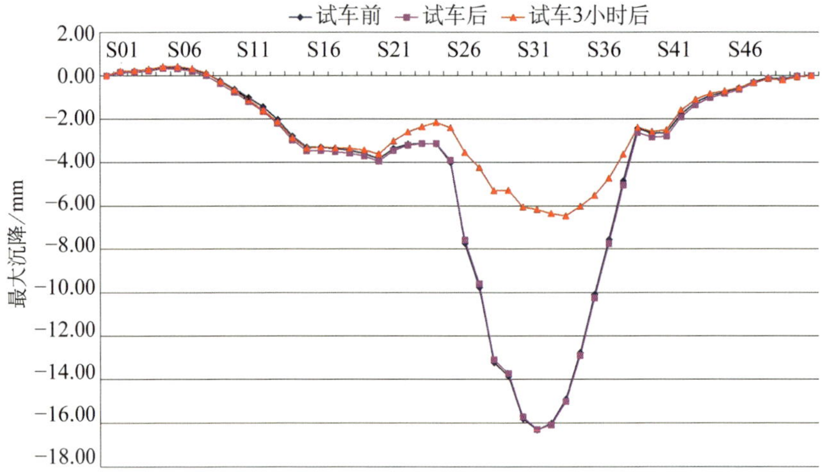

图 6-71　上行隧道竖向位移分布

根据图 6-71 可知，下行试车期间，上行隧道基本未受影响，监测段隧道竖向位移分布在试车前后基本重合，S31 测点数据期间变化仅－0.11 mm。之后，由于越江隧道内对上行隧道区域进行二次注浆，隧道上抬。

下行线隧道沉降曲线如图 6-72 和图 6-73 所示。

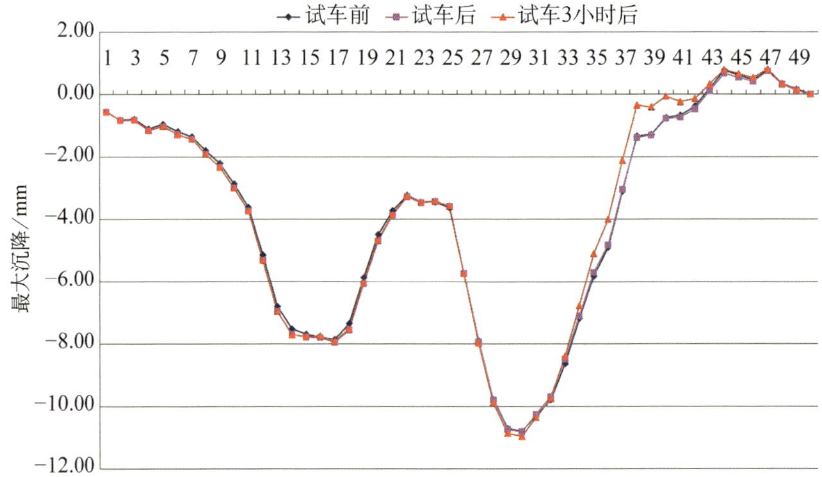

图 6-72　下行隧道竖向位移分布

由图 6-73 可知，各测点在试车期间，出现若干次不同程度的突沉，其中 X25 测点在 0:05 突沉了约 4.85 mm；X31 测点在 0:30 出现突沉，幅度达到 3.47 mm，究竟是电水平系统的问题，还是列车经过所致，尚需探讨。除此之外，整个观察期内，下行隧道大部分测点均未有明显沉降，但试车结束 3 h 后，X35 至 X41 测点出现约 0.8 mm 的上抬。

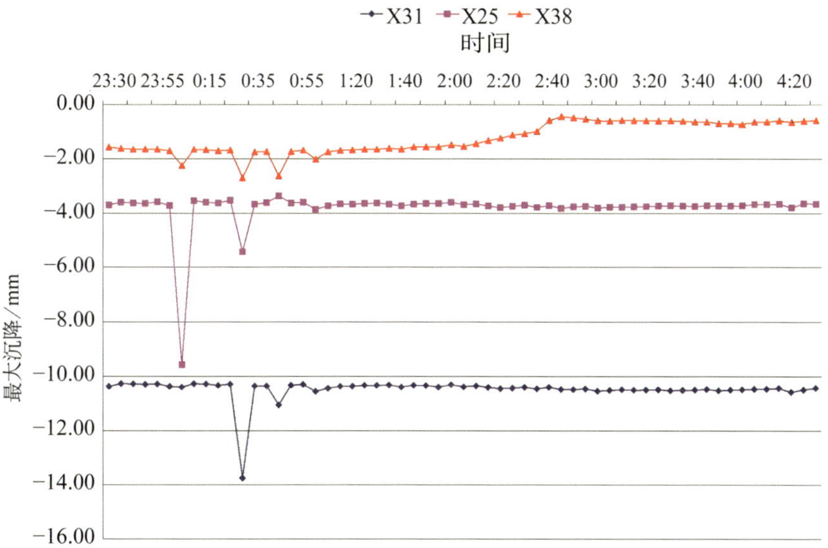

图 6-73 下行隧道竖向位移时程曲线

2. 列车正式运营对隧道的影响

2 月 1 日 8 号线穿越区间恢复运营。2 月 1 日零点至 2 月 4 日零点，上、下行隧道沉降情况如图 6-74 和图 6-75 所示。上下行不同测点监测数据随时间变化情况如图 6-76 和图 6-77 所示。

经过列车 3 d 运营，上下行隧道基本未有明显发展。而历时曲线显示运营期间上行线各测点竖向位移存在幅度约为 0.5 mm 的突变，下行隧道各测点出现突变的频率相对较小，波动幅度基本在 0.3 mm 以内，可以认为基本未受列车运营影响。

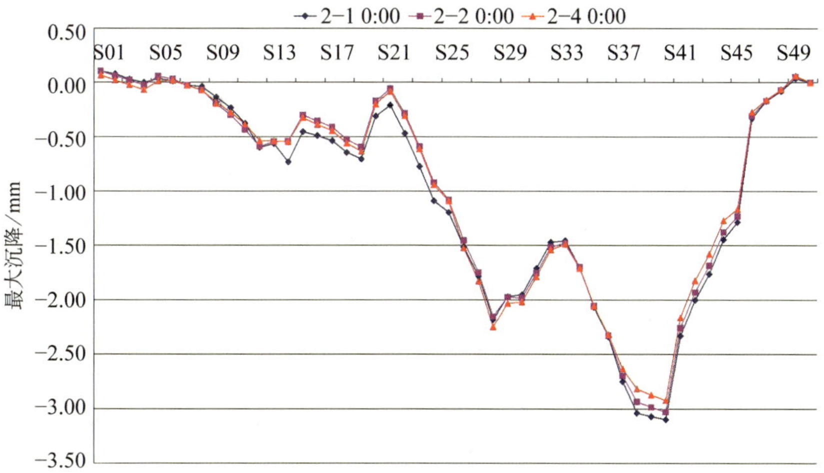

图 6-74 上行隧道竖向位移分布

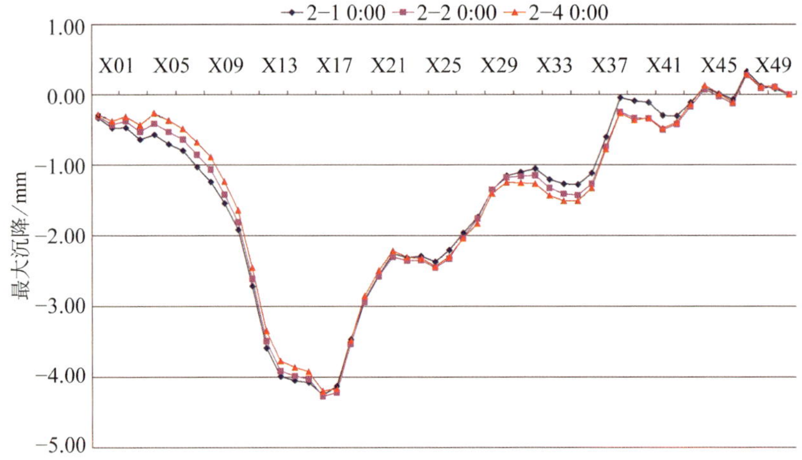

图 6-75　下行隧道竖向位移分布

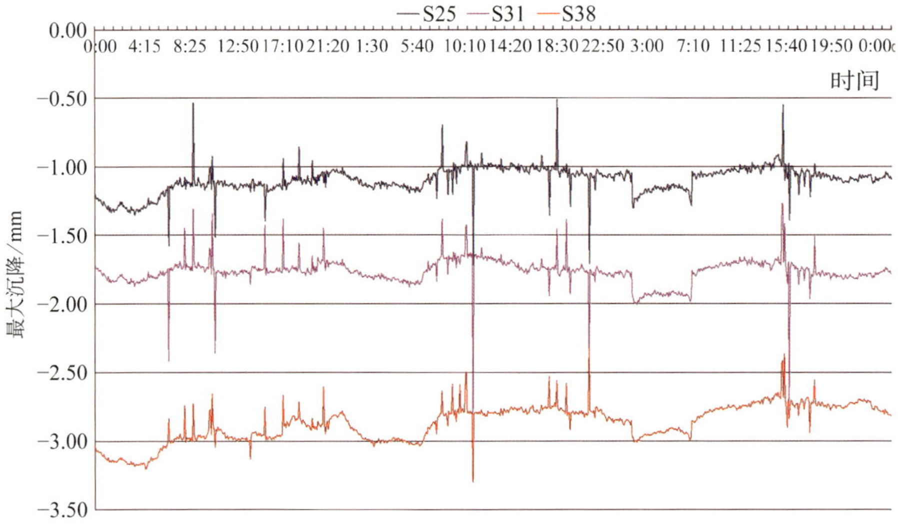

图 6-76　上行隧道竖向位移时程曲线

6.6.6　结论与经验教训

针对本次泥水盾构施工特点，主要施工结论与经验教训如下：

（1）在东西线穿越施工期间，推进时地铁隧道基本呈微微上抬趋势，后期维持稳定或者略微下沉；拼装时隧道呈持续下沉。如不考虑施工出现状况或故障的情况，隧道均表现为上述现象。

（2）本次穿越的成功是由于重点采取了以下几项措施：①穿越前期专家的论证及准备工作，包括外凸刀头的割除、坚持列车停运；②采用二次注浆，将隧道成功上抬至允许变形范围；③盾构设备保障，选用德国 SWIN 泵克服高压，基本实现同步注浆；④采用隧道内

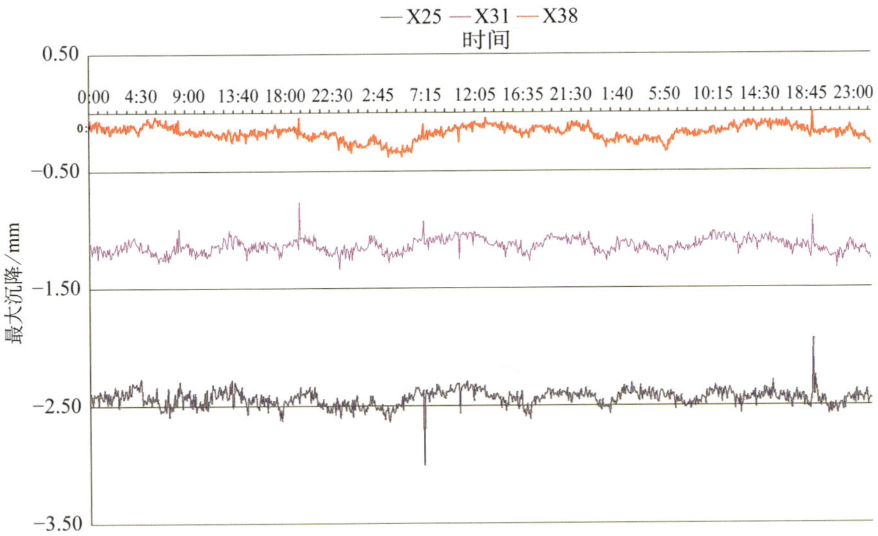

图 6-77　下行隧道竖向位移时程曲线

信息化监控，包括电子水平尺以及视屏监控系统，尤其是前者，最大程度地为现场施工决策提供了依据，使隧道时刻处于受控状态。

（3）二次注浆抬升问题：由于对地层损失估计不足，导致早期的二次注浆量不够、抬升效果不明显。因此，总的注浆量应根据砂土地层流动性特点，结合泥水盾构的干砂量进行准确计算。

（4）运营隧道管片渗漏问题：由于泥水盾构泥浆在砂土中劈裂渗透作用，导致紧邻的地铁管片接缝出现局部渗漏。因此，在泥水盾构近距离穿越过程中，应注意严格控制泥浆的压力和泥膜质量。

（5）需要充分认识地层对推进施工的影响差异性，充分认识泥水盾构和土压盾构施工扰动不同，应采取针对性应急措施。

（6）同步注浆管的配置泵不能过少，否则无法保证注浆质量。

（7）要充分认识到近距离多次穿越施工对地层带来的扰动叠加影响，在停运条件下本次穿越施工影响依然较明显。

6.7　上海外滩通道超大直径土压盾构上穿越地铁 2 号线

6.7.1　概况

外滩通道穿越地铁 2 号线是典型的超近距离、超大直径土压盾构、大埋深度、上部穿越工程案例。上海外滩通道工程是上海市“三纵三横”交通主干网络中三纵东线的组成部分，外滩通道北段工程从福州路工作井起至吴淞路主线和长治路匝道接地点，包括福州路、天潼路两座盾构工作井、盾构法圆区间隧道段、主线及匝道的明挖法矩形暗埋段和U形敞开段，如图6-78所示。其中，圆隧道长度为10.98 m，盾构从天潼路工作井出发，沿大名路下穿苏州河后，继续沿中山东一路，向福州路工作井推进。盾构在推进340环开始上穿地铁2号线下行线，在推进346环开始上穿地铁2号线上行线，盾构顶部覆土约8.52～8.65 m，隧道底部距离地铁2号线隧道顶部最近约为1.46 m，如图6-79所示。

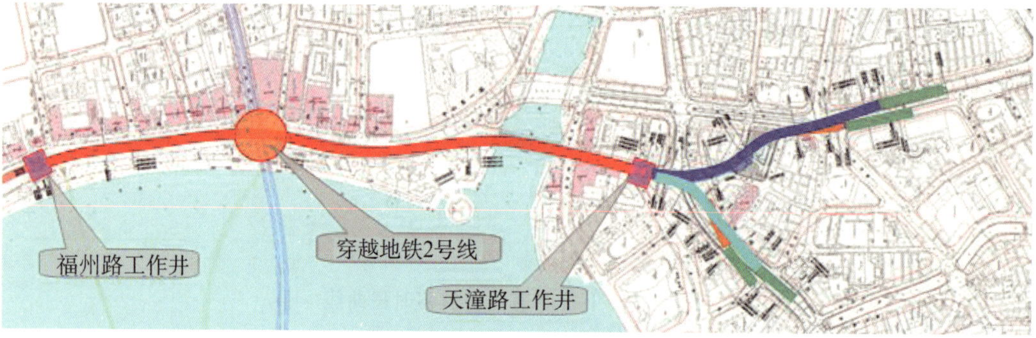

图6-78　外滩通道施工平面图

外滩通道上穿地铁2号线保护范围剖面位置关系及各不同深度范围内各种地层分布情况，详见图6-79。根据勘测报告，盾构穿越地铁2号线区域主要土层为②$_0$江滩土、④灰色淤泥质黏土、⑤$_1$灰色黏土层中、⑤$_3$灰色粉质黏土。

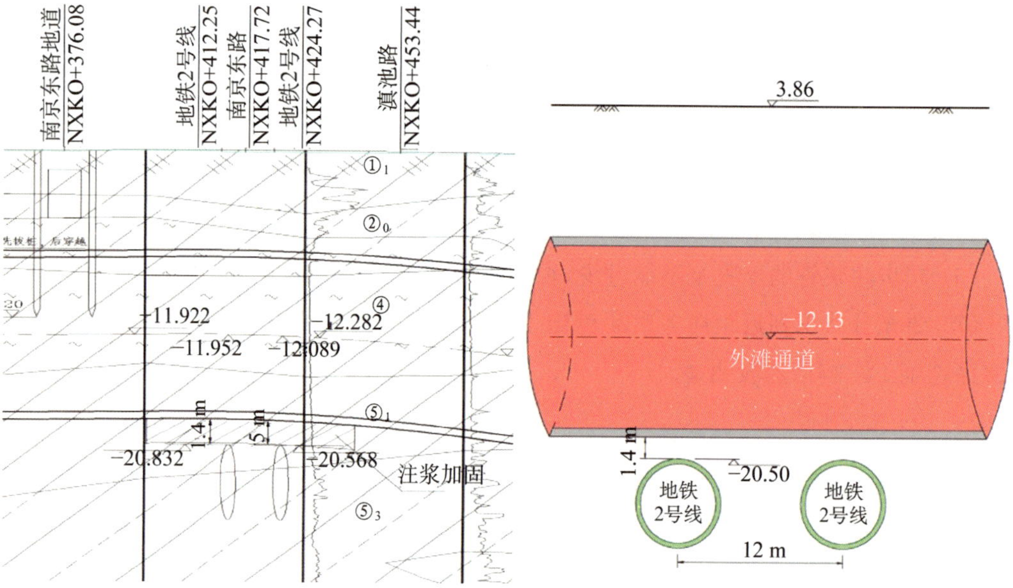

图6-79　外滩通道上穿地铁2号线剖面关系图

项目地处市区中心，地面商业建筑林立，交通繁忙，泥水处理场地受限制，且长距离施工对泥水输送系统要求较高。综合以上考虑，盾构选用日本三菱公司制造的Φ14.270 m

的土压平衡盾构，如此大直径土压平衡盾构的使用在国内尚属首次。隧道衬砌结构外径 Φ13.950 m，内径 Φ12.750 m，管片厚 600 mm，盾构隧道主线最大纵坡为 5.0%。衬砌圆环分为 9 块，即 6 块标准块、2 块邻接块和 1 块封顶块，采用错缝拼装通用衬砌结构，隧道内部结构剖面图如图 6-80 所示。在车架后同步施工口字件安放及两旁边混凝土的浇倒紧跟盾构施工。一块口字件和两旁边混凝土约重 55 t，这些重量可对隧道产生压重效应，对防止隧道的上浮起到一定的作用。

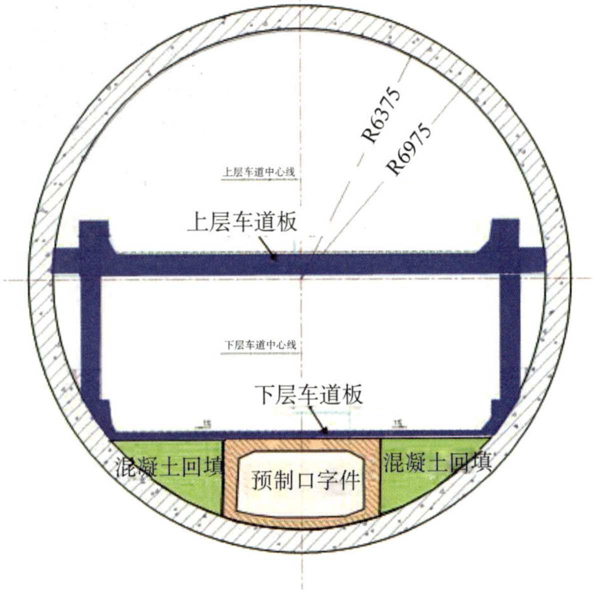

图 6-80　外滩通道圆隧道内部结构剖面图

6.7.2　控制难点及关键

外滩通道在 345～356 环将上穿正在运营的地铁 2 号线“南京东路站—陆家嘴站”区间隧道，该工程具有以下难点：

(1) 盾构直径达 14.27 m，属于超大直径盾构近距离穿越施工，距离地铁 2 号线仅 1.46 m，土压平衡盾构正面土仓压力很难保持稳定；

(2) 大直径盾构穿越就相当大量的卸载，对埋深较大的 2 号线隧道来讲，穿越段的内力变化很大；

(3) 盾构顶部覆土约 8.52～8.65 m，仅为 0.6D，为防止隧道上浮问题必须采取有效措施；

(4) 周边环境复杂。外滩通道周边环境较为复杂，周边存在多处建筑与景观平台需要保护，盾构施工在确保地铁 2 号线安全运营的同时，还要兼顾对周边其他建(构)筑物的影响。

6.7.3 变形预测

利用 ANSYS 三维有限元计算软件对外滩通道隧道穿越地铁 2 号线各工况进行模拟计算。计算采用三维有限元模型,平面尺寸 80 m×60 m,深 50 m。土体单元为三维实体单元,隧道衬砌单元为板单元,计算模型如图 6-81 所示。

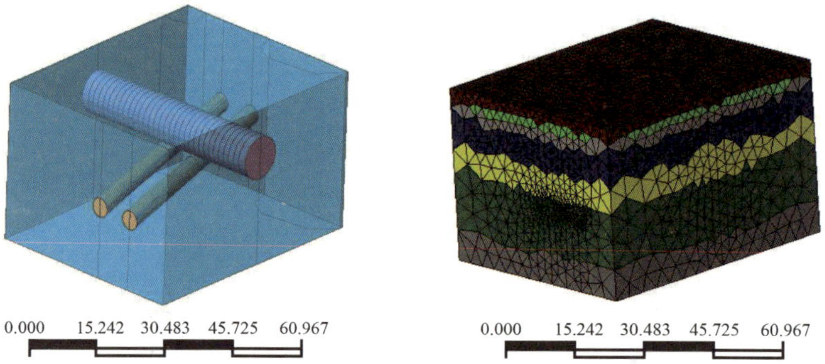

图 6-81 有限元模型及网格划分

控制地层损失率为 0.2%的情况下,对不同工况下的位移场进行了计算。隧道推进时进行同步压重,压重重量为 30 t/m。计算结果如图 6-82 所示。在地铁 2 号线压重 30 t/m 的情况下,地表最大沉降值−7.264 mm,最小沉降值−0.909 mm;开挖轴线处最大隆起值 5.981 mm,最小隆起值 5.553 mm;开挖轴线中点处深层竖向位移最大隆起值 20.4 mm,最大沉降值−2.46;地铁 2 号线南线最大隆起值 13.07 mm,地铁 2 号线北线最大隆起值12.65 mm。

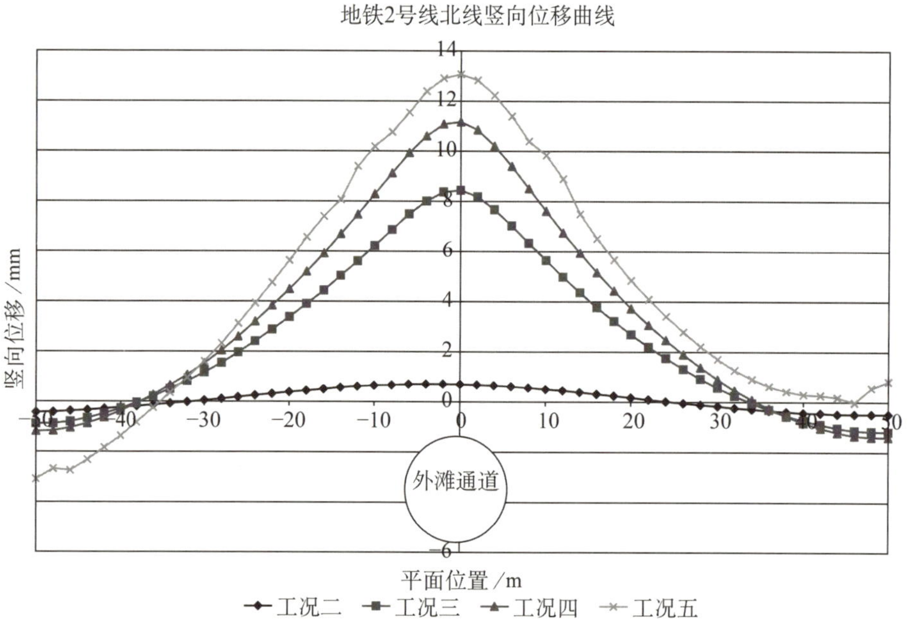

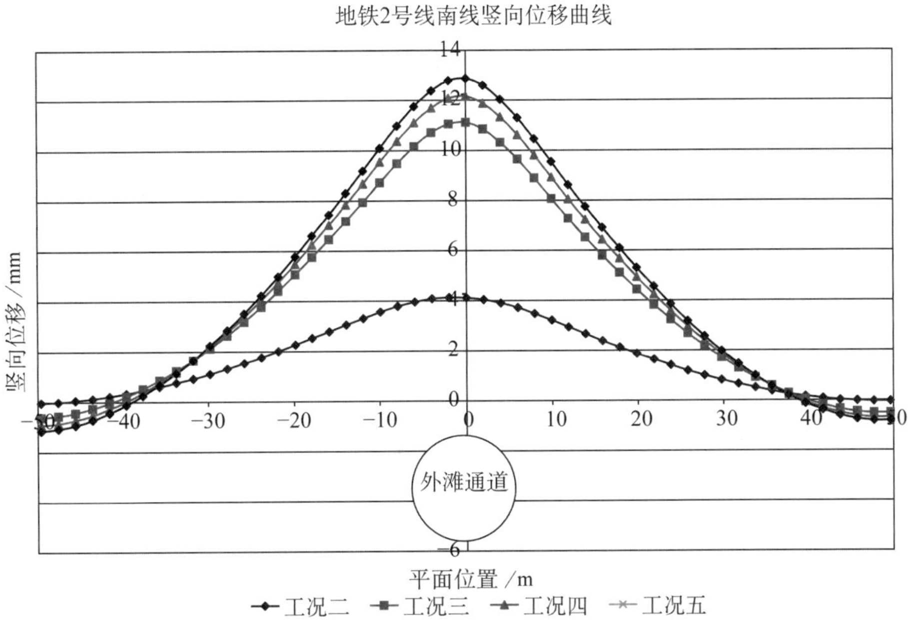

图 6-82　计算结果

为分析地铁 2 号线内压重对控制隆起的影响，重新计算压重与非压重，计算结果如图 6-83所示。

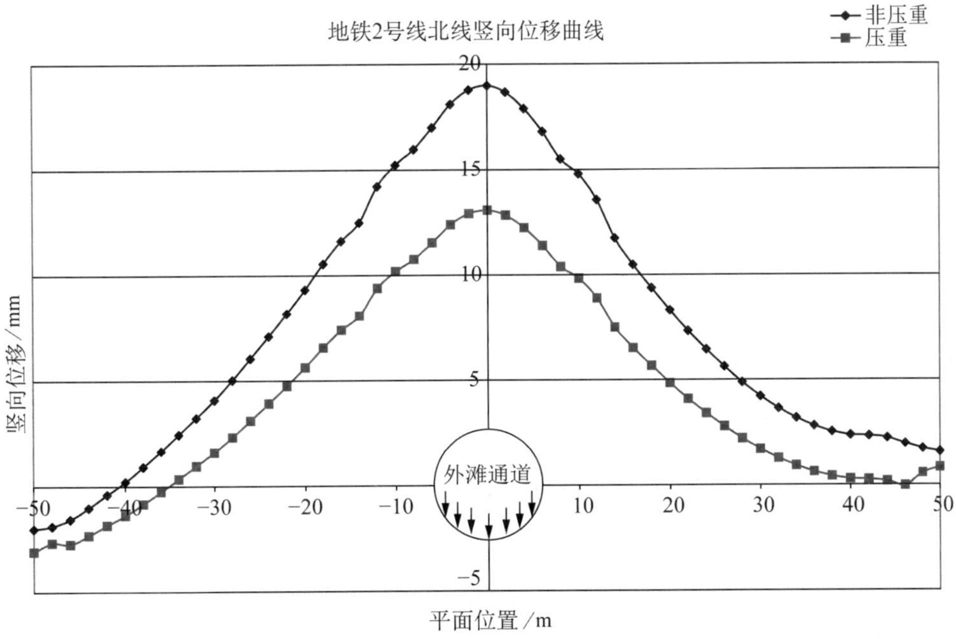

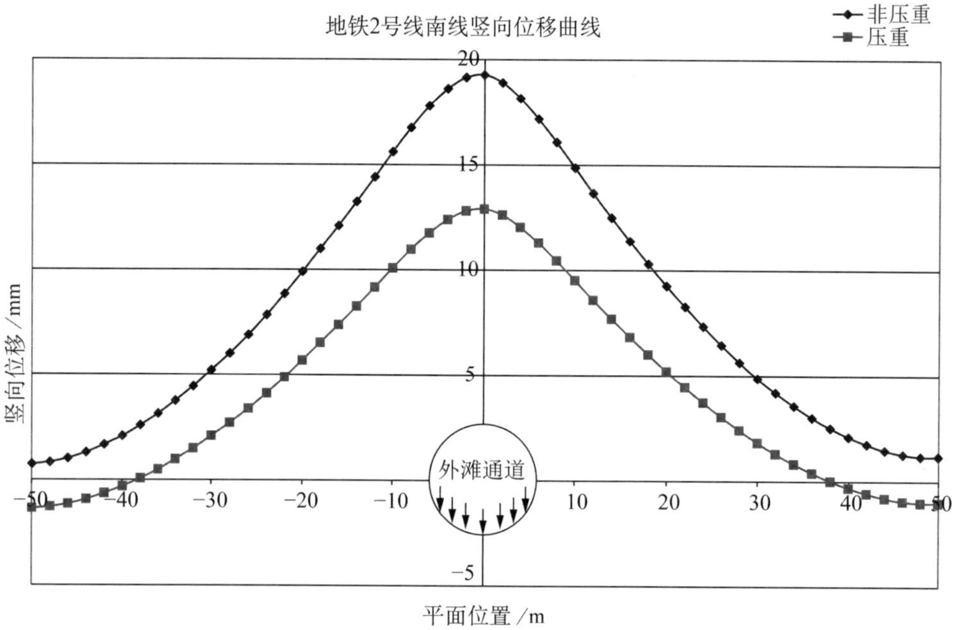

图 6-83　压重与非压重计算结果对比

由图 6-83 可以看出，北线非压重工况下最大隆起值 18.99 mm，压重工况下最大隆起值 13.07 mm；南线非压重工况下最大隆起值 18.95 mm，压重工况下最大隆起值 12.65 mm。计算结果表明，当地层损失率为 2‰及以下时，开挖轴线处地表沉降值能控制在 20 mm 以内，能够满足管线与建筑物保护标准；通过同步压重，地铁 2 号线的附加隆起值能控制在 20 mm 以内，能够满足地铁设施保护标准。

6.7.4　过程控制与实测分析

1. 穿越前的准备

穿越前在推进 325～340 环时，设置模拟试验段，就土压力、推进速度、出土量、注浆量和注浆压力设定与地面沉降关系进行分析，掌握此段区域盾构推进土体沉降变化规律以及摸索土体性质，以便正确设定穿越地铁 2 号线的施工参数和采取相应措施减少土体沉降，以保证地铁 2 号线的安全。除此之外，还采取了一系列应对措施。

1）土体改良设备

为增加舱内土体的流动性，保证正面土压力的稳定，本工程采用气泡注入法施工。如图 6-84 所示，通过在盾构机刀盘设置 8 个注入口加注泡沫来改良土体，同时在土仓中心位置设置了直径为 5 m 的搅拌机，加强对土仓内土体的搅动，增加其流塑性，便于土体的排出。

本次泡沫剂选用的品牌是法国的CONDAT，泡沫溶液浓度为5%，发泡率为20倍，注入率为30%。试验段推进时根据土压波动范围以及刀盘扭矩、盾构机推力参数变化对泡沫剂参数进行调整、优化。

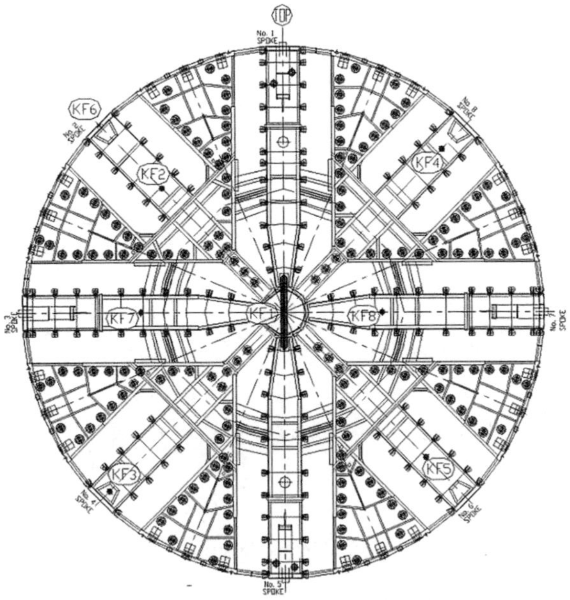

图6-84　刀盘泡沫注入孔示意图

2）管片改进

为防止盾构穿越地铁2号线推进阶段，外滩通道隧道自身沉降带来额外底层损失，采取了以下措施：

（1）采用剪力销管片，以保证纵向稳定性。在管片内表面增设预埋铁板，待隧道成环后，立即对管片纵向、环向进行钢板焊接，增加隧道刚度。

（2）在每块管片（除封顶块）上增设2个注浆孔，以便及时进行二次注浆。

3）压重

在外滩通道的施工过程中采用同步辅助压重的方法：盾构行进过程中利用盾构车架的自重进行压重；盾构车架通过后，口字件安放及两旁边混凝土的浇到同步施工，并在口子件内填充沙袋等辅助措施进行后续压重，以减小外滩通道大面积卸荷的影响。

2. 穿越施工

2009年6月8日外滩通道盾构切口开始进入地铁2号线下行线下方。根据前期模拟推进经验，土仓压力宜设置在主动土压力与被动土压力之间，如图6-85所示。

同步注浆系统采用单液可硬性浆液，主要材料为砂、粉煤灰、石灰、膨润土、外加剂和

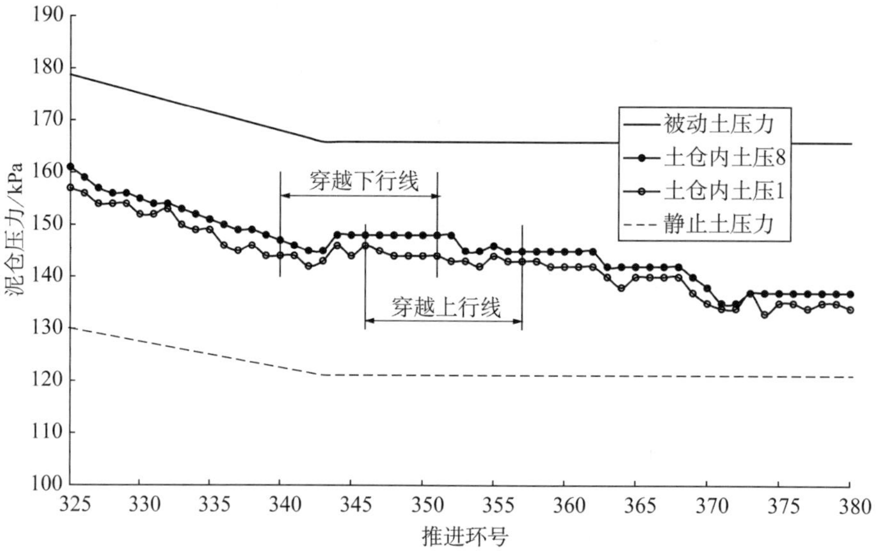

图 6-85　盾构穿越过程中土压力的设置

水，浆液坍落度控制在 12 左右。同步注浆管路采用内置式，压注点为 6 点，每个注浆点可单独控制注浆压力和注浆量。在施工时采取推进和注浆联动的方式。每环同步注浆量约 17.7 m^3，约为理论注浆量的 125%，穿越段注浆量设置如图 6-86 所示。

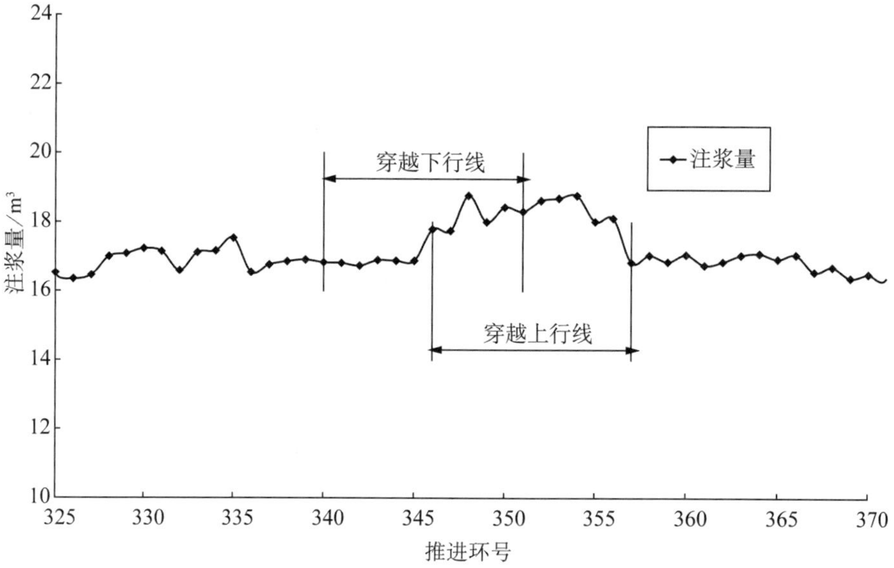

图 6-86　盾构穿越过程同步注浆量

受制于电机功率，当盾构推进速度过小时，螺旋机转速过慢，螺旋出土机工作状态较差，对控制周边环境影响极为不利，因此穿越阶段推进速度设置在 15～25 mm/min，既能保证盾构机正常工作，又能防止推进过快对环境影响过大。

为保证穿越工程的顺利实施，在地铁 2 号线隧道被穿越段内布置电水平尺，每 2 m 布置一测点，监测范围约 100 m，实时监测隧道的变形情况，测点布置如图 6-87 所示。

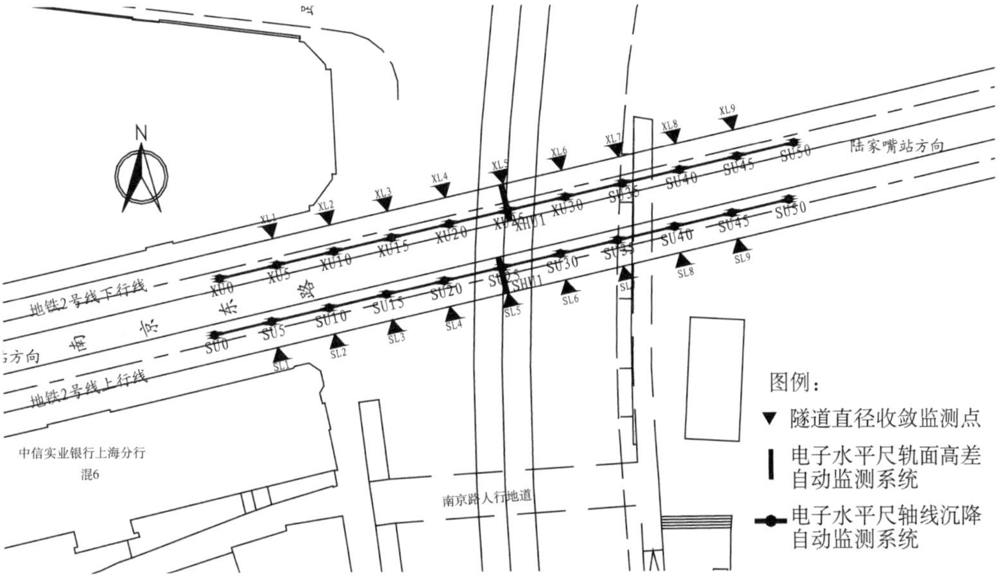

图 6-87　测点平面布置

根据盾构与运营地铁的相对位置，取 4 个关键施工工况，对盾构推进期间运营地铁变形进行了分析，盾构穿越过程中地铁 2 号线下行线变形如图 6-88 所示(正值表示隆起，负值表示沉降，以下同)。

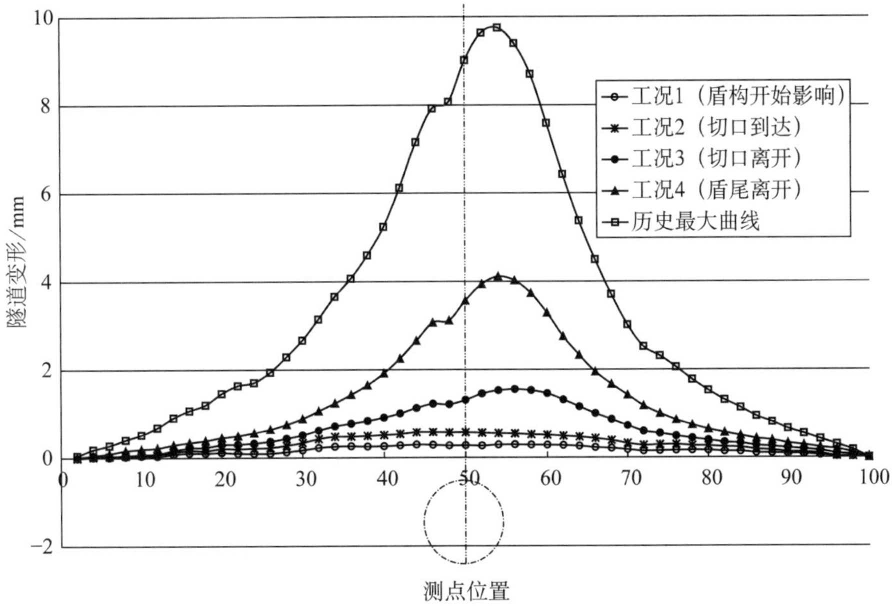

图 6-88　盾构穿越过程中地铁 2 号线下行线变形

工况 1:盾构切口距离运营地铁水平距离 6 m(3 环),此后运营地铁变形呈规律性变化,开始明显受盾构施工影响。

工况 2:盾构切口到达地铁 2 号线下行线上方,此时下行线最大产生约 0.3 mm 的隆起。这阶段的隆起主要是由盾构前方压力对地铁上方土体的挤压效应引起的。

工况 3:切口离开下行线,运营地铁继续隆起,最大隆起值约 1.5 mm。此后切口离开下行线,盾构正面压力对地铁 2 号线下行线不再起作用,地铁变形迅速增加。

工况 4:盾尾离开下行线,运营地铁最大隆起值约 4.1 mm。由于运营地铁上方卸荷影响,运营地铁变形继续增加,盾尾离开 9 天后达到最大,最大变形约 9.75 mm,对应地层损失率约 0.19%,此后地铁 2 号线下行线变形趋于稳定。与地铁 9 号线穿越地铁 1 号线工程相类似,盾构浅覆土上穿运营地铁工程中地铁变形主要发生在盾尾经过后,约占总变形量的 50%。

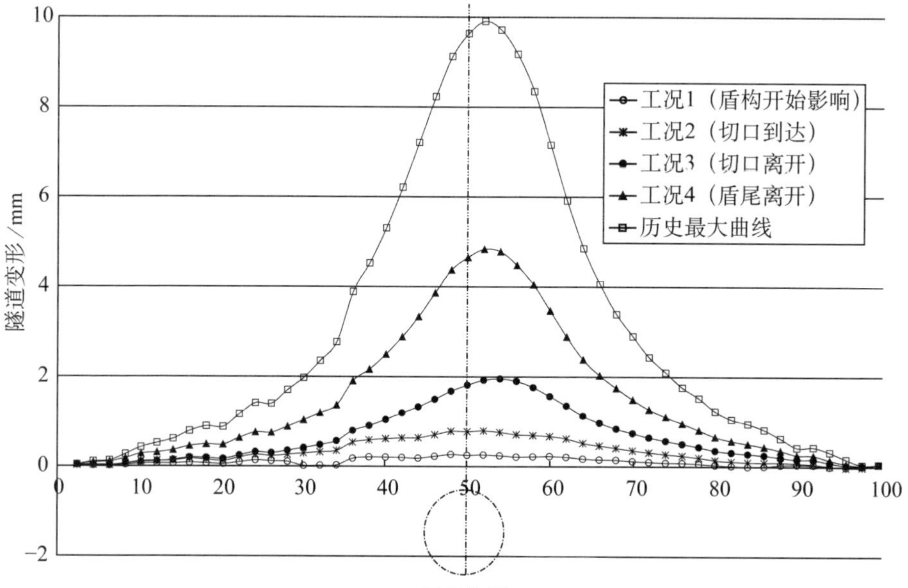

图 6-89 盾构穿越过程中地铁 2 号线上行线变形

盾构穿越引起地铁 2 号线上行线的变形如图 6-89 所示,其变化规律与下行线类似。由于盾构距离地铁 2 号线距离较近,地铁隧道结构对地层位移场的隔断作用不明显,地铁 2 号线上下行线最大变形接近。

6.7.5 结论与经验教训

(1) 超大直径土压平衡盾构一次近距离上穿越引起的下方地铁隧道最大隆起达到 10 mm,与以往 6 m 级的外径地铁盾构相比,近 15 m 级的超大直径盾构的施工尺寸效应明显。因此，超大直径盾构穿越相应的施工参数控制需更加精准，尤其是对切口通过后的盾壳及同步注浆的控制，以抑制后续地层回弹。

(2) 通过多点加注泡沫剂对土仓内土体进行改良，能有效减小土仓压力波动维持开挖面稳定。

(3) 超大直径土压平衡盾构上穿施工中，土仓压力宜设置在静止土压力与被动土压力之间(约为静止土压的 1.2 倍)，盾构推进速度应结合设备性能，选取适当值。

(4) 通过同步放置口子件、浇筑两旁混凝土及填充砂带等措施，进行辅助压重，可有效减小大面积卸荷对下方隧道的影响。

(5) 从运营隧道的上方近距离穿越是一个“卸载＋扰动”的过程，需要均匀慢速推进以降低推进对下方地铁隧道的影响。

6.8　上海北横通道超大直径泥水盾构越江穿越地铁 11 号线

6.8.1　概况

北横通道穿越地铁 11 号线是典型的超大直径泥水盾构、近距离、埋深度大、下穿地铁隧道的工程案例，如此大直径下穿运营地铁线路在世界上尚属首次。上海北横通道新建一期工程主线穿越地铁 11 号线项目为北横通道主线盾构穿越工程，位于长宁区长宁路、江苏北路路口，如图 6-90 所示。工程主线盾构直径 15.56 m，在里程 K5＋905 至 K5＋949(第 381～402 环)间先后下穿地铁 11 号线“江苏路站—隆德路站”区间上下行线区间隧道，对应处地铁 11 号线地铁隧道底标高－24.50 m，断面土层为⑤$_1$ 层。

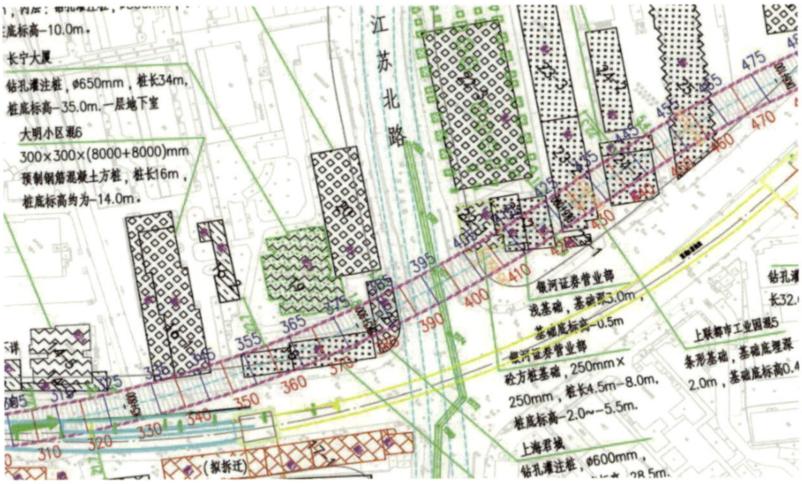

图 6-90　工程平面图

北横通道隧道顶标高为－31.71 m，断面土层分别为⑦$_1$、⑦$_2$、⑧$_{1-1}$层土层，在隧道上部有厚约 4 m 的⑥层为隔水性较好的硬黏土层。两隧道竖向最小净距为 7.06 m，轴线夹角为 68°。其中地铁 11 号线正投影范围为：上行线 SK30＋682.1 至 SK30＋699.8（第 595～610 环，穿越中心线位于第 601 环）；下行线 XK30＋652.5 至 XK30＋670.5（第 580～595 环，穿越中心线位于第 589 环）。

该穿越节点处的地层情况如下：地铁 11 号线隧道上方依次为①$_1$、②$_1$、③、④土层，地铁 11 号线隧道位于⑤$_1$ 层，地铁 11 号线与北横隧道之间 7.06 m 的竖向夹层内有厚度约 4 m 的⑥层土，盾构切削断面顶部为⑦$_1$ 层，中间夹层⑦$_2$ 层，下部为⑧$_{1-1}$层，地层的分布情况见表 6-24，项目剖面图见图 6-91。

表 6-24　物理力学性质表

层号	土层名称	重度	抗剪强度（固结快剪）		无侧限抗压试验			渗透系数	侧压力系数	回弹模量
		γ	c_k	Φ_k	q_u	q_u'	S_t	K	K_0	E_{sr}
		/(kN·m^{-3})	/kPa	/(°)	/kPa	/kPa		/(cm·s^{-1})		
②$_1$	褐黄—灰黄色黏土	18.2	16	14.5				5.0E-07	0.50	
②$_3$	黄—灰色砂质粉土	18.5	3	30.6				4.0E-04	0.35	
③	灰色淤泥质粉质黏土	17.2	11	14.0	37	8	4.97	5.0E-06	0.60	14.55
③$_T$	灰色砂质粉土	18.7	*3	*30				4.0E-04	0.35	
④	灰色淤泥质黏土	16.8	10	10.8	34	7	4.87	2.0E-07	0.62	13.69
⑤$_1$	灰色粉质黏土	17.8	15	15.4	49	15	3.41	2.0E-07	0.50	25.42
⑤$_{1T}$	灰色粉砂	18.0	*3	*30				6.0E-04	0.35	
⑤$_3$	灰色粉质黏土夹粉砂	18.0	15	18.2	59	16	3.75	5.0E-06	0.45	18.60
⑤$_{3T}$	灰色粉砂夹黏土	18.8	*3	*30				1.0E-04	0.40	
⑤$_4$	灰绿色粉质黏土	19.6	48	17.9				2.0E-06	0.40	
⑥	暗绿色粉质黏土	19.6	48	15.9				2.0E-06	0.40	
⑦$_1$	草黄—灰色粉砂	18.9	2	31.4				7.0E-04	0.32	
⑦$_{1T}$	灰色黏土夹粉砂	19.2	28	15.4				5.0E-05	0.45	

续表

层号	土层名称	重度	抗剪强度（固结快剪）		无侧限抗压试验			渗透系数	侧压力系数	回弹模量
		γ	c_k	Φ_k	q_u	q_u'	S_t	K	K_0	E_{sr}
		/(kN·m^{-3})	/kPa	/(°)	/kPa	/kPa		/(cm·s^{-1})		
⑦$_2$	草黄—灰色粉细砂	18.7	1	32.8				9.0E-04	0.30	
⑧$_{1-1}$	灰色黏土	18.0	19	15.0				5.0E-06	0.50	

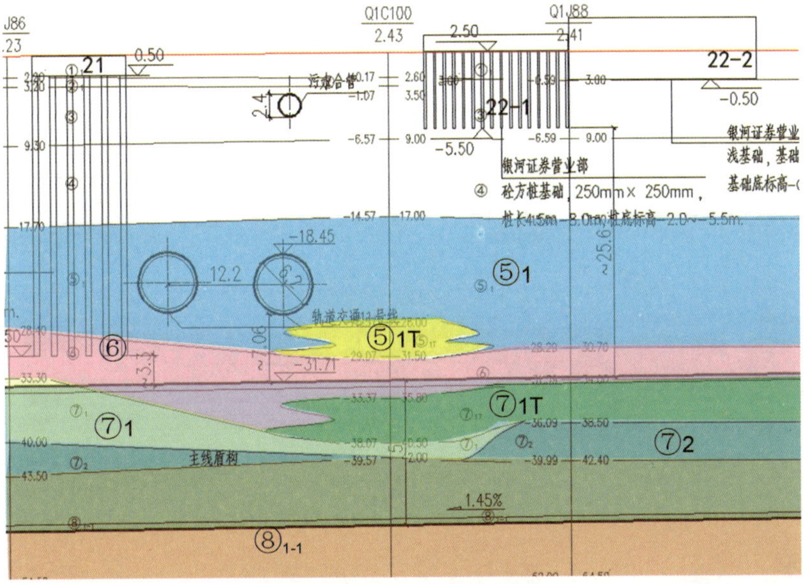

图 6-91　穿越点剖面图

15.56 m 的泥水气平衡盾构机设备及参数如图 6-92 及表 6-25 所示。

图 6-92　泥水气平衡盾构机

表 6-25　　泥水气平衡盾构机参数

盾构机类型	泥水气平衡盾构机
刀盘开挖直径	15 560 mm
盾体结构形式	中心体+10 块扇块布置
总推力	200 000 kN
工作压力	8 bar
推进油缸	19 组三缸千斤顶(360/280—3 000 mm)
主驱动	DN7600、工作压力 8 bar、13 台变频驱动
盾尾油脂	3×19,DN25
盾尾密封	3 排钢丝刷+1 道钢板刷
人闸	Φ2 000 mm,容纳 6+2
材料闸	1 个

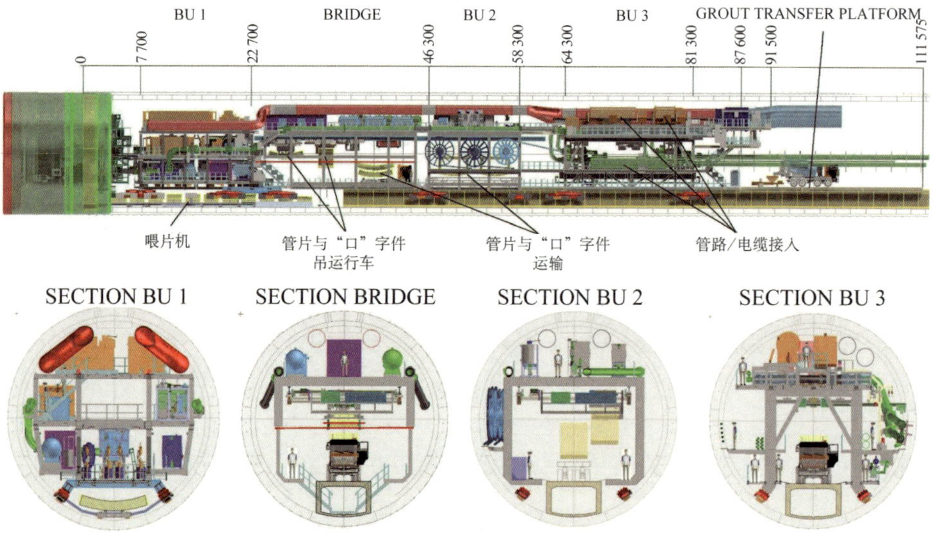

图 6-93　泥水气平衡盾构机

表 6-26　　北横通道穿越地铁 11 号线盾构机参数

盾构类型	泥水盾构	盾构机外径/mm	15 530	刀盘直径/m	15.56 m
厂家	海瑞克	盾构机内径		刀盘质量	
盾构机外径/mm	15 530	盾壳钢板厚度		刀盘扭矩/(kN·m)	34 914
盾尾注浆口	8+2(备)	盾尾操作间隙		功率/kW	4 550

续表

盾尾油脂	3×15	建筑空隙		特点描述	
密封(钢丝刷)	3 钢丝刷+1 钢板刷+1 道防漏挡沙板	刀盘开挖直径/m	15.56	盾构隧道段长度	
推进油缸	19(6 组)	开口率	30%	管片外径/mm	15 000
千斤顶	19	刀具	软土刀具	管片内径/mm	13 700
额定推力/kN	203 066	刀盘转速/rpm	0~1.7	环宽/mm	2
行程/mm	3 000	刀盘驱动装置	1 个主驱动	纵向、环向螺栓的直径与数量	38 根 M30 的纵向斜螺栓,20 根 M39 的环向斜螺栓

6.8.2　风险控制难点及关键点分析

根据对盾构以往穿越工程案例的梳理分析,认为超大直径盾构从下部穿越对地铁隧道带来的变形主要包括两部分:正常情况下的地层损失,穿越后因扰动土体带来的地层固结次固结沉降。

具体来讲,影响地铁隧道变形有如下主要因素和难点:

(1) 地层地质情况。地层条件的影响无疑是巨大的,它对盾构选择和过程中发生的风险都会产生直接影响。尽管在穿越工程中,两隧道上下之间存在较良好的⑥层土,对盾构上方砂层的流失有一定的控制作用,但盾构水平向两侧处于砂土地层中,同样存在砂土流动损失超限的风险。因此,需要密切关注各施工参数及其匹配性,特别是对出土量(干砂量)必须进行严格管理。

(2) 与隧道远近和空间关系。直观上,越远越安全,越近风险越大,当穿越施工距离小于 $1D$ 时需要认真研究对待,而在此工程中距离小于 $0.5D$。净距小、隧道截面比大是本次穿越的一大特点,北横通道距地铁 11 号线竖向最小净距仅为 7.06 m,刀盘距离地铁 11 号线隧道 6.78 m;刀盘面积与地铁 11 号线隧道面积比达 6.29,大小隧道截面面积比 6.0,是西藏南路和杭州文一路的隧道 1.8 倍。

(3) 周边环境包括地铁隧道自身状态与运行时列车振动影响。周边环境是否利于盾构穿越,主要体现在地面超载情况、保持开挖面稳定的难易程度等。地铁振动引起隧道振动,从而引起一定范围内地层振动,可能增大附加地层损失。列车通过时带来的振动对于泥水盾构工作面的稳定性影响程度不明确,穿越带来的风险不能确定,一旦发生意外,后果极为严重。地铁 11 号线该段运营线路在早高峰时间段每 2 min 就有一列车通过,列车通过产生的循环振动荷载会传递至盾构开挖面,对开挖面的稳定带来一定影响,且在叠加循环振动荷载的作用下,砂土颗粒易受到振动激励而加速运动，加上较高的超孔隙水压，可能加剧开挖面的水土流失发生超挖，从而导致地层损失的控制十分困难。

(4) 地铁隧道保护标准与要求。一般中等直径的土压平衡盾构穿越时，允许其对隧道的沉降隆起影响在±3 mm内，控制值±5 mm。超过此范围可能会引起隧道发生渗漏水、开裂、挤压或张开引起掉块、道床与管片脱开等病害，严重时可能会危及隧道结构和地铁运营安全。

(5) 盾构机类型与装备水平。设备装备水平是穿越能否成功的控制性因素，该盾构属于泥水气压式盾构，盾构主机沿纵向轴线形状呈锥形体（前大后小），由于盾构位于承压水砂性地层之中，泥水舱泥浆通过盾壳与地层的间隙与盾尾相通，盾构事实上处于悬浮泥浆之中，当舱内泥浆压力过高时，泥浆可能会穿透密封刷而盾尾漏浆。另外，若同步注浆量过大，注浆压力必定增高，也有可能击穿密封刷而引起漏浆现象。必要时可通过盾构壳体上的注浆孔对盾构壳体与土体之间的间隙进行充填注浆，以防止土体下沉。再者，盾构机中心开口率为30%，开口率较小可能导致盾构掘进过程中刀盘中心部位结泥饼，导致切削和推进困难，造成对前方土体的扰动严重，盾构推力大增。刀盘一旦产生较为严重的泥饼，其冲刷处理亦会产生大量砂土损失的风险。

(6) 自动监测水平。需要实时监测盾构施工对环境的影响情况，并根据保护标准和要求及时调整施工。在地铁11号线下部有⑥层土和⑦层土，这对穿越施工是有利的，但这种地层组合可能会导致地层损失之后反映到隧道上有一定的滞后，进而影响准确判断，造成延时调整施工参数和滞后处理。

(7) 开挖面稳定、同步注浆、施工参数及施工水平等。泥水性能是保证砂性地层中开挖面砂土损失的关键因素，优良的泥浆会在盾构开挖面快速产生稳定的泥膜，保证泥膜有效支护正面砂土，减少或阻止其流动性。因此，泥浆的黏度应尽量提高至不小于25 s，并在推进过程中对泥浆进行实时监测，及时补充新型泥浆以保证其性能优良稳定。再者，同步注浆量除满足盾尾间隙填充之外，还应根据实际发生的干砂量损失大小进行补充设置。必要时视地铁隧道的沉降情况，可通过壳体上的预留注浆孔压注“克泥效”以快速充填盾构锥形外壳形成的空间，控制地铁隧道沉降。

(8) 地铁运行状态下振动对泥膜形成的影响不确定，需要对列车通过穿越段时行驶速度进行限速。

(9) 未有先例，施工经验严重缺乏。根据小直径泥水盾构穿越工程经验预估影响大约±20 mm范围，像如此超大直径盾构穿越没有案例可以借鉴，之前曾经发生过隧道严重上浮剪断纵向螺栓的案例。

综合考虑到穿越盾构开挖截面大、距离近、振动影响不明确、经验缺乏等不利因素，可以认为施工风险极高，需要从多方面做好施工准备和应急。

6.8.3　变形预测

根据地质报告和地铁 11 号线隧道的位置及北横通道的相对位置，采用 Plaxis 2D 对成层土建模并进行数值模拟，分别计算了地层损失率为 1‰～6‰的 6 种工况下地铁 11 号线隧道的变形，并考虑了地铁 11 号线地铁运营产生的振动荷载对计算结果的影响。

当不考虑地铁 11 号线地铁运营产生的振动荷载时，盾构开挖产生的地层损失为 1‰～6‰。地铁 11 号线隧道的沉降如图 6-94 及表 6-27 所示。沉降分布形状与 Peck 法理论分析所得结果相近，但由于考虑了上部地铁 11 号线与土体的相互作用，沉降有所减少。当开挖地层损失率小于 4‰时(不计振动影响)，最大沉降量小于 20 mm，纵向曲率半径大于 15 000 m，符合工程要求。

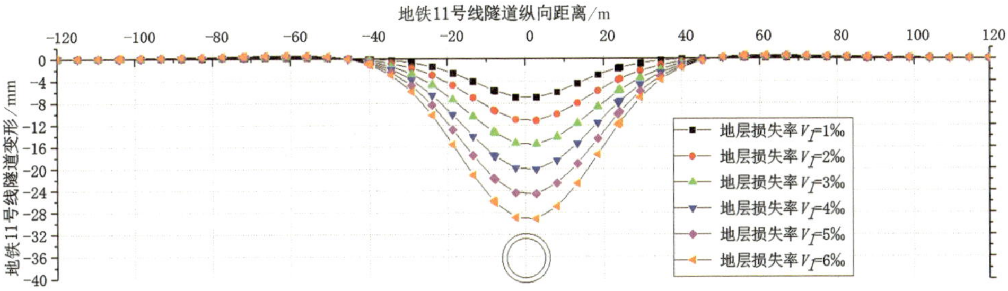

图 6-94　地铁 11 号线隧道纵向沉降分布(无振动)

表 6-27　　地铁 11 号线纵向沉降特征(无振动)

开挖地层损失率	地铁 11 号线大沉降量 /mm	地铁 11 号线沉降分布纵向曲率半径 /m
1‰	6.91	492 000
2‰	11.13	312 000
3‰	15.50	252 000
4‰	20.03	246 000
5‰	24.55	222 000
6‰	29.09	249 000

考虑地铁 11 号线地铁运营产生的振动荷载时，开挖地层损失为 1‰～4‰的地铁 11 号线隧道沉降如图 6-95 及表 6-28 所示。沉降分布形状与未考虑地铁 11 号线地铁运营产生的振动荷载时的分析结果相近。但由于振动荷载引起的弹性变形及振动荷载引起的附加地层损失率，导致地铁 11 号线隧道整体下沉增加，北横通道顶部对应位置下沉增量

较大。当开挖地层损失率控制为1‰时，最大沉降量小于20 mm，纵向曲率半径大于15 000 m，符合工程要求。

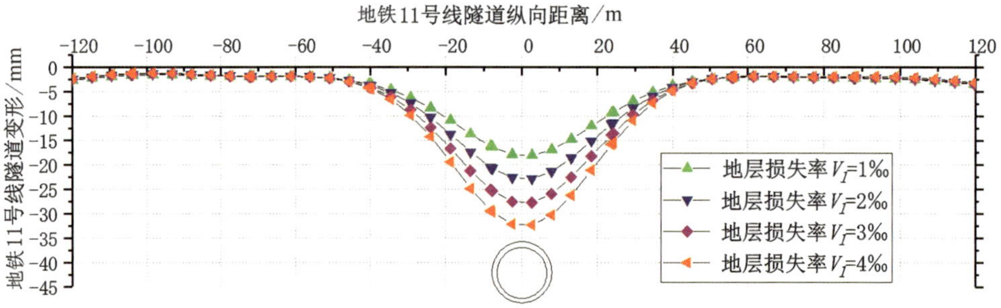

图6-95 地铁11号线隧道纵向沉降分布(有振动)

表6-28 地铁11号线纵向沉降特征(有振动)

无振动下的地层损失率	振动下的附加地层损失率	地铁11号线最大沉降量/mm	地铁11号线沉降分布纵向曲率半径/m
1‰	2‰	18.13	471 500
2‰	2‰	22.85	357 000
3‰	2‰	27.71	287 770
4‰	2‰	32.34	241 300

6.8.4 过程控制与实测分析

1. 过程控制

穿越期间实时记录每一环盾构推进过程中的参数：推进(拼装)时间、推进速度、正面泥水压力、总推力、刀盘扭矩、同步注浆量、同步注浆压力、地铁监测数据等，同时实时查看隧道结构状况，自2018年11月16日10:00盾构刀盘切入隧道投影线下方，至11月19日9:00盾尾完全脱出地铁11号线隧道下行线投影线，历时71 h，完成19环隧道的推进和拼装，穿越段推进拼装情况见表6-29。整个推进期间，盾构推进速度一般保持在20～30 mm/min，刀盘转速0.79～1.01 rpm，平均推力在110 000～130 000 kN，最大推力138 000 kN，最小103 000 kN。同步注浆采用结硬性浆液，注浆量控制在33～34 m^3/环，是建筑空隙的130%。推进时同步注"克泥效"1 m^3/环充填推进，压注盾尾油脂175 kg/环。

表 6-29　　穿越施信息统计表

刀盘位置（环号）	盾尾位置（环号）	推进开始时间 2018 年 11 月	拼装开始时间 2018 年 11 月	拼装结束时间 2018 年 11 月
387	382	16 日 10:10	11:30	13:10
388	383	13:10	15:20	17:00
389	384	17:00	18:20	19:45
390	385	19:45	21:30	22:45
391	386	23:40	17 日 01:35	17 日 2:30
392	387	17 日 2:40	6:50	8:40
393	388	8:45	10:20	12:45
394	389	12:50	14:35	16:00
395	390	16:05	17:25	18:30
396	391	20:15	21:45	23:10
397	392	23:10	18 日 0:55	18 日 2:15
398	393	2:20	3:25	4:55
399	394	5:00	6:15	7:30
400	395	7:30	8:35	10:05
401	396	11:00	12:20	13:45
402	397	13:45	14:55	16:25
403	398	16:25	17:35	18:45
404	399	18:55	20:35	21:55
405	400	21:55	23:05	19 日 0:50
406	401	19 日 0:55	3:00	4:20
407	402	5:20	7:30	8:55

穿越段 19 环的平均推进时间为 99 min，拼装时间约 90 min。为控制北横隧道上浮和同步注浆对地铁 11 号线隧道的影响，对穿越后的 10 环推进速度进行严格控制，通过延长停推时间，拉长停推复推时间间隔，使平均单环推进时间达 336 min，单环最长推进时间达

576 min，有效控制了隧道隆起。

由于盾构纵向上呈“锥形体”，前大后小，为控制穿越中心位置的持续沉降，在刀盘切入389环时就开始从盾壳向外压注“克泥效”，以充填盾壳与土层之间的建筑空隙。压注量1 m^3/环，效果良好，遏制了地铁11号线隧道的持续沉降，并使隧道有1～2 mm的微量抬升。

2. 监测数据分析

1）盾构穿越过程分析

根据相对位置关系图可知，当盾构推进第382环时，切口位于第387环，开始进入地铁11号线上行线正投影区域；当盾构推进第387环时，切口位于第392环，基本离开地铁11号线上行线正投影区域，此时盾尾开始进入地铁11号线上行线正投影区域；而当盾构推进第392环时，盾尾基本离开地铁11号线上行线正投影区域。即推进第382环、第387环、第392环这3环时为盾构穿越地铁11号线上行线的关键时间点。

同时，将盾构推进一环的整个过程分为两个阶段（盾构推进阶段、管片拼装阶段）和3个节点（盾构开始推进、开始管片拼装、结束管片拼装），地铁11号线上行线隧道对应3个关键时间点的沉降变化情况如图6-96所示。

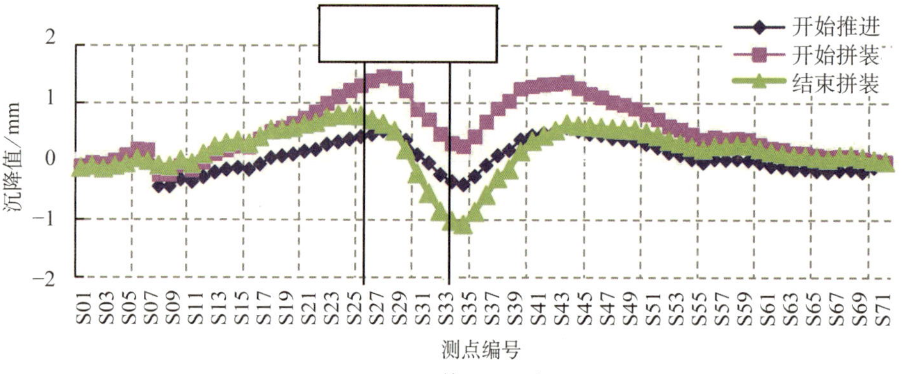

(a) 第 382 环

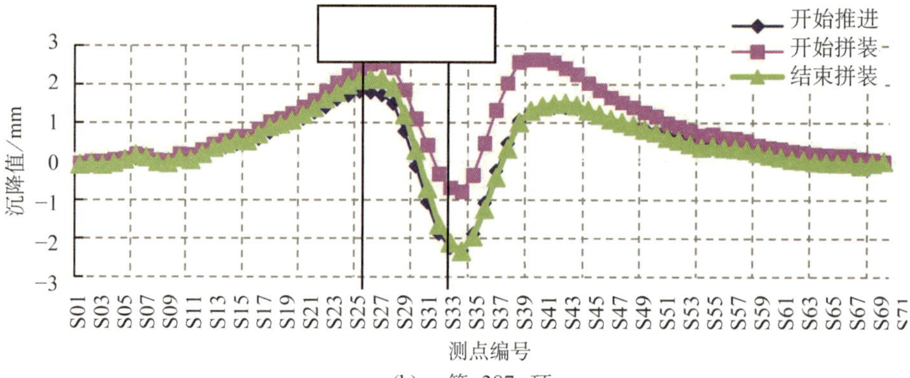

(b) 第 387 环

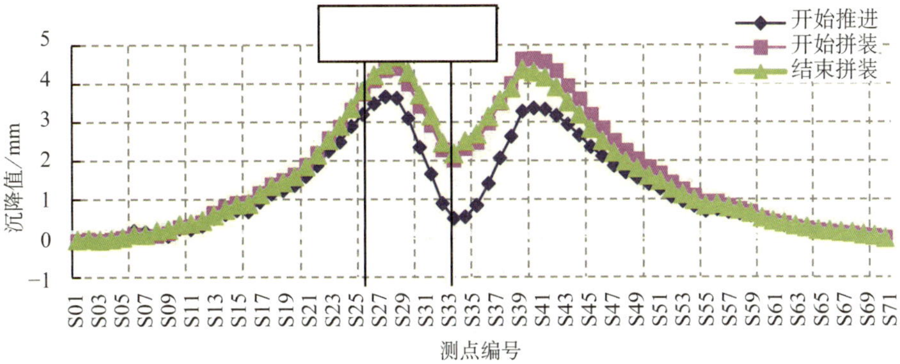

(c)　第 392 环

图 6-96　地铁 11 号线上行线隧道沉降变化曲线

盾构切口开始进入地铁 11 号线正投影区域时，上行线隧道已有明显的沉降变化，差异沉降超 1 mm，隧道沉降曲线表现为“火山口状”。在北横通道盾构穿越整个地铁 11 号线上行线隧道的过程中，可以发现以下四点：①对比图 6-96(a)(b)(c)中相同节点的沉降曲线，上行线隧道的差异沉降会有所增加，最大差异沉降可达 4.8 mm 以上；②对比图 6-96(a)(b)(c)中各环在整个推进、拼装过程，不同节点的沉降曲线，上行线隧道在盾构推进阶段上抬，在管片拼装阶段下沉；③对比图 6-96(a)(b)(c)中各环盾构开始推进和开始管片拼装的沉降曲线，在盾构推进阶段，上行线隧道的上抬量逐渐增大，且最大上抬量发生在正投影区域中心位置，即盾构穿越中心线处；④对比图 6-96(a)(b)(c)中各环开始管片拼装和结束管片拼装的沉降曲线，上行线隧道的沉降量反而逐渐减小，并且在盾尾出上行线隧道正投影区域时[图 6-96(c)第 392 环]，两者基本稳定，变化甚小。这是因为盾构推进第 384～401 环时，采用了壳体压注克泥效的措施，试验证明盾构下穿至正投影区域，通过压注克泥效可以有效减小既有隧道的沉降量。

同理，将推进第 389 环、第 394 环、第 399 环这三环时定为盾构穿越 11 号线下行线相应的关键时间点，图 6-97 为下行线隧道对应关键时间点的沉降变化曲线，对比上、下行线隧道的沉降变化特点和趋势，不难得出类似的四点结论，而区别之处在于从盾构推进第 398 环开始(正投影区域内是第 398～402 环)，下行线隧道沉降变化曲线由原来的“火山口状”已转变为“类正态分布”，隧道沉降抑制效果显著，进一步验证了压注“克泥效”能够有效改善盾构掘进时引起的地层变形。

2）上、下行单环推进对比分析

北横通道第 389 环和第 396 环分别位于地铁 11 号线上、下行线隧道的正投影区域，且与上、下行线对应的位置关系相同。可以认为，当盾构分别推进这两环时，对上、下行线隧道的影响基本一致，因此，可将第 389 环和第 396 环的隧道沉降变化进行对比分析。

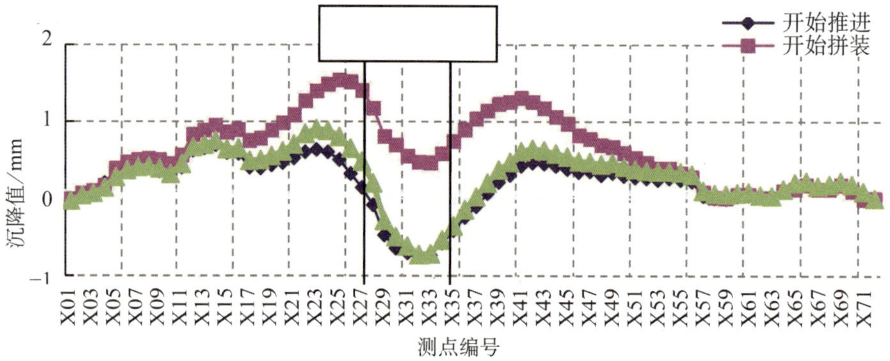

(a) 第 389 环

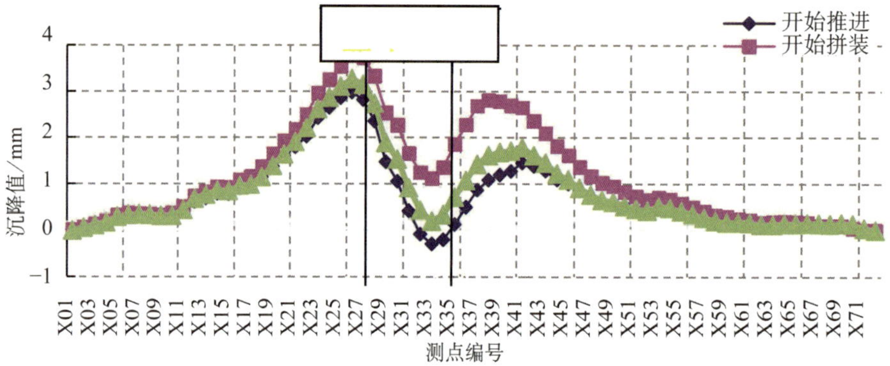

(b) 第 394 环

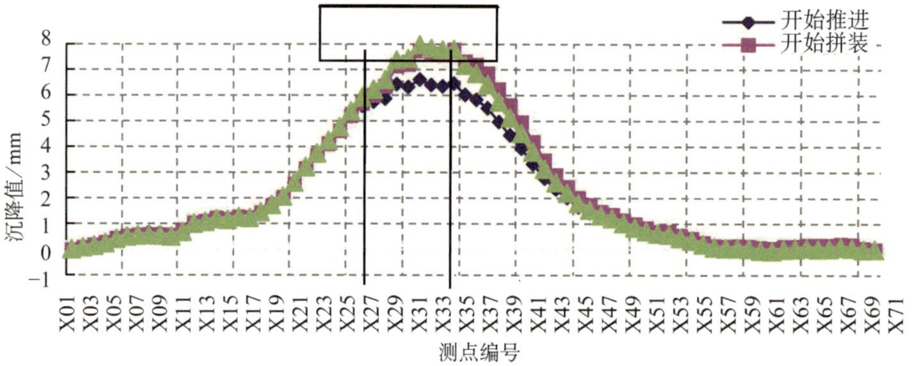

(c) 第 399 环

图 6-97 地铁 11 号线下行线隧道沉降变化曲线

盾构分别推进第 389 环和第 396 环时，地铁 11 号线上、下行线隧道对应的沉降变化曲线如图 6-98 所示，隧道沉降曲线也都呈现出“火山口状”。不同的是，上行线隧道[图 6-98(a)]的峰顶位于正投影区域的两侧，下沉形成的“漏斗”则刚好出现在正投影区域，且盾构中心线处的沉降为最大；而下行线隧道[图 6-98(b)]的“沉降漏斗”位于正投影区域的边缘，两处峰顶也存在一定距离的偏移。造成这种偏移现象的原因是北横通道盾构并非垂直穿越地铁 11 号线隧道，而是以 68°的夹角进行斜穿，地铁 11 号线隧道正投影区域近侧的沉降变化会先于另一侧。

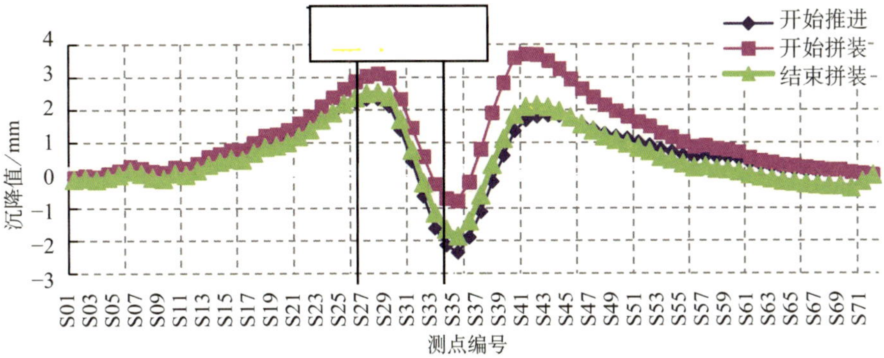

(a)　上行线隧道沉降变化曲线（第389环）

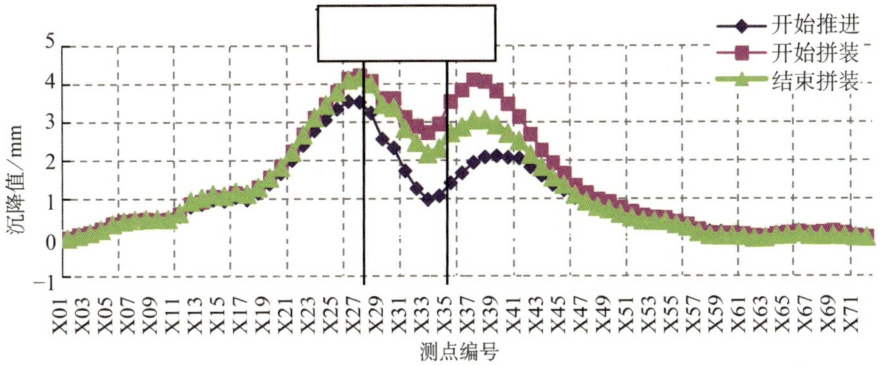

(b)　下行线隧道沉降变化曲线（第396环）

图 6-98　地铁 11 号线隧道沉降变化曲线

从单环整体过程来分析，盾构推进时，地铁 11 号线隧道整体上抬，到了管片拼装时，隧道整体下沉，与前文所述相符。此外，上抬量和下沉量主要集中于 3 倍正投影区域的范围内，最大变化量和最大变化速率则均位于盾构穿越中心线处。

结合正投影范围内各环的盾构正常推进情况可知，地铁 11 号线隧道在推进阶段上抬，在拼装阶段下沉，均表现出上述变形特点，总体规律一致，而遇到其他非正常推进时间，如发生注浆系统故障或接泥水管等原因导致的盾构停推，也会出现隧道略微下沉的现象，说明管片拼装阶段及非正常停推阶段产生了绝大部分的地层损失。

3）隧道沉降时程分析

取地铁 11 号线隧道内对应北横通道盾构推进中心线的测点 S36 和 X36 时程曲线，由图 6-99 可知，当盾构分别推进第 389 环和第 396 环时，对应测点的时程变化相似，即地铁 11 号线隧道在盾构推进阶段逐渐上抬，而在管片拼装阶段，隧道总体表现为下沉趋势。

其原因在于盾构推进过程中，千斤顶的推力、泥水向外渗流造成的动水压力以及同步注浆压力三重作用，形成对外挤压；在管片拼装过程中，同步注浆随即停止，泥水系统也停止送、排泥，开挖面稳定性的维持存在不确定性，同时千斤顶分区回缩，部分压力不可避免地得到释放，共同导致隧道下沉。

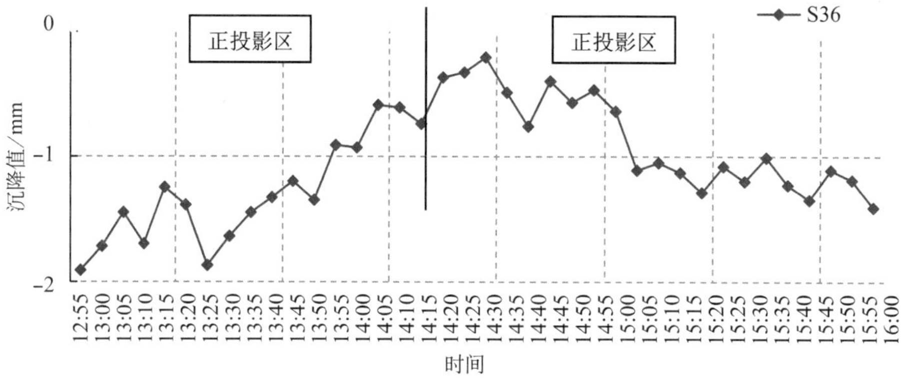

(a) 上行线隧道沉降时程曲线（第389环）

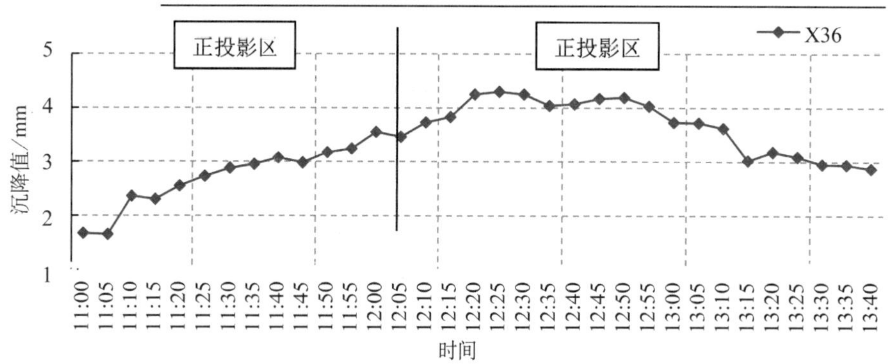

(b) 下行线隧道沉降时程曲线（第396环）

图6-99 地铁11号线隧道沉降时程曲线

6.8.5 结论与经验教训

综上所述，项目结合北横通道超大直径泥水平衡盾构下穿运营地铁11号线的施工控制措施和实测数据，研究了盾构近距离穿越施工相互影响的变形过程和规律，以及减小穿越施工影响的技术控制要点和监护要点，可得到以下结论：

（1）在盾构正常穿越推进过程中，既有隧道沉降变化曲线呈现“火山口状”，且该变形主要集中于3倍正投影区域范围内，这是泥水盾构穿越的典型形状，完全不同于土压盾构穿越形成的影响曲线。

（2）穿越期间的最大隆起量较小，为2～4 mm，最大沉降量达到12 mm，影响小于1‰D，但运营隧道最终沉降量超过15 mm，后经微扰动注浆进行抬升治理后达到−3 mm。

(3) 从穿越空间上讲,盾构下穿施工对上方既有隧道的沉降影响主要发生在正投影区域,即切口进入正投影区域—盾尾离开正投影区域。

(4) 从穿越施工时间上讲,在正常穿越推进过程中上方既有隧道在盾构推进阶段会出现上抬,而在管片拼装阶段则表现为下沉趋势。

(5) 停推期间,盾构开挖面稳定性的维持存在不确定性,因而地层损失集中在管片拼装阶段,故减少管片拼装以及其他非正常推进时间,提高施工效率,可减少地层损失的发生。

(6) 适时、适量压注"克泥效"充填切口与盾尾之间的空隙,可有效抑制盾构掘进时引起的地层变形,对下穿施工时既有隧道的沉降变形控制起到了良好的作用。

(7) 穿越影响主要体现在隧道的沉降或隆起,隧道产生的沉降变化远大于其收敛变化。

(8) 盾构推进穿越过程中,切口距离正投影区域 8 环以及盾尾离开正投影区域 12 环的范围内可对上方既有隧道产生影响。

(9) 同步注浆对盾尾后的几环隧道影响最大,通过调整盾构以间歇性推进以及适量减少同步注浆量的方式可有效减小上方既有隧道的上抬量,而在推过一定的环数后视情况逐渐增大注浆量。

北横隧道在完成从地铁 11 号线隧道下部穿越后,又于 2019 年 7 月对地铁 7 号线进行了下穿施工,在地质条件和施工环境相近的情况下,有了一部分施工积累经验,通过精调施工参数、精准预判、精确控制施工,使穿越对地铁隧道的影响小于 8 mm。

参考文献
REFERENCES

[1] 刘建航,侯学渊.盾构法隧道[H].北京:中国铁道出版社,1991.11.

[2] 侯学渊,廖少明.盾构隧道沉降预估[J].地下工程与隧道,1993(4):24-32.

[3] 廖少明,侯学渊.盾构法隧道信息化施工控制[J].同济大学学报(自然科学版),2002(11):1305-1310.

[4] 关继发.新建地铁隧道穿越既有地铁安全风险及其控制技术的研究[D].西安:西安建筑科技大学,2008.

[5] 姜忻良,赵志民.镜像法在隧道施工土体位移计算中的应用[J].哈尔滨工业大学学报,2005(6):801-803.

[6] 廖少明,徐意智,陈立生,等.穿越不同建(构)筑物的地铁盾构选型与控制[J].上海交通大学学报,2012,46(1):47-52.

[7] 廖少明,杨俊龙,奚程磊,等.盾构近距离穿越施工的工作面土压力研究[J].岩土力学,2005(11):36-39.

[8] 廖少明,余炎,白廷辉,等.盾构隧道叠交施工引起的土层位移场分布规律[J]岩土工程学报,2006(4):485-490.

[9] 廖少明,余炎,彭芳乐.盾构近距离穿越相邻隧道施工的数值解析[J].岩土力学,2004(S2):223-226.

[10] 邵伟,周松,胡劲松.大直径泥水盾构浅覆土穿越机场的风险演化分析[J].上海交通大学学报,2012,46(1):58-63.

[11] 汪小兵,王如路,刘建航.上海软土地层中运营地铁隧道不均匀沉降的治理方法[J].上海交通大学学报,2012,46(1):26-31.

[12] 王如路,蔡铁曼,刘建航.上海市轨道交通 4 号线盾构隧道穿越地铁运营线路的监护工程[J].地下工程与隧道,2004(3):23-30.

[13] 王如路,刘建航,廖少明.盾构法施工的环境保护技术[J].城市轨道交通研究,2009,12(12):27-33.

[14] 王如路,刘建航.上海地铁监护实践[J].地下工程与隧道,2004(1):27-32.

[15] 王如路.上海软土地铁隧道变形影响因素及变形特征分析[J].地下工程与隧道,2009(1):1-6.

[16] 魏纲.顶管工程土与结构的性状及理论研究[D].杭州:浙江大学,2005.

[17] 魏纲.盾构法隧道施工引起的土体变形预测[J].岩石力学与工程学报,2009,28(2):418-424.

[18] 徐前卫.盾构施工参数的地层适应性模型试验及其理论研究[D].上海:同济大学,2006.

[19] 叶耀东,琚娟,王如路,张柏平.盾构穿越运营地铁隧道施工技术探讨[J].施工技术,2005(12):67-68.

[20] 余占奎,黄宏伟,王如路,等.人工冻结技术在上海地铁施工中的应用[J].冰川冻土,2005(4):550-556.

[21] 周梁,廖少明,史宁强,等.隧道软弱下卧地基注浆加固试验[J].重庆交通大学学报(自然科学版),2010,29(6):880-884.

[22] 周文波.盾构法隧道施工对周围环境影响和防治的专家系统[J].地下工程与隧道,1993(4):120-128.

[23] 朱合华,徐前卫,傅德明,等.地层适应性盾构模型试验设计方法初探[J].岩土力学,2006(9):1437-1441.

[24] 朱合华,徐前卫,郑七振,等.软土地层土压平衡盾构施工参数的模型试验研究[J].土木工程学报,2007(9):87-94.

[25] 王如路,廖少明,贾坚.上海地铁监护实践[M].上海:同济大学出版社,2013.

[26] 陈馈,洪开荣,焦胜军.盾构施工技术[M].2 版.北京:人民交通出版社,2016.

[27] 周顺华.地铁盾构法隧道下穿工程[M].北京:科学出版社,2017.

[28] 陈龙.城市软土盾构隧道施工期风险分析与评估研究[D].上海:同济大学,2004.

[29] 邵伟.地铁盾构隧道工程全过程风险演变机理及模型研究[D].上海:同济大学,2013.

[30] 高华军.地铁隧道盾构施工风险管理研究[D].武汉:武汉理工大学,2013.

[31] 叶为民,唐益群,张先林等.上海地区浅层地质环境与地质灾害[M].上海:同济大学出版社,2000.

[32] 莫群欢,季良华,庄永乐,等.上海市第四系的工程地质研究[J].1999,高校地质学报,5(4),468-473.

[33] 王荣彪,施刚.长江河口地区地质环境开发利用与地质灾害防治[J].2008,中国地质灾害与防治学报,19(2),128-133.

[34] 张雪辉,白云,徐晓扉,等.大深度超大直径盾构盾尾受力性能探究[J].地下空间与工程学报,2017(S1):100-106.

[35] 王默.基于离散元的盾构螺旋输送机输送机理及其特性研究[D].成都,西南交通大学,2018.

[36] 施虎.盾构掘进系统电液控制技术及其模拟试验研究[D].杭州:浙江大学,2012.

[37] 陈仁朋,刘源,刘声向,等.盾构隧道管片施工期上浮特性[J].浙江大学学报(工学版),2015,48(6):1068-1074.

[38] 尹鑫晟.泥水盾构成膜规律及开挖面稳定性[D].杭州:浙江大学,2017.

[39] 白廷辉,刘树佳,廖少明.软土地区盾构掘进速度对地层扰动现场试验研究[J].岩土力学,2016,37(7):2040-2046.

[40] 林存刚，吴世明，张忠苗，等.盾构掘进速度及非正常停机对地面沉降的影响[J].岩土力学，2012，33(8)：2472-2482.
[41] 武军，廖少明，霍晓波.地铁列车振动荷载对穿越泥水盾构泥膜渗透系数的影响[J].岩土工程学报，2015，37(6)：1093-1104.
[42] 高立群.大直径盾构正面稳定性研究[D].上海：同济大学，2006.
[43] 李昀.软土中超大直径泥水平衡盾构开挖面稳定性研究[D].上海：同济大学，2008.
[44] 羌培.超大直径土压平衡盾构最佳施工参数匹配研究[D].上海：上海大学，2015.
[45] 戴仕敏.超大直径土压平衡盾构隧道施工关键技术[J].施工技术，2011，40(18)：1-5.
[46] 廖少明，杨宇恒.盾构上下夹穿运营地铁的变形控制与实测分析[J].岩土工程学报，2012，34(5)：812-818.
[47] 陈宇，张庆贺，朱继文，等.双圆盾构穿越下立交结构的流-固耦合数值模拟[J].岩土力学，2010，31(6)：1950-1955.
[48] 宫志群.地铁盾构区间隧道施工风险分析及评价[D].天津：天津大学，2006.
[49] 梁宏浩.地铁隧道施工安全风险评估及其应用研究[J].成都：西南交通大学，2017.
[50] 张竣洋.地铁盾构施工风险管理[D].上海：复旦大学，2013.
[51] 陆征宇.软土地层地铁盾构施工风险评估与控制方法研究[D].西安：西安建筑科技大学，2015.
[52] 沈鑫国，杨平，王许诺.超大直径盾构隧道管片上浮原因与对策分析[J].南京工程学院学报：自然科学版，2011，9(1)：26-31.
[53] 傅德明，李毕华，马忠政.软土盾构直接切削钢筋混凝土桩基施工技术[J].中国市政工程，2010(4)：46-47.
[54] 陈俊.超大直径盾构下穿对运营地铁隧道的变形分析[J].浙江水利水电学院学报，2020，32(3)：51-56.
[55] 戴国霖.上海某基坑工程考虑冗余度的支撑体系设计[J].山西建筑，2017，43(29)：94-95.
[56] 张涛.地面沉降监测在地铁建设中的应用及总结[J].科技创新与应用，2016(2)：159-160.
[57] 李书群，华建兵.简述变形监测在地铁施工中的应用[J].赤峰学院学报(自然科学版)，2015，31(23)：37-38.
[58] 施有志，高轩能.深埋马蹄形隧道开挖围岩应力与位移的复变函数解[J].土木建筑与环境工程，2014，36(1)：101-105+118.
[59] 上海市轨道交通管理条例[N].解放日报，2013-12-05(8).
[60] 施有志，高轩能.半无限空间隧道应力与位移的解析延拓法求解[J].厦门大学学报(自然科学版)，2013，52(5)：722-727.
[61] 上海市轨道交通管理条例(修订草案)[N].解放日报，2013-06-20(7).
[62] 王志良，申林方，谢建斌，姚激.盾构掘进开挖面前方产生超孔隙水压力的分析[J].铁道学报，2013，35(5)：90-96.
[63] 施有志.双孔平行地铁隧道开挖的复变函数解析解与数值分析[D].华侨大学，2013.

[64] 袁晨.超大直径盾构上穿越运营隧道监护分析[J].上海理工大学学报,2012,34(5):505-510.
[65] 魏纲,洪杰,魏新江.双圆盾构施工引起邻近地下管线附加荷载的分析[J].岩土力学,2012,33(6):1735-1741+1753.
[66] 邵华.泥水盾构下穿运营地铁隧道的监护技术分析[J].地下空间与工程学报,2011,7(6):1196-1202.
[67] 杨宇恒,廖少明,范垚垚,武军.盾构上、下夹穿运营地铁的变形预测与对比分析[J].岩石力学与工程学报,2011,30(S2):4072-4077.
[68] 朱艳,袁强.深基坑工程支撑体系优选设计[J].低温建筑技术,2010,32(08):98-100.
[69] 陈宇,张庆贺,朱继文,姚海明.双圆盾构穿越下立交结构的流-固耦合数值模拟[J].岩土力学,2010,31(6):1950-1955+1964.
[70] 骆培明.地铁盾构穿越既有铁路营业线的加固和监测方法[J].铁道勘察,2010,36(1):22-25.
[71] 孙莉,琚娟,缪俊发,许丽萍,陈丽蓉.上海市区承压含水层结构类型分区[J].上海地质,2010(1):11-15.
[72] 郭建涛.粉土粉砂地层盾构掘进参数优化预测研究[D].北京交通大学,2010.
[73] 徐祥其.电水平尺沉降自动遥测系统在地铁监护中的应用[J].岩土工程界,2009,12(2):71-74.
[74] 史海龙,金鹏.注浆技术在盾构施工中的应用分析[J].山西建筑,2008(24):270-271.
[75] 江明玉.派克理论在西藏南路越江隧道中的应用[J].城市道桥与防洪,2008(8):102-105+219-220.
[76] 周学领,王益群.软土地层盾构超近距离穿越运营地铁隧道的风险与施工控制[J].上海建设科技,2008(01):45-48.
[77] 严长征.盾构隧道近距离共同作用机理及施工技术研究[D].同济大学,2007.
[78] 肖晓春,何拥军,朱雁飞,林家祥.地下空间开发中变形监测的新技术[J].现代隧道技术,2007(1):46-51.
[79] 韩煊.隧道施工引起地层位移及建筑物变形预测的实用方法研究[D].西安理工大学,2007.
[80] 吕学金.半无限空间中隧道问题的复变函数解法[D].浙江大学,2006.
[81] 王如路,蔡铁曼,刘建航.上海市轨道交通 4 号线盾构隧道穿越地铁运营线路的监护工程[J].地下工程与隧道,2004(3):23-30+56.
[82] 杨俊龙,盾构近距离急曲线穿越无加固运营地铁隧道施工技术研究与应用.上海市,上海市第二市政工程有限公司,2004-08-01.
[83] 王如路,刘建航.上海地铁监护实践[J].地下工程与隧道,2004(1):27-32+35+57.
[84] 土木学会等日.隧道标准规范(盾构篇)及解说[M].中国建筑工业出版社,2001.
[85] 上海地铁运营有限公司.勇于探索,追求卓越[M].上海交通大学出版社,2006.
[86] 史佩栋.海峡两岸轨道交通建设与环境工程高级技术论坛[M].人民交通出版社,2008.

[87] 刘军，等.轨道交通工程承压水风险控制指南[M].同济大学出版社，2008.
[88] 何川.第五届中日盾构隧道技术交流会论文集[M].西南交通大学出版社，2009.
[89] 陈馈，等.盾构施工技术[M].人民交通出版社，2009.
[90] 土木学会等日.隧道标准规范[盾构篇]及解说[M].中国建筑工业出版社，2011.
[91] 中国土木工程学会等.地下交通工程与工程安全[M].同济大学出版社，2011.
[92] 王如路，等.上海地铁监护实践[M].同济大学出版社，2013.
[93] 陈明德，等.市政公路工程风险管理与应用[M].同济大学出版社，2015.
[94] 周松，等.地下穿越施工技术[M].中国建筑工业出版社，2016.
[95] 宁波市轨道交通集团有限公司，等.宁波城市轨道交通设计技术标准[M].浙江大学出版社，2016.
[96] 周顺华.地铁盾构法隧道下穿工程[M].科学出版社，2017.
[97] 孙礼超，等.无水砂卵石地层土压平衡盾构施工技术[M].人民交通出版社股份有限公司，2017.
[98] 刘纯洁，等.城市轨道交通工程建设单位现场管理操作手册[M].同济大学出版社，2017.
[99] 上海市建设工程安全质量监督总站.大型工程技术风险控制要点[M].中国建材工业出版社，2018.
[100] 上海市交通建设工程管理中心，等.上海市交通建设工程施工企业安管人员培训教材[M].中国建筑工业出版社，2018.
[101] 陈丽蓉，等.城市地下空间开发建设风险防控[M].同济大学出版社，2018.